문학의 이해

문학의 이해

나병철 지음

文藝出版社

머리말

　우리는 늘상 다양한 종류의 문학작품을 접하면서 생활해왔다. 우리가 문학작품을 손에서 놓지 않는 것은 작품에 포함된 미묘한 감동력에 빠져들기 때문이다. 문학에 대해 복잡한 설명을 제공하기 이전에 작품들은 스스로 마력과 같은 감동으로 우리를 사로잡는다. 만일 그런 독특한 힘을 지니지 못한다면 우리는 그 작품을 애써 읽으려 들지 않을 것이다.
　이처럼 작품 자체 속에 이미 독자를 사로잡는 감염력을 포함하고 있다면 그 작품을 이론적으로 설명하는 활동은 과연 무슨 의미를 지니는 것일까. 이 물음은 문학연구를 본업으로 하는 필자를 오랫동안 괴롭혀온 문제였다. 더욱이 일반독자들이 결코 이해할 수 없는 현학적인 비평이론을 대면할 때 아득한 절망 같은 미궁에 빠져든다.
　그러나 다른 한편 문학의 본질을 재고해보면 비평(그리고 이론)은 단지 작품에 기생하는 부수물이 아님을 알 수 있다. 문학이란 과연 무엇인가. 문학이 시나 소설 같은 작품을 말하는 것이라면, 시나 소설은 다만 종이 위에 찍혀진 활자들을 뜻하진 않을 것이다. 종이 위의 활자들은 독자에게 읽혀짐으로써 비로소 그의 의식 내부에 형상을 드러낸다. 이 점에서 작품의 독서과정은 문학의 본질의 한 부분을 구성한다.
　그런데 독서과정은 순수한 백지상태에서 이루어지는 것이 아니다. 만일 작품을 읽기 전에 그 시대의 삶에 대한 이해나 비슷한 작품의 독서, 그리고 충분한 문학적 훈련이 결여되어 있다면, 올바른 문학감상은 기대하기 어렵다. 예컨대 어떤 모더니즘 작품을 읽을 때 근대적 삶의 경험이나 일반적인 모더니즘에 대한 이해가 부족할 경우 그 작품을 제대로 읽어낼 수 없다. 이처럼 역사적 삶과 문학적 관습의 맥락에서 텍스트의 정보들을 이해하는 것이 독서과정이라면, 그 속에는 이미 비평의 작업이 포함되어 있는 셈이다. 비평이란 삶과 미학의 견지에서 작품에 대한 이해를 제공하는 활동에 다름아니기 때문이다.

따라서 문학감상 속에는 이미 비평이 내포되어 있다고 할 수 있다. 모든 독자는 일종의 비평가이며 또 그래야만 올바른 독서가 가능해진다. 다만 모든 문학의 독자가 최상의 비평가는 아니며 그 때문에 좋은 독서를 위해 더 나은 비평을 필요로 하게 된다. 전문적인 비평가가 출현하게 되는 것은 바로 이 지점에서일 것이다.

이제까지 문학의 부수적인 기생물로 생각해온 비평이 사실은 그 본질의 한 부분이라는 점은 문학연구의 필요성에 대해 확신을 갖게 해준다. 비평은 객관적 타당성을 얻기 위해 학문적 이론과 연관을 맺어야 하며 그런 관계 속에 놓인 모든 활동이 문학연구이기 때문이다. 문학작품이 창작과 독서과정을 통해 완성되는 문학의 핵심적 한 축이라면, 문학연구는 그 두 과정을 결정짓는 비평의 이론화로서, 문학의 또다른 축이라고 할 수 있다.

이 책은 시종 이 같은 문제의식을 염두에 두고 쓰여졌다. 어떤 경우에도 문학연구는 작품보다 더 이해하기 어려운 난해성을 지녀서는 안 된다. 그러나 또한 문학연구는 단순한 감상문에 그치지 않는 엄밀한 학문적 객관성을 얻어야 한다. 이 화해하기 어려운 두 가지 문제를 해결하기 위해서, 우리는 이따금 이론적 체계에서 이탈하기도 하고, 또 때로는 복잡한 인접학문의 이론에 의존하기도 할 것이다. 그러나 작품의 이해에 근거를 둔다는 한쪽 맥락과 그것을 엄밀한 객관적 이론을 통해 설명한다는 다른 쪽 맥락은 끝까지 유념하도록 노력했다.

이제까지 문학에 대한 많은 입문서나 원론서들이 저마다 특징적인 입장을 지니고 쓰여져 왔다. 그러나 적지 않은 책들이 단순히 주관적 감상에 의존하거나 그 반대로 현학적인 이론에 치우쳐 있었다. 쉽고 재미있으면서도 이론적 깊이를 지니는 문학연구는 처음부터 불가능한 것일까. 이 책은 이런 질문에 대한 답변을 제공하기 위해 다음의 두 가지 측면에 초점을 맞췄다.

첫째로, 모든 문학연구는 작품 자체의 흥미와 감동으로부터 이탈해서는 안 될 것이다. 그러기 위해서는 구체적인 작품의 이해에 근거해야 하며, 또 한국문학에 대한 연구인 한에서 작품 역시 우리 작품에 바탕을 두어야 한다. 이 책의 가장 중요한 특징 중의 하나는 거의 모든 예들에서 우리 문학을 대상으로 하고 있다는 점이다. 작품뿐만 아니라 이론적 설명 역시 우리 문학의 이해를 위한 독특한 이론의 구축에 중점을 두었다. 그러면서도 그 이론적 설명이 세계문학을 대상으로 한 보편적인 문학이론의 특수성으로 이해되도록 했다.

둘째로, 우리는 이제까지의 모든 문학이론들을 체계적으로 포괄할 수 있는 방법을 모색했다. 현재의 문학이론들은 각종 인접학문의 방법론을 끌어오면서 감당하기 어려울 정도로 방대해져가고 있다. 또한 이 이론들은 서로에 대해 적대적인 태도를 취하여 상대편의 결함을 비난하기도 한다. 특히 우리나라의 경우 각기 다른 문학이론들이 자신의 취향에 맞는 작품들을 옹호하면서 다른 편의 이론과 작품을 헐뜯는 경향을 보이고 있다.

그러나 다양한 이론들은 복합적 특성을 지닌 문학의 어떤 한 측면에 중점을 둔 것으로, 원래부터 상호 보완적인 관계에 있다. 어느 한 가지 이론으로써 문학을 완벽하게 해명하는 것은 불가능하며, 몇 가지 방법론을 결합했을 때 온전한 해명에 이르게 된다. 따라서 각 이론들의 장점을 살리면서 그 미흡한 점을 다른 이론에 의해 보충하는 방법이 필요하다. 예컨대 형식주의나 구조주의는 기법과 형식의 분석에 긴요하며 반면에 변증법적 이론은 내용과 주제의 고찰에 도움을 준다. 따라서 우리는 형식과 내용의 상호연관을 존중하면서, 형식주의적 이론의 성과를 변증법적 방법의 견지에서 포괄하는 태도를 취할 수 있을 것이다.

이상의 두 가지 관점을 바탕으로 우리는 구체적인 작품의 이해와 설명을 전개했다. 본격적인 논의에 앞서 각 장르들의 특성에 따라 작품의 연구방법이 달라질 수 있음에 유의하여 우선 문학의 장르에 대해 살펴봤다. 이어서 각 장르(시와 소설)에 따라 구체적인 작품을 고찰하는 논의를 펼쳤다. 여기서는 역사적 맥락을 존중하면서 이론적 고찰을 전개하는 방법을 선택했다. 또한 그런 중에 형식주의와 구조주의의 풍성한 성과를 긴요하게 이용하는 방안을 찾아보았다.

우리는 이 과정에서 현재 핵심적인 논점이 되는 여러 문제들을 풀어보려고 노력했다. 예컨대 고전문학과 현대문학을 꿰뚫을 수 있는 문학이론을 찾아내려 했으며, 그를 위해 한시와 영웅소설에서부터 근래의 포스트모더니즘에까지 이르는 역사적·이론적 논의를 전개했다. 시론에서는 고전문학과 근대문학을 연결하는 방법적 틀로서 은유와 환유의 이론을 이용했고, 또 그것을 통해 이야기시에 대한 논의에 초점을 맞추기도 했다. 소설론에서는 리얼리즘 및 그와 대비되는 모더니즘, 포스트모더니즘의 전개를 살펴봤고 서사구조와 서사담론의 이론을 결합하려 시도했다. 그 밖에 장르구분의 문제, 영웅소설 등 고소설의 이해, 풍자·해학소설, 서정소설, 그리고 액자소설의 이론 등이 이 책의 중요한 논점들이다.

다시 반복하지만, 문학을 쉽고 흥미있게 이해하게 하는 한편 이론적 깊이도 아울러 얻도록 하는 것이 이 책의 목적이다. 따라서 이 책은 '문학개론', '문학과 사회', '한국문학의 이해' 등 문학이론 입문의 강의와 연구는 물론이고, 시론, 소설론의 기본서로서도 사용될 수 있을 것이다. 또한 현대 문학이론의 조류를 한눈에 파악할 수 있는 입문서로도 이용할 수 있게 했다. 책 말미에는 문학이론과 시론, 소설론의 폭넓은 공부를 위해 긴요하다고 판단되는 것을 정선해서 참고문헌으로 수록했다.

이 책의 핵심적 논의의 많은 단서들은 수원대학교 학생들과의 강의와 토론과정에서 얻어진 것이다. 따라서 그에 관련된 일련의 연구성과들은 우리들 공동의 몫이 될 것이다. 한편 이 책의 논의의 어떤 부분은 열려진 채로 그대로 놔두어 더 정밀한 연구를 예비하도록 했다. 그러나 이해의 편의를 위해서 도표를 사용하는 등 다소 도식적인 결론을 내리기도 했다. 그래서 이미 우리가 내린 결론들 중에서 조금이라도 미진한 점이 있으면 언제든지 수정하고 보완해나갈 예정이다.

　이 책을 정리하고 손질하는 데 큰 도움을 준 아내 유미경에게 고마움을 전한다. 아울러 이 책을 펴내는 데 여러 가지로 애써주신 문예출판사 전병석 사장님과 편집부 여러분께도 깊은 감사를 드린다.

1994년 8월
나병철

문학의 이해

차 례

머리말 ——————————————————————— 5

제1장 문학이란 무엇인가 ———————————————— 15
1. 문학의 복합성과 다양성 ———————————————— 15
    (1) 문학에 대한 질문의 방식들 15
    (2) 언어예술로서의 문학 18
2. 문학연구의 두 가지 조류 ———————————————— 23
    (1) 문학연구의 본질 23
    (2) 문학연구방법의 다양성 28
    (3) 미학의 두 가지 방향 30

제2장 문학연구방법의 전개 ———————————————— 37
1. 형식주의적 방법과 변증법적 방법 ————————————— 37
2. 역사전기적 방법 ——————————————————— 43
3. 형식주의적 방법 ——————————————————— 46
    (1) 작품 내부의 연구 46
    (2) 언어와 기법에 대한 연구 48
4. 구조주의적 방법 ——————————————————— 53
    (1) 구조주의의 기본 개념 53
    (2) 프랑스 구조주의 56
    (3) 체코 구조주의 64
    (4) 구조주의의 의의와 한계 69

5. 탈구조주의의 전개 ──────────────── 74
      (1) 롤랑 바르트의 양파의 모델 74
      (2) 데리다의 「텍스트성」과 푸코의 역사관 77
   6. 루카치의 반영론과 리얼리즘론 ──────── 85
      (1) 내용과 형식의 변증법 85
      (2) 헤겔 미학과 관념적 변증법 87
      (3) 《소설의 이론》과 역사철학적 관점 91
      (4) 루카치의 리얼리즘론 95
      (5) 루카치의 미학이론 100
   7. 생산이론 ───────────────────── 103
   8. 까간의 가치론 미학 ────────────── 107
   9. 제임슨과 정치적 무의식 ──────────── 110
      (1) 서사 텍스트와 부재원인으로서의 역사 110
      (2) 정치적 무의식과 해석의 세 지평 114
      (3) 그레마스의 사각형과 변증법적 재수용 118
   10. 잠정적인 전망 ──────────────── 124

제3장 문학의 장르 ─────────────────── 127
   1. 장르의 3분법과 4분법 ──────────── 127
   2. 예술미의 특성과 장르구분의 필연성 ──── 134
   3. 문학의 장르구분 ─────────────── 137
   4. 문학의 장르들간의 관계와 역사적 전개 ── 141

제4장 시란 무엇인가 ───────────────── 147
   1. 시란 무엇인가 ──────────────── 147
      (1) 시와 서정문학 147
      (2) 시의 근원상황 152
   2. 시와 운율 ───────────────── 161
      (1) 시와 언어 161
      (2) 운율체계와 세계관 164
      (3) 시의 내용과 운율구조 168

3. 은유와 환유 ─────────────────────── 173
    (1) 유사성과 인접성의 원리 173
    (2) 이미지와 자기인식 177
    (3) 은유와 창의적 이미지 183
    (4) 상징의 원리와 내용 191
    (5) 환유와 이미지 199
4. 시의 내적 형식의 두 유형 ─────────────── 207
5. 시의 역사적 전개 ───────────────────── 214
    (1) 조선조의 시와 성리학 214
    (2) 근대시와 개인의 내면세계 224
    (3) 이야기시와 리얼리즘 230
    (4) 모더니즘과 포스트모더니즘 247

제5장 소설이란 무엇인가 ───────────── 259

1. 소설이란 무엇인가 ───────────────────── 259
    (1) 소설과 서사문학 259
    (2) 서사문학의 역사 263
    (3) 소설의 근원상황 270
2. 이야기의 구성요소 ───────────────────── 275
    (1) 이야기 세계의 시공간 275
    (2) 인물·환경·플롯 280
3. 서사구조의 역사적 변화 ─────────────── 286
    (1) 고소설과 유교적 세계관 286
    (2) 박지원의 소설과 현실주의의 출현 293
    (3) 신소설과 개화이념 295
    (4) 근대소설과 비판적 리얼리즘 299
    (5) 사회주의 리얼리즘과 진보적 세계관 306
    (6) 풍자소설과 공격적 웃음 319
    (7) 해학소설과 동정적 웃음 328
    (8) 서정소설과 내면적 전망 340
    (9) 모더니즘과 내면의식의 형상화 349
    (10) 포스트모더니즘과 다원론 358

4. 소설의 서사담론 ——————————————— 372
  (1) 소설의 서사담론의 특성 372
  (2) 시점과 서술 374
  (3) 화자시점서술 379
  (4) 인물시점서술 390
  (5) 1인칭 서술상황 402
  (6) 소설의 틀과 의사소통의 구조 411

제6장 문학의 미래 ——————————————— 429

참고문헌 ——————————————————————— 433

찾아보기 ——————————————————————— 441

제 1 장
문학이란 무엇인가

1. 문학의 복합성과 다양성

(1) 문학에 대한 질문의 방식들

문학이란 무엇인가. 이 짧은 질문에 뜻깊은 답변을 주기 위해 긴 세월 동안 수많은 글들이 쓰여져왔다. 그러나 그 글들 중 어떤 것도 문학에 대해 완벽한 설명을 제시한 것은 없었다고 할 수 있다. 예술에 관한 한 아무것도 자명하지 않음이 자명해졌다고 아도르노는 말했는데,[1] 우리는 문학에 대해서도 똑같은 말을 할 수 있을 것이다. 현대로 올수록 더욱 복잡하고 다양해지는 문학 현상들을 볼 때, 문학에 대한 이해와 설명은 한층 더 어려워질 것 같다.

그러나 이러한 설명의 어려움은 실상 「문학」이라는 대상 자체의 성격에서 기인된 것이다. 문학은 다른 연구대상과는 달리 단일한 측면에서 고찰될 수 없다. 그것은 문학 자체가 여러 복합적인 영역이 겹쳐진

---

1) T. W. 아도르노, 《미학이론》, 홍승용 역(문학과지성사, 1984), 11면.

대상이기 때문이다.

가장 단순하게 정의하면 문학은 언어로 된 예술이다. 그리고 예술은 인간의 삶의 모습을 미학적으로 형상화한 것이다. 그렇다면 인간의 「삶」이란 무엇이며 또 「미학적」 형상화란 무엇인가. 인간의 삶은 복합적인 설명을 필요로 하며 미학 또한 간단히 설명이 되지 않는다. 따라서 문학에 대한 단순한 정의는 곧 두 가지 복잡한 질문의 미로에 빠지게 된다. 삶이란 무엇인가, 그리고 미학이란 무엇인가.

이 두 가지 질문은 또다른 수많은 질문들을 만들어내면서 「예술」이라는 영역에서 중첩된다. 「삶」과 「미학」이란 물음은 예술을 이해하기 위한 서로 다른 방향의 의문문인 셈이다. 삶을 이해하기 위해서 우리는 사회·심리·정치 등을 이해해야 하는데, 이것들은 예술을 이해하기 위한 전제조건이 된다. 미에 대한 이해 역시 예술을 이해하는 또다른 전제조건이 된다. 그리고 이 두 가지 방향의 질문은 예술을 중심으로 서로 얽혀 있는 것이다. 문학연구의 어려움은 이 얽혀 있는 문제들을 세심하게 풀어내야 한다는 점에 있다. 우리는 다음에서 이 복잡한 질문의 맥락들이 여러 가지 문학(예술)연구방법들을 구성함을 보게 될 것이다.

그에 앞서 주목해야 할 것은 이 질문들이 몇 가지 층위를 갖고 있다는 점이다. 문학은 포괄적으로 예술에 속해 있으면서 또한 언어로 된 예술이라는 특징을 지니고 있다. 그리고 보다 구체적으로 문학은 시·소설·희곡 등으로 나타난다. 따라서 「문학이란 무엇인가」라는 질문 속에는 또다시 다음과 같은 세 가지 질문이 중첩되어 있는 셈이다.

첫째로, 문학은 예술의 한 영역이므로 「예술이란 무엇인가」라는 근본적인 물음이 선행해야 한다. 바로 이 물음에 대한 답변으로서, 삶과 미학에 관련된 여러 가지 견해들은 문학에 대해 많은 부분을 해명해줄 것이다. 둘째로, 문학은 예술 중에서도 「언어」라는 특수한 매체를 사용하는 예술이다. 따라서 언어에 대한 이해는 다른 예술과 구별되는 문학의 특수한 성격을 밝혀줄 수 있다. 셋째로, 문학은 구체적으로 시·소설·희곡 등을 지칭하므로 「시란 무엇인가」 혹은 「소설이란 무엇인가」

라는 질문이 주어질 수 있다. 시와 소설에 대한 이해는 문학의 이해의 구체적인 부분들이다. 물론 이러한 개별 장르에 대한 이해는 문학 일반 및 예술 일반에 대한 이해와 상호 연관성을 이루고 있다. 개별 장르에 대한 고찰은 문학 일반에 대한 이해를 보다「구체적」으로 만들며, 반대로 문학 일반에 대한 이해는 개별 장르에 대한 고찰을 보다「논리적」으로 만든다.

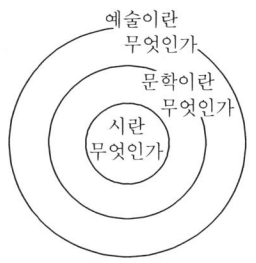

이상의 이 세 가지 질문은 흡사 크기가 다른 세 개의 원환처럼 중첩되어 있다.「예술」이라는 큰 원환은「문학」이라는 중간의 것을 포괄하며 문학은 다시「시」라는 작은 원환을 품고 있다. 그런데 이 원환들은 불가분리하게 서로 얽혀 있어서 어느 하나를 배제하고 다른 하나를 이해하기는 어려운 일이다. 따라서 우리는 보다 포괄적인 질문(예술이란 무엇인가)에서 개별적인 질문(시란 무엇인가)으로 향할 것이지만, 후자가 전자를 위해 필수적인 요소로서 상호 침투하는 관계에 있음을 유의 할 것이다. 또한 우리의 목표는 문학의 이해에 있으므로 예술에 대한 이해는 가능한 한 문학과 연관된 영역으로 축소시킬 것이다. 이제 본격적인 논의에 앞서서 세 개의 원환의 연결고리인 언어예술로서의 문학의 문제를 살펴보자.

(2) 언어예술로서의 문학

언어예술로서의 문학은 다른 예술과는 구별되는 독특한 특징을 갖고 있다. 문학 이외의 다른 예술들은 모두 감각적인 재료들을 매체로 사용한다. 예컨대 음악은 소리(청각적 매체)를 사용하며, 회화는 시각적 매체를 쓰고, 조각·건축 등은 부피를 지닌 재료들을 이용한다. 이런 예술들은 우리의 감각기관에 직접적으로 호소할 수 있는 능력을 갖추고 있다. 반면에 언어를 매체로 하는 문학은 직접적으로 감각기관에 영향을 미칠 수 없으며 언어라는 기호의 해독을 전제로 우리의 감각과 만난다.

만일 어떤 시에서 빨간색의 시각적 효과를 나타내려 할 경우 우리는 '빨갛다' 혹은 '새빨갛다' 등으로 말할 수밖에 없다. 그러나 '빨갛다'라는 표현은 우리의 눈(시각)에 실제로 빨갛게 보이는 것이 아니라 그 언어가 지닌 개념(기의, signifié)을 통해 지각될 수 있을 뿐이다. 회화의 경우라면 화폭에 빨간색을 칠해서 강렬하게 호소할 수 있지만 문학에서는 종이 위에 검게 찍히는 기호(언어)를 사용할 수 있을 뿐이다.

물론 문학에서도 청각(소리)을 이용할 수 있는 여지는 충분히 주어져 있다. 가령 시에서 종소리를 표현하기 위해 '딸랑 딸랑'하고 의성어를 사용하는 경우이다. 그러나 문학에서 아무리 소리를 세밀하게 묘사한다 해도 그것은 결국 「언어적 코드」[2]의 해독을 매개로 한 표현이지 실제의 소리와는 거리를 지니고 있다. 외국어의 의성어를 우리가 잘 이해하지 못하는 것은 그 언어의 코드(혹은 체계)에 익숙하지 못하기 때문이다. 의성어의 경우가 아니더라도 시의 운율은 언어의 소리를 이용한 것이다. 즉, 시의 운율은 흡사 음악에서처럼 소리의 질서화를 이용

---

2) 코드란 어떤 기호체계의 규약을 말한다. 예컨대 특정한 언어를 이해하려면 그 언어체계의 규약 곧 코드를 알아야 한다. 즉, 영어를 이해하기 위해서는 영어의 음운론적·문법적·의미론적 체계의 규칙(규약)을 알아야 하는 것이다.

한 것이 분명하다. 그러나 운율은 음악과는 달리 소리 자체만으로 독립된 표현을 얻지 못하며 그 효과를 여전히 언어적 코드에 의존해야 한다.

문학은 이처럼 우리의 감각기관에 직접 호소하는 능력이 매우 미약하다고 할 수 있다. 감각적 표현이 예술적 특성의 중요한 한 측면이라고 할 때 문학은 이 측면에서는 적지 않은 결함을 지니고 있다. 많은 문학'적 기법이나 장치들은 바로 이런 취약성을 보상하기 위해 개발된다. 예컨대 빨간색의 표현을 '선혈처럼 새빨갛다'의 비유로서 나타내는 것은 시각적 색채효과의 강렬성을 높이기 위한 것이다. 이 언어적 조작을 통해 시(문학)의 독특한 효과가 창조되지만 직접적 감각성의 기준에서 볼 때 문학은 여전히 다른 예술보다 열등한 상태에 있다.

그러나 이러한 문학의 한계는 언어예술이 지니는 또다른 풍부한 장점에 의해 충분히 상쇄된다. 감각적 직접성이 예술의 한쪽 측면이라면 그 반대되는 또다른 측면은 심오한 사상성의 표현이라고 할 수 있다. 그런데 문학은 「감각적 직접성」이 불충분한 대신 다른 예술에서는 불가능한 「사상의 직접적 표현」이 가능한 것이다. 이는 물론 언어를 매체로 사용한 데서 얻어진 이점이다. 언어는 다른 예술의 감각 매체(소리, 색채, 청동, 대리석 등)들과는 달리 사상이나 관념을 직접적으로 담아낼 수 있다. 이 점에서 언어예술은 철학, 과학 등과 경계선을 뒤섞는 한쪽 극단을 지니고 있다. 음악, 회화, 조각 등에도 철학적 내용을 담을 수는 있지만 그 자체가 철학에 속할 수 있는 예술로는 단지 문학이 있을 뿐이다.

사상의 표현이 자유롭다는 것은 문학이 지닌 오직 한 가지 장점에 불과하다. 문학 이외의 다른 예술들이 그 재료에 의해 표현영역을 제한받는 것과는 달리, 문학은 「시공간」에 구애를 받지 않는 풍부한 재현 및 표현의 영역을 갖고 있다. 음악과 같은 표현적 예술은 갖가지 소리의 차이적 특성들을 질서화해 인간의 내면세계를 표현할 수 있지만, 역사적 시간이 펼쳐지는 과정이나 공간적으로 전개되는 현실의 모습은 담아낼 수 없다. 반면에 회화와 조각 같은 재현적 예술은 제한된 공간을 이용해 재료(화폭, 물감, 청동, 대리석 등)가 허용하는 범위 내에서 현실을 재현해낼 뿐이다.

　이들과는 달리 문학은 시공간적 제약성이 거의 없는 언어 매체를 사용함으로써 인간과 세계의 모든 대상과 영역을 형상화할 수 있다. 우선 문학은 역사적 「시간」을 통해 무한히 펼쳐지는 과정과 「공간적」으로 전개되는 무한한 현실의 모습을 그려낼 수 있다. 또한 문학은 그 역사 속에서 인간이 「외부적」으로 경험하는 사건(행동)들과 함께, 「내부적」으로 성찰하는 정서적, 심리적 내면세계를 형상화한다. 다시 말해 문학은 「재현적」, 「서사적」 영역뿐만 아니라 「표현적」,[3] 「서정적」 영역까지 구현해내는 것이다.

　예술을 크게 두 계열로 분류하면 「객관적」, 「외면적」, 「서사적」 유형과 「주관적」, 「내면적」, 「서정적」 유형으로 나눠볼 수 있다. 전자는 외부세계와 인간과의 상호 반응을 객관적으로 형상화하며, 후자는 외부세계 속에서의 인간의 내면적 반응을 형상화(혹은 예술적으로 객관화)한다. 회화, 조각, 소설(서사문학), 영화 등이 앞의 유형에 속하며 음악, 건축, 시(서정문학), 무용 등이 뒤의 유형에 해당된다. 물론 재현적 음악(표제음악, 오페라 등)이나 서정적 회화 등이 불가능한 것은 아니지만 각 예술 장르들은 두 가지 계열 중 어느 한쪽에 자신의 본령을 지니고 있다. 여기서 예외적인 유일한 장르가 문학인데, 문학의 두 장르는 각기 예술의 양쪽 계열에 상응하는 관계를 갖고 있는 것이다. 예술 장르들이 자신의 고유한 영역에 제한되는 것은 그 장르들의 매체(재료)의 특수성에서 기인된 것이다. 그러나 문학은 인간과 세계의 모든 대상을 그릴 수 있는 언어를 사용함으로써 다양한 장르와 폭넓은 영역

---

[3] '표현적'이라는 개념을 액면 그대로 이해하는 것은 적절하지 않을 것이다. 내면적, 표현적 예술 역시 객관현실을 (주체와의 연관 속에서) 내면적으로 반영하고 있으며, 정서·심리를 직접 표현하는 것이 아니라 그것을 예술적으로 객관화시키기 때문이다. 따라서 재현적, 표현적 혹은 객관적, 주관적 예술의 관계는 그리 단순하지가 않다. M. S. 까간, 《미학강의 I》, 진중권 역 (벼리, 1989), 290·348면.

을 지닐 수 있게 된다. 이런 측면에서 문학의 특수성을 다른 예술들과 비교하면 다음과 같다.

	시간	공간	시공간	실용성
조형예술		회화, 조각		장식(건축)
공연예술	음악	연극, 무용		
	(영상시)	영화		
언어예술	서정문학		서사문학	(에세이, 수필)

서정성 ←—————————→ 서사성

　위의 표에서 시간예술로 표시된 음악이나 서정시는 사실은 시간성(역사적 시간)을 지닌다기보다는 서정적인 무시간성을 지닌다고 할 수 있다. 시간의 흐름에 따라 작품의 형상이 드러난다는 점에서 시간예술로 분류할 수 있지만 이 두 장르는 역사적 흐름 같은 객관화된 시간이 아니라 주관적인 시간을 지니고 있다. 음악을 들으면서 우리는 외부세계의 시간의 흐름을 느낀다기보다는 내면세계의 시간의 물결을 느끼는 것이다. 이러한 내면화된 주관적 시간성은 영화, 소설(서사문학) 등 시공간 예술이 지니는 역사적 시간성과는 달리 오히려 무시간적인 내면세계의 흐름을 보여준다고 할 수 있다. 이런 의미에서 이미지가 강조된 서정시는 회화와도 유사한 특징을 지니게 된다.
　또한 시공간 예술 중 연극은 언어로 된 대본인 희곡으로서 언어예술의 한 장르가 될 수 있다. 그리고 연극은 이야기를 지니긴 하지만 영화나 소설 같은 서사장르에 비해 표현적·주관적 성격이 매우 강화되어 있어서 극양식이라는 또다른 장르적 특성을 설정하게 한다. 연극에서 전개되는 이야기는 서사장르(영화, 소설)와는 달리 제한된 시공간을 통해 관객들에게 보여져야 한다. 영화나 소설은 이야기의 장면을 직접 관객 앞에서 공연하는 것이 아니라 카메라 촬영(영화)이나 서술(소설)

을 통해 우리 생활의 무한한 자료들을 편집해서 관객(독자)에게 제시할 수 있다. 그러나 연극은 그러한 편집 및 선별과정이 거의 힘들기 때문에 한정된 무대 위의 시공간을 충분히 활용한다. 연극의 이야기 표현방식이 현실의 실생활을 재현하기보다는 매우 표현적이고 주관적이 되는 것은 이 때문이다. 연극은 제한된 시공간적 조건에 예술성을 집약시키고 직접적 전달이라는 공연의 장점을 최대한 활용하기 위해 「연극적(극적)」이라고 말해질 수 있는 독특한 표현방식을 사용한다.

이러한 특징들에 의해 연극(문학적 측면에서는 희곡)은 서정 및 서사와 구별되는 「극」이라는 독립된 장르적 영역을 지니게 된다. 단순하게 도식화해볼 때, 「서정」장르가 주관적[4]이고 「서사」장르가 객관적이라면 「극」양식은 객관적인 동시에 주관적이라고 할 수 있다. 이 세 가지 장르 즉 서정, 서사, 극을 우리는 문학의 3대 장르로 말하기도 한다.

이처럼 문학은 예술적 존재 조건(시간, 공간, 시공간)의 거의 전 영역에 걸쳐 나타날 수 있다. (이는 물론 문학이 인간과 세계의 모든 대상 및 영역을 형상화할 수 있는 언어 매체를 사용하기 때문이다.) 문학은 또한 그런 포괄적인 영역의 개별 작품들에 대해 장르의 구분(서정, 서사, 극)을 매우 분명하게 할 수 있는 특징을 지닌다. 예컨대 회화의 경우에는 서정적 회화 혹은 서사적, 극적 회화라는 식의 구분이 거의 불가능하다. 물론 음악 중에는 서정적인 경향의 것도 있고 서사적인 내용을 지닌 것도 있을 수 있다. 그러나 그런 미세한 차이에 근거해서 음악을 서정과 서사장르로 나눌 수는 없는 일이다. 이런 경우와는 달리 문학은 시, 소설, 희곡이라는 분명한 장르 구분이 이뤄지는 것이다. (문학의 또다른 특징은 에세이와 수필 같은 실용적인 장르가 가능하다는 점인데 이 점에 대해서는 장르들을 살피는 부분에서 다시 논의하기로 한다.)

---

4) 여기서 주관적이라는 말은 객관현실과 무관하다는 뜻이 아니라 미학적 주객관계에서 주체적 측면이 전면에 형상화되는 서정장르의 특성을 뜻하는 것이다.

이제까지 살펴본 바 언어예술로서의 문학의 특징은 다음 두 가지 측면으로 요약된다. 첫째로 문학은 예술적 존재 조건의 모든 범주를 포괄함으로써 예술의 특수성을 고찰하는 미학적 논의의 핵심적인 대상이 된다. 둘째로 문학은 매우 분명히 구분되는 장르들로 나눠지므로 문학의 이해를 위해서는 각 장르들의 특성을 고찰하는 일이 필요하게 된다. 따라서 우리는 먼저 미학적 논의와 연관된 맥락에서 문학에 대한 이해를 살펴볼 것이다. 그리고 이어서 문학의 장르구분의 문제와 각 장르들의 실제적인 양상을 고찰하기로 한다.

2. 문학연구의 두 가지 조류

(1) 문학연구의 본질

앞에서 밝혔듯이 문학은 인간의 「삶」을 형상화하는 「예술」의 한 종류이다. 이러한 정의로부터 우리는 두 가지 복합적 질문의 맥락이 생겨남을 살펴보았다. 그 하나는 「삶이란 무엇인가」라는 질문이며 다른 하나는 「예술(미학)이란 무엇인가」라는 물음이다. 앞의 질문을 통해서는 삶과 문학과의 관계가 해명되어야 하며 뒤의 것에서는 미학적으로 문학의 위치가 밝혀져야 한다. 그런데 문학은 예술의 영역 속에 매우 포괄적인 자리를 갖고 있으므로 삶과 문학과의 관계는 삶과 예술과의 상호연관을 전제로 고찰되어야 할 것이다.

그래서 우리는 삶과 예술과의 관련을 밝히는 미학적 논의에서부터 출발하기로 한다. 구체적인 전개에 앞서 한 가지 분명히 해야 할 것은 우리의 논의는 어디까지나 학문적 성격을 지닌다는 점이다. 학문적인 논의는 일상적인 글과는 달리 객관성과 타당성을 요구한다. 가령 김소월의 시를 읽고 '굉장히 아름답고 슬프다!'라고 말하는 것은 올바른 감상일 수는 있어도 결코 학문적인 표현은 될 수 없다. 「굉장히」라는 말은 어떤 가치 평가를 포함하며 「아름답고 슬프다」라는 표현은 주관적이고 정서적인 반응을 담고 있다. 그러나 그러한 감상자의 반응이 객관성과 타당성을 지니는지는 그 표현 자체만으로는 좀처럼 드러나지 않는다. 객관성과 타당성을 지닌다는 것은 다른 사람들도 그처럼 '아름답고 슬프다'라고 느낄 것이라는 논리적 근거를 뜻한다. 따라서 객관성을 지니는 학문적인 글이 되려면 자신의 개인적인 느낌만을 표현해서는 안 되며 그 느낌이 다른 모든 사람들에게도 똑같을 것이라는 사실과 그 근거를 밝혀야 한다.

우리는 김소월의 시에 대해 '아름답고 슬프다'라고 말하는 데서 그쳐서는 안 되며 다른 사람들도 그렇게 느낄 것이고 왜 그런가 라는 것을 논리적으로 설명해야 한다. 예술(문학)작품에 대한 감상과 반응은 불가피하게 주관적이고 정서적이 될 수밖에 없다. 그러나 그 주관적, 정서적 반응을 객관화시키는 것이 바로 미학(문학 연구)의 목표라고 할 수 있다. 그러면 왜 우리는 예술(문학)에 대해 어렵고 복잡한 학문적인 연구를 하려고 하는가.

미학에 근거를 둔 예술비평(문학비평)이 필요한 이유는 다음의 두 가지로 요약될 수 있다. 첫째로 예술작품 중에서 우리의 삶에 긍정적 가치를 지니는 것과 그렇지 못한 것이 있으며, 전자 중에서도 그 질적 차이는 매우 다양하다고 할 수 있다. 비평은 그 다양한 작품들의 가치를 올바로 평가하고 제자리에 위치하게 함으로써, 작품들의 생산을 긍정적인 방향으로 이끌어간다.

둘째로 비평은 작품에 대한 우리의 감상이 바르게 이루어졌는지 검토하고, 또 바람직한 방향으로 인도해준다. 흔히 비평이나 이론적 분석 때문에 작품의 감상이 오히려 방해가 된다고 말하는 경우가 있다.[5] 작품의 감상이란 미묘한 정서적인 문제인데 비평(그리고 이론)은 작품이라는 섬세한 정서적 구현물을 멋대로 분해해서 망쳐버린다는 것이다. 이 문제는 예술(문학)의 학문적 연구 가능성에 있어 아주 핵심적인 부분이다. 왜냐하면 비평과 이론이 작품의 감상을 돕기는커녕 어지럽게 분해해서 우리를 질리게 만든다면, 아무리 객관성을 지닌 심오한 이론이라도 작품의 감상에 관한 한 무용지물에 불과하기 때문이다. 그런 비평과 이론은 기껏해야 비평 전문가나 현학적인 학자들에게만 지적 만족을 제공한다.

그러나 이런 문제점은 비평의 무용성을 드러내는 경우가 아니다. 올바른 비평은 난해한 현학성에서 벗어나서 작품을 제대로 감상할 수 있도록 도움을 주는 것이어야 한다. 물론 비평이 타당성있는 이론적 근거를 확보하기 위해서는 매우 정교하고 복잡한 논리들을 동원해야 할지도 모른다. 그러나 그 이론에 의해 지지되는 비평이 실제작품에 적용될 때에는 작품의 감상이 깊이있고 용이하게 이뤄지도록 도움을 주는 것이 되어야 한다. 비평이 그 자체의 현학적인 논리에 빠지는 것은 비평의 본질적인 문제가 아니라 그것을 제대로 적용시키는 방법론적인 문제라고 할 수 있다.[6]

오히려 비평은 어떤 작품에 대한 감상이 올바로 이루어졌는지를 검토하고 바른 방향으로 이끌 수 있는 유일한 수단이다. 비평적 작업 이외에 작품의 감상이 제대로 행해졌는지 알 수 있는 다른 방법은 없기 때문이다. 우리의 작품에 대한 반응은 (결과적으로) 정서적이고 심리적인 느낌으로 나타나지만, 그 정서와 느낌이 어떤 경로를 통해 유발되었는지 따지는 것은, 올바른 작품 감상을 확인하는 가장 확실한 방법인 것이다. 예컨대 이상의 〈날개〉를 읽고 결말부의 주인공의 행동에서 인생

---

[5] 이러한 비평무용론에 대한 매우 설득력있는 반론으로는 제임스 그리블, 《문학교육론》, 나병철 역 (문예출판사, 1987), 59~110면을 참조할 것.
[6] 위의 책, 59~72면.

에 대한 허무감을 느꼈다면, 그것은 그에 이르는 경로 곧 작품에 대한 인지적 반응이 잘못되었음을 의미하는 것이다. 비평은 작품의 인식 요소들과 반응하는 바른 경로(예컨대 〈날개〉의 상징적 의미)를 밝힘으로써, 작품에 대한 정서적 감상(삶에 대한 향수와 열망)을 옳은 방향으로 이끌어준다.

이제까지 우리는 예술(문학)작품이 왜 학문적인 고찰을 통해 다뤄져야 하는지를 알아보았다. 간단히 말해 우리의 연구 작업은 객관적이고 학문적이어야 하지만 그것은 또한 작품을 손쉽게 이해하는데 봉사하는 것이어야 한다. 그런데 예술(문학)작품을 학문적으로 다루는 일은 다른 학문과 비교할 때 몇 가지 어려움을 갖게 된다. 예를 들어 자연과학의 경우에는 부인하기 어려운 객관성과 보편성의 근거를 확보하고 있다. 비가 내리거나 높은 데서 돌이 떨어지는 현상은 만유인력의 법칙에 의해 설명되는데, 이런 현상은 인간의 정서적 반응과는 무관하게 (객관적으로) 이루어진다. 어떤 사람이 비를 맞는 것은 좋은데 돌이 떨어지는 것은 싫다고 한다고 해서 만유인력 법칙에 변화가 생기기를 기대할 수는 없다. 그러나 예술(문학)작품의 경우에는 바로 그 정서적 반응이 문제가 된다. 똑같이 사회주의 리얼리즘 소설인 이기영의 《고향》과 한설야의 《황혼》에 대해, 어떤 사람이 《고향》은 아주 감동적인데 《황혼》은 좀 관념적이라고 말한다면, 우리는 그 각기 다른 두 가지 반응을 조심스럽게 살펴봐야 한다.

물론 단지 한 사람의 정서적 반응에 의해 작품의 평가가 달라지거나 이론 자체가 의심받지는 않는다. 그러나 만일 열 사람 중에 일곱 사람이 《황혼》은 관념적이고 따분하다고 말했다면 어떨까. 우리는 똑같은 사회주의 리얼리즘인데 왜 《황혼》은 관념적으로 느껴지는지 작품 분석을 통해 따져볼 필요를 느낀다. 이 말은 다수결에 의해 작품이 평가된다는 뜻이 아니라, 문학(예술)에 대한 학문적 논의에는 인간의 정서적, 가치적 판단이 중요하게 고려되어야 한다는 것이다.

여기서 정서적, 가치적 판단은 단지 주관적으로 이뤄지는 것은 아니다. 왜냐하면 그런 판단과 반응은 작품 내부의 객관적 인식요소들과의 관계 속에서 나타나기 때문이다. 개별적인 작품의 그 같은 인식요소들을 고찰하는 것이 비평의 중요한 작업의 하나이다. 보편적인 이론은 그 연구 작업을 위한 다양한 논리적 지평을 제공한다.

따라서 예술(문학)에 대한 학문적 논의에서는 보편이론(사회주의 리얼리즘)에 수렴되는 측면만이 중요한 것이 아니라 개개의 작품(《고향》,《황혼》) 자체를 고찰하는 것이 보다 더 핵심적인 일이 된다.[7] 그리고 각 작품에 대한 (보편 타당성이 인정되는) 감상자들의 정서적 반응 역시 중요한 요소가 된다. 개개의 작품을 중시하고 감상자의 정서적 반응에 유의한다는 두 가지 사실은 예술(문학)에 대한 학문적 논의가 다른 학문의 경우와 매우 다름을 나타내준다. 그 차이점은 다음과 같이 표시될 수 있다.

만유인력			보편이론	사회주의 리얼리즘		
비가 옴	낙석	사과가 떨어짐	개별현상(작품)	《고향》	《인간 문제》	《황혼》
좋다	아프다	기쁘다	정서적 반응	감동적	슬프다	딱딱하다
자연과학				예술(문학)에 대한 학문		

자연과학의 경우에는 개별 현상들을 (만유인력이라는) 보편적 이론으로 포괄하는 일이 핵심적이다. 그러나 문학의 경우에는 사정이 매우 다르다. 즉, 사회주의 리얼리즘이라는 이론적 개념은 《고향》,《인간 문제》,《황혼》 등의 구체적 작품을 이해하기 위해 필요한 것이지 그 자체가 작품보다 더 중요한 것은 아니다. 《고향》은 사회주의 리얼리즘이라는 이론으로 설명될 수 있지만 다른 이론으로도 분석될 수 있으며 그런 다양한 이론들을 통해 《고향》이라는 구체적 작품을 이해하

---

[7] 여기서 개별작품의 측면이 강조된다는 것은 보편성의 측면이 무의미하다는 뜻이 아니라 그것이 개별성을 통해 실현된 것, 즉 특수성(보편과 개별이 통일된 것)이 중요하다는 말이다.

는 일 자체가 중요한 것이다. 바흐친이 말한 대로 문학 연구의 경우에는 랑그(보편이론 체계)보다 빠롤(구체적 작품)의 측면에 초점이 주어져야 한다.[8] 따라서 문학연구는 어떤 훌륭한 이론에 의존할 경우에도 항상 구체적인 작품을 염두에 두고 전개되어야 할 것이다.

(2) 문학연구방법의 다양성

앞에서 문학과 예술에 대한 논의는 학문적(이론적) 성격을 지니는 것임을 알아보았다. 학문적 객관성과 엄밀성이 요구되는 점에서 문학연구는 물리학이나 경제학, 사회학 등과 조금도 다르지 않을 것이다. 그러나 이제까지 문학연구는 그 같은 학문적 객관성을 쉽게 얻을 수 없었다. 그것은 문학의 학문적 연구가 그 필요성에도 불구하고 매우 어려운 요건들을 내포하기 때문이었다.

문학연구가 학문으로서 정립되는 데 따르는 어려움은 그 학문의 이름을 지칭하는 단어가 부재한다는 사실에서도 알 수 있다. 물질을 연구하

문학	문학연구(문예학, 시학, 문학)
시	시론
소설	소설론
희곡	희곡론
수필	수필론
비평	비평론

---

8) 츠베탕 토도로프, 《바흐찐 : 문학사회학과 대화이론》, 최현무 역 (까치, 1987), 33~36면. 이러한 설명을 루카치의 개념으로 말하자면 문학은 미학적 특수성의 영역에 위치하고 있다. G. 루카치, 《미학서설》 홍승용 역 (실천문학사, 1987), 155~74면.

는 학문을 물리학이라고 하고 사회, 정치, 언어를 연구하는 학문을 각각 사회학, 정치학, 언어학이라고 부르지만 문학에 대한 연구를 문학학이라고 말하는 경우는 없을 것이다. 물론 문예학, 시학 혹은 그냥 문학이라고 부르는 수도 있지만 어느 것이나 적합한 명칭이라고 볼 수는 없다. 더욱이 우리는 문학연구를 그 연구대상인 문학과 혼동하는 예가 많은데, 엄격히 말해 문학작품 및 현상을 일컫는「문학」과 그것을 연구하는「문학연구」는 개념상 분리되어야 한다.

문학학이라는 한 단어 대신에 문학연구라는 복합어를 사용해야 하는 궁색함[9])은 문학연구의 여러 가지 어려움을 암시한다. 문학연구에 어려움이 따르는 데는 몇 가지 요인이 있지만, 그 중에서도 특히 문학이 인간의 삶의 총체적 영역을 담는 활동이라는 점을 들 수 있다. 정치학, 경제학, 사회학 등은 인간의 삶의 어느 한 분야를 집중적으로 다루면서 일관되고 통일된 체계를 만들려고 노력한다. 그러나 문학은 정치, 경제, 사회 현상들이 복합된 인간의 삶 자체를 형상화한다. 문학연구는 그러한 복합적인 인간의 삶을 형상화하는 문학을 대상으로 하므로 삶 자체에 대한 복합적인 이해가 필요하게 된다.

또한 정치학이나 사회학은 인간의 생활 자체를 대상으로 하지만 문학연구는 그 자체가 실제적 생활이 아닌 문학작품을 대상으로 삼는다. 따라서 실제적 삶에 대한 이해와 더불어 그것을 가상적이고 미학적으로 형상화하는 방법에 대한 이해가 뒤따라야 한다. 그뿐 아니라 문학은 언어로 된 구성물이므로 언어에 대한 연구도 필요하게 된다.

이에 따라 문학연구는 한 가지 총괄적 방법으로 이루어지기 매우 어려우며 인간의 삶을 어떤 측면에서 접근하느냐에 따라 정치학, 사회학, 심리학, 언어학 등 인접 학문의 도움이 요구된다. 문학연구가 이들 중 어느 학문에 의존하느냐에 따라 특징적인 방법론이 형성된다. 물론 어떤 학문에 의존하든 간에 미학의 문제는 중심에 놓이며 다른 여러 방법론의 도움을 빌려 문학에 대한 총괄적인 이해를 지향해야 할 것이다.

---

9) 이상섭, 《문학의 이해》(서문당 1972) 13~15면.

삶(대상)	학문
정치	정치학
경제	경제학
사회	사회학

삶	문학(대상)	문학연구(방법론)
정치 사회 심리 언어 미	총체적 형상화 언어구조물 예술	정치학적 연구 사회학적 연구 심리학적 연구 언어학적 연구 미학

 이처럼 문학연구는 다양한 방법론에 의존한다는 특성을 갖고 있다. 여러 방법론들은 서로 배타적이라기보다는 상호 보완적인 관계에 있다고 할 수 있다. 우리는 다음에서 각 방법론들의 특성을 살펴보면서 그것들이 궁극적으로는 통합적인 방향으로 나아가야 함을 논의할 것이다. 구체적인 문학연구방법들을 고찰하기 이전에 보다 포괄적인 미학의 문제를 살펴보기로 한다.

(3) 미학의 두 가지 방향

① 형식주의적 미학

 황혼은 왜 아름다운가? 미학의 문제는 이 단순하면서도 난해한 질문에서부터 시작된다. 물론 아름다운 것은 황혼이나 꽃잎, 보석 등의 자연에만 국한되지는 않는다. 우리는 어떤 사람의 마음이 아름답다고 하는 경우도 있고 또 어떤 정교한 물리학적 수식이 아름답다고 말하기도 한다. 앞의 예는 원래 윤리적인 문제이며 뒤의 것은 학문적 진리의 영역과 연관된다. 그러나 「미학」의 문제가 「윤리학」이나 「학문적 진리」의 영역과 무관하다고 보는 것은 편협한 미의식의 산물일 것이다. 자연미와 같은 단순한 차원의 미는 그런 좁은 개념으로 이해될 수도 있으나 인간의 삶을 형상화한 예술미의 경우에는 보다 폭넓은 미의 개념이 요구된다.

아름다운 것은 황혼, 꽃잎, 보석 등의 자연적 존재와 회화, 음악, 시 등의 인공적 존재로 나눠볼 수 있다. 전자는 「자연미」의 영역에 속하며 후자는 「예술미」의 영역에 포함된다. 자연미는 일차적으로 「감각」에 호소하는 반면[10] 예술미는 「감각」과 「정신」 양자에 호소한다.[11] 그러나 두 경우 모두, 우리에게 일종의 쾌감을 주며, 또한 대상이 실생활의 실용적 목적과는 유리되어 있다는 공통점을 지닌다. 물론 예술작품이 인생(혹은 사회)의 변화에 깊은 영향을 미칠 수도 있다. 그러나 그 영향은 결코 직접적인 방식으로 전해지지는 않는다.

이처럼 미적 대상이 실제 삶과 유리된다는 측면에 초점을 둔 것이 칸트의 「무목적의 목적성」 원리이다. 우리가 어떤 대상에 주의력을 기울일 때, 그 목적이 대상의 외부에 있지 않고 대상을 보는 그 자체에 있는 경우, 우리는 어떤 쾌감을 느낀다. 이때 우리는 실용적인 목적으로부터 해방됨으로써 자유스러움과 즐거움을 만끽하게 되는 것이다. 예컨대 어떤 행선지를 목적에 두고 차를 타고 가면 우리는 별반 즐거움을 느끼지 못한다. 그러나 뚜렷한 행선지가 없이 차를 타고 갈 경우, 즉 차를 타는 목적이 외부에 있지 않고 그 자체가 목적이 될 때, 편안한 안락감과 쾌감을 맛보게 된다. 마찬가지로 어떤 그림을 볼 때 그 목적

---

10) 물론 자연미도 완전히 감각에만 의존하는 것은 아니다. 감각적 형상이 어떤 내용을 환기시키며 형상적 아름다움은 그 내용과의 연관성 속에서 나타난다. 그러나 일차적으로는 어쨌든 감각적으로 아름다워야 한다. 일그러진 보석은 결코 아름다울 수 없는 것이다.

11) 감각을 통해 정신에 호소한다고 말하는 것이 옳을 것이다.

이 다른 데 있지 않고 그림을 보는 그 자체에 있으므로 우리는 미적 쾌감을 느낀다.

이와 같은 칸트의 미학에 근거를 둔 문학이론은 「형식주의」적 방법론을 통해 전개되었다. 형식주의적 문학이론은 작품이 외부현실로부터 유리되어 자체 내의 질서를 갖게 되는 「자율성」의 측면을 중시한다. 그래서 그들은 문학의 본질을 작품의 내부질서를 탐구하는 내재적 분석을 통해 해명하려 한다. 「형식주의」, 「구조주의」, 「탈구조주의」 등의 문학이론의 전개는 이와 동일한 맥락의 미학적 근거를 갖는다고 할 수 있다.

그러나 미학적 원리는 실용적 목적에서 해방된다는 점과 내적 질서를 갖는다는 측면으로는 충분히 설명되지 않는다. 수정 같은 보석이 아름다운 것은, 실용적 목적을 지니지 않은 채 우리의 주의를 집중시키고, 또한 자체 내의 기하학적인 질서를 갖고 있기 때문이다. 그러나 그것만으로는 무언가 부족한 것 같다. 오히려 실용적 목적을 지니지 않는 데도 왜 우리의 주의력을 끄는지 설명해야 되지 않을까. 이 의문은 형식적 원리 외에 내용과 연관된 미학적 원리를 고찰할 필요성을 암시한다.

② **변증법적 미학**

수정이나 붉은 진달래꽃의 아름다움은 단순히 감각적 색채나 형식적 질서에 의해 생겨나지는 않는다. 단지 감각적, 형식적 측면에 의해서만 아름다움이 유발된다면 다음의 예들은 설명하기가 매우 어려울 것이다.

우리는 흔히 포물선이 아름답다고 말하는 경우가 있다. 가령 축구에서 코너킥을 골로 연결시킬 때의 포물선은 아름답다. 그러나 곱추의 등을 이루고 있는 곡선은 아름답지 않다고 생각한다. 또 우리는 보통 핑크빛이 아름답다고 말하곤 한다. 어떤 소녀의 볼에 나타난 핑크빛은 정말로 아름답게 느껴진다. 하지만 만일 그 소녀의 볼이 아니라 코가 핑크빛으로 물들어 있다면 그때도 핑크빛이 아름답다고 말할

수 있을까.[12]

 이러한 예들은 어떤 대상의 감각적, 「형식적」 아름다움은 그 대상의 「내용적」 측면과 긴밀히 연관되어 있음을 말해준다. 수정이 아름다운 것 역시 그 기하학적 질서를 통해 어떤 「내용」을 환기시켜주기 때문이라고 할 수 있다. 그 내용은 실용적 목적을 넘어설 정도의 어떤 가치를 담고 있는데 바로 그 때문에 우리는 실용적 목적이 별로 없는 수정을 소중히 여기게 되는 것이다. 수정과 같은 자연물의 경우 그 내용은 어떤 막연한 「이상」의 가치적 요소라고 할 수 있다. 인간은 무질서하고 불쾌하고 더러운 것보다는 질서있고 쾌적하고 깨끗한 것에 더 가치를 부여한다. 수정이 아름다운 것은 그 형식적 질서를 통해 이상적 가치의 형상을 환기시켜주기 때문이다. 이런 원리에 의해서 수정, 꽃잎, 황혼 등의 자연물은 감각적인 형상 자체가 이상적인 상태를 환기시켜줄 때 아름다움이 느껴진다.

 그러나 김소월의 〈진달래꽃〉 같은 예술 작품에서는 슬프고 괴로운 상태를 환기시킴에도 불구하고 우리는 아름답다고 말한다. 김유정의 〈소나기〉는 인생의 비속한 면을 그리고 있는데 그럼에도 이 작품은 30년대의 좋은 소설의 하나로 꼽힌다. 이런 작품들이 슬픔과 고통을 형상화하면서 그를 통해 아름다움을 만들어내는 원리는 무엇일까.

 헤겔이나 루카치같이 인식적 측면을 중시하는 미학자들은 그 작품들이 「진실하기 때문에 아름답다」[13]고 말할 것이다. 인간의 삶은 수정이나 꽃잎, 황혼처럼 아름답지만은 않으며 오히려 우리를 괴롭고 슬프게 만든다. 아름다운 미담보다 고통스러운 삶을 진실하게 형상화한 작품이 더 감동을 주는 것은 이 때문이다. 인간의 삶을 미학적으로 가공해 예술작품으로 만들 때, 실재하지도 않는 아름다운 모습만을 그린다면, 그것은 단지 공허할 뿐이며 결국 미적 형상화에도 실패하고 만다. 여기서

---

12) M. S. 까간, 《미학강의 I》, 앞의 책, 106면.
13) G. W. F. Hegel, *Aesthetics* (Oxford University Press, 1975), 91~115면. 제2장 2절 (5) 루카치의 반영론과 리얼리즘론 을 참조할 것.

알 수 있는 사실은, 아름다움이란 오직 이상적인 가치를 형상화할 때 생겨나는 것만은 아니며, 현실의 모습을 진실하게 그리는 일도 중요하다는 것이다.

그러면 현실을 진실하게 그린다는 것은 무엇을 의미하며 그것은 왜 아름답게 느껴지는 것일까. 이 질문은 간단하게 대답할 수 있는 문제는 아니다. 가령 추악한 현실을 있는 그대로 추악하게 복제한다고 해서 현실이 진실하게 그려지지는 않는 것이다. 또한 그것은 결코 아름답지도 않다. 진실하지 않은 것은 아름답지 않으며 아름답지 않은 것은 진실하지도 않은 것이다.

추악한 현실의 단순한 복제가 진실하지 않은 것은 그 정태적 형상이 삶의 본모습이 아니기 때문이다. 그와 달리 현실을 진실하게 그리려면 현실의 모습을 충실히 묘사하는 한편 그 형상 속에 이상으로 나아가려는 열망(혹은 루카치가 말하는 전망)을 담도록 해야 한다. 「현실」의 진실성이란, 현실 속의 주인공인 「인간 주체」의 가치지향(이상으로의 열망)이, 현실과 역동적으로 상호작용할 때 얻어지기 때문이다.

그러면 그 현실의 진실성은 아름다움의 문제와 어떻게 연관되는 것일까. 앞에서 우리는 미적 대상이 이상적 지향을 환기시킴으로써 아름다움을 느끼게 한다고 논의한 바 있다. 그런데 그 이상적 지향은 현실의 진실성과의 연관 속에서만 드러날 수 있다. 왜냐하면 이상이란 우리가 인식하고 있는 실재보다 더 나아지려는 열망이기 때문이다. 따라서 「현실」을 진실하게 형상화하는 작업과 「인간」의 가치지향(이상)을 드러내는 일은 예술작품 속에서 동시적으로 이루어진다. 여기서 우리는 왜 예술작품이 「진실」한 동시에 「아름답게」 느껴지는가 알 수 있을 것이다.

예술작품에서는 「현실」을 진실하게 드러내는 일과 「이상」을 지향하는 미적 정향이 불가피하게 얽혀 있다. 이상을 상실한 채 어두운 현실을 암울한 그대로 드러내는 것은 결코 진실하지 않으며, 또한 아름답지도 않다. 반대로 현실을 무시하고 이상적인 모습으로만 치장하는 것은 절대로 아름다울 수 없으며 진실하지도 않다. 이처럼 예술작품에는 「인식론적」 측면(현실의 진실한 인식)과 「가치지향적」 측면(이상적 가치의 지향)이 긴밀하게 맞물려 있다. 예술작품의 아름다움이란 현실과 이상의 긴밀한 연관성, 혹은 「변증법적 관계」 속에서 실현된다고 할 수 있다.

　이렇게 해서 미적 대상이 실생활과 유리되는 특성을 지닌다는 사실에서 출발한 우리는, 예술작품이 또다른 차원에서 「현실」과 긴밀히 연관된다는 결론으로 되돌아왔다. 예술작품은 실생활과 직접적으로 연결되지는 않지만, 현실을 올바로 인식하고 그 인식을 가치지향적 자기인식의 형태로 포함한다. 이처럼 「인식」과 「자기인식」의 이중적 측면은 예술작품의 내용적 측면이며, 보다 정확하게는 (예술)형식과 (현실)내용의 「변증법적」[14] 관계에 유념하는 관점이다. 예술과 현실 그리고 형식과 내용의 관계를 변증법적으로 파악하는 미학은 예술이 현실에 대해 자율성을 지닌다고 보는 「형식주의 미학」과는 구별된다. 예술이 현실에 대해 「상대적 자율성」을 지니면서도 또한 내면적으로 깊은 관계를 맺고 있다고 보는 「변증법적 미학」에는 헤겔 미학이나 마르크스주의 미학 등이 포함된다.

　현대 문학이론은 감당하지 못할 정도로 방대해졌지만 크게 나눠서 우리가 살펴본 「형식주의 미학」과 「변증법적 미학」의 두 가지 계통으로 분류된다. 형식주의의 계열에는 형식주의, 구조주의, 탈구조주의, 해체비평(예일 학파), 신화 비평(N. 프라이) 등이 있으며 변증법적 미학에는 반영이론(루카치), 생산이론, 비판이론(아도르노), 가치론적 미학(까간) 등의 전개를 볼 수 있다. 다음에서 우리는 이 여러 방법론들을 개괄할 것인데, 우선 간략하게 도표로 정리해보기로 한다.

---

14) 변증법적 논리의 특징은 내용과 형식, 현실과 예술 등 외견상 대립된 개념들이 단순한 이항대립이 아니라 상호 침투하는 관계에 있는 것으로 파악하는 것이다. 여기에 대해서는 제2장 1절과 6～9절을 참조할 것.

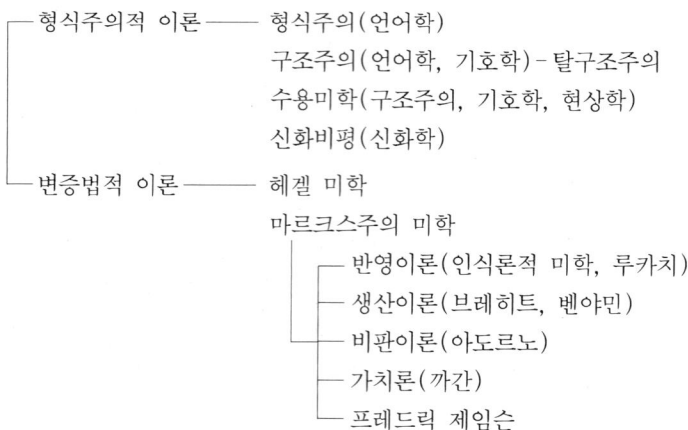

　도표 이외의 것으로는 정신분석학적 이론(라캉)을 들 수 있으며 이는 탈구조주의와 연관되어 있기도 하다. 앞에서 우리는 문학연구 방법론이 인접학문에 의존하여 다양한 전개를 보인다고 했는데 미학의 두 가지 방향에 따른 이 분류표에 나타난 이론들 역시 여러 인접학문들과 방법론적으로 연관되어 있다. 형식주의, 구조주의, 탈구조주의는 언어학과 관련을 맺고 있으며, 수용미학은 현상학 철학과, 마르크스주의 미학은 마르크스주의 철학, 정치 경제학, 사회학과 관계가 있다. 또한 정신분석학적 이론은 심리학적 방법론에 의존한다고 할 수 있다. 이제 각 문학연구 방법론들이 어떤 이론을 펴고 있는지 구체적으로 살펴보기로 하자.

제 2 장
문학연구방법의 전개

1. 형식주의적 방법과 변증법적 방법

 우리는 앞에서 문학연구의 경우에는 이론의 정립 그 자체보다 그 이론을 통해 개개의 작품들의 가치를 해명하는 일이 중심영역임을 밝혔다. 그러나 개별작품의 해명은 이론이 정립되어 있지 않는 한 어려운 일이며 이론 자체는 개별작품의 완전한 분석보다는 논리적 체계를 세우는 작업에 힘쓰게 된다. 따라서 문학연구는 이론 체계를 정립하는 일과 함께 그「이론」을 구체적 작품 분석에 적용시키는 활동을 필요로 하는데 그 분야의 활동을 우리는「비평」이라고 부른다. 비평은 개별작품들을 이론적으로 고찰하고 가치를 평가하여 역사적 흐름에 따라 나타나는 각 작품들의 위치를 정하게 된다. 이처럼 역사적 순서에 따라 각 작품들의 자리가 정해진 것이 바로「문학사」이다. 다른 한편 문학사는 이론을 세우는 데 있어 역사적 근거를 제공해준다. 따라서 문학이론, 비평, 문학사의 관계는 다음과 같이 표시될 수 있다.

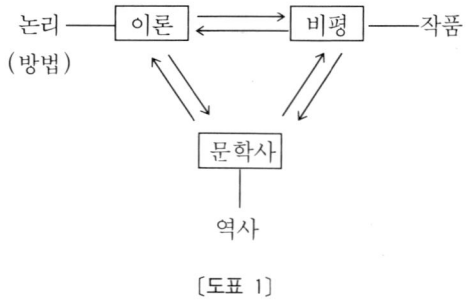

[도표 1]

　문학이론이 하나의 학문적 이론으로서 정립되려면 어떤 논리적 체계의 도움이 필요한데 이론의 정립에 필수적인 그 논리적 체계를 우리는 「방법」(혹은 방법론)이라고 부른다. 문학연구방법은 인접학문에서 빌려오는 경우가 많아서 우리는 언어학적 방법, 사회학적 방법, 심리학적 방법 등의 여러 방법론을 말할 수 있다. 또한 어떤 종류의 논리체계를 사용하느냐에 따라 형식주의적 방법과 변증법적 방법으로 크게 이분해 볼 수 있다.

　형식주의적(혹은 구조주의적) 방법은 논리적으로 가능한 모든 경우들을 이론적으로 연결하여 하나의 완전한 체계를 수립하려 한다. 예를 들어 F. K. 슈탄첼은 소설의 시점과 서술을 연구하면서 유형원이라는 완전한 논리적 체계를 정립하려 했다.[1] 그는 먼저 작가적 서술, 인물적 서술, 일인칭 서술의 세 기본유형을 설정하고, 각 유형들 사이에 논리적으로 가능한 (그리고 경험적으로도 확인되는) 예들을 제시하여 작품의 예에 조회하면서 매우 유연하고 탄력있는 분류표를 작성한다. 그러나 이 분류표에 한 가지 빠져 있는 요소가 있는데 그것은 역사적 문맥이다. 물론 이 훌륭한 서사학자는 역사적 요소를 전적으로 배제하지는 않는다. 즉, 그는 《걸리버 여행기》에서 《질투》에 이르기까지의 작품들의 변화를 유형원의 원주에 따라 배열한다. 그러나 그것은 체계의 논리

---

1) F. K. 슈탄첼, 《소설의 이론》, 김정신 역(문학과비평사, 1990).

적 구성에 따르는 부산물로서의 역사적 변화일 뿐이다.

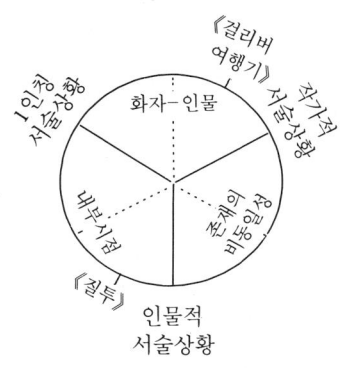

[슈탄첼의 분류표]

그런데 슈탄첼뿐만 아니라 일반적으로 논리적 체계를 작성하기 위해서는 잠정적으로 역사적 문맥을 배제하는 것은 불가피한 일이기도 할 것이다. 이처럼 완전한 논리적 체계를 수립하기 위해 역사적 문맥은 잠정적으로 유보하는 연구를 「공시적 연구」라고 한다.

그와는 달리 「이론」은 「역사적 문맥」을 통해서만 구체적 「작품」과 만날 수 있다는 생각에서 「논리적 연구」와 「역사적 연구」의 통일 속에서 논의를 전개하는 것이 변증법적 방법이다. 예를 들어 소설에 대한 이론을 생각해보자. 형식주의적 이론은 이제까지 있어 왔던 모든 소설들을 논리적으로 분류하고 연결시켜 소설이론의 체계를 세우려 할 것이다. 소설이론의 체계를 세우기 위해 동원된 작품의 예들은 체계의 한 요소로서 논리적 완결성을 위해 기여한다. 그러나 그 예들은 체계의 분류표에 종속되어 있는 한 추상적인 범례에 불과할 것이다(슈탄첼의 분류표를 생각해보라). 분류표 속의 작품이 구체적인 작품의 특수성을 회복하기 위해서는 자신의 역사적인 자리로 되돌아가야 한다.

상호 구별되는 소설작품들은 그 작품들이 서로 다르기 때문에 그것들의 총화로서 소설이론을 「논리적」으로 구성하는 다양한 자료가 될 수 있다. 그러나 바로 그 개별작품들의 차이는 「역사적」 요인에 의한 작품의 변화에서 생겨난 것이다. 따라서 개별작품들을 논리적으로 통합하려는 소설에 대한 합법칙적 연구는 작품의 차이를 발생시킨 역사적 요인에 대한 연구를 매개로 해야 한다. 더욱이 작품의 내용적인 측면에 대한 연구는 역사적인 연구를 배제하고는 거의 불가능할 것이다. 왜냐하면 작품의 내용은 역사적 현실 내용과 긴밀히 연관되어 있기 때문이다.

예컨대 고소설, 비판적 리얼리즘 소설, 사회주의 리얼리즘 소설, 모더니즘 소설 등을 우리는 소설의 이론을 통해 설명할 수 있다. 이때 소설의 이론은 왜 서로 다른 형식의 작품들을 똑같이 소설로 부르는지 설명해야 하며, 따라서 각 차이들을 논리적으로 포괄하는 것이 되어야 한다. 그러나 다른 한편 이 여러 형식들을 똑같이 소설로 부른다면 왜 그 형식들의 차이가 생겨났는지를 해명해야만 한다. 물론 비판적 리얼리즘, 사회주의 리얼리즘, 모더니즘의 차이는 소설의 서로 다른 유형으로 설명될 수도 있다. 하지만 그러한 유형론은 각 형식들을 분류표 속에 위치시킬 수 있을 뿐이며 구체적 역사 속에서의 특수성은 밝히지 못하게 된다. 「논리적」으로 소설의 한 형태이면서 또한 「역사」 속에서 특수성을 지니는 소설을 설명하려면 특정한 형식에 대한 논리적 연구는 그 형식의 특수성을 밝히는 역사적 연구와 결합되어야 한다. 이런 점에 유의하여 「논리적 연구」와 「역사적 연구」의 통일 속에서 문학이론을 세우려는 것이 변증법적 방법의 특징이다.

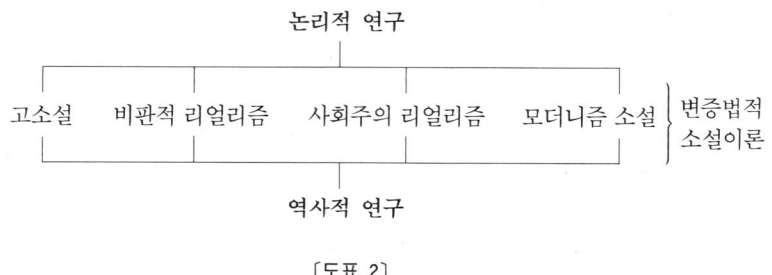

〔도표 2〕

따라서 변증법적 방법의 경우 이론은 논리, 역사, 작품의 세 가지 맥락에 연관되어 있다. 이 점에서 [도표 1]의 「이론」에 관계된 맥락은 다음과 같이 보다 상세히 표시될 수 있다.

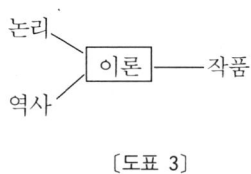

[도표 3]

이상에서처럼 변증법적 방법은, 보편이론을 무시간적 공간 속에서 논리화시키는 것이 아니라, 구체적 역사와 개별작품의 고찰을 매개로 논리적 이론을 구성한다. 이 점에서 변증법적 이론은 문학이 특수성[2] (보편성과 개별성의 통일)의 영역임을 존중하는 셈이다. 그러나 우리의 논의는 변증법적 방법이 형식주의에 비해 일방적으로 우월함을 주장하려는 것은 아니다. 형식주의적 방법도 「외적 형식」의 체계를 밝히는 데 있어서는 뛰어난 통찰과 분석을 보여주기 때문이다.

우리는 흔히 문학작품을 「내용」과 「형식」으로 나누며 형식을 다시 「내적 형식」과 「외적 형식」으로 구분한다. 작품의 내용이란 (역사적) 현실의 내용에 의해 규정되며 그 내용은 다시 형식으로 전화된다. 이 내용이 형식으로 전화된 것을 우리는 「내적 형식」이라고 부른다. 그러나 작품의 내용은 역사적 현실에 의해 직접적으로 규정되지는 않으며 그 내용의 형식으로의 전화 역시 직접적인 규정성을 갖지는 않는다. 현실논리와는 다른 「문학적 계열체」라는 상대적 자율성을 지닌 발전 논리가 존재하기 때문이다. 또한 하나의 완성된 작품은 내적 형식 외에 보다 세부적이고 「기법」적인 외적 형식을 지니는데, 외적 형식에 대한 내용의 규정성은 보다 더 간접적이 된다. 다시 말해 외적 형식(예컨대

---

[2] 미학적 특수성의 범주에 대해서는 G. 루카치, 《미학서설》, 홍승용 역 (실천문학사, 1987), 155~289면을 참조할 것.

소설의 문체나 서술기법 등)은 내용(주제, 세계관 등)에 의해 직접적으로 결정되지는 않는다. (물론 무관하지는 않다.)[3] 외적 형식은 다른 한편으로는 작품의 매체(혹은 재료, 소설의 경우 언어)를 사용하는 기법적인 측면이기도 하다.

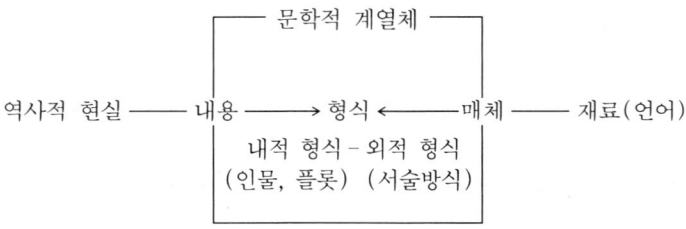

이처럼 외적 형식(혹은 「기법」)은 역사적 내용에 의한 규정성이 상대적으로 적기 때문에, 잠정적으로 역사적 문맥은 배제하고 여러 기법의 논리적(그리고 경험적) 가능성을 따지는 형식주의적 방법을 통해 세밀하게 분석될 수 있다. 실제로 이 방법에 의해 발전된 소설이론은 서술이나 시점이론에 집중하고 있음을 볼 수 있다.

그러나 고소설, 리얼리즘 소설, 모더니즘 소설의 플롯구조의 차이를 설명하기 위해서는 역사적 고찰이 불가피하기 때문에 이 연구는 변증법적 방법에 의해서 훌륭하게 수행될 수 있다. 소설의 경우 주제나 인물, 플롯을 논할 때는 변증법적 이론이 제 몫을 할 수 있으며, 시점·서술·문체에 대한 연구에서는 형식주의적 이론이 큰 도움을 제공할 수 있다. 이처럼 양자의 관계는 상호 보완적인데 이 점에 관해서는 뒤에서 다시 논의하기로 한다. 이제 우리는 앞에서 논의했던 두 가지 문학연구방법을 보다 세부적으로 살펴볼 것이다. 형식주의와 변증법적 이론을 살펴

---

3) 일반적으로 양자의 연관성은 매우 내밀하고 간접적이다. 그 둘의 관계를 밝히는 일 역시 매우 흥미있는 일이 될 것이다. 한편 외적 형식을 생산이론의 견지에서 매체와 연관된 보다 큰 개념으로 생각하면 외적 형식과 내용의 관계는 아주 근원적인 의미를 지니게 된다. 7절 생산이론을 참조할 것.

보기 전에 이 둘에 속하지는 않지만 유의해야 할 연구방법인 역사전기적 방법을 먼저 고찰하기로 한다.

2. 역사전기적 방법

　역사전기적 방법(혹은 역사주의적 방법)은 문학작품의 「외부」적 요인들을 규명함으로써 작품의 이해에 도움을 주려는 목적을 갖고 있다. 우리는 흔히 문학의 본질이 작품의 「내부」에 있으며 문학을 이해하는 것은 그 내부를 규명하는 것이라고 생각한다. 그러나 작품의 이해에 긴요하면서도 작품 자체의 분석만으로는 찾아낼 수 없는 외부의 맥락들이 있는 것이다.
　예컨대 이육사의 〈청포도〉를 읽을 때 아무리 꼼꼼하게 시를 분석해 봐도 그 시가 언제 발표되었으며 작가는 어떤 생애를 살았는지 알아낼 수 있는 방법은 없다. 우리는 작품을 분석하는 대신에 작품 이외의 자료를 찾아봐야만 그것을 확인할 수 있다. 물론 〈청포도〉의 발표연도와 작가의 생애를 알았다고 해서 저절로 그 시에 대한 결정적인 해석이 얻어지는 것은 아니다. 그러나 작품의 「발표연도」, 「작가의 생애」, 「원본의 확정」 등은 작품을 올바로 이해하기 위한 필수적인 예비작업임에 틀림없다. 더욱이 때로는 그것이 작품의 정확한 이해를 위해 매우 긴요한 단서를 제공하기도 한다. 예를 들어 〈님의 침묵〉을 읽으면서 그 시가 1920년대에 발표되었음을 상기하는 것은 '님'의 상징적 의미를 이해하는 데 큰 도움을 준다. 또한 〈님의 침묵〉의 작가 한용운이 〈불교유신

론〉을 쓴 승려였다는 사실을 알 때 우리는 그 시가 지닌 사상적 체계를 「보다 분명히」 확인할 수 있다.

또다른 예로서 김소월의 〈접동새〉 중 '아우래비 접동'이란 시구는 판본에 따라 '아오라비'로 되어 있는 것도 있는데 어느 것이 원본인지 확정하는 것은 이 구절을 해석하는 데 필수적인 요소가 된다.[4] 김소월의 이모의 회고담에 의하면 '아홉 오라비'의 준말로 추측되므로 '아오라비'가 원본에 가까운 것으로 생각된다.

그 밖에 특히 고전문학의 경우 그 시대의 언어에 대한 이해가 없이는 작품의 해석이 불가능하다. 한 예로 고려가요 〈쌍화점〉에서 쌍화점이 무슨 뜻인지 아무리 작품을 반복해 읽어봐도 해답이 나오질 않는다. 우리는 일단 작품 외부로 나와서 그 시대의 언어에서 쌍화점은 만두가게를 뜻한다는 것을 안 후에야 작품을 올바로 이해할 수 있다.

이처럼 역사전기적 방법은 작품의 이해를 위한 예비적 작업으로 이용될 경우 가장 큰 효과를 얻을 수 있다. 그리고 이러한 예비작업으로서의 역사전기적 방법은 필수적인 것이기도 하다. 그러나 문제는 마치 이 방법으로 문학을 모두 이해할 수 있는 것처럼 절대화시키는 데 있다. 19세기의 역사전기(역사주의) 비평가 생트뵈브(Sainte Beuve)와 텐느(Taine)가 바로 그 경우이다. 생트뵈브는 '그 나무에 그 열매'[5]라는 비유를 사용하면서, 나무를 알면 무슨 열매가 열릴지 알 수 있듯이, 외적 조건들을 살펴보면 작품을 알 수 있다고 말했다. 그가 말하는 나무에 해당되는 외적 조건은 「작가의 전기」와 「시대적 환경(milieu)」이다. 생트뵈브는 작가의 전기를 특히 사회적 관계에서 해명하고 있으며 그것을 포함한 환경을 중요시하고 있다. 그의 논의에 따르면 한용운의 삶과 식민지 시대라는 「나무」가 〈님의 침묵〉이라는 「열매」를 맺게 했다는 것

---

4) 이상섭, 〈역사주의 비평의 방법〉, 《문학비평의 방법과 실제》, 이선영 편(동천사, 1983), 57면.

5) Sheldon N. Grebstein, *Perspectives in Contemporary Criticism* (Binghamton : State University of New York, 1968), 2면.

이다. 우리는 열매만을 즐길 수도 있지만 나무를 살피지 않고 열매를 판단하는 것은 곤란하다.[6] 오히려 그 반대로 우리는 나무만 알면 자연히 그 열매를 알 수 있고 또 나무들끼리의 상호연관인 계통도를 그릴 수 있다. 생트뵈브는 이런 결정론적 입장에 근거함으로써 문학연구를 '정신의 박물학'으로 설정할 수 있다고 주장한다.

텐느는 생트뵈브의 주장을 보다 더 체계화해서 문학을 결정하는 3가지 요인을 내세운다. 3가지 요인이란 「종족(race)」, 「환경(milieu)」, 「시대(moment)」로서 이 요인들에 의해 문학작품이 결정된다는 것이다. 생트뵈브와 텐느의 이 같은 주장은 문학의 자율성과 내적 문제를 고려하지 않은 치명적인 한계를 지니고 있다. 따라서 그들은 나중에 형식주의자들에게 '의도의 오류'라는 논리로써 반박당하게 된다.

이제까지 살펴본 역사전기적 방법의 특징은 다음과 같이 정리될 수 있다. 역사전기적 방법은 문학에 관련된 외부적 맥락을 살펴봄으로써 문학을 이해하려는 시도이다. 이 방법은 「보조적, 예비적」 작업으로 사용될 경우 큰 성과를 얻을 수 있다. 특히 이 작업은 자료들을 살펴보는 데 있어 「실증주의적 방법론」을 사용하는데, 실증적 방법은 확실성과 객관성을 보장한다. 이견의 여지가 거의 생기지 않는다는 점은 역사전기적 방법이 지닌 장점 중의 하나이다. 이 방법의 구체적인 작업으로는 원본의 확정, 언어의 규명, 작가의 전기 및 작품 발표연도, 시대적 배경 고찰, 작품들의 상호 관련된 맥락 및 문학사 검토, 영향관계 검토 등을 들 수 있다.

그러나 역사전기적 방법은 작품 자체를 완전히 이해하는 데는 한계가 있을 수밖에 없다. 작품 외부의 사실들을 작품 내부의 맥락에 연관짓는 이론을 사용하지 않기 때문이다. 따라서 작품 외적 자료들이 작품의 내부를 결정한다는 절대화된 논리를 주장할 경우(생트뵈브와 텐느) 이내 반발을 불러일으킬 수밖에 없다. 그 점을 가장 예리하게 인식한 사람들은 바로 형식주의자들이었다.

---

6) 위의 책, 2면.

3. 형식주의적 방법

(1) 작품 내부의 연구

　형식주의는 작품의 「외부」적인 연구로는 문학의 본질을 규명할 수 없다는 생각에서 작품의 「내부」를 연구하려는 방법이다. 그들은 「작품 자체」에 대한 연구와 꼼꼼한 독서를 강조한다. 형식주의는 또한 문학작품이 언어로 된 사실을 중시하여 일상언어와 문학언어(시어)의 차이를 해명하려고 한다. 그런 과정을 통해 그들은 문학의 「본질」을 밝혀내려 시도하는데, 그러나 결국 그들의 작업은 「기법」에 대한 연구에 그치는 한계를 드러낸다. 그래서 부분적인 기법에 대한 고찰에서 벗어난 전체(구조)를 연구하려는 움직임은 「구조주의」로 나아가게 된다.
　이제 그러한 형식주의의 특징과 한계를 좀더 자세히 살펴보자. 먼저 형식주의가 작품의 내재적 연구(내부의 연구)를 강조하는 근거 중의 하나는 '의도의 오류(The intentional fallacy)'라는 논리이다.[7] 역사전기적 방법은 외부 결정론을 뜻하는 '그 나무에 그 열매'를 말하지만 형식주의는 그 나무에 무슨 열매가 열릴지 (나무 자체의 고찰만으로는) 알 수 없다는 주장이다. 왜냐하면 문학의 경우 생물학과는 달리 늘상 '의도의 오류'가 발생하기 때문이다. 의도의 오류란 작가(나무)가 의도한 것이 결과적으로 그대로 실현(열매)되지 않는다는 뜻이다. 작가의 의도는 작품의 외부에 존재하며 작가는 그것을 내적으로 형상화하려 시도하지만, 창작의 복합적이고 미묘한 과정은 매번 그의 의도와 어긋나는 결과를 낳게 한다. 거의 무의식적 차원에서 작가에게 작용하는 문학의 고

---

[7] W. K. Wimsatt・Monroe C. Beardsley, The intentional fallacy, *The Verbal Icon* (University of Kentucky Press, 1954).

유한 「내적 질서」는, 작가의 단순한 의도에 문학적인 재조직 과정을 부여하기 때문이다. 따라서 아무리 작가의 말을 들어봐도 작품의 이해에 결정적인 도움이 되지는 않는다. 작품의 내부에는 늘상 작가가 의도적으로 통제할 수 없는 요소가 있기 때문이다. 우리는 작가의 말을 경청하는 대신에 작품 자체를 (그 「내적 질서」를) 세밀하게 분석해보아야 한다.

 이러한 형식주의의 주장은 일면 수긍될 수 있지만 그러나 그들은 문학의 내부를 강조한 나머지 외부를 철저히 배제하는 오류를 범한다. 앞에서 살펴봤듯이 외부적 사실들을 확인하는 작업은 (문학의 결정적인 이해를 제공하지는 못해도) 어느 정도까지는 필수적인 과정이다. 따라서 극단적인 경우 외에는 형식주의자들 자신도 암암리에 외부적 사실에 참조를 구할 수밖에 없다. 예컨대 시대적 배경을 고려하지 않은 채 이방원의 〈하여가〉나 정몽주의 〈단심가〉를 어떻게 해석할 수 있겠는가. 그뿐 아니라 형식적 고찰이라는 작업 자체가, 말단의 외적 형식(혹은 기법)만이 아닌 의미구조(내적 형식)를 대상으로 하는 한, 은연중에 작품의 내용과 그것에 담긴 현실의 내용을 다루지 않을 수 없는 것이다. 모두가 다 그런 것은 아니지만 어떤 완고한 형식주의는 그 같은 자기자신의 (불가피한) 한계를 몰각한 채 내재적 분석을 절대화한다. 그러나 형식주의는 자신의 한계를 인정하는 한에서만 중요한 연구방법이 될 수 있다.[8] 그리고 그러한 한계는 변증법적 비평과 손을 잡을 때에만

	유효성	극단적인 경우
역사전기적 방법	보조적·예비적 연구	외부 절대화
형식주의적 방법	작품의 내적 질서	내부 절대화
변증법적 방법	외부와 내부의 상호침투	

---

8) 이에 대해서는 프레드릭 제임슨의 문학이론을 논의하면서 보다 자세히 살펴보기로 한다.

비로소 극복될 수 있다. 이제까지의 논의를 바탕으로 역사전기적 방법, 형식주의적 방법, 변증법적 방법의 특징을 정리하면 앞의 도표와 같다.

(2) 언어와 기법에 대한 연구

형식주의는 구체적인 방법론으로「언어학」에 큰 관심을 가진다. 형식적 측면에서 보자면 문학작품이 언어로 된 구조물이라는 점은 가장 중요한 특징 중의 하나이기 때문이다. 문학작품은 언어로 되어 있지만 일상언어와는 다른 방식의 질서를 갖고 있다. 따라서 그 문학언어(시어)의 독특한 질서를 해명할 때「문학성(literariness)」이 무엇인지 밝혀질 것으로 생각된다. 형식주의의 논의가 대부분 일상언어와「시어(문학언어)」의 차이를 규명하는 것으로 진행되는 것은 이 때문이다.

그러나 형식주의자들이 이런 방법에 철두철미했던 것은 아니다. 그들은「전체」로서의 작품보다는 문학성을 드러내는「요소」들에 관심을 가졌고, 그것들에 대한 언어적 연구도 논리보다는 직관에 의존했다. 따라서 형식주의는 문학성의 요소나「기법」[9]의 연구에 치우쳤고, 언어학을 철저한 방법론으로 활용하지 못한 채 임기응변적인 연구 성향을 지니게 되었다. 이 같은 한계를 넘어서서 기법보다 전체「구조」의 연구를 내세우면서, 언어학을 엄밀한 과학적 방법론으로 삼으려 한 것은 구조주의자들이었다.

구조주의의 언어학적 방법의 적용은 그 다양함과 치밀함에 있어 실로 경악할 만한 것이었다. 복잡한 그 흐름을 살펴보기 전에 먼저 형식주의의 방법을 대략적으로 개괄하기로 하자.

형식주의는「러시아 형식주의」와 미국의「신비평」의 두 조류로 나눠

---

9) 모든 형식주의자들이 다 그런 것은 아니었다. 예컨대 프로프의 러시아 민담연구는 민담의「구조」를 연구한 것이었고 구조주의적 요소를 배태하고 있었다.

진다. 러시아 형식주의(아이헨바움, 쉬클로프스키, 프로프, 토마체프스키, 티냐노프 등)는 1910년대 말에서 20년대에 걸쳐 성행했다가 30년대에 정치적인 탄압으로 해소되는 과정을 거친다. 그러나 이들 중 많은 사람들(야콥슨, 무카로프스키, 르네 웰렉)은 체코 구조주의(프라그 학파)나 프랑스 구조주의로 연결되는 활동을 보였다. 미국의 신비평은 1930년 후반에서 50년대 후반까지 번성했는데, 밴더빌트대학교의 랜섬 교수와 그의 제자, 후배들(클리언스 브루크스, R. P. 워렌, 알란 테이트, W. K. 윔서트 등)이 왕성한 활동을 보여 그 기원을 이루었다. 신비평은 이후 「시카고 학파」(신아리스토텔레스 학파)라는 「다원론」을 표방하는 또다른 형식주의에 의해 비판을 받기도 했다. 시카고 학파(R. S. 크레인, 웨인 C. 부드 등)는 신비평과는 달리 전체의 구성이나 플롯을 중시하는 태도를 보였으며 웨인 C. 부드의 《소설의 수사학》[10]은 이 학파의 대표적인 성과로 볼 수 있다.

러시아 형식주의는 문학성을 드러내는 장치들에 많은 관심을 가졌는데 쉬클로프스키가 논의한 「낯설게 하기」는 가장 잘 알려진 예이다. 낯설게 하기란 익숙해져 있는 사물을 낯설게 만들면 그 사물의 본질이 보이는데 시가 그 역할을 수행한다는 것이다. 쉬클로프스키의 이 지각이론은 의외로 아주 깊은 의미를 내포하고 있다. 어떤 사물을 언어적 표현에 의해 낯설게 만들면 그 사물을 지각하는 시간이 지연되는 대신 갖가지 복합적인 정서적, 심리적 내용들이 형성된다. 이러한 새로운 지각작용은 자동화된 개념적 지각의 한계를 탈피하여 사물의 풍성한 본질적 내용을 인식하게 만든다.

예컨대 낙엽을 '갈색의 마른 잎'이라고 표현하면 낙엽에 대한 자동화된 상투적인 지각만이 이루어진다. 그러나 '낙엽은 폴란드 망명정부의 지폐'라고 하면 낯설게 지각되는 대신 풍성한 정서적, 심리적 의미들을 얻게 되는 것이다.

이러한 지각이론은 일상생활에서도 그 예를 발견할 수 있다. 간단히

---

10) 웨인 C. 부드, 《소설의 수사학》, 최상규 역 (새문사, 1985).

한 예를 들어보자. 어떤 남자가 아름다운 여자에게 반해서 결혼을 하게 되었다. 그런데 그는 결혼 후 그녀의 모습을 너무 긴 시간 동안 보게 된 나머지 그 모습에 익숙해져서(자동화되어서) 그녀의 아름다움을 잊어버리게 되었다. 그가 그녀를 처음 만났을 때, 즉 그녀가 「낯설었을」 때는 그 모습이 아름다웠지만, 이제는 지각이 자동화되어서 아름다움을 상실하고만 것이다. 이때 그녀의 아름다움을 되찾기 위해서는 「낯설게 만들기」(탈자동화)가 필요한 것이다.

이 예를 보다 더 확장시켜보자. 인류 문화의 초기에 세계는 인간에게 시적인 것으로 가득 차 있었다. 그러나 문화의 발달에 따라 세계는 인간에게 보다 친숙한 것이 된 대신, 그 본래의 시적인 성격은 차츰 잃게 되었다. 문화가 발달한다는 것은 「낯선」 세계를 문화적인 것으로 개념화시키는 과정이며, 따라서 세계에 대한 시적 지각은 「자동화」된 지각으로 바뀌어버린다. 이처럼 개념화되고 자동화된 산문의 시대에, 원래의 세계의 본질인 시적인 상태를 회복하기 위해서는 낯설게 하기가 필요한 것이다.

「낯설게 하기」는 사회적 인식의 이론에 적용될 수도 있다. 브레히트의 「소격효과」는 서사극을 통해 낯설게 하기를 리얼리즘의 인식론에 연결시킨 수법이었다. 「서사극」이란 전통적인 아리스토텔레스적 연극과는 달리 극중 상황에 대해 비판적 거리를 유지하게 하여 극적 환영을 파괴하는 방법이다. 극적 환영을 파괴하는 것은 부르주아 이데올로기에 의한 자동화된 인식을 파괴함으로써 「탈자동화」의 과정 속에서 부르주아 사회의 모순을 인식하도록 하기 위한 것이다. 부르주아 「이데올로기」는 그 사회의 숨겨진 본질(모순)을 위장하고 「자동화된 인식」을 제공하는 것인데, 소격효과는 그것을 탈자동화시킴으로써 은폐된 모순을 드러낸다. 탈자동화의 방법에 의존하는 점에서 소격효과는 낯설게 하기와 근본원리를 공유한다고 할 수 있다. 물론 러시아 형식주의의 낯설게 하기는 이러한 사회적 차원까지 나아가지는 않았다.

낯설게 하기 이론은 이후로 체코 구조주의를 통해 「전경화(foregrounding)」[11]의 원리로 설명된다. 좀더 포괄적인 의미를 포함하지만 전경화는 낯설게 하기처럼 (자동화된) 일상언어와는 달리 심미기능을 유발한다. 그러나 체코 구조주의는, (예술작품의) 심미적 가치는 '미구조화된 심미성'(이것은 일상언어에도 나타난다)과 '구조화된 심미성'의 변증법적 종합을 통해 기능한다고 보았다.[12]

 러시아 형식주의와 체코 구조주의는 낯설게 하기(혹은 전경화)라는 문학적 지각의 중요한 측면을 천착했지만, 그것의 기능을 형식적, 언어적 차원에 국한시킴으로써 더이상의 풍성한 성과를 얻지 못했다. 문학성에 대한 규명을 기법과 시어의 차원에 제한시킨 것은 신비평의 경우도 마찬가지였다. 신비평가들은 늘상 시어(문학언어)와 일상언어의 차이점을 설명하려고 노력했다. 일상언어와는 달리 시어는 결(texture)의 언어(랜섬), 역설의 언어(브루크스), 긴장의 언어(앨런 테이트), 애매성의 언어(앰프슨)라는 특징을 지닌다. 예컨대 '내 애인은 아름답다'는 일상언어지만 '나의 연인은 한 떨기 백합꽃'하면 시어가 된다. 왜냐하면 한 떨기 백합꽃이란 언어에는 아름답다는 뜻 이외에 순결성, 하얀 색, 향기로움, 고귀함 등의 의미들이 결을 이루고 있기 때문이다. 랜섬은 개념화된 단일한 의미를 지닌 언어가 일상언어인 반면 시어는 고정되지 않은 어른거리는 의미의 결을 이룬다고 생각했던 것이다.

 이와 유사하게 브루크스는 시어를「역설(paradox)」의 언어라고 불렀다. 예를 들어 유치환의 〈깃발〉이란 시를 보면 '이것(깃발)은 소리 없는 아우성/저 푸른 해원을 향해 흔드는 영원한 노스탤지어의 손수건'이라는 구절이 있다. 여기서는 '깃발은 아우성', '깃발은 손수건'이라는 은유가 사용되고 있다. 이 은유에서 깃발이 아우성이나 손수건과 동일시될 수 있는 것은 그 단어들과「내포적 의미」를 공유하기 때문이다.

---

11) Paul L. Garvin 편, *A Prague School Reader on Esthetics, Literary Structure, and Style* (Georgetown University Press), 10면.
12) Jan Mukarovsky, The Esthetics of Language, 위의 책, 36면.

내포적 의미란 외연적 의미(사전적 의미)와 구별되는 섬세하고 작은 의미들(뉘앙스, 분위기, 역사적 함의 등)을 말한다. 깃발은 역동적인 느낌을 지닌 점에서 아우성과, 그리고 향수를 불러일으키는 점에서 손수건과 동일시된다. 그러나 일상적인 (혹은 사전적인) 어떤 의미의 맥락에서 보면 깃발은 그 단어들과 오히려 정반대의 의미를 지닌다. 가령 소리의 측면에서 보면 소리가 나지 않는 '깃발'은 시끄러운 '아우성'과 대립된다. 또한 크기의 측면에서 보면 커다란 깃발은 조그만 손수건과 반대의 뜻을 지닌다. 이처럼 외연적(사전적) 의미의 차원에서 보면 깃발을 아우성이나 손수건과 동일시하는 것은 일종의 역설이다. 그러나 그 모순은 내포적 의미를 강력하게 공유함으로써 해소되는 바, 시어의 특징은 오히려 이처럼 역설이 무리 없이 통용될 수 있게 기능하는 데 있다. 일반적으로 시어는 이러한 이질성(역설의 측면)과 동질성(내포적 의미 공유)의 긴장관계 속에서 나타나는데, 이 점에서 앨런 테이트는 시어를 「긴장(tention)」의 언어라고 불렀다.

이처럼 신비평가들은 감수성과 언어학적 지식에 의존하면서 재치있게 시어를 분석했다. 그러나 그들은 러시아 형식주의와 마찬가지로 작품의 전체적 구성에 대한 연구에는 소홀했고 이 점에서 시카고 학파(신아리스토텔레스 학파)의 비판을 받게 된다. 러시아 형식주의가 철저한 구조적, 언어학적 연구를 내세운 구조주의로 이행되듯이, 미국의 형식주의는 기법의 연구에 편향된 신비평에서 구성과 플롯을 중시하는 신아리스토텔레스 학파로 이행되었던 셈이다.

4. 구조주의적 방법

(1) 구조주의의 기본 개념

　구조주의 이론가들은 형식주의의 임기응변적 연구를 지양하고 언어학을 확고한 방법으로 삼아 문학연구를 「과학화」시키려 시도했다. 구조주의적 방법론은 소쉬르의 《일반언어학강의》(1916)에서 확립되는데 이 언어학을 위한 방법론은 레비-스트로스 등의 「프랑스 구조주의자」들에 의해 인류학과 문학의 분야에 적용이 시도된다. 이와는 달리 러시아 형식주의의 전통을 계승한 「체코 구조주의」는 프라그 언어학회의 구조언어학을 바탕으로 구조주의 문학연구를 전개하게 된다. 물론 이 양쪽의 흐름이 전혀 교류가 없었던 것은 아니었다. 야콥슨은 러시아 형식주의에서부터 체코 구조주의까지 활동한 사람이지만, 그는 미국에 망명해 레비-스트로스에게 영향을 주었으며, 이후 두 사람은 보들레르의 〈고양이들(Les Chats)〉을 분석하면서 구조주의적 방법의 전범을 보여준다. 그러나 양쪽의 조류는 약간의 상이성을 지니고 있었으므로 우리는 뒤에서 그 둘을 나눠서 살펴보기로 한다. 그에 앞서 먼저 구조주의의 기본 개념들을 고찰해보자.
　구조주의는 그 방법론 속에 두 가지의 반대를 내포하고 있다. 하나는 단순한 경험주의(실증주의)에 대한 반대로서, 표면 현상의 이면에 구조가 내재해 있으며 그 구조를 찾아내는 것이 연구의 목표라고 주장한다. 다른 하나는 개별 주체를 강조하는 주관주의에 대한 반대인 바, 문화현상은 개별 주체가 활동한 결과가 아니라 인간의 의식 속에 (보편적) 구조가 발현된 결과라는 것이다. 따라서 그 구조에 대한 연구는 객관적이고 과학적인 연구가 된다.

이러한 구조주의의 원리를 언어학적 방법론으로 확립한 것은 소쉬르였다. 소쉬르는 《일반언어학강의 (*Course in General Linguistics*)》에서 다음의 세 가지 원칙을 논의한다. 첫째로 언어(음소 혹은 단어)는 경험적인 실체로서가 아니라 언어적 체계 내에서의 위상을 정함으로써 분석될 수 있다. 예컨대 '북'이란 단어는 우리가 북이라는 대상을 경험함으로써 얻어지는 것이 아니다. 그보다는 우리의 언어체계 내에서 '박'이나 '복' 같은 다른 단어들과 구분되는 '북'이라는 음운 조직과 그에 할당된 의미를 상기함으로써 성립된다. 따라서 전체 언어체계에 대한 분석이 없는 '북'의 음성적 특성이나 의미에 대한 논의는 의미가 없다.

둘째로 언어는 「랑그」와 「빠롤」로 구분되어 있다. 빠롤(parole)은 말해진(혹은 글로 써진) 개개의 언어로서 우리가 구사하는 구체적인 언어현상으로 나타난다. 반면에 랑그(langue)는 언어체계 속에서 파악된 구조적 언어로서 추상적 문법(언어규칙) 체계 속에서 파악된다. 이 세상에는 무수히 많은 빠롤이 존재하지만 그것은 한정된 랑그의 체계로 분석될 수 있다. 빠롤은 개별적인 상황이나 개인적인 심리적·정서적 상태에 따라 다르게 나타나므로 각 빠롤들의 차이를 연구할 경우 객관적인 연구가 되기 어렵다. 소쉬르는 이런 관점에서 빠롤을 생산하는 랑그의 체계를 연구하는 것을 언어학의 목표로 삼았다. 무수히 많은 빠롤들의 심층에는 랑그라는 「구조」가 내재해 있으며 언어학은 표면의 (잡다한) 빠롤의 현상이 아니라 그 내재된 랑그의 구조(그것의 법칙)를 밝혀내야 한다는 것이다.

셋째로 언어는 「기표(signifiant)」와 「기의(signifié)」로 이루어져 있으며 그 둘의 관계는 「자의적 관계」이다. 기표란 언어의 물질적인 성분을 말하는 것으로 소리나 문자형태로 나타난다. 언어는 의미(관념)를 매개하는 기능을 하는데 모든 의미는 물질적인 성분과 결합되지 않으면 인간에게 지각될 수 없다. 현실의 모든 사물 자체가 물질로 되어 있으며 그것들의 의미가 인간에게 전달될 때에도 물질(화학물질)의 형태를 취한다. 심지어 의미가 인간의 정신에 기록될 때조차도 물질적인 장소

(두뇌의 외피)를 필요로 한다.

따라서 의미를 매개(혹은 생산)하는 언어 역시 물질적 성분을 필요로 하는데 우리는 그것을 기표라고 한다. 그리고 그 기표에 담겨 있는 의미나 개념이 기의인 것이다. 그런데 기의는 기표에 의해 자동적으로 (필연적으로) 나타나는 것은 아니며 양자의 관계는 언어적 규약(code)에 의해 정해진 것일 뿐이다. 우리는 꽃이라는 소리(음운)나 문자를 지각하는 순간 즉각 꽃(기표)의 기의를 떠올린다. 그러나 그것은 우리가 꽃이 그런 의미를 나타낸다는 규약을 학습한 결과일 뿐이며, 만일 그렇지 못한 경우 우리는 기표가 나타내는 기의를 전혀 짐작도 할 수 없다. 외국어의 예는 그것을 잘 보여준다. 영어를 (그리고 영어의 규약을) 학습하지 못한 사람은 '플라워'라는 기표(소리, 문자형태)가 무슨 기의를 나타내는지 알아낼 방도가 없는 것이다. 왜냐하면 플라워라는 기표는 그것의 기의와 필연적 관계가 아니라 「자의적 관계」에 있기 때문이다.

이처럼 기표와 기의는 자의적 관계로 되어 있는데, 그 둘로 구성된 언어는 현실의 지시대상과 또다시 자의적 관계를 이룬다. 기의는 언어의 의미적 성분이긴 하지만 그것이 현실에 실재하는 지시대상과 일치된다고 볼 수 없기 때문이다. 예컨대 '꽃'의 기의는 현실의 어떤 특정한 꽃이 아니라 모든 꽃의 특성들이나 종류들의 총계 혹은 그것들의 어른거리는 이미지로서 나타난다. 그러나 실제 현실의 꽃은 특정한 종류와 상태의 복제 불가능한 실체인 것이다. 뿐만 아니라 실존성이 의문시되는 대상조차도 기의로서는 얼마든지 나타날 수 있다. 예를 들어 '외계인'은 그 지시대상의 실존 여부가 불분명하지만 기의로서는 얼마든지 사용될 수 있다. 물론 영혼, 유령, 청룡 같은 단어(그 기의)들이나 이성, 현존, 본질 같은 관념어들은 인간의 의식 속에 존재한다고 볼 수도 있다. 그러나 인간의 그 의식작용 자체가 언어와 불가분의 관계에 있으며 어쩌면 언어에 의해 그런 의식작용이 가능해지는 것일 수도 있다. 보다 더 흥미있는 예는 문학작품의 경우인데, 문학작품은 명백히 현실에 실존하지 않는 인물들과 세계들을 마음대로 형상화해내기 때문이다.

따라서 문학작품의 의미를 말할 때에는 일단 기의의 차원에 유념해서 현실(지시대상)과 연관시켜야 할 것이며, 탈구조주의처럼 기의조차도 문제시하는 경우에는 의미의 생성에 관한 한층 더 복잡한 설명이 필요할 것이다.

(2) 프랑스 구조주의

① 구조주의와 기호학

　소쉬르의 구조주의 언어학을 문화 및 문학의 영역에 적용시킨 프랑스 구조주의자로는 레비-스트로스, 롤랑 바르트, 토도로프, 그레마스, 제라르 주네트 등을 들 수 있다. 먼저 레비-스트로스는 구조주의를 새로운 철학적 방법으로 정립하여 문화현상 전반에 적용하려고 시도했다. 그의 그 같은 생각은 마르크스주의와 프로이트 심리학, 지질학 등에서 영향을 받았다고 한다. 구조주의는 이 세 연구방법과 똑같이 표면현상(사회 현상, 의식 표면, 지표면)을 결정하는 심층의 구조(자본주의 사회의 구조, 무의식, 지층구조)를 연구하는 방법이라는 것이다.

　레비-스트로스는 친족관계의 인류학적 연구에 구조주의 방법을 적용시켰는데, 그는 먼저 「언어학」과 「인류학」의 상이점을 강조하여 다른 분야에 적용할 때의 조심성을 강조했다. 언어학은 기능을 아는 상태에서 체계를 연구하는 것인 반면 인류학은 체계(부모-아들, 외삼촌-조카 등)는 알지만 기능을 모르는 상태에서의 연구라는 것이다. 레비-스트로스가 이 연구에서 얻어낸 결론은, 친족관계는 혈연관계에 의한 개인적인 유대로부터 생기는 것이 아니라, 인간의 의식 내부에 있는 표상의 체계에 의해 결정된다는 점이었다.

　레비-스트로스는 또한 무당(샤먼)의 치료에 대해 설명하면서 무당의 굿이 지닌 구조적 의미를 논의했다. 과학은 병과 병균과의 관계를 알게

하는 것이지만, 무당의 치료는 환자가 믿고 있는 신화(혹은 신화 속의 괴물의 세계)에 병을 결부시키는 방법이다. 이는 환자에게 신화적 언어를 부여하여, 환자의 무의식 속의 신화의 구조를 발현시킴으로써, 병을 이해하고 환자의 상태를 병을 이기기에 유리한 쪽으로 이끄는 것이다.

레비-스트로스는 토테미즘에 대해서도 비슷한 설명을 제시한다. 예컨대 곰(A)과 호랑이(B) 토템은, A, B부족 간의 관계를 생물의 종과의 관계로 바꿔 인식하는 것으로, 이러한 관계 체계 속에서의 인식은 인간의 구조화 능력의 발현이라고 말한다.

구조주의 방법을 문화현상 전반에 적용시키려 시도한 또다른 사람은 롤랑 바르트이다. 롤랑 바르트는 의상의 착용에 대한 설명에서, 의상은 개인의 표현이나 스타일의 문제가 아니라 일종의 언어체계인 「의상체계」의 작용에 의해 나타난다고 말한다. 언어체계(랑그)에 의해 언어(빠롤)가 생산되듯이 의상체계는 각 의상 조각들의 결합을 통해 「화법(speech)」으로서의 의상을 만들어낸다. 의상체계란 동일한 신체 부위에 동시에 입혀질 수 없는 의상의 조각이나 세트를 말하는 것으로, 그 조각들의 연합(예컨대 스커트-블라우스-재킷)으로 의상이라는 화법이 생산된다. 롤랑 바르트는 요리에 대해서도 비슷한 설명을 제시하고 있다.[13]

바르트처럼 일상생활의 모든 문화적 행위를 일종의 언어체계의 작용으로 보는 연구방법을 「기호학(semiology)」이라고 부른다. 기호학이라는 명칭은 소쉬르의 《일반언어학강의》에 이미 나타나 있지만 그것이 학문적 성격을 획득하게 된 것은 60년대 이후였다. 기호학은 구조주의의 일반적인 흐름에서 파생된 것으로 볼 수 있다. 그러나 기호학은 주로 언어를 비롯한 모든 사회적, 문화적 관습 속에서의 기호의 「의미작용」을 해명한다. 실제 언어는 물론이고 의상, 요리, 몸짓, 향수, 건축 등의 문화현상들은 일종의 언어적(기호적) 의미작용(의미의 생성이나

---

13) 레이먼 셀던, 《현대문학이론》, 현대문학이론연구회 역 (문학과지성사, 1987), 89~90면.

소통)으로써 어떤 메시지를 전달(생산)한다. 그 같은 기호들의 의미의 생성(혹은 소통) 과정을 연구하는 대표적인 기호학자로는 롤랑 바르트 외에 A. J. 그레마스와 이탈리아의 움베르토 에코, 구소련의 유리 로트만을 들 수 있다.

바르트의 기호학적 논의 중에서 이해하기 쉽고 흥미있는 것으로「신화적 의미작용」을 들 수 있다. 모든 기호들(언어뿐만 아니라 의미화될 수 있는 모든 대상들)은 언어적 의미작용 이외에 사회적·문화적 관습체계와 연관된 신화적 의미작용을 수행한다. 여기서「신화」란 고대의 신화가 아니라 어떤 사회의 고유한 의미를 유지하고 확장하기 위한 복합적인 이미지와 신념의 체계를 말한다. 신화적 의미작용은 언어적 의미작용과는 달리 형식과 내용 사이에 어느 정도 유추적·상징적 관계가 성립한다.

예를 들어 서정주의 〈국화 옆에서〉에서 국화라는 기표가 기의를 획득하는 과정이 언어적 의미작용이라면, 그 언어(기호)가 다시 기표가 되어 또다른 기의를 얻는 과정이 신화적 의미작용이 된다. 이 두 가지 과정을 도표로 제시해보자.

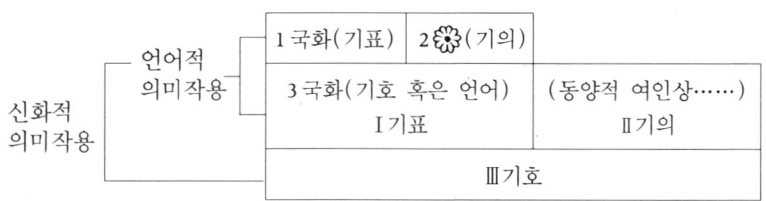

위의 도표에서 1은 기의가 빠진 텅 빈 국화(소리나 문자형태)이며 2는 그 기표의 기의이다. 1과 2는 국화라는 언어(기호)를 구성한다. 그런데 이 국화라는 단어는 서정주 시의 상징체계 속에서 (보다 넓게는 그것을 포함하는 사회적 관념체계 속에서) 또다른 의미를 생산한다. 즉 기호인 국화는 일종의 기표로서 새로운 기의를 만들어내는 작용을 하는 것이다. 이 후자의 상징적 의미를 만들어내는 작용이 바로 신화적 의미작용이다. 물론 신화적 의미작용은 더 반복되고 확장될 수 있다.[14]

바르트는 그 밖에도 여러 가지 다양한 구조주의적, 기호학적 논의를 전개했다. 바르트의 논의는 70년대에 이르러 변화를 보이기 시작하는데 하나의 분기점을 이루는 저서는 《S/Z》(1970)이다. 《S/Z》에서 그는 발자크의 〈사라진느(Sarrasine)〉를 분석하면서 구조주의에서 탈구조주의로 이행하는 과정을 보여준다. 바르트의 탈구조주의적 관점에 대해서는 5절에서 다시 살펴보기로 한다.

② **구조주의 서사학**
프랑스 구조주의의 또다른 중요한 흐름은 토도로프, 롤랑 바르트, 그레마스, 제라르 주네트로 대표되는 「구조주의 서사학」이다. 구조주의 서사학은 언어학적 연구방법을 서사문학의 분석에 직접적으로 적용시키려는 시도이다. 모든 언어(빠롤)의 심층에 보편적 문법(랑그)이 내재해 있듯이 모든 이야기의 심층에는 서사적 「문법」이 존재한다는 것이다. 서사문학(혹은 이야기)의 구성원리인 서사적 문법을 밝혀내는 것이 구조주의 서사학의 목표이다.

따라서 구조주의 서사학에서 다루는 것은 주로 플롯에 대한 분석이다.[15] 이들은 특히 플롯을 내용보다는 형식적 측면에서 일련의 기능소들의 결합으로 분석한다. 하나의 음절이 몇 개의 음소들의 기능적 결합에 의해 이뤄지듯이, 혹은 하나의 문장이 몇 개의 문법성분들의 기능적 연결로 구성되듯이, 한 편의 이야기는 일련의 「기능소」들의 결합에 의해 만들어진다.

예컨대 프랑스 구조주의 서사학의 원조격인 프로프(러시아 형식주의)

---

14) 윤병호, 〈롤랑 바르트의 기호학〉, 《구조주의》(고려원, 1992), 57~77면.
15) 프로프와 토도로프의 분석은 플롯 중에서도 담론적 배열은 고려하지 않은 차원에서 행해진다. 반면에 제라르 주네트는 그런 이야기의 연결 플롯보다는 담론에 대한 분석을 행한다. 이야기, 플롯, 담론의 관계에 대해서는 제5장을 참조할 것.

는 러시아의 민담을 31가지의 기능소로 나누고 모든 민담에서 그 기능들의 연쇄가 일정함을 보여주었다. 간혹 31가지 기능 중에서 빠지는 것도 있지만 그것들의 배열순서는 언제나 같으며 따라서 이 민담들은 구조상으로 동일한 유형이라는 것이다.

토도로프는 프로프와 유사한 방법으로 《데카메론》을 분석했다. 토도로프는 이야기의 가장 기본단위를 「명제(proposition)」라고 부르고 하나의 명제는 등장인물(명사)이 속성(형용사)이나 행동(동사)과 결합된 형태라고 규정했다. 한 편의 이야기는 이러한 명제들의 「연쇄(sequence)」로 이루어진다. 토도로프는 《데카메론》의 이야기들을 패러플레이즈하여 어떤 연쇄의 구조로 구성되었는가를 보여주었다. 연쇄의 구조는 속성적인 것과 응보적인 것이 있는데 《데카메론》의 이야기들은 이들 연쇄구조들의 결합으로 나타난다.

토도로프의 목적은 《데카메론》을 구성하는 「연쇄의 결합」의 여러 가지 유형을 드러내는 데 있었다. 그것은 《데카메론》의 이야기들의 「문법」을 찾아내어 언어의 특유한 사용법인 서사적 글쓰기의 본질을 인식하기 위한 것이었다. 언어를 이해하기 위해서는 문법을 알아야 하듯이 서사적 이야기를 알기 위해서는 서사문법을 고찰해야 한다는 식이다. 이런 맥락에서 토도로프는 《데카메론》의 구조적 패턴을 밝히는 것뿐만 아니라 다른 서사적 이야기의 문법의 해명도 염두에 두고 있었다.

그러나 프로프나 토도로프의 분석방법을 다른 서사문학에 적용시키는 데는 한계가 있다. 프로프나 토도로프가 대상으로 삼은 러시아 민담이나 《데카메론》은 비교적 이야기의 구조가 단순하기 때문에 그것을 성공적으로 유형화할 수 있었다. 하지만 현대소설의 복잡하고 다양한 구조를 어떤 유형과 문법으로 해명한다는 것은 그처럼 간단한 일이 아니다.[16] 설령 매우 복잡한 구조와 유형을 밝혀낸다고 해도 그 복잡다단한 도식적 설명은 이야기의 문법으로서의 의미를 상실할 것이다.

또한 이야기의 문법을 밝혀낸다는 것은 언어학적 연구처럼 객관적인

---

16) 시모어 채트먼, 《영화와 소설의 서사구조》, 김경수 역 (민음사, 1990), 10면.

연구가 될 수는 없다. 구조주의 서사학의 목표는 이야기를 문법적으로 설명함으로써 객관적이고 과학적인 연구를 성취하는 데 있을 것이다. 그러나 객관적인 문법으로서 얻어진 결과는 실제로는 작품 그 자체에 근거한 것이 아니다. 왜냐하면 이야기의 문법을 추출하기 위해서는 작품을 패러플레이즈해야 하는데 그 요약의 과정에는 반드시 해석의 작업이 수반되기 때문이다.[17] 따라서 작품에 대한 올바른 해석이 전제되지 않으면 객관적인 이야기의 문법은 얻어질 수 없다. 이야기 문법의 객관성이란, 결국 연구자의 작품의 해석에 의존하는 것이며, 얼마나 타당한 해석을 했느냐의 문제인 것이다. 구조주의적 연구방법의 이러한 자기모순에 대해서는 뒤에서 다시 살펴보기로 하자.

토도로프가 주로 통사론의 측면에서 서사학을 전개했다면 그레마스는 의미론적 차원에도 관심을 기울인 경우이다. 그레마스는 텍스트에서 의미가 어떻게 생성되며 그 의미가 또 어떻게 이야기체를 구성하는지를 설명했다. 이런 점에서 그레마스의 서사학은 「의미작용」의 기호학[18]의 성격을 갖고 있다.

그레마스는 텍스트의 복합적인 의미작용을 네 가지 층위로 나누어 분석한다. 즉 가장 표층의 텍스트의 층위에서부터 담론의 층위, 이야기체의 층위, 그리고 가장 심층의 의미생성의 층위이다. 이 중에서 이야기체의 층위는 행위자(actant)모델과 이야기체 도식으로 이루어져 있다. 이러한 분석모델은 반드시 서사문학에만 적용되는 것은 아니지만 서사학의 측면에서 보면 프로프의 도식을 보다 추상화시킨 것으로 생각된다.[19]

발신자(destinateur) ──→ 객체(objet) ──→ 수신자(destinataire)
　　　　　　　　　　　　　　↑
협조자(adjuvant) ──→ 주체(sujet) ←── 적대자(opposant)

---

17) 위의 책, 109~10면.
18) 기호학에는 의미소통의 기호학과 의미작용의 기호학이 있다.
19) 테리 이글턴, 《문학이론입문》, 김명환 외 역 (창작과비평사, 1986), 32면.

행위자란 반드시 등장인물을 가리키는 것은 아니며 하나의 구조적 단위라고 할 수 있다. 위의 도식에서처럼 6가지의 행위자를 구조적 단위로 해서 서사물을 분석할 수 있는데, 이는 프로프의 다소 경험적인 도식을 보다 구조적으로 추상화시킨 결과라고 할 수 있다.

그레마스의 이론은 위의 행위자 모델보다는 그것으로 전환되기 이전의 심층적 의미작용 구조에 더 관심이 주어진다. 표층에서 이야기체의 구조로 나타나는 심층의 의미작용의 구조는 그레마스의 「기호학적 사각형」이라는 이름으로 잘 알려져 있다. 기호학적 사각형은 「의미란 무엇이며」 그것은 어떻게 생성되는가를 보여준다.

구조주의자들은 흔히 「의미」를 그 의미가 아닌 것과의 대립으로 규정하곤 했다. 우리는 「여자란 무엇인가」를 말하기는 매우 어렵지만 여자가 아닌 것 즉 남자와 대립되는 것으로 쉽게 규정할 수 있다. 이처럼 이항대립의 관계로 의미를 규정하면 의미의 문제는 간단히 풀릴 것도 같다. 만일 남자가 존재하지 않는다면 여자라는 개념이 무슨 의미를 지닐 수 있을까. 또 만일 문명이 존재하지 않는다면 자연은 무슨 의미를 지닐까. 이런 관점에서 구조주의는 의미를 대립의 관계 속에서 파악하려 했다. 이항대립을 통한 구조주의의 의미 파악은 의미를 (고정된 한 항목이 아닌) 다른 항목과의 관계 속에서 규정한 점에서 긍정적인 의의를 지닌다. 그러나 모든 의미와 사물들이 이항대립의 구조로 산뜻하게 분석될 수는 없다. 의미들은 보다 미세한 의미소들의 복합적인 관계들 속에서 생성되고 변환되는 것이다. 이처럼 의미(혹은 사물)들이 대립관계가 아니라 「차이적 관계」[20]로 이루어진다고 보는 순간 구조주의는 탈구조주의로 넘어가게 된다.

그레마스의 사각형은 이항대립을 넘어선 미세한 「의미소(seme)」[21]들

---

20) 차이란 이항대립과는 달리, 두 항목이 상호 의존적이고 보충적이며 끊임없이 복합적으로 (그리고 미결정적으로) 운동하는 상태에 있는 것으로 보는 개념이다.
21) 심층층위에서 작용하는 「seme(미세한 의미소)」을 표층층위의 「sememe(의미소)」와 구별하여 의소(seme)라고 부르기도 한다. 하윤금, 〈그레마스의 기호학〉, 《구조주의》(고려원, 1992) 79~100면.

의 관계 속에서 의미를 규정하는 점에서 탈구조주의의 요소를 포함하고 있다. 기호학적 사각형은 기본적인 4개의 항목(의미소)으로부터 다양한 관계들에 의해 최소한 10개의 위치(개념)들을 발생시킨다.[22] 예를 들어 흰색이라는 개념은 기호학적 사각형에서 다음과 같은 의미작용의 관계로 될 수 있다.

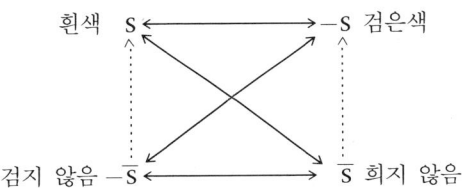

만일 검은색(-S)이 없다면 흰색(S)이라는 개념은 무의미할 것이다. 따라서 흰색은 검은색과의 이항대립의 관계 속에서 존재한다.(S↔-S) 그러나 사실 그러한 이항대립은 그에 앞서 흰색과 무수한 다른 색과의 관계를 매개로 성립되는 것이다. (S↔S̄) 흰색은 검은색과 반대된다는 의미에서 흰색이지만 그 이전에 검은색을 포함해서 다른 여러 색들이 아니라는 점에서 자신의 색채를 지니기 때문이다. 다시 말해 흰색은 다른 여러 색과 구별되고 더 나아가 검은색과 정반대됨으로써 흰색이 되는 것이다. 그런데 검은색 역시 다른 여러 색들과 구별됨으로써 자신의 색채를 지니는데, 그 다른 여러 색 중에 흰색이 포함된다는 관계로서 흰색은 검은색과 관계를 지니기도 한다. 요컨대 흰색의 개념을 만드는 의미작용은 흰색↔검은색의 관계를 포함한 여러 관계들의 움직임 속에서 전개된다. 흰색은 고정된 의미의 항목으로 존재하는 것이 아니라 여러 의미소들로 구성된 의미의 소우주 속에서 다른 의미소들과의 역동적 관계를 통해 자신의 의미와 위치를 만들고 있는 것이다.

---

22) Fredric Jameson, Foreword, in : A. J. Greimas, *On Meaning* (University of Minnesota Press, 1987).

흰색이라는 의미를 생산하는 이러한 (반)자율적인 의미소들의 운동은 어떤 주제(의미)를 만들어내는 서사적 과정과도 흡사한 측면이 있다. 이 점을 주목한 프레드릭 제임슨은 서사적 과정과 의미의 생산과정의 복합적인 변증법을 논의한다.[23] 제임슨은 그레마스의 사각형이 구조주의(혹은 탈구조주의)의 한계 내에서 작동하지만 그것을 변증법적으로 이용할 경우에는 서사문학을 분석하는데 매우 긴요할 수 있음을 주장한다. 제임슨의 이러한 입장은 형식주의(혹은 구조주의, 탈구조주의)를 변증법적 관점에서 포용하려는 태도로서 매우 흥미있는 것이다. 이에 대해서는 뒤에서 자세히 살펴보기로 하자.

(3) 체코 구조주의

체코 구조주의는 러시아 형식주의의 성과를 계승하여 발전시킨 양상을 보여주고 있다. 러시아 형식주의의 중요한 논의 중의 하나였던 「낯설게 하기」는 체코 구조주의에서 「전경화」라는 개념으로 전환된다. 낯설게 하기나 전경화는 똑같이 언어 자체에 주의력을 집중시키게 만들어 심미기능(혹은 시적 기능)을 유발시킨다. 그러나 러시아 형식주의가 낯설게 하기를 시적 언어의 본질적 특징으로 본 데 반해 체코 구조주의는 전경화가 일어날 때도 단순히 그 기능만이 나타나는 것으로 보지는 않았다. 즉, 언어의 어떤 특징에 의해 전경화(주의력을 그 특징에 집중시키는 현상)가 나타나도 나머지 특징에 의해 언어의 다른 기능이 여전히 수행된다는 것이다. 언어에는 여러 가지 기능들이 있는데 시적 기능이 주도적(전경화)일 때에도 나머지 기능은 여전히 작용(배경화)할 수 있기 때문이다.

야콥슨[24]은 의사소통(communication)의 6가지 요소 중 어느 것에 중

---

23) 위의 책.

점을 두느냐에 따라 특정한 언어의 기능이 나타난다고 보았다. 그래서 그는 다음과 같이 언어의 6가지 기능을 설명했다.

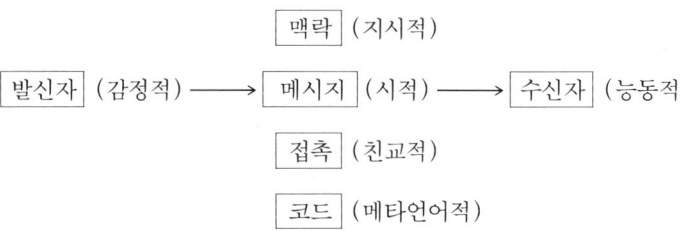

위의 도표에서 각 항목들은 의사소통의 6가지 요소이며 괄호 안의 것은 그 항목이 주도적일 때의 언어의 기능이다. 예를 들어 '저 나뭇잎은 푸릇푸릇하다'라고 했을 때 이 발화는 발신자(화자)에 의해 만들어지며 또한 수신자(청자)를 전제로 했을 때 성립된다. 그리고 이 발화의 언어들이 지시하는 맥락(문맥)이나 상황이 존재하는데 실제의 푸릇푸릇한 나뭇잎이 그것이다. 메시지는 언어와 발화 그 자체를 말하며 접촉은 발신자와 수신자의 접근을 의미한다. 마지막으로 코드란 발화된 언어를 구조해내는 문법체계를 말한다. 이 여섯 가지 기능은 의사소통이 이루어지기 위해 모두 필요한 것이지만 특정한 경우에는 어느 한 기능에 중점이 두어질 수 있다. 예컨대 전화를 거는 경우 발신자와 수신자의 접촉은 조금 불확실한 상태가 된다. 그래서 우리는 전화를 걸 때 첫마디로 '여보세요……'라고 말하는데 이는 두 사람의 접촉을 확인하기 위한 것이다. 따라서 '여보세요……'는 접촉이 강조된 친교적 기능의 발화라고 할 수 있다.

또한 코드가 강조되는 것은 언어에 대한 문법을 설명하는 경우이다. 예컨대 '푸르다는 형용사이다'라고 말할 때이다. 모든 단어는 어떤 사물이나 개념에 대한 것인데 그와 달리 '형용사' 같은 단어는 「언어에

---

24) 야콥슨의 논의에 대해서는 로만 야콥슨, 《문학 속의 언어학》, 신문수 편역 (문학과지성사, 1989)을 참조할 것.

대한 언어」라고 할 수 있다. '형용사'의 지시대상은 어떤 사물이 아니라 '푸르다'라는 언어인 것이다. 이 때의 '형용사'와 같은 성격을 지닌 언어, 즉 「언어에 대한 언어」를 메타언어라고 부른다.

한편 시적 기능은 언어 그 자체에 주의력이 집중되는 경우이다. 「낯설게 하기」나 「전경화」 등은 바로 이 경우의 언어의 기능을 말하는 것이다. 그러나 시적 기능은 반드시 시어에서만 나타나는 것은 아니다. 주도적인 것은 아니지만 일상언어에도 시적 기능이 나타날 수 있는데, 그 대표적인 예로 의성어를 들 수 있다. '저 나뭇잎은 푸릇푸릇하다'에서 푸릇푸릇의 주도적 기능은 나뭇잎의 색채를 지시하는 것이다. 그러나 푸릇푸릇에는 시적 기능도 작용하는데 왜냐하면 푸릇푸릇하는 발음을 듣는 순간 우리의 주의력은 소리(기표)와 의미(기의)의 관계 즉 언어 자체에 모이게 되기 때문이다.

이와 마찬가지로 문학작품이라고 해서 전적으로 시적 기능만 작용하는 것은 아니다. 시 혹은 문학작품은 언어의 여러 기능 중 시적 기능이 주도적이 되고 나머지 기능은 부차적인 경우라고 할 수 있다. 언어 자체 혹은 기표와 기의의 관계에 우리의 주의력이 집중될 때 (전경화될 때) 나머지 기능 예컨대 지시적 기능은 배경화되는 것이다. 이처럼 문학작품(시)은, 언어(혹은 언어적 의미작용) 자체의 짜임이 중요하고 지시적 기능은 부차적이므로, 현실상황과의 연관이 간접화된 허구적 형식을 지니게 된다.

시에서 시적 기능을 나타내는 전경화는 일종의 일상언어로부터의 일탈이라고도 할 수 있다. 그러나 그것은 단순한 일탈이 아니라 일정한 언어적 (음운적, 구문적, 의미론적) 패턴을 형성한 일탈이다. 다시 말해 부분적인 일탈(전경화)에 의한 시적 기법이 아니라 전체적으로 「구조화된」 전경화가 시의 본질인 것이다. 야콥슨은 이런 관점에서 시적 구조가 독특한 등가성의 패턴을 이룬다는 뜻으로 '선택의 축에서 결합의 축으로 등가원리의 투사'라고 말했다.

분명히 시는 일상언어와는 구별되는 독특한 패턴을 갖고 있다. 김소월의 〈산유화〉는 '산에는 꽃 피네/꽃이 피네/ ……' 라고 노래하는데, 일상언어에서 산에 꽃이 피었다는 것을 말하기 위해 이렇게 표현하는 경우는 있을 수 없는 것이다. 시에는 일상언어와는 달리 운율과 리듬 그리고 의미구조의 짜임이 나타난다. 이러한 짜임은 시의 내부에서 어떤 일관된 시적 원리가 투사된 것으로 볼 수 있다. 야콥슨은 그것을 선택의 축에서 결합의 축으로 나아가는 원리라고 말했다.

「선택의 축」이란 어떤 단어가 선택되는 수직적 관계를 말한다. '산에는 꽃 피네'에서 '산'은 언덕, 비탈, 능선 등의 여러 유사어들 가운데 선택된 단어이다. 이렇게 선택된 단어는 「결합의 축」 즉 구문적 연결의 축으로 나아가면서 시적 등가성의 패턴을 만들어간다. 「시적 등가성」이란 어떤 시를 만드는 동질적인 원리를 말한다. 즉 〈산유화〉라는 하나의 동질적인 시가 만들어지기 위해서는 등가성의 패턴을 계속 만들어나가야 한다. 선택의 축과 결합의 축은 이 등가성의 패턴이 만들어지는 두 가지 관계의 체계이다. 선택의 축에서 '산'으로 선택된 단어는 '산에는 꽃 피네/꽃이 피네 ……'라는 구문적 관계로 나아가면서 각 단어의 선택의 축과 끊임없이 교차되는 한편 또한 구문적 관계에 의한 패턴을 만들어낸다.(예컨대 음절수를 규칙적으로 함으로써 운율을 만든다.)

이 복잡한 패턴이 만들어지는 관계를 이육사의 〈청포도〉의 한 구절을 통해 살펴보자. 예컨대 '이 마을 전설이 주저리주저리 열리고'라는 구절은 우연히 나타난 것이 아니라 규칙적인 패턴에 따라 만들어진 것이라고 할 수 있다.

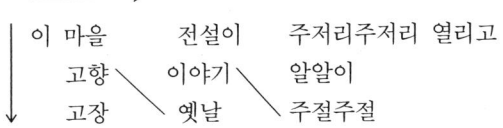

'마을'이라는 단어는 고향, 고장 …… 등의 유사어 중에서 선택된 것이다. 그런데 고향, 고장 등은 마을의 의미론적 자질(요소)들이라고 할

수 있으며 시에서는 이 단어들이 마을과 함께 병렬적인 효과를 나타낸다. 다시 말해 마을이라는 단어를 통해 우리는 고향, 고장······ 이라는 의미의 울림을 함께 듣게 된다. 여기서 우리는 다음 단어 '전설'이 선택된 원리를 짐작할 수 있다. 만일 전설 대신에 이야기라고 했을 경우 마을에 포함된 고향이라는 함의는 등가성을 잃어버린다. 그러나 전설에 포함된 옛날이라는 함의는 마을과 등가적으로 연결된다. 다음 단어 '주저리주저리'도 마찬가지이다. 만일 주저리주저리 대신에 알알이라고 했다면 청포도와는 연관되지만 전설에 포함된 이야기라는 함의와는 등가적 관계를 상실한다. 반면에 주저리주저리가 연상시키는 주절주절은 전설과 등가적으로 이어진다.

이처럼 각 선택의 관계들이 상호 긴밀하게 연관될 뿐만 아니라 이 선택된 단어들이 연결되는 구문적 관계 역시 밀접한 연관성을 지닌다. 이 구절의 배열 순서(지시대명사+관형어+주어+부사어+서술어)는 앞 구절(내 고장 칠월은 청포도가 익어가는 시절)의 변형적 반복일 뿐만 아니라 마을/전설/주저리/주저리로써 'ㄹ'의 운율적 반복 패턴을 이루고 있다.

이처럼 시어의 전개는 일상언어와는 달리 복잡한 상호관계의 패턴으로 이루어진다. 야콥슨은 레비-스트로스와 함께 보들레르의 〈고양이들(Les Chats)〉을 분석하면서 자신의 원리에 따라 일련의 언어적 등가물(혹은 대립물)의 패턴들을 보여주었다. 이 분석의 예는 구조주의 시 분석의 전범으로 꼽힐 만큼 유명한 것이었다. 그러나 두 사람의 분석은 독자에게 지각된 것으로서의 시에 대한 분석이라기보다는 텍스트에 나타난 그대로의 존재론적 차원의 분석이었다. 따라서 그들이 분석한 패턴들이 실제로 독자에게 지각되는 것인지, 또 설사 지각된다 해도 그 시의 미적 효과가 실제로 그 패턴에 의해 생겨나는지는 의심스러운 것이었다. 이런 점에서 두 사람의 분석은 리파테르(Michael Riffaterr)에게 반박당하는데, 이 논의는 구조주의의 한계를 잘 지적한 것이었다.

야콥슨은 레비-스트로스 등의 프랑스 구조주의자들에게 큰 영향을 주었지만, 야콥슨, 무카로프스키, 보디치카 등 프라그 언어학회 회원들의 체코 구조주의 이론은 프랑스 구조주의와는 일정한 차이를 지니고 있었다. 체코 구조주의 역시 소쉬르의 영향을 받긴 했지만 그들은 공시/통시의 대립을 근본적으로 보지 않고 변화와 역사의 힘을 고려했다. 특히 그들은 문학적 규범은 고정된 것이 아니며 규범과 새로운 작품은 변증법적 모순 관계에 있다고 보았다.[25] 또한 그들은 「예술작품」과 「심미대상」을 구분하여 심미대상은 역사의 변화에 따라 달라질 수 있다고 주장했다. 심미대상이란 예술작품이 독자의 지각에 의해 구체화된 것인데 문학적 규범은 시대에 따라 변화하므로 구체화(심미대상) 역시 변화된다는 것이다. 이런 관점은 수용미학과 일치되는 것이며, 예술작품과 심미대상의 구분 자체가 잉가르덴의 견해와 유사한 것이었다. 잉가르덴이 「예술작품」의 연구에 힘쓴 경우라면[26] 무카로프스키와 보디치카는 「심미대상」의 연구에 주력한 셈이었다.[27]

(4) 구조주의의 의의와 한계

구조주의는 주관적 해석의 여지가 많은 문학연구를 최대한도로 객관화시키려 노력했다. 그러한 「객관적 연구」를 위하여 구조주의는 「언어학적 방법론」을 문학연구에 그대로 적용시키고자 했다. 구조주의의 이러한 노력은, 임기응변적인 연구태도를 지양하는 한편, 또한 문학작품과 현실을 직접적으로 연결시키려는 시도를 반대하려는 것이기도 했다. 즉 구조주의는, 문학작품이라는 언어구조물과 지시대상을 분리시킴으로써, 문학이 현실에 대한 직접적인 발언이 될 수 없음을 주장한 셈이었

---

25) Felix Vodicka, The History of the Echo of Literary Works, *A Prague School Reader*, 앞의 책, 71~81면.
26) 로만 잉가르덴,《문학예술작품》, 이동승 역 (민음사, 1985).
27) F. Vodicka, The History of the Echo of Literary Works, 앞의 논문.

다. 문학작품은 일종의 기호이므로 작품이 생산하는 의미는 기의의 차원에 머물게 되며 현실 자체와는 일정한 거리를 지니고 있다. 오히려 현실로부터 분리되어 기표와 기의의 관계 자체(기호 자체)에 초점이 맞춰짐으로써 문학작품은 우리에게 즐거움과 해방감을 제공한다. 이런 맥락에서 구조주의는 칸트의 「무목적의 목적성」이라는 원리에 충실한 것이기도 했다.

이 같은 구조주의 이론의 객관성 지향과 문학의 자율성을 존중하는 태도는 일정한 긍정적 의의를 지닌 것이었다. 그러나 구조주의는, 언어로 구성되어 있지만 언어 자체와는 다른 문학작품을 「전적으로」 언어학적 방법론으로 연구하려 시도함으로써, 몇 가지 문제점을 낳았다. 그같은 문제점은 시보다 서사문학의 연구에서 한층 크게 나타났다.

서사문학은 언어로 이루어져 있지만 모든 것이 언어적 문제로 환원되지는 않는다.[28] 서사문학은 언어를 매개로 이야기라는 초언어적 층위로 나아가기 때문이다. 물론 이야기가 언어적 매체와 무관한 것은 아니며 초언어적 이야기 층위 역시 언어적 논리와 연관되어 있다. 예컨대 인물과 행동의 관계는 주어와 동사적 서술어와의 관계와 유사한 것이다.

그러나 이러한 유추적 관계를 언어학적 법칙의 차원에서 엄밀하게 적용시키는 데에는 한계가 따른다. 더욱이 이야기 층위를 분석하면서 문장의 차원에 적용되는 문법적 규칙을 원용하려 할 때 구조주의 방법은 일종의 자기모순에 빠진다.

문장의 분석에서 문법의 규칙성을 확인하는 경우 우리는 모국어의 언어직관에 의존하게 된다. 예컨대 한국 사람이면 한국어로 된 어떤 문장이 문법적으로 비문인가 아닌가를 분명하게 식별할 수 있다. 하지만 이야기의 문법을 식별하는 경우에는 매우 복잡한 문제가 생겨난다. 우리는 우선 서사물(설화나 소설)을 패러플레이즈해서 몇 개의 요약된 문장으로 만들어야 한다. 그렇지 않으면 수많은 문장으로 이루어진 서사물을 달리 처리할 방법이 없는 것이다. 그런데 요약된 문장으로 만들기

---

[28] 제5장 참조.

위해서는 서사물에 대한 해석이 전제되어야 한다. 더욱이 줄거리 위주가 아닌 모더니즘적 현대소설을 패러플레이즈한다는 것은 그리 간단하지가 않다. 이처럼 이야기의 문법을 말하기 위해서는 분석자의 해석이 먼저 실행되어야 하므로 구조주의의 엄밀한 객관성은 자신의 방법(언어학적 방법)만으로는 결코 이루어질 수가 없다.

서사문학뿐만 아니라 시를 분석하는 경우에도 여전히 문제가 발생하게 된다. 시는 서사문학과는 달리 거의 모든 효과가 언어와 연관되어 있다. 소설에서의 언어적 기법이 서술·시점·문체 등에 국한되는데 반해, 시에서는 전체 시적 효과와 언어적 기법이 불가분의 관계에 있는 것이다. 그래서 언어학적 방법(구조주의적 방법)으로 시의 기법이나 구조적 패턴을 연구하면 시의 구조적 특징을 모두 밝혀낼 수 있다. 그러나 구조주의적 연구는 텍스트에 배열된 언어가 독자에게 시로서 지각되는 부분을 연구하는 것이 아니라 배열된 언어 그 자체를 연구한다. 구조주의에 의하면, 독자의 의식 내부에서 시로 지각되는 부분은 주관적 영역이며, 시적 특성은 언어 자체의 구조적 특성을 통해 객관적 구조로서 설명되어야 하기 때문이다.

그러나 리파테르가 야콥슨과 레비-스트로스의 〈고양이들〉 분석에 대해 비판했듯이, 객관적 구조로서의 시의 등가성 패턴이 실제로 모두 독자에게 시적으로 지각되는 것은 아니다. 리파테르는, 두 사람의 분석에는 시적 효과에 기여하지 않는 체계에 대한 설명이 있는 반면, 시적 효과를 발휘하는 요소에 대한 설명이 빠져 있다고 반박했다. 특히 구문적 유사성에 대한 패턴(예컨대 남성명사와 여성명사의 배열 등)은 실제로 어떤 시적 효과를 나타내는지 매우 의심스럽다는 것이다.

리파테르의 반박은 심미적 지각을 전제로 하지 않은 단순한 객관적 분석은 문제가 있을 수밖에 없음을 분명히 보여주었다.[29] 리파테르는

---

29) 이 점에서 구조주의는, 객관성을 표방한 대가로 형식주의가 이룩한 직관에 의한 통찰들을 무시함으로써, 어떤 면에서는 오히려 형식주의로부터 후퇴한 점도 없지 않다.

시를 정태적인 언어적 배열로서 분석할 것이 아니라 독자의 입장을 고려하여 일종의 「담론」으로서 분석할 것을 주장했다. 그의 논의의 요지는 독자에게 시로서 소통되는 부분을 연구해야 한다는 것이었다.

리파테르의 견해는 구조주의에 대한 비판으로서 타당성이 있지만 이번에는 심미적 지각의 주체인 독자를 누구로 상정해야 할 것인가 라는 문제가 제기되었다. 리파테르는 소위 「이상적 독자」를 주장하여 시적 효과를 명민하게 지각할 수 있는 독자를 가상했지만, 지각의 주체로서의 독자는 사회성과 역사성을 지니므로 이에 따르는 복잡한 문제는 여전히 남게 되었다.

전체적으로 구조주의적 이론은 문학의 언어적 구조를 「랑그」의 측면에서 연구한 것으로 볼 수 있다. 랑그의 측면에서의 연구란 「공시적」 고찰인 동시에 「보편적 법칙」에 대한 연구라고 할 수 있다. 공시적인 고찰은 역사적 변화를 설명하지 못하므로 문학작품의 역사성을 해명하지 못한다. 또한 보편적 법칙에 대한 연구는 문학작품을 한쪽 측면에서만 해명한 것이라고 할 수 있다. 문학작품이 우리에게 문학성을 지닌 것으로 지각되는 것은 보편적 법칙을 지니기 때문이 아니라 그것이 구체적으로 실현된 언어와 형상을 통해서이다. 앞에서 이미 언급했듯이 문학은 보편성이 아니라 그 보편성이 개별작품으로 실현된 측면 곧 「특수성」에 초점이 주어지는 것이다. 특수성이란 보편성과 개별성을 역동적으로 매개하는 영역이다. 자연과학(혹은 구조주의 언어학)은 개별 현상을 보편법칙으로 규정하는데 주력하지만 문학연구는 보편법칙이 개별작품으로 어떻게 실현되는가를 고찰해야 한다. 다시 말해 보편성의 측면과 개별성의 측면이 똑같이 중요한 것이다. 만일 그렇지 않다면 보편성 자체가 변화한다는 사실과 보편성이 각각의 독창적인 작품으로 실현된다는 사실을 어떻게 설명하겠는가. 구조주의는 어느 시대의 보편적 규범을 공시적으로 연구하는데 훌륭한 방법이 될 수 있다. 그러나 문학작품의 생생하게 살아 있는 측면인 (보편성이 개별성으로 실현된) 특수성의 측면은 밝히지 못하게 된다.

물론 형식주의적 토양에서 활동한 이론가들 중에서도 문학의 이런 특수성의 측면을 주목한 사람이 아주 없었던 것은 아니다. 바흐친(Mikhail Bakhtin)은 러시아 형식주의가 러시아 혁명에 의해 와해되어 가던 시기에 형식주의와 마르크스주의를 독특하게 결합한 논의들을 전개했다. 그는 우선 소쉬르와는 상이한 언어관을 갖고 있었다. 소쉬르는 언어를 랑그와 빠롤로 구분하면서, 빠롤은 개인적이고 우연적이므로 언어학은 랑그를 대상으로 삼아야 한다고 말했다. 그러나 바흐친은, 언어는 어떤 법칙성(랑그의 측면)으로 환원되는「구심력」과 함께 그것에서 벗어나려는「원심력」도 지님을 강조하면서, 빠롤은 랑그의 실현인 동시에 원심력의 측면 또한 반영하는 것으로 생각했다. 「빠롤」은 끊임없이 변화하는데 그 변화는 단순히 우연성과 개인성에 좌우되는 것이 아니라 사회와 이데올로기의 맥락 안에서 나타나는 것이다. 바흐친은 사회적 맥락에서 파악할 수 있는 그 언어의 빠롤적 측면을「담론」이라고 불렀다. 그리고 인문학은 자연과학과는 달리 담론을 연구해야 한다고 주장했다. 이는 문학작품의 특수성의 영역을 통찰한 결과라고 할 수 있다.

바흐친은 또한 담론은 대화적 속성을 지니며 그「대화적」성격이 소설 속에서 가장 잘 나타난다고 논의했다. 담론이 대화적이라는 것은, 어떤 담론이든 응답자와의 대화적 관계 속에서 나타나며, 또한 담론의 대상 내부의 다른 언어와의 대화적 관계 속에서 구성됨을 뜻한다. 외견상 작가의 단일한 언어로 구성된 것으로 보이는 모든 담론들은 실상 다른 수많은 사람들의 담론과의 대화적 관계의 산물인 셈이다. 이러한 담론의 대화성은 탈구조주의에서 말하는「간텍스트성(intertextuality)」의 단초적 개념을 포함하고 있다. 간텍스트성이란, 어떤 한 텍스트는 동질성을 이루는 독립물이 아니라 많은 다른 텍스트들이 이질적으로 틈입한 상태를 이룬다는 뜻이다. 실제로 아무리 독창적인 텍스트라 하더라도 그 텍스트가 사용하고 있는 개념과 언어, 담론의 구성은 많은 다른 주체들의 이질적이고 불규칙적인 개념과 담론의 혼성물로 이루어져 있는 것이다. 텍스트를「인용의 과정」[30]으로 보고「저자의 죽음」[31]을 말하는 탈구조주의 논의들은 이런 간텍스트성을 염두에 두고 있는 것이다. 이 점에서 바흐친의 논의는 탈구조주의를 위한 예비적 논의의 성격을 띠고 있다. 오랫동안 묻혀져 있던 바흐친의 논의들이 60년대 이후 갑자기 부각되기 시작한 것은 그 속에 중요한 현대적 문학이론의 단초가 내포되어 있었기 때문이다.

5. 탈구조주의의 전개

(1) 롤랑 바르트의 양파의 모델

구조주의는 지시대상인 현실로부터 언어를 분리시키면서 기표와 기의의 관계 자체에 초점을 두는 것이 문학의 특성이라고 논의했다. 문학작품을 하나의 기호에 비유한다면 자율적인 구조를 이루는 문학작품에서 그 구조가 생산하는 의미(주제)는 기의의 차원에서 이해할 수 있을 뿐이다. 이 점에서 구조주의는 작품의 의미를 현실(지시대상)에 직접 연결시키는 것을 반대한다. 그런데 여기서 한 발 더 나아가 기의조차도 의심하기 시작했을 때 탈구조주의가 나타난다.

  탈구조주의는 기의란 하나의 기표에 확고하게 부착되어 있는 의미로

---

30) Roland Barthes, Style and Its Image, S. Chatman 편, *Literary Style* (Oxford University Press, 1971) 3~10면.
31) 롤랑 바르트, 〈저자의 죽음(The Death of the Author, 1968)〉, 《현대문학이론》, 앞의 책, 115~16면. 미셸 푸코, 〈저자란 무엇인가?〉, 《후기구조주의》 (고려원, 1992), 89~110면.

존재할 수 없다고 생각한다. 예컨대 사과라는 기호는 사과라는 소리(기표)와 개념(기의)으로 이루어져 있다고 할 수 있다.(구조주의의 생각) 그러나 과연 사과라는 기의란 무엇인가. 그것은 결코 독립된 그 자체만의 의미일 수는 없다. 만일 우리가 과일이나 열매라는 언어(혹은 개념)를 갖고 있지 않다면 사과라는 기의는 어떤 의미도 지닐 수가 없다. 사과라는 기의는 과일, 열매, 빨간색, 노란색, 맛 등의 수많은 다른 기호들이 의미작용을 일으킨 결과로서 나타날 수 있는 것이다. 따라서 사과라는 기의는 고정된 기의가 아니라 다른 여러 기호들이 역동적으로 운동하는 속에서 나타난다. 그런데 사과의 기의를 이루는 기호들의 기의들 역시 똑같이 역동적인 상태로 운동한다. 따라서 사과라는 기의는 그 기의를 이루는 기호들로 넘어가면서 이번에는 그 기호들의 기의들을 이루는 또다른 기호들로 이행된다. 이렇게 볼 때 사과의 기의를 포함해서 모든 기의들은 고정된 개념으로 존재하지 못한 채 끊임없이 다른 기호들로 넘어간다. 결과적으로 남게 되는 것은 기표들뿐이며 기표들의 무한한 운동과 놀이들뿐이다.

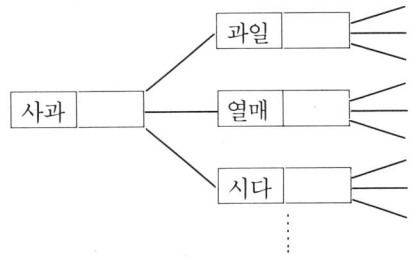

여기서 문학작품을 기호에 비유한다면 문학작품은 현실과 직접 연관되지 않을 뿐만 아니라 확고한 기의(주제)조차도 지니지 않는 기표(형식)들의 놀이라고 할 수 있다. 이런 맥락에서 롤랑 바르트는 문학작품을 양파에 비유하고 있다. 과거에는 문학작품을 살구에 빗대어 맛있는 살구의 살(기표, 형식)을 먹고 나면 의미있는 씨(기의, 주제)가 남는다고 생각해왔으나, 실제로는 형식을 벗겨내면 의미(씨)가 나오는 것이

아니라 양파처럼 계속 또다른 형식만이 나올 뿐이라는 것이다.[32]

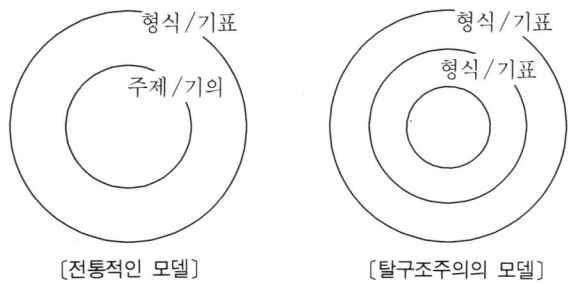

[전통적인 모델]   [탈구조주의의 모델]

롤랑 바르트는 의미나 주제란 해석의 차원에서 얻어지는 환영적인 개념이라고 논의한다. 해석이란 작품의 형식을 현실에 연관시키는 작업을 말한다. 그러나 작품은 무수히 많은 다층적 형식을 지니므로 하나의 올바른 해석이란 존재할 수 없다. 따라서 인위적인 해석과 의미를 부과하기보다는 수많은 덮개들(형식들) 사이를 미끄러지는 쾌락이 독서경험의 본질일지도 모른다.

롤랑 바르트의 탈구조주의적 논의는 하나의 구조나 해석으로 작품을 환원시키는 구조주의를 포함한 모든 전통적인 비평에 대한 반박이라고 할 수 있다. 롤랑 바르트는 그 자신이 구조주의자였으나 발자크의 〈사라진느(Sarrasine)〉를 분석한 《S/Z》라는 글을 쓰면서 탈구조주의자로 변모하기에 이른다. 〈사라진느〉는 여장 남자인 잠비넬라에 대한 사라진느의 사랑과 절망의 이야기이다. 사라진느는 예술적 열정과 재능을 지닌 조각가로서 파리의 한 극장에서 잠비넬라의 노래를 듣고 사랑에 빠진다. 그러나 그가 거세된 여장 남자임을 안 사라진느는 절망 속에서 그의 동상을 만들려다 실패한다. 이후 그를 살해하려 하지만 오히려 그의 후견인이 보낸 사람들에게 살해된다.

바르트는 《S/Z》에서 이 단편을 561개의 독서단위로 나누어 5개의 코드로 분석했다. 5개의 코드란 서술적 약호, 해석학적 약호, 문화적

---

32) R. Barthes, Style and Its Image, *Literary Style*, 앞의 책, 3~10면.

약호, 함의적 약호, 상징적 약호이다. 바르트는 이 약호들의 숫자가 무한히 확장될 수 있으며 어느 약호도 지배적이거나 총체적인 지위를 갖지 못함을 논의했다. 즉, 이 소설은 읽기에 따라 무수히 다른 방식으로 해석될 수 있다는 것이다. 이런 비평이 탈구조주의적인 이유는, 기호의 재현적 기능에 특권을 부여하는 사실주의적 독서(비평)로부터 벗어났을 뿐만 아니라, 작품을 하나의 구조로 환원시키는 구조주의에서도 탈피하고 있기 때문이다. 이제 문학작품은 단지 읽는 대상이 아니라 창의적으로 다시 쓰여지는 텍스트가 되었다. 바르트는 무려 원작의 여섯 배에 달하는 비평을 쓰고 있는 것이다.

바르트는 자신의 탈구조주의적 방법이 〈사라진느〉의 내용 자체에서 암시되고 있다고 말한다. 즉, 잠비넬라(Z)는 거세된 인물로 남/여의 경계가 부재한다. 잠비넬라의 비밀을 확인하는 순간 그를 사랑하던 사라진느(S)도 거세된다. 그리고 거세된 두 사람은 서로 구별이 없어진 S/Z가 된다. 여기서 여/남, S/Z의 경계의 부재는 마치 기의가 거세된 기표를 연상시킨다. 이 소설에 등장하는 인물들과 그들의 관계는 기의의 거세와 경계의 부재 속에서 기표들만의 유희를 보여준다. 발자크는 리얼리즘 작가였지만 탈구조주의적 독서에 의하면 그의 소설은 재현의 기의를 상실한 텍스트로 읽혀질 수 있다. 19세기 초에 쓰여진 텍스트에서 이미 바르트는 모더니즘(혹은 포스트모더니즘)을 읽고 있는 것이다.[33]

(2) 데리다의 「텍스트성」과 푸코의 역사관

롤랑 바르트는 문학작품을 하나의 랑그로 환원시키는 구조주의에 반

---

33) 테리 이글턴, 《문학이론입문》, 앞의 책, 166~85면. 권택영, 〈해체론적 독서〉, 《후기구조주의》 (고려원, 1992) 195~207면.

대하여 다층적 형식을 지닌 빠롤 자체를 논의하려 한 것으로 볼 수 있다. 그러나 결과적으로 그의 논의는 문학을 현실과 역사로부터 한층 더 이연시킨 셈이었다. 이 점에서 탈구조주의는 구조주의보다 한결 더 비역사적이라고 볼 수도 있다. 하지만 모든 탈구조주의가 그런 방향으로 진행되지는 않았다. 데리다의 해체론이나 푸코의 고고학(혹은 계보학)은 역사를 단선적인 인과론에서 벗어나 새로운 관점에서 파악하게 한다.

데리다는 미국의 예일학파에 영향을 끼쳐 해체론 비평을 낳게 했지만 그들과는 달리 불가지론이나 회의론에 빠지지 않는다. 데리다는 언어(기호)의 의미(기의)가 자기동일적인 개념으로 고정되지 않고 다른 언어들과 「차이화」되면서 「연기」되는 것으로 보았다. 그는 기표들의 놀이라는 이 탈구조주의의 기본 개념을 「차연(différence)」이라고 불렀다. 차연이란 언어의 의미가 공간적으로 「차이(differ)」적이며 또한 시간적으로 「연기(defer)」된다는 뜻을 담은 신조어이다.

그러나 데리다는 차연이라는 개념을 통해 영원히 현실과 역사로부터 분리되는 것을 말하려고 하지는 않았다. 그의 목표는 차이(혹은 차연)가 동일성보다 선행한다고 주장함으로써 동일성을 우선시하는 이제까지의 모든 서양철학을 전복시키는 데 있었다. 이전까지의 서양철학은 동일성과 이항대립의 원리를 근본개념으로 삼고 있었다. 예컨대 루소는 자연의 동일성을 문화의 조작성보다 우선시했으며(자연/문화), 현상학은 현존의 동일성을 진리의 근원으로 삼았다(현존/부재). 그러나 그들이 진리의 근원으로 삼은 동일성은 실제로는 「차이작용」의 「결과」이며 따라서 차이보다 동일성을 우선시하는 그들의 철학은 관념론적(혹은 형이상학적)이다.

그러면 동일성이 차이의 결과라는 것은 무슨 말인가. 예를 들면, 어떤 의미는 고정되고 독립된 동일성을 지닐 수 없으며 다른 의미들과의 차이적 관계 속에서 생산되는 것이라고 할 수 있다. 앞에서 살펴봤듯이 사과라는 단어의 의미(기의)는 다른 단어들과의 관계적 놀이들 속에서만 나타날 수 있다. 하나의 문장의 의미 역시 단어들이 차이적으로 연결되고 역동적으로 관계를 이루는 속에서만 생산된다. 더 나아가 하나의 텍스트 역시 단어들과 문장들의 역동적인 의미작용 속에서 주제를 만들 수 있다.

데리다에 따르면 이러한 언어들의 차이적 관계는 문학작품에만 나타나는 것이 아니라 모든 텍스트의 일반적인 속성이다. 기표들이 서로 미끄러지는 놀이는 단어를 (은유적으로 사용하지 않고) 고정된 개념으로 사용하는 과학적 텍스트에서는 나타나지 않을 것 같다. 그러나 과학적 텍스트가 어떤 동일성의 체계에 근거한 고정된 개념들을 사용한다는 것은 일종의 환상이다. 과학적 텍스트 역시 불가피하게 언어를 은유적으로 사용한다(예컨대 상부구조와 하부구조 등). 왜냐하면 과학적 텍스트가 반영하는 현실 자체가 동일성의 체계로 이루어져 있지 않기 때문이다. 모든 완결된 과학적 체계는 미결정적 요인을 발생시키며 그로 인해 폐쇄된 체계는 「스스로」[34] 와해된다. 이는 현실 자체가 미결정적인 차이적 관계로 이루어져 있기 때문이다. 현실을 구성하는 사물들 자체가 차이적 관계를 지니며 그런 의미에서 텍스트성을 지니고 있는 것이다.

예컨대 TV수상기가 한 대 있다고 가정해보자. TV는 우리에게 즐거운 프로그램을 제공하는 독립된 하나의 기계로서만 존재하는 것은 아니다. TV는 TV프로그램, 방송국, 송신탑, 청취자 등을 연결하는 관계들의 망 속에서 존재한다. 또한 여러 의견들의 차이를 구성하는 여론의 매체로서 작용하며, 다른 한편으로는 TV수상기를 제작하는 공장의 자본가와 노동자 간의 차이적 관계 속에서 존재한다. 마치 어떤 텍스트에서 하나의 단어(기호)가 다른 단어들과의 관계 속에서 존재하듯이, 전체 사회의 문맥 속에서 TV는 다른 사물들과의 관계 속에서 자신의 위치를 드리우는 것이다. 이처럼 다른 사물들과의 차이적 관계 속에서 존재한다는 점에서 TV는 일종의 기호이며 그 기호를 문맥 속에 포함하는 전체 사회는 하나의 텍스트라고 할 수 있다.

---

[34] 데리다의 전략은 이처럼 완결된 체계를 주장하는 이론이 그 스스로 와해됨을 보여주는 데 있다.

사물들로 구성된 현실의 텍스트와 단어들로 이루어진 언어적 텍스트 간의 또다른 공통점은 물질성을 지니고 있다는 점이다. 단어들은 물질적인 매체를 통해서만 기록될 수 있으며 그것을 매개로 의미를 생산한다. 이와 똑같이 사물들 역시 물질로 구성되어 있으며 그것을 근거로 의미를 만들어낸다. 사물들과 언어들은 물질성을 지니지만 물질 그 자체는 아니며 다른 것(사물·언어)들과의 관계들 속에서 의미를 생산한다.

물론 언어로 된 텍스트는 사물로 된 텍스트와는 달리 우리의 실생활의 공간은 아니다.(예컨대 우리는 TV라는 단어를 시청할 수 없으며 사과라는 단어를 먹을 수 없다.) 그러나 양자는 똑같이 우리의 내면 속의 의식이라는 텍스트와 상호작용한다. 흔히 말하는 의식(consciousness)이란 과연 무엇인가. 의식이란 어떤 본질적 정신작용(헤겔의 절대정신이나 현상학의 본질 직관)이라기보다는 일종의 기록의 상태이며 의식 속에 먼저 기록된 것과 참조의 관계를 지닌다.[35] 이러한 의식이라는 텍스트[36]는 언어의 텍스트 및 현실세계의 텍스트와 끊임없이 상호작용하는 것이다.

이렇게 볼 때 문학작품을 포함한 모든 언어텍스트의 기표들의 놀이는 단순히 현실로부터 분리된 유희만을 의미하지는 않는다. 그것은 오히려 차이적 관계라는 현실 자체의 실상을 드러내는 역할을 할 수도 있다. 차이적 관계에 있는 현실을 어떤 동일성의 개념들로 체계화하거나, 현실의 차이성을 관념적인 동일성으로 환원시키려는 시도는, 일종의 관념론인 동시에 이데올로기의 작용이라고 할 수 있다. 예컨대 차이적 관계에 있는 정치나 경제를 동일성의 심급들로 환원시켜, 경제를 최종결정의 심급으로 상정하는 과학(과학적 마르크스주의)은, 실상은 관념론적인 체계라고 할 수 있다. 또한 어떤 사회체계를 완결된 동일성으로 끝

---

[35] 마이클 라이언, 《해체론과 변증법》, 나병철·이경훈 역 (평민사, 1994).
[36] 의식이라는 텍스트의 물질성이란 두뇌의 물질적 작용을 근거로 의미를 생산하는 과정을 말한다.

없이 재생산할 수 있다는 생각 역시 이데올로기적인 사고이다. 예컨대 유교이념의 동일성을 근거로 중세적 체계를 재생산하거나 재화를 생산한다는 경제 발전의 논리로 자본주의 체계를 끝없이 재생산한다는 생각은 이데올로기에 불과하다. 이러한 관념적인 동일성의 환상을 무너뜨리고 차이적인 관계(예컨대 중세의 신분체계와 자본주의의 자본-노동의 차이적 관계)들을 드러낼 수 있다는 점에서 해체론은 잠재적으로 사회비판적인 기능을 지니고 있다.

물론 데리다는 미시적인 철학적 논의만을 전개한 채 그것을 사회적·정치적 문제로 확장시키지는 않고 있다. 그리고 그는 새로운 전망을 제시하기보다는 기존의 관념론 철학을 비판하고 전복시키는 데 관심을 가지고 있다.[37] 그러나 그의 논의 속에는 분명히 사회비판적 잠재력이 숨어 있으며 실제로 마이클 라이언(Michael Ryan) 등에 의해 해체론은 그 쪽으로 나아가기도 했다. 라이언은 해체론과 (마르크스의) 변증법 간의 공통성분을 밝혀내면서 해체론의 진보적 속성이 새로운 마르크스주의와 연계될 수 있음을 탐구하고 있다.[38]

라이언에 의하면 해체론의 텍스트성이나 물질성의 개념은 주관주의와 객관주의에 반대하여 주체와 객관현실 간의 상호침투(이는 변증법의 핵심적인 문제이다)를 나타낸다는 것이다. 현실을 텍스트로 보는 것은, 절대정신(헤겔)이나 본질직관(현상학)에 의해 사물의 현존을 파악하는 주관주의나, 사물을 물질 그 자체로 환원시키는 객관주의를 반박하기 위한 것이다. 현실의 사물들이 일종의 기호라는 것은 사물들 자체에 주체의 의식작용이 틈입해 있음을 말하는 것이며, 반대로 주체의 의식을 현실의 텍스트의 기록으로 보는 것은, 주체의 내면에 이미 객관현실이 침투해 있음을 의미하는 것이다. 데리다가 마르크스와 만난 것은 바로 이 지점이다. 객관현실의 차이적 관계성을 말하면서 마르크스가 헤겔의

---

[37] 데리다의 한계는 차이작용을 객관적 측면에서만 강조하여 주체적 작용의 측면을 소홀히 한다는 점이다.

[38] 마이클 라이언, 《해체론과 변증법》, 앞의 책.

관념론을 전복시켰듯이 (혹은 바로잡았듯이), 데리다는 차이성을 강조하면서 기존의 관념론적 (혹은 형이상학적) 서양철학들을 물구나무 세우고 있는 것이다. 동일성을 전복시키는 마르크스의 주제가 관계성이었다면 데리다의 주제는 차이(차연)인 셈이다.

데리다의 텍스트성의 개념은 시간적인 측면에서 연장되었을 때 역사성의 의미를 지닌다. 역사는 총체성과 충일성을 지니는 목적론적 과정이 아니라 일련의 사건들과 사물들의 차이적 관계에 의해 구성된다. 이처럼 역사를 단선적인 인과율이 아닌 차이의 연속으로 보는 점에서 데리다의 텍스트성의 개념은 푸코의 역사관과 유사한 점을 지닌다. 그러나 데리다의 텍스트성이 사물들의 차이성에 초점을 맞추는 반면 푸코는 담론적 실천에 의해 형성된 지식에 대한 분석을 강조한다. 지식은 과학과는 달리 허구, 반성, 이야기, 제도적 규정, 정치적 결정 속에도 존재할 수 있다. 지식은 담론(discourse)적 실천에 의해 규칙적인 방식으로 형성된 것인데 지식과 담론적 실천을 기술하는 고고학(푸코의 역사기술의 방법, 이는 나중에 계보학으로 발전된다)은 주체의 인식에 의한 과학적 분석에 종속되지 않는다. 주체의 과학적 인식에 특권을 부여하는 역사는 어떤 중심(본질)을 상정하고 그것에서 벗어난 것은 배제한다. 그러나 고고학은 주체의 특권을 제거하고 주체가 위치해야 할 관계들의 장을 기술한다.

예컨대 정신병리학의 역사를 기술한다면 정신병리학이라는 과학이 탄생하기까지의 여러 담론적 실천의 변환을 기술함으로써, 담론적 실천, 지식, 인식적 구조물, 과학 사이에서, 차이, 관계, 간극, 어긋남의 모든 작용이 역사적으로 연결되는 방식을 보여준다. 《광기의 역사》는 이러한 고고학의 실례인 셈인데, 이 책은 정신병리학이 탄생하기 이전 고전주의 시대에 광기가 어떻게 다루어졌는가를 기술한다. 여기에 기술되는 담론적 실천과 지식, 제도적 실천 사이의 관계는 광기가 권력에 의해 비이성의 영역으로 몰아넣어졌음을 보여준다. 광기를 감금시킨 이성과 비이성의 이항대립은 고전주의 이성중심주의라는 권력의 산

물인 셈이다.[39]

　이러한 고고학은 권력에 대한 비판적 분석으로 이어지면서 계보학으로 나아간다. 계보학이란 고고학적 작업을 바탕으로 그 분석 결과를 권력에 대한 비판적 고찰에 연결시키는 보다 적극적인 방법이다. 「고고학」이 문헌과 담론을 분석하면서 그것의 조건인 사회적 (그리고 역사적) 장을 기술하는 작업인 반면, 「계보학」은 그 담론과 지식의 조건을 권력(후기에는 주체)의 문제에 연관시킨다.[40] 물론 《광기의 역사》에서도 권력의 문제가 암시되지만 아직 중립적 기술의 수준에 머물러 있었다. 그러나 《감시와 처벌》, 《성의 역사(앎의 의지)》에서는 담론을 권력의 차원에서 분석하는 작업이 본격화된다. 푸코에 의하면 완결된 체계화를 지향하는 모든 담론(과학 등)은 일종의 권력의 작용이다. 더욱이 권력은 어느 한곳(국가 등)에 집중되어 있기보다는 복합적인 사회의 장 속에 틈입해 존재하는 경향을 나타낸다. 특히 19세기 이후 서구에서는 권력이 파놉티콘(감시장치)이나 성적 욕망의 장치 등을 통해 전략적 그물망을 형성한다. 담론/권력의 연계 문제가 보다 중요하게 고찰되어야 하는 이유는 여기에 있다.

　푸코의 논의는 어떤 중심을 가정하는 역사에 의해 배제되었던 부분들이 오히려 역사를 해명하는 데 중요한 요인이 될 수 있음을 보여준다 (고고학). 또한 담론이 권력의 전략과 연관되어 있음을 밝힘으로써 지배(혹은 저항)의 역사가 복합적인 사회적 장의 차원에서 분석되어야 함을 말한다(계보학). 문학이 일종의 담론인 점을 생각하면, 우리는 푸코로부터 문학작품이나 문학사 논의의 새로운 관점을 시사받을 수 있

---

39) 미셸 푸코, 《광기의 역사》, 김부용 역 (인간사랑, 1991).
40) 푸코의 저서에서 계보학적 방법은 《지식의 고고학》말미에서부터 나타난다. 따라서 그의 저서는 《광기의 역사》(1961), 《임상의학의 탄생》(1963), 《말과 사물》(1966), 《지식의 고고학》(1969) 등의 고고학과 《감시와 처벌》(1975), 《성의 역사 1 (앎의 의지)》(1976) 등의 계보학, 그리고 《성의 역사 2 (쾌락의 활용)》(1984), 《성의 역사 3 (자기에의 배려)》등의 후기철학(고고학과 계보학)으로 나눠진다. 그러나 고고학과 계보학이 선명히 분리되는 것은 아니며 계보학 역시 고고학적 분석에 근거해야 한다.

다. 즉, 권위적 관점에 의해 배제되었던 맥락들이 올바른 고찰을 위해 오히려 더 유용할 수도 있다는 점이다. 더욱이 인식론 중심적 미학이 흔히 간과하기 쉬운 언어(담론)와 현실(사물)과의 다양한 관계를 새롭게 주목할 수 있다.[41]

그러나 고고학과 계보학은 역사의 흐름에 따라 일어나는 담론과 지식들(그리고 그것의 조건인 사회적 장)의 변환의 요인을 설명하지는 못한다. 푸코는 역사를 인과적 변화가 아닌 차이와 단절, 불연속과 비약으로 설명한다. 그렇다고 해도 그런 차이나 불연속을 가져오는 어떤 힘의 작용(주체의 작용)을 해명하지 않는 한 주어진 사회체계가 어떻게 변환되어야 하는가의 전망 또한 유보될 수밖에 없을 것이다. 물론 그의 계보학은 비판적 분석을 통해 변화와 저항의 가능성을 암시하지만, 그는 그런 비판이론의 측면을 체계화(그리고 전체화)하길 거부한 채 객관적 분석에만 힘을 쏟고 있다.

이런 푸코의 문제점은 후기철학에서 극복의 실마리를 보여주게 된다. 즉, 그는 후기철학(《성의 역사》 2, 3권)에서 「주체」의 문제를 거론하면서, 이제까지의 권력 분석과는 대척적인 위치에서 고고학 및 계보학의 작업을 수행한다. 그의 주체에 대한 논의의 특징은 관념이나 의식의 차원에서 출발하지 않고 (전과 똑같이) 복합적인 사회적 장 속에 주체를 놓는다는 점이다. 따라서 여기서도 담론이 중요한 분석의 대상이 된다. 그리고 담론과 사회적 장을 주체에 연관시키는 것은 관념이 아니라 「신체」이다. 담론/권력이 탈주체화시키는 신체에 대한 지배력의 작용이라면 담론/주체는 주체를 일으켜 세우는 (신체로부터의) 힘에 대한 고찰이다. 이로부터 우리는 권력/담론(신체)/주체를 연관시키는 새로운 이론의 탄생을 예감할 수 있다.[42] 그러나 푸코는 그 이론을 미완의 과제로 남겨둔 채 돌연히 우리곁을 떠났다.

---

41) 미셸 푸코,《말과 사물》, 이광래 역 (민음사, 1987).

42) 이정우,〈미셸 푸코에 있어 신체와 권력〉,《문화과학》 4, 1993 가을. 이정우,〈푸코 사상의 여정〉,《담론의 질서》(새길, 1993), 165∼74면.

6. 루카치의 반영론과 리얼리즘론

(1) 내용과 형식의 변증법

이제까지 형식주의에서 구조주의와 탈구조주의에 이르는 문학연구방법의 변화과정을 살펴보았다. 형식주의의 방법에 포함된 내재적이고 비역사적인 성격은 구조주의에 와서 극단화되는 경향을 나타낸다. 구조주의는 현실과 문학작품을 분리시키며 또한 역사적 연구보다는 공시적인 연구에 초점을 맞춘다. 그러나 랑그의 연구에 치중하는 구조주의와는 달리 「빠롤」이나 「담론」에 관심을 갖는 탈구조주의는 복잡한 방식을 통해 다시 역사에 접근하는 양상을 보여준다. 우리는 데리다의 「해체론」이 마르크스의 「변증법」과 만날 수 있는 공간이 있음을 살펴본 바 있다. 푸코의 역사관 역시 권위적 인식론의 문제점을 지적하고 담론을 형성하는 복합적인 「관계들의 장」을 주장한다. 탈구조주의의 역사에 대한 접근은 여전히 현실을 언어로 이해하는 관점에 근거하고 있지만, 다른 한편으로 역사(혹은 현실)를 단순히 텍스트의 지시대상으로 생각해 온 전통적인 사고에 새로운 충격을 주고 있다. 이제 우리는 (현실과 작품의 내용을 중시하는) 변증법적 미학으로 방향을 돌려서 논의를 전개하기로 하자. 우리는 논의의 끝부분에서 탈구조주의가 어떻게 변증법과 만나고 있는지 다시 확인하게 될 것이다.

「반영론」으로서의 변증법적 미학을 탐구한 대표적인 이론가로는 게오르크 루카치(Georg Lucás)를 들 수 있다. 반영론이란 문학(예술)을 현실의 반영으로 이해하는 미학을 말한다. 이러한 관점은 문학의 자율성을 강조하는 형식주의(혹은 구조주의)와 정반대되는 것처럼 보인다. 그러나 루카치의 반영론이 문학의 형식(혹은 구조)을 무시하고 작품 내용을 곧바로 현실과 동일시하는 것은 아니다. 루카치는 누구보다도 형식을 중시했으며 올바른 형식을 갖는 것이 현실을 진실하게 반영하는 방법임을 강조했다. 물론 루카치의 형식개념은 형식주의(혹은 구조주의)의 그것과는 달리 내용의 개념을 내포한 것이다. 형식주의에서 형식이란 현실과의 연관을 배제한 작품 자체의 내적 질서를 말한다. 그러나 루카치의 경우 형식이란 현실의 내용이 작품 속으로 반영되어 들어오는 방법을 나타낸다. 그 방법은 현실을 올바르게 인식하는 동시에 그것을 미학적으로 처리하는 과정을 포함한다.

따라서 반영론에서는 미학적 과정(형식)과 현실의 인식과정(내용)이 별도로 분리되지 않는다. 형식이란 현실의 내용이 문학의 내용으로 변환되는 방법이며 그 속에 현실의 인식과정을 내포하는 것이다. 예컨대 「전망(perspective)」이라는 개념을 생각해보자. 전망이란 현실에서 본질적인 것을 선별하여 작품으로 구성하는 원리를 말한다. 따라서 전망은 작품「내적」으로 형식을 구성하는 원리이며 또한「외적」으로는 현실을 올바로 반영하는 (혹은 인식하는) 원리이다. 작품이 형식적으로 완결되려면 올바른 전망을 지녀야 하며 또 그를 위해서는 (현실을 인식·반영하는) 작가의 세계관이 진정한 것이어야 한다. 이처럼 내용과 형식은 상호연관된 관계를 지니는데, 이 작품의 외부(현실 내용)와 내부(작품 형식)의 상호 침투가 바로 변증법적 미학의 근본 원리이다.

이제 이러한 근본 원리를 갖고 있는 루카치의 문학이론을 좀더 상세히 살펴보자. 루카치의 문학에 대한 논의는 그의 사상적 변화에 따라 대략 세 시기로 나누어진다. 루카치는 초기(1909~13)에 신칸트주의에 경도되어 있었는데 이 시기의 대표적 저서로는 〈비극의 형이상학〉 등이 수록되어 있는 《영혼과 형식》(1910)[43]을 들 수 있다. 그러나 그는 곧 신칸트주의에서 벗어나 헤겔 철학을 받아들인다(1914~16). 이 시기에 쓰여진 《소설의 이론》(1914~15)[44]은 헤겔의 역사철학적 관점을 받

---

43) 1910년 헝가리어로 출간되었고 그 다음해에 독일어로 개정 증보판이 간행되었다.

아들인 일종의 장르론이었다.

두번째 시기는 그가 마르크스주의자가 된 후 많은 우여곡절을 겪은 뒤 헝가리 공산당에서 강제로 축출되기까지이다(1918~57). 이 시기에 루카치는《역사와 계급의식》(1923) 등의 저서와 리얼리즘에 관한 많은 글들을 썼다. 마지막으로 1957년 공직에서 은퇴한 후 미학과 윤리학의 저서들을 저술하던 시기이다.

루카치는《소설의 이론》을 쓸 무렵에 헤겔로부터 깊은 영향을 받았다. 그런데 헤겔로부터의 영향은 이 시기에 가장 뚜렷하지만 이후로도 그의 평생에 걸쳐서 계속되었다. 따라서 우리는 먼저 헤겔의 미학적 논의를 개략적으로 살펴보기로 하자.

(2) 헤겔 미학과 관념적 변증법

헤겔 미학은 미와 예술에 대한 논의를 변증법적으로 전개하고 있다.[45] 헤겔은「무목적의 목적성」이란 명제로 미를 설명한 칸트와는 달리 내용의 진실성이 미적 현상에 관여하는 것으로 생각했다.「진실한 것이 아름답다」는 헤겔의 주장은 미가 자율성만 지니는 것이 아니라 과학의 영역인 진리와 불가분의 관계에 있음을 말한 것이었다. 그의 이런 주장에 따르면 진(과학)·선(윤리)·미(예술)의 삼분법은 매우 잘못된 것이다. 예술이란 진실한「내용」이 미적인「형식」으로 잘 형상화된 것이기 때문이다.

헤겔은 미를 자연미와 예술미로 나누어 논의한다. 그리고 그는 자연

---

44) 1916년 잡지《미학과 일반예술학》에 처음 발표되었고, 단행본으로는 1920년 베를린의 카시러(Cassirer) 출판사에서 간행되었다.
45) G. W. F. Hegel, *Aesthetics*, 앞의 책. G. W. F. 헤겔 (J. G. 그레이 편),《예술·종교·철학》, 김영숙 외 역 (지양사 1983). G. W. F. 헤겔,《헤겔시학》, 최동호 역 (열음사, 1987).

에도 아름다움이 존재하는데 왜 인간이 예술작품을 만들어내게 되었는가를 설명한다. 헤겔은 자연미 중에서도 그 내용이 소박한 것에서 점차 복잡해지는 것의 순서로 논의를 전개한다.

수정 꽃 사슴 인간	예술작품
자연미	예술미

위에서 자연미는 사물에서 식물, 동물, 인간에 이르기까지 유기체적 조직과 정신성이 보다 고차적이 되는 순서로 배열된 것이다. 수정과 같은 사물의 아름다움은 감각적인 것에 그치지만 꽃은 생명력을 갖고 있고 사슴은 정신을 소유하며 인간은 자아의식을 갖고 있다. 따라서 사슴이나 인간(인체)의 아름다움은 단순히 감각적인 것에 의존하지 않는다. 가령 실제의 사슴보다도 더 아름답게 사슴의 모형을 만들 수 있을 것이다. 그러나 그것은 살아 있는 사슴의 아름다움에 미칠 수 없는데, 왜냐하면 생명력과 정신이 없기 때문이다. 이런 논리에 따라 헤겔은 가장 뛰어난 정신을 소유한 인체의 아름다움을 자연미 중에서 가장 고차적인 것으로 보았다.

그러면 이런 자연미들이 존재하는 속에서 인간은 왜 예술작품을 만들게 되었을까. 헤겔에 의하면 자연미는 치명적인 결함을 지니고 있는데 그것은 생명력이나 정신 등의 「내용성」을 완전히 「외화(혹은 객관화)」시키지 못한 점에 있다. 예컨대 「외견상」 사슴이 아름답다는 것은 그렇지 못한 원숭이보다 더 정신적 「내용」이 뛰어남을 의미하지는 않는다. 또한 미인대회에서 우승한 여자가 가장 아름다운 정신을 소유했다고 말할 수도 없을 것이다. 즉, 겉으로 드러난 아름다움과 내용의 아름다움이 일치하지 않는 것이다. 이러한 정신적 「내용」과 감각적 「형식」의 불일치가 자연미의 한계인 바 그것을 지양한 것이 예술작품이다. 따라서 예술작품은 정신적 내용을 감각적 형식과 완전히 통일된 것으로 드러내야 한다. 우리는 예술작품을 보면서 감각적인 아름다움을 느끼는 순간 즉각적으로 정신의 수준까지 고양되는 것을 지각한다. 그리고 그 순간 우리의 내부에는 감정이 불러일으켜지는 것이다.[46]

 헤겔은 이어서 예술작품에 대한 논의를「내용(이념)과 형식(형상)의 통일성」의 관점에서 전개한다. 그는「이념과 형상의 관계」에 따라 세 가지 예술적 형식이 나타남을 논의하면서 그것을 역사적 관점에서 기술한다. 세 가지 예술적 형식이란 상징적, 고전적, 낭만적 예술을 말하는데 이 예술형식들은 예술의 본질인 이념과 형상의 통일 방식에 따라 구별되는 것이다. 그러나 헤겔 미학의 독특한 특징은 그 예술의 본질이 실현된 형식들의「역사적」변화에 따라 필연적으로 나타난다고 설명한 점에 있다.

예술형식	상징적 예술	고전적 예술	낭만적 예술
이념과 형상의 관계	이념의 결함 → 형상의 결함(통일성 결여)	이념과 형상의 통일 (예술의 본령)	이념은 형상을 넘어섬(내면성 속에서의 통일)
대표적 예술	건축	조각	회화·음악·시
역사적 시기	고대초기 및 고대 동양예술	그리스 예술	근대예술

 상징적 예술은「내용(이념 혹은 정신적 의미)」이 빈약하여 감각적「형상」과 완전한 통일을 이루지 못하고 추상적인 관계를 이룬다. 대표적인 예술은「건축」인데, 건축은 정신의 절대적 대상인 신을 형상화하지 못하고 신을 위한 자리(건축의 내용)인 신전(형식)을 만들 뿐이다. 이는 고대초기나 이집트, 인도의 예술에서 볼 수 있다.

---

46) 헤겔은 이런 의미에서 감정이란 감각이 정신의 수준으로 고양되는 순간 나타나는 것으로 설명한다.

고전적 예술은 「내용」이 「형상」과 완전한 통일을 이룬 예술의 본령에 가장 합당한 형식이다. 그리스의 「조각」처럼 신(그리스의 신)이나 인간의 고도의 정신 내용을 자연에 존재하는 가장 고차적인 형상인 인간(인체)을 통해 표현한다. 그러나 고전적 예술은 감각적 형상의 한계가 인간이므로 그 형상을 넘어서는 정신의 차원(예컨대 기독교의 신)은 담지 못한다. 이러한 고전적 예술의 한계는 이념을 형식과의 통일 속에서 드러내는 예술적 방법 자체의 한계이기도 하다.

낭만적 예술은 이 예술 자체의 한계를 넘어서서 인간의 「형상」에 담을 수 있는 한도 이상의 「이념」을 표현한다. 따라서 낭만적 예술은 불가피하게 이념과 형상이 분리된다. 이념은 형상과 통일을 이루지 못하고 내면성으로 되돌아와서 그 속에서 통일을 이룩한다. 상징적 예술에서 이념과 형상의 분리는 이념의 결함에 의한 것이었지만 낭만적 예술에서는 이념이 형상의 한계를 넘어서서 보다 더 고차적인 완성을 내면성 속에서 이룩하기 때문이다.

이처럼 헤겔은 예술의 본질이 「이념과 형상의 통일」에 있다고 보았으나, 이념의 내용에 의해 예술 형식이 결정되므로, 결국 「이념」이 어떤 정신성을 담느냐에 따라 예술의 가치를 평가한다. 예술의 본령인 고전적 예술은 이념과 형상의 완전한 통일을 보여주지만, 형상은 인간 이상의 것으로는 나타날 수 없으므로, 그 이상의 정신을 담지 못한다. 반면 낭만적 예술은 예술의 본령을 넘어서서 종교적 사상이나 철학적 사유로 나아간다. 이와 같이 헤겔은 예술, 종교, 철학이 각기 다른 방식으로 정신을 구현하는 활동으로 보았으며, 따라서 이념을 형상을 통해 구현하는 예술은 종교나 철학보다 한 차원 낮은 정신에 도달할 뿐이라고 생각했다. 이러한 헤겔의 논의는 절대정신이라는 동일한 내용으로 세 가지 상이한 활동을 설명함으로써 예술의 특수성을 간과한 셈이었다. 또한 그것은 예술의 내용을 (형상으로는 완전히 담을 수 없는) 정신으로 보는 관념론에서 기인된 것이었다. 그와는 달리 예술의 내용을 (형상으로 충분히 드러낼 수 있는) 현실의 반영(혹은 인식)으로 보는 미학은 예술이 과학이나 철학과 똑같이 진리를 구현할 수 있으며 단지 예술이라는 특수성을 지닐 뿐임을 논의한다. 앞에서 살펴본 루카치의 반영론 미학은 이런 측면에서 예술의 특수성을 충분히 고려한 것이었다.

(3) 《소설의 이론》과 역사철학적 관점

《소설의 이론》은 헤겔미학의 역사적 관점을 문학의 장르변화를 설명하는데 적용시킨 저서이다. 이 책을 지배하는 「역사철학적 관점」이란 문학과 사상의 여러 형식(혹은 장르)들이 역사적 변화에 따라 필연적으로 나타난다는 견해이다. 이처럼 역사철학적 관점은 문학을 무시간적 공간 속에서 이해하는 것이 아니라 삶의 역사적 변화를 매개로 파악한다. 다시 말해 역사적 흐름에 따라 형식을 부여하는 원리가 달라진다는 것이다.

헤겔의 경우에 형식을 만드는 원리는 「이념과 형상의 관계」였으나 《소설의 이론》에서는 「삶과 본질의 관계」이다. 헤겔은 역사적 변화에 따라 표현할 수 있는 이념의 내용이 달라지고 그 내용이 형식을 규정한다고 생각했다. 반면에 《소설의 이론》은 삶과 본질의 관계가 변화하며 그 달라진 관계가 새로운 형식을 만든다고 주장한다. 양자의 일치된 견해는 그리스 예술이 완결된 형식을 지닌다고 보는 점이다. 헤겔은 그리스 예술(특히 조각)이 이념과 형상의 통일을 이루고 있다고 말하며 루카치는 그리스 서사시가 삶과 본질의 통합된 총체성을 지닌다고 설명한다.

헤겔은 그리스 예술의 통일성이 이념의 최고성을 의미하는 것이 아니라 그 반대로 형상(가장 고차적인 것은 인간임)과 통일을 이룰 수 있는 정신의 수준(인간의 정신)에 제한되어 있기 때문임을 논의한다. 이와 유사하게 루카치는 그리스 예술의 완결성이 그 시대의 역사적 삶이 폐쇄된 원환을 이루고 있기 때문이라고 말한다. 그러나 루카치의 삶과 본질의 관계라는 형식화의 원리는 관념적 내용(절대정신)과 한정된 형상과의 관계를 기준으로 하는 헤겔보다 한층 더 역사적이다. 왜냐하면 루카치의 경우 (헤겔의「형상」과는 달리)「삶」자체가 역사의 내용이기 때문이다. 루카치는 역사적 삶이 본질의 내재성을 지닌 시기, 즉 양자가 통일된 시기를 총체성이 있는 시대라고 말한다. 그렇다면「본질」이란 무엇이고「총체성」은 무엇을 뜻하는가. 본질이란 삶의 원래적인 것, 즉 플라톤이 말한 이데아와도 같은 것이다. 루카치는 그리스 시대가 삶이 본질로 가득 차 있던 총체성의 시대라고 말한다.

　루카치의 총체성의 개념은 헤겔로부터 빌려온 것이지만 그와 동일한 의미를 갖지는 않는다. 또한 루카치가 마르크스주의자가 된 이후 이 개념은《소설의 이론》에 나타난 것과는 상이한 의미를 갖게 된다. 헤겔은 전체성(총체성)은 진리라고 말하고 있다. 이에 따라서 루카치의 그리스 시대의 총체성은 진정한 삶의 상태라고 말할 수 있을 것이다. 총체성이 있는 시대(삶이 본질의 내재성을 지닌 시기)는 자아와 세계, 영혼과 별빛이 통합된 시기이며, 존재와 당위가 화합된 시기이다. 이 시기는 아직 비극을 알지 못하던 때이며 철학이 필요 없던 시대이다. 비극은 신이 인간의 무대를 떠나기 시작할 때 나타나는데 이 시대는 신이 대낮처럼 인간의 세계를 비추는 시기이기 때문이다. 또한 철학을 (삶의) 본질을 찾는 활동, 즉 본질이라는 고향을 향한 향수라고 할 때 삶과 본질이 통합된 시기에는 모든 사람들이 이미 철학자인 것이다. 총체성으로 가득찬 이 시기에 총체성의 삶을 그대로 옮겨 담음으로써 만들어진 것이「서사시」이다.

　「비극」은 삶이 본질을 상실하기 시작할 때 나타난다. 이미 본질이 희미해진 시기에, 비극의 형상화는 이렇게 본질이 생생해지는가 라는 질문에 대한 대답이다. 그리고 본질이 삶에서 완전히 분리되어 초월적인 것이 되었을 때 그것을 탐구하는「철학」(플라톤의 이원론)이 나타나는 것이다.

장르	서사시	비극	(플라톤)철학
삶과 본질의 관계	삶과 본질의 통일(총체성)	삶에서 본질이 분리되기 시작함	삶과 본질의 완전한 분리(이원론 철학)

「소설」은 총체성을 잃어버린 (삶이 본질의 내재성을 상실한) 시대에 상실한 총체성을 형식을 통해 만들어낸 것이다.[47] 총체성을 잃어버린 시대는 본질의 객관적 표상인 별빛이 더이상 삶의 여행자들의 지도가 되지 못하는 시기이다. 따라서 본질의 주관적 표상인 영혼은 이제 세계의 삶과 조화될 수 없으며 어두운 밤에만 고독하게 별빛을 바라볼 뿐이다. 이제 삶을 통해서는 자아와 세계가 화합될 수 없으며 자아는 영혼의 내면성을 응시하면서 상징을 통해 별빛에 의미를 부여한다. 이처럼 의미(삶의 지도)를 상실한 자연(별)을 (영혼을 응시하면서) 상징화시킬 때 자아와 세계(혹은 영혼과 자연)의 순간적인 통일이 이룩되는데 그 총체성의 순간을 형상화한 것이 「서정시」이다.[48]

그와는 달리 소설은 삶을 그리면서 형식을 통해 총체성을 만들어낸다. 삶과 본질이 화합된 원환이 파괴되었으므로 이제 영혼은 세계와 일치되지 않는다.[49] 루카치는 영혼과 세계의 관계에 따라 소설을 네 가지 유형으로 분류한다. 첫번째 유형(추상적 이상주의)은 영혼이 세계에 비해 너무 작은 경우(세르반테스의 《돈키호테》, 발자크의 《인간희극》)이며 두번째 유형(낭만적 환멸)은 너무 큰 경우(플로베르의 《감정교육》)이다. 세번째와 네번째는 앞의 두 유형을 종합한 것이다. 괴테의 《빌헬름 마이스터의 수업시대》는 낭만적 유형의 주인공이 환멸에 이르지 않

---

47) 서사시는 삶 자체를 옮겨 담기만 해도 총체성이 획득되므로 '끝도 시작도 없는 이야기'인 반면, 소설은 형식을 통해 총체성을 만들어내므로 시작과 끝과 그 과정이 매우 중요하다.
48) G. 루카치, 《소설의 이론》, 반성완 역 (심설당, 1985) 80~81면.
49) 세계와 일치되지 않는 영혼을 지닌 소설의 주인공을 루카치는 「문제적 개인」이라고 부른다.

고 의미있는 세계를 발견하게 되는 과정이다. 결말의 화해는 강제적인 것이지만 그것에 이르는 과정은 관조(두번째 유형)와 행동(첫번째 유형), 수동과 능동이 균형을 이뤄 나타난다. 특정한 목표를 향해 나아가며 인간의 내적 특성의 발전이 나타나는 이런 소설을 흔히「교양소설(Erziehungsroman)」이라고 부른다. 마지막으로 톨스토이의 소설은 앞의 세 소설과는 달리 사회적 삶의 한계를 넘어서려는 시도를 나타낸다. 세계의 (사회적) 관습에 대한 부정이 내적 태도로만 나타나는 경우에는 환멸소설이 된다. 그러나 톨스토이의 소설은 외부세계에 자연과 관련된 공동체의 기반을 상정하고 있다. 그러한 공동체의 재창조를 행동적으로 나타낼 때 소설은 또다시 서사시적인 세계로 나아갈 것이다.[50] 그러나 톨스토이의 소설에서도 그런 행동은 나타나지 못하며 서사시적인 요소는 단편적으로만 존재할 뿐이다. 이는 우리 시대가 필연적으로 소설이라는 서사형식의 단계임을 암시한다. 이상에서 살펴본 네 가지 소설 유형은 다음과 같이 정리될 수 있다.

추상적 이상주의	낭만적 환멸	교양소설	사회적 관습 부정
영혼<세계 행동	영혼>세계 관조	내적 성장 행동과 관조	사회적 한계를 넘어서려함 → 서사시
《돈키호테》 《인간희극》	《감정교육》	《빌헬름 마이스터》	톨스토이의 소설

위에서 볼 수 있듯이 루카치는「영혼과 세계」에 대한 형이상학적 논의에서「개인과 사회」라는 사회적 논의로 나아가고 있다. 그러나《소설의 이론》을 지배하는 전체적인 관점은 형이상학적인 것이다. 예컨대 다음과 같은 설명이 소설에 대한 그의 핵심적인 논의이다.

소설의 주인공은 신으로부터 버림받은 세계에서 모험을 벌이는데 그

---

50) 사회주의 리얼리즘 소설이 이런 견지에서 설명될 수 있을 것이다.

의 시도는 실패할 수밖에 없으며 오히려 그 실패를 통해 내면성은 신적인 것으로 충만된다. 따라서 소설은 '문제적 개인의 자기인식에로의 여행'[51]이라고 할 수 있다. 다시 말해 소설은 '길은 시작되었는데 여행(모험)은 완결된 형식'[52]인 것이다. 소설에서의 총체성의 획득은 이러한 「아이러니」(현실의 실패와 내면성의 승리)를 통해 이룩된다.

또한 소설의 주인공은 영혼이 세계에서 신적인 것과 만날 수 없기 때문에 「마성적」이 된다. 마성적(신으로부터 버림받은)이라는 것은 일종의 비이성적인 상태를 말하는데 주인공의 영혼은 신적인 것을 포기하지 않는 한 안식처를 구할 수 없고 이성적으로 활동할 수 없는 것이다. 이러한 루카치의 형이상학적 논의는 나중에 골드만(L. Goldman)에 의해 「타락된 사회에서 타락된(루카치식으로는 마성적) 방식으로 진정한 가치를 추구한다」는 사회학적 설명으로 전환된다.[53]

(4) 루카치의 리얼리즘론

《소설의 이론》의 장르론과 소설 유형론은 액면 그대로 받아들일 수 없는 요소를 포함하긴 하지만, 「역사적 연구와 형식적 연구의 통일」이라는 측면에서 풍부한 시사점을 던져준다. 그 뒤 루카치는 1918년 이후 마르크스주의를 받아들여 유물변증법에 근거한 본격적인 논의를 전개하기 시작한다. 그의 리얼리즘론은 30~40년대에 주요 골격이 이루어졌

---

51) G. 루카치,《소설의 이론》, 앞의 책, 103면.
52) 위의 책, 94면.
53) L. 골드만,《소설사회학을 위하여》, 조경숙 역 (청하, 1982), 11~34면. 이 책에서 골드만은 '마성적' 행동이라는 루카치의 표현을 (자본주의 사회에서) '타락된' 방식으로 진정한 가치를 추구하는 것으로 바꾸어 설명한다. 그 밖에 소설의 주인공을 지칭하는 용어로 사용했던 '문제적 개인'이라는 개념을, 자본주의 사회의 타락한 매개화 작용에서 벗어날 수 있는 창조자, 작가, 예술가, 철학자, 신학자 등을 일컫는 개념으로 사용한다.

으며 2차 세계대전 이후에 책으로 출간된다. 예컨대 가장 잘 알려진 《우리시대의 리얼리즘》[54]은 1957(이탈리아어)년과 1958(독일어)년에 간행되었지만 그 이전의 강연에 기반을 두고 있다.

루카치의 논의의 특징은 자연주의와 모더니즘, 그리고 교조주의에 대한 반대의 과정에서 진행된다는 점이다. 전위주의(혹은 모더니즘)를 반대하는 입장에서 루카치는 이른바「표현주의 논쟁」에 가담한다. 표현주의 논쟁은 《말(Das Wort)》지를 중심으로, 전위주의를 비판하는 루카치와 이에 반박하는 블로흐, 브레히트, 아도르노 사이에서 이루어졌다. 뒤의 세 사람은 각기 상이한 입장을 지녔었지만[55] 루카치에 반대한 점에서는 일치되었다.

루카치는 〈문제는 리얼리즘이다(Es geht um den Realismus)〉(1938)에서 블로흐(〈표현주의에 대한 논의들〉)에 대해 반박하면서「총체성」및「현상과 본질의 변증법」에 대해 논의한다. 총체성의 개념은 《소설의 이론》에서 이미 나타났지만 리얼리즘론에서는 변화된 의미로 사용된다. 《소설의 이론》에서는 삶이 본질[56]의 내재성을 지닌 그리스 시대를 총체성의 시기로 말하면서 이후로는 총체성을 상실한 것으로 설명했다. 그러나 리얼리즘론에서는 어느 시기이든지 현실(reality)을「총체성」으로 파악해야 함을 논의한다. 총체성이란 한마디로「현실의 본질적인 연관관계」를 말한다. 블로흐는 현실이란 무한히 매개된 총체성의 연관관계가 아니라 오히려 균열과 단절상태로 파악해야 한다고 주장했다. 루카치는 이에 반박하면서 현실을 균열상태로 지각하는 것은 표면 현상에만 집착한 때문이라고 논의한다. 물론 자본주의 사회는 위기상황에

---

54) G. 루카치, 《현대리얼리즘론》, 황석천 역 (열음사, 1986). 이탈리아어판, *Il significato attuale del realismo critico*(Enaudi, Turin, 1957). 독일어판, *Wider den Mißverstandenen Realismus*(Claasen, Hamburg, 1958). 영역판, *The Meaning of Contemporary Realism*, John Necke Mander 역 (Merlin Press, London, 1963). *Realism in our Time*(Harper, New York, 1964).

55) 예컨대 브레히트는 사회주의 리얼리즘과 민중문학을 주장한 반면 아도르노는 베케트의 희곡 같은 전위적인 작품을 옹호했다.

56) 물론 '본질'이라는 개념 자체가 달라진다.

이르러 균열 상태로 경험되는데 이는 자본주의 생활의 직접성에 사로잡혀 있는 경우이다. 전위주의는 그 직접성에 근거함으로써 균열과 단절을 형상화한다. 그러나 생활의 직접 체험은 표면현상만 반영할 뿐 그 이면의 본질적 연관관계는 드러내지 못한다. 현실을 총체적으로 인식한다는 것은 균열된 표면현상을 지각하는 데 그치지 않고 숨겨진 본질적 연관관계를 파악하는 것을 말한다.

따라서 루카치의 총체성의 개념은 현실을 화합된 (균열 없는) 동일성으로 파악하자는 것이 아니라 표면현상(공황기의 자본주의 사회의 경우에는 균열상태임)을 규정하는 본질을 인식해야 함을 암시한다. 현실의 본질에 대한 인식은 생활의 직접체험으로는 획득되기 어려운데 리얼리즘 문학은 그 본질을 현상의 체험과 매개된 것으로 구성한다. 이른바 「현상과 본질의 변증법」이란 현상의 생생한 체험과 본질의 올바른 인식을 매개시키는 과정을 말한다. 현상과 본질의 변증법을 통해 나타난 문학작품은 본질에 매개된 직접적 삶의 체험을 제공한다. 이 새로 만들어진 삶의 직접성은 실제 직접성과는 달리 현실의 총체성의 인식을 담고 있다.

여기서 현상이란 직접 체험으로 지각할 수 있는 현실의 표면적 측면을 말하며 본질이란 그 표면현상을 규정하는 핵심적인 연관관계를 말한다. 예를 들어 1920년대 우리의 식민지 사회에서는 농민들이 몰락하는 현상이 일어났다. 농민의 몰락과 궁핍화 현상은 당대의 소설들에서 자주 형상화되었다. 그러나 그 모든 소설들이 당대의 현실을 진실하게 반영한 것은 아니었는데, 왜냐하면 표면현상만을 그리는 데 그치고 그 이면의 본질적 연관관계를 간과할 때 현실은 올바르게 반영되지 않기 때문이다. 가령 김동인의 〈감자〉는 복녀와 남편을 통해 농민의 몰락과정을 그리고 있지만, 그것이 당대의 본질적 관계인 지주-소작인 간의 모순된 관계에서 빚어진 것임을 놓치고 있다. 「식민지 반봉건 사회」[57]와

---

57) 식민지 반봉건 사회란 식민지 하에서 나타나는 자본주의의 특수성을 말한다. 즉, 식민지로 인해 특수한 상황이 나타나지만 여전히 자본주의의 보편적 법칙이

지주-소작인 관계라는 본질적 관계를 배제한 채 남편의 게으름에 의해 몰락이 야기된 듯이 서술함으로써〈감자〉는「자연주의적 편향」[58]을 갖게 된다.

이렇게 볼 때 루카치의「현상과 본질의 변증법」이나「총체성」의 개념은 분열된 자본주의 사회를 화해되고 통일된 것으로 그리자는 것이 아니라 그 분열의 요인이 되는 본질적인「관계들」을 (매개적으로) 드러내야 한다는 것이다. 현실의 본질적인 연관관계는 친일지주/소작인이나 자본가/노동자의 관계처럼 오히려 대립과 차이의 관계로 되어 있다. 루카치가 강요하는 총체성이나 통일성은 표면의 균열현상들이 제멋대로 파편화된 것이 아니라 근원의 본질적 연관관계에 의해 총체적으로 매개되어 있음을 말하는 것이다.

루카치는 이런 이론적 근거 하에서 자연주의와 모더니즘을 비판한다. 자연주의와 모더니즘은 객관주의와 주관주의(심리주의)라는 외견상의 상이성에도 불구하고 공통적인 문제점을 갖고 있다. 그것은 표면현상(자연주의)이나 주관적 심리(모더니즘)에만 집착하여 현실의 본질적 연관관계를 놓치고 있다는 점이다.[59] 루카치는 외부현실이나 내면의식을 그리면서 본질적인 연관을 선별하고 구성하는 원리를「전망(perspective)」이라고 부르는데, 자연주의와 모더니즘은 똑같이 전망을 갖고 있지 않은 것이다.

「전망」이란 현실에 대한 작가의 세계관의 작용(즉 본질을 인식하는 작용)인 동시에 작품 내적으로는 선택과 구성의 원리이다. 올바른 세계

관철되는 사회의 성격을 일컫는다. 이 사회에서는 지주-소작인 관계가 나타나지만 소작인이 소작권을 잃음으로써 토지(생산수단)에 대한 권리를 상실한 점(그 점에서 소작인은 반(半) 프롤레타리아이다)에서 봉건제와는 분명히 구분된다. 이진경,《사회구성체론과 사회과학 방법론》(아침, 1986)을 참조할 것.

58) 표면현상에만 집착할 때 자연주의 편향이 나타난다.
59) 루카치가 자연주의와 모더니즘을 비판하는 논리는 30년대의 비평가 임화가 세태소설과 내성소설을 비판하는 논리와 매우 유사하다. 이에 대해서는 나병철,〈임화의 리얼리즘론과 소설론〉,《1930년대 문학연구》(평민사, 1993) 11~41면을 참조할 것.

관을 지닌 작가는 현실을 바르게 인식하면서 본질적인 요소들을 선별하여 작품을 구성한다. 이렇게 해서 만들어진 작품은 현실의 본질에 대한 인식을 포함하면서 또한 전망을 얻고 있다.

문학작품(특히 소설)은 인간(인물)과 환경의 상호작용을 그리면서 외부현실과 내면의식을 반영한다. 그런데「외부현실」을 잡다한 표면현상의 차원에서 그리면서 본질적 연관관계를 드러내지 못하는「자연주의」는, 객관현실에 대한 작가의 세계관적 매개가 부재한「객관주의 편향」의 양상을 보인다. 또한「내면의식」을 인간과 환경의 상호작용의 견지에서 의미있는 것으로 선별하지 못하고 무한한 추상성 속에서 그리는 모더니즘은,「주관주의(혹은 심리주의) 편향」에 빠져 있다. 우리가 지닐 수 있는 내면의식은 수적으로 무한한데, 그 중에서 인간이 환경(세계)과 반응(행동)하기 위한 예비단계로서의 내면의식만이 의미있는 것이 된다. 그런데 모더니즘은 그런 의미있는 것을 선별하지 않고 인간의 행동이나 사건과는 무관한 잡다한 내면의식을 형상화한다. 따라서 모더니즘에 형상화된 내면의식은 현실의 본질적 연관관계를 반영하는 것과는 전혀 관련을 지니지 않는다.

이렇게 볼 때 자연주의와 모더니즘은 작가의 올바른 세계관에 의한 매개작용이 배제된 점에서 동일한 이데올로기적 기반을 갖고 있다. 특히 루카치는 모더니즘(혹은 전위주의)에 대해 반동적이고 무용하다고 신랄한 비판을 퍼붓는데, 그의 이러한 새로운 기법에 대한 비판은 브레히트나 아도르노의 반박을 불러일으킨다. 물론 이들 사이의 논쟁은 쉽게 결론을 내릴 수 없는 복잡한 요건들은 포함하고 있다.

우선 현실을 본질적 연관관계에 의해 매개된 총체성으로 파악해야 한다는 루카치의 견해는 온당한 것으로 보인다. 그러나 루카치가 전범으로 삼고 있는 고전적 리얼리즘(발자크나 토마스만의 소설)처럼 주객관적 요소가 균형을 이룬 경우에만 총체성의 매개가 실현되는 것은 아닐 터이다. 그의 지적처럼 프루스트나 조이스와 같은 모더니즘에서는 주관적 의식경험을 통해 파편화된 현실이 그려질 뿐이다. 그러나 그 단편적 조각을 통해서도 총체성의 매개는 시도될 수 있다. 프레드릭 제임슨이 논의하듯이 조이스는 총체성의 현실을 그리지는 못했지만 파편화된 현실을 통해 총체성 모형을 만들려 시도했다고 볼 수 있다.[60] 또한 브레히트의 주장처럼 내적독백이나 몽타주 등의 기법은 부르주아 작가들의 작품과는 구별되는 민중문학이나 사회주의 리얼리즘을 위해 사용될 수도 있을 것이다.[61] 루카치의 총체성 개념이 동일성으로의 환원이 아닌 총체적 관계성의 매개인 점에서 여전히 의미있는 것임에도 불구하고, 그는 변화하는 역사적 조건에 따른 새로운 기법의 필요성에 대해 인식하지 못하는 한계를 드러낸다.

(5) 루카치의 미학이론

루카치는 1957년 이후 모든 공직에서 물러나 미학과 윤리학의 저술에 전념한다. 루카치의 미학은 이전의 논의 결과들을 포괄하면서 그것들을 미학적 이론 속에 체계화하려는 시도이다. 그는 예술을 「인류발전의 자기의식」으로 설명하면서 특수성의 범주로서 조명한다.[62] 예술이 인류의 「자기의식」(혹은 자기인식)이라는 것은 과학이 이론적인 「인식」이라는 점과 구별되는 측면이다. 이런 예술과 과학의 차이는 특수성의 범주를 통해서도 설명된다. 특수성이란 개별성과 보편성을 역동적으로 매개하는 범주이다. 과학과 같은 이론적 인식이 개별성에서 보편성으로 운동하는 데 반해, 예술은 개별성과 보편성 양쪽으로 그리고 다시

---

60) 프레드릭 제임슨·백낙청, 〈맑시즘, 포스트모더니즘, 민족문화운동〉, 《창작과 비평》, 1990 봄, 268~300면.
61) 브레히트, 〈루카치에 대한 반론〉, 《문제는 리얼리즘이다》, 홍승용 편역 (실천문학사, 1985), 111~50면. 그 밖에도 이 책에는 루카치를 중심으로 블로흐, 브레히트, 아도르노 등의 논쟁이 실려 있다.
62) G. 루카치, 《미학서설》, 홍승용 역 (실천문학사, 1987).

중심적인 특수성으로 수렴된다.

```
개별성  ──→         개별성  ──→         ──→ 보편성
(현상) ←──  보편성   (현상) ←──  특수성  ←── (본질)
           (본질)
    과 학                    예 술
```

과학은 개별현상들 중에서 보편법칙(본질)을 추출해내는 것이 주 임무이다. 예컨대 1920～30년대 우리나라의 사회현상들(농민의 몰락, 이농민의 발생)은 식민지 반봉건 사회라는 이론으로 설명될 수 있다. 예술 또한 그런 보편성(식민지 반봉건 사회)을 드러내는 기능을 하지만 어디까지나 그것은 개별성의 표면을 통해서 보여준다. 가령 식민지 반봉건 사회라는 보편적 사회구조는 그 시대의 소설들에서 기아, 살인, 방화, 이농민의 비애 등 개별현상을 통해 제시된다. 이 보편성이 포함된 개별성, 혹은 개별성을 통해 보편성을 드러내는 범주가 바로「특수성」이다.

이러한「특수성」에 대한 설명은 리얼리즘론에서「현상과 본질의 변증법」으로 불렸던 것을 보다 체계화한 것이다. 루카치는 그의 미학이론에서 현상과 본질의 관계에 따라 과학, 실제 현실, 예술의 차이를 다음과 같이 설명한다.

실제 현실	과학	예술
현상과 본질의 통일체	양자를 해체, 본질을 추출해냄	현상을 통해 본질을 보여주는 새로운 통일체
생생한 체험	명료한 본질인식	체험과 본질인식

루카치의 특수성 및 현상과 본질의 변증법에 대한 논의는 어떤 의미에서 바흐친의 담론 이론의 변증법적 번역이라고도 볼 수 있다. 바흐친

에 의하면 (자연)과학이 물화된 대상에서 보편법칙을 연구하는 반면 인문과학은 대상이 담론일 뿐만 아니라 연구 방법 자체가 담론의 성격을 지닌다. 담론이란 랑그의 법칙을 포함하면서 빠롤로서 나타나는 것이다. 빠롤은 랑그에 수렴되는 구심력(보편성)을 지닐 뿐 아니라 그것에서 이탈되는 원심력(개별성)도 지닌다. 이 양자의 운동 속에서 빠롤(담론)은 역사적으로 변화하는 사회역사적 성격을 지닌다.

루카치의 특수성의 범주 역시 역사적인 변화에 따라 다양한 형식들의 위치를 드러낼 수 있다. 특수성의 범주로서 예술의 형식들은 사회역사적 조건에 따라 끊임없이 변화하는 것이다. 그리고 역사적 변화에 따라 개별성과 보편성의 경계는 계속 확장되는 경향이 있다. 이는 개별성이 보편성에서 보다 멀리 이탈되고 있음을 의미하며 개별작품들의 차이가 한층 더 명확해졌음을 뜻한다. 마지막으로 역사적·장르적 차이에 따른 특수성의 중심점을 표시하면 다음과 같다.

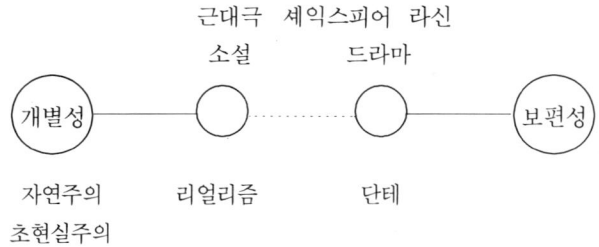

7. 생산이론

　루카치의 반영론은 다양한 매개성과 형식적 가능성을 고려함에도 불구하고 여전히 인식론적인 차원을 중요시하고 있다. 그의 이론은 결국 인식 내용의 다양한 형상화 혹은 자기의식화에 관한 것이라고 볼 수 있다. 그의 형식개념 역시 현실의 예술적 반영이라는 「인식」의 방법인 셈이며 재료나 「생산조건」의 변화에 의한 형식(양식)의 변화는 생각하지 않는다. 따라서 루카치가 그런 측면에서의 문학양식의 변화(혹은 방법 및 기법의 변화)에 대한 별다른 통찰을 보이지 못한 것은 당연하다고 할 수 있다.

　「생산이론」은 루카치의 이런 측면을 지적하고 「생산조건」들의 변화에 따라 예술의 양식(혹은 형식)이 달라짐을 논의한다. 예컨대 벤야민은 사진, 인쇄술 등의 복제 기계의 발전에 따라 「예술적 관습」과 양식이 변화되었다고 설명한다. 복제 기술은 작가/현존성/영기(Aura)라는 기존의 예술적 관습을 파괴하고 새로운 관습을 가져왔다. 복제될 수 없는 예술, 가령 회화나 조각 등은 진품에서 나오는 일종의 신성한 영기가 존재했으며 작품은 제한된 시공간에서만 감상이 가능했다. 그러나 복제 예술(사진, 소설, 영화)은 그런 영기가 사라진 대신 그때 그때의 상황에 따라 대중적인 수용자와 대면하게 된다. 이러한 새로운 관습의 가장 강력한 매체는 영화라고 할 수 있다.[63]

　브레히트의 서사극 이론 역시 「생산이론」과 연관되어 있다. 전통적인 (아리스토텔레스적인) 연극은 무대 위에서 (극중 세계의) 환영을 조성하여 관객들이 감정 이입을 통해 극중세계에 빠져들게 만든다. 그

---

63) 발터 벤야민, 〈기술복제시대의 예술작품〉,《문학예술과 사회상황》, 유종호 편 (민음사, 1979) 18~49면.

러나 서사극의 소격효과는 감정 이입을 차단하고 환영을 깨뜨림으로써 극중 내용을 비판적으로 바라보게 한다. 관객들은 부르주아의 이데올로기에 의해 현실을 동일성의 환영으로 보는 대신에 현실에 내재한 차이와 모순을 응시한다. 브레히트는 이러한 서사극의 효과를 위해 무대를 없애거나 영상, 노래, 무용들을 사용하는 한편 극장시설 자체를 변형시킬 것을 주장했다. 환영을 조성하는 무대장치 대신에 관객들이 적극적으로 극중 현실에 참여하도록 하는 것이다.

이러한 생산이론은 「생산조건」의 변화를 강조하는 점에서 「인식론」을 중시하는 미학과 상이하지만 양자가 반드시 대립되는 것은 아니다. 두 가지 미학의 관계를 이해하기 위해 1절의 끝에서 제시했던 예술과 현실의 관계 모델을 조금 변형시켜 다시 나타내보자.

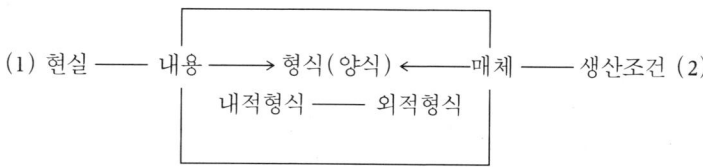

(1)의 방향에서 형식에 이르는 과정이 인식론적 미학(루카치 등)이며 (2)의 측면을 강조하는 것이 생산이론(벤야민, 브레히트)이다. 앞에서 우리는 외적 형식이 내용적 규정성이 적은 것으로 논의했는데 생산이론의 입장에서 보면 결코 그렇지가 않다. 생산조건의 변화는 보다 근본적으로 예술의 내용과 형식을 변화시킨다.

「생산조건」의 변화가 현실의 내용 및 「세계관」의 변화와 상응관계에 있다는 것은 서사문학의 변천을 살펴보면 잘 알 수 있다. 구비문학(설화)에서 문자문학(소설)으로의 발전은 인쇄술 등의 생산조건과 긴밀하게 연관되어 있다. 그런데 설화에서 소설로의 변화는 단순한 전달방식의 차이만을 의미하지는 않는다. 작품의 보존을 기억에 의존하는 설화는 이야기를 전달하는 서술언어 자체가 매번 변화될 수밖에 없다. 따라서 설화는 동일한 이야기만 담고 있으면 서술언어가 조금 달라도 같은 작품으로 인정된다. 이처럼 (생산조건에 의해) 서술이 작품의 내부 문맥을 이루지 못하는 점은, 설화의 이야기가 신성성(혹은 영기)을 지님으로써 화자는 그 신성한 이야기에 개입하지 못하고 전달하는 역할만 한다는 사실과 상응한다. 그러나 소설은 작품을 인쇄된 책에 보존할 수 있으며 따라서 서술언어가 고정되어 작품 내적 문맥을 이룬다. 이같이 서술언어가 (생산조건에 의해) 작품의 내부를 이루게 된 변화는 소설의 이야기가 신성성을 상실한 인간적 세계관을 포함함으로써 화자의 개입이 용이해졌다는 인식론적 변화와 상응한다. 다시 말해, 「생산조건」의 변화에 의한 설화에서 소설로의 양식의 변화(서술언어가 고정되어 작품의 일부가 된 것)는 현실을 「인식」하는 방법의 변화(신성한 세계관에서 인간적 세계관으로의 변화)와 일치하는 것이다.

생산이론은 작가가 개인적으로 사용하는 예술적 방법보다는 예술적 생산의 근본이 되는 조건들에 의한 형식의 결정을 논의하므로 보다 거시적인 예술적 관습과 연관되어 있다. 「예술적 관습」이란 기호학적 용어로는 일종의 「코드」와도 같은 것이다. 미학적 코드란 어떤 특정한 미학적 체계의 규약을 말한다. 특정한 규약으로 코드화된 미학적 내용을 현실의 내용으로 해석하려면 미학적 코드에서 사회문화적 코드로 「코드변환」이 일어나야 한다. 따라서 우리가 어떤 시대의 예술작품을 이해하려면 우선 그 시대의 미학적 코드를 이해해야 하는데 이는 마치 라디오의 적당한 주파수를 맞추는 것과도 같은 것이다. 미학적 코드 혹은 예술적 관습이 변화되면 작품의 내용과 형식이 달라진다. 예컨대 영웅소설이 근대소설과 다른 것은 조선조시대의 예술적 관습(혹은 코드)이 근대와는 상이하기 때문이다. 우리는 영웅소설을 근대문학의 기준으로 읽을 수 없으며 그 시대의 관습과 코드의 기준에서만 이해할 수 있다.

따라서 현실의 반영이라는 것도 거울로 비추듯이 그대로 반영하는 것이 아니라 예술적 관습을 매개로 한 일종의 굴절작용이라고 할 수 있다. 작품에 나타난 내용을 이러한 예술적 관습의 이해 없이 직접 현실에 연관시키는 것은 결코 올바른 이해가 될 수 없다. 그렇지 않다면 고전주의, 낭만주의, 리얼리즘 시대의 작품들이 왜 그토록 다르게 현실을 다루고 있는지 설명이 불가능해진다.

이러한 예술적 관습은 (생산조건과 더불어) 그 시대의「이데올로기」와 연관성을 맺고 있다. 예컨대 영웅소설의 형식이 관념적 이상을 옹호하는 결말로 되어 있는 것은 당대의 유교 이데올로기와 관련되어 있다. 이와 동일한 논리에서 브레히트는 루카치가 옹호한 부르주아 리얼리즘의 방법에 부르주아의 이데올로기가 작용하고 있다고 비판한다. 즉 부르주아 예술은 독자를 수동적으로 만들고 완결된 형식 속에서 자기 위안을 느끼게 만든다는 것이다. 새로운 예술적 방법은 갖가지 새로운 기법을 사용해 (내용적・형식적으로) 불균형과 모순을 드러내고 독자(관객)를 자극해야 한다는 것이다.

브레히트가 전위주의를 옹호한 것은 이처럼 새로운 예술적 관습의 필요성을 염두에 둔 때문이다. 이 점을 파악하지 못한 루카치는 발자크소설 유형의 문학(예술)적 관습의 수준에서 논의를 진행한다. 발자크 유형의 리얼리즘에 관한 한 루카치의 논의는 최상의 것이었지만 사회의 새로운 변화가 새로운 예술적 관습 및 방법을 요구한다는 점을 그는 깨닫지 못했던 것이다.

한편 최근의 생산이론가(마셔레이, 이글턴)들은 예술작품이 완결된 총체성의 형식이 아니라 침묵과 불균형으로 나타남을 논의한다.[64] 예술형식은 이데올로기나 역사를 거울처럼 매끄럽게 반영하지 않는다. 그와는 달리 예술작품은 이데올로기적인 예술적 관습(코드)에 의해 형상화(굴절, 왜곡, 파편화)됨으로써 그 억압 작용에 의해 현실과 역사를 (총체성이 아닌) 왜곡과 침묵의 형태로 그려낸다. 따라서 우리는 텍스트에 나타난 왜곡과 침묵을 단서로 현실과 역사에 대해 언급할 수 있을 뿐이다. 이런 논의는 알튀세의 이데올로기론에 영향을 받은 것이며 보다 넓

---

64) 테리 이글턴,《문학비평 : 반영이론과 생산이론》, 이경덕 역 (까치, 1986). 자네트 월프,《예술의 사회적 생산》, 이성훈・이현석 역 (한마당, 1986).

은 범위에서는 역사를 새로운 관점에서 보는 탈구조주의의 도전에 대한 대응이라고 할 수 있다.

　알튀세는 이데올로기를 '개인과 그의 현실적 존재조건과의 상상적 관계'라고 하여 올바른 인식을 가져오는 과학과 구분한다.[65] 반면에 탈구조주의는 과학마저도 관념론 혹은 형이상학적 작용이라고 주장한다.[66] 따라서 알튀세나 탈구조주의자에게 있어 예술(문학) 텍스트(그 기능이 이데올로기 작용이든 과학적 인식이든)는 결코 역사에 대한 총체적 인식을 담을 수 없다. 특히 탈구조주의는 텍스트의 외부에 역사가 존재하는 것이 아니라 또다른 텍스트 혹은 단일한 관점(혹은 이념)으로 인식할 수 없는 복합적·이질적인 관계들의 장이 존재한다고 본다. 생산이론이 텍스트의 기능을 역사의 총체적 인식이 아닌 이데올로기적 왜곡으로 보는 것은 이들(알튀세나 탈구조주의자)의 견해에 영향을 받은 것이다.

8. 까간의 가치론 미학

　전통적인 반영론 미학은 「인식론」에 중점을 둘 뿐만 아니라 「문학중심주의」의 경향을 갖고 있다. 한 예로 루카치의 예술 이론을 생각해보자. 물론 루카치 역시 예술을 과학과 구별하면서 과학이 보편성에 초점

---

65) 루이 알튀세, 〈이데올로기와 이데올로기적 국가장치〉, 《루이 알튀세르》, 김동수 역(솔출판사, 1991), 107~15면.
66) 데리다는 완결된 체계의 과학이 권위적인 형이상학이라고 말하며 푸코 역시 과학적 담론을 권력의 작용이라고 말한다.

을 둔 인식 유형인 반면 예술은 특수성의 범주라고 설명한다. 그러나 그의 특수성에 대한 설명은 예술 또한 일차적으로는 「인식」의 한 형식임을 전제로 한 것이다.

한편 루카치는 주로 「문학」의 예들을 들고 있으며 그 중에서도 「서사문학」에 편중되고 있다. 이 점 역시 그의 미학이 인식론을 중심에 두고 있기 때문이다. 예컨대 그가 음악에 대해 별로 논의를 하지 않는 것은 음악의 경우 인식의 기능을 말하기 매우 어렵기 때문이다. 루카치는 음악이 이중적 반영의 산물이라고 말한다. 즉, 객관현실이 인간의 내면에 반영된 것을 다시 반영한다는 것이다. 이러한 설명은 음악이 반영의 형식 중에서 매우 우회적인 것처럼 느끼게 한다. 루카치가 이런 궁색한 설명을 펼칠 수밖에 없었던 것은 그의 미학이 문학(특히 서사문학)과 같은 인식적 예술에 편중되어 음악(문학 중에서는 서정시) 등의 자기인식적 예술을 똑같이 중요한 유형으로 다루지 못하기 때문이다.

이와 동일한 이유에서 루카치는 「리얼리즘」을 중심으로 논의를 전개한다. 비교적 투명한 예술적 관습을 갖고 있는 리얼리즘은 인식의 기능이 매우 현저한 미학적 방법이기 때문이다. 그러나 낭만주의, 표현주의, 모더니즘 등 굴절도가 높은 예술적 관습의 미학적 방법들에 대해 그는 별다른 논의(모더니즘을 비난하는 것 이외에)를 펼치지 않는다.

가치론[67]은 이러한 전통적 반영론을 비판하면서, 과학 등의 인식정향적 활동과는 달리 예술은 윤리, 법률, 이데올로기와 같은 「가치정향적」 활동임을 말한다. 과학의 진리는 객관적이어야 하며 주관적 요소가 틈입할 여지가 없다. 반면에 가치지향적 활동(예술, 윤리, 법률, 이데올로기)은 객체와 주체 간의 가치적 관계 속에서 이루어진다. 예술의 대상인 현실은 단순히 객관적으로만 존재하는 것이 아니라 주체의 가치평가의 대상으로서 가치적 객체인 것이다. 예술은 현실이 어떤 객관적 구조로 되어 있는가를 밝히는 것이 아니라 그 객관적 구조가 우리에게 어떤

---

67) M. S. 까간, 《미학강의 I》, 진중권 역 (벼리, 1989). M. S. 까간, 《미학강의 II》, 진중권 역 (새길, 1991).

가치적 존재인가를 「가치평가」하는 것이다. 예컨대 1920~30년대의 우리 소설들은 식민지 시대의 현실이 식민지 반봉건이라는 구조로 되어 있다고 말하는 것이 아니라 그때의 현실이 슬프고도 고통스러운 삶이었음을 이야기한다. 물론 예술의 주체-객체 간의 가치적 관계는 단순히 주관적 감정이나 평가를 말하는 것은 아니다. 가치평가는 객체(현실)에 대한 인식을 전제로 하는 것이므로 「인식」과 「자기인식(가치평가)」, 지각과 정서적 표현은 통일된 것으로 나타난다.

　주체-객체 간의 가치적 관계를 표현(재현)하는 예술은 주객의 두 요소 중 어느 것이 전면에 형상화되느냐에 따라 「서사적」유형과 「서정적」유형으로 분류된다.[68] 서사적 유형은 현실에 대한 주체의 「인식」이 전면에 형상화되며 「자기인식」이나 정서적 표현은 배후의 문맥에 감추어져 있다. 반면에 서정적 유형은 주체의 「자기인식」과 정서적 표현이 전면에 구현되며 현실에 대한 「인식」은 배경의 문맥이 된다. 서사적 유형에는 서사문학, 회화, 조각 등이 있으며 서정적 유형에는 서정시, 음악, 장식 등이 포함된다. 예컨대 소설과 같은 서사적 유형은 객관현실에 대한 인식을 통해 자기인식에 도달하게 되며 서정시, 음악 같은 서정적 유형은 객관현실의 인식이라는 배경의 문맥 속에서 직접 자기인식(그리고 정서적 표현)을 경험한다.

　까간의 가치론은 이처럼 다양한 예술의 장르와 방법들을 어느 한쪽에 편중되지 않고 복합적으로 고찰하려고 한다. 또한 그는 개개의 작품 역시 복합적인 관점에서의 연구가 필요함을 말한다. 예술 형식은 형상화된 「모형」이자 「기호」의 체계이며 「물질적 구성」이자 특수한 「언어」, 「미적 가치」, 「소통적 가치」의 담지체이기 때문이다. 그래서 그는 예술형식을 인식적·가치적 측면, 기호적 측면, 유희적 측면들이 상대적 독립성을 지니면서 긴밀히 결합되어 있는 것으로 보았다. 까간은 이런 관점에서 기호학, 구조주의, 사이버네틱스 등 최근의 새로운 분석방법들을 유물변증법의 입장에서 수용해야 함을 주장한다.

------
68) M. S. 까간, 《미학강의 I》, 앞의 책, 290면.

까간의 가치적 미학은 다양한 예술 형식과 유파, 사조, 방법들을 설명하는 한편 근래의 새로운 연구방법들을 미학 속에 받아들이려는 특징을 갖고 있다. 그러나 이러한 논의가 루카치의 미학을 모두 무용하게 만드는 것은 아닐 터이다. 루카치가 서사문학과 리얼리즘에 편중된 것은 그의 시대가 그런 장르와 방법을 요구한 때문으로 볼 수 있다. 그리고 그런 제한 속에서 루카치는 리얼리즘에 대한 매우 긴요한 논의들을 전개했다. 리얼리즘에 관한 한 루카치 역시 가치론처럼 인식과 자기인식의 문제를 중요하게 다루고 있는 것이다.

9. 제임슨과 정치적 무의식

(1) 서사 텍스트와 부재원인으로서의 역사

지금까지 변증법적 이론의 흐름을 살펴보면서, 우리는 논의의 방향이 예술과 현실의 복잡한 연결에 주목하는 쪽으로 진행됨(생산이론)을 볼 수 있었다. 이런 측면에서 예술적 관습(코드)을 언급하거나 기호학적 소통의 측면에 유념하는(까간) 것은 「변증법적」 이론에서도 「기호학적」 논의를 수용하고 있음을 보여준다. 현실은 (직접적으로 작품 속에 담겨지는 것이 아니라) 작가에 의해 예술작품으로서 코드화(혹은 코드 변환)되며, 미학적으로 코드화된 작품을 현실과 연관시켜 해석하려면 다시 그 코드를 해독해야 (변환시켜야) 한다.

물론 루카치의 반영론이 이런 측면을 간과하고 예술을 현실에 직접 연관시키고 있는 것은 아니다. 그의 미학은, 작품의 형식이 현실 내용의 직접 반영임을 말하는 듯 느껴지게 하지만, 실은 그 역시 양자의 차이적 관계를 파악하고 있었다. 루카치는 현실이 미학적으로 「매개」되어 예술적 반영물이 되는 것으로 말하는데, 여기서 매개의 개념이 바로 「코드변환(transcoding)」을 의미하는 것으로 볼 수 있다.[69] 현실을 미학적으로 매개한다는 것은, 예술작품이 현실의 반영물인 동시에 또한 현실 그 자체와는 구별되는 특수한 미학적 구조물임을 의미한다. 기호학적 용어로 설명하자면 현실의 사회문화적 코드에서 작품의 미학적 코드로 변환시키는 과정을 말하는 것이다. 이처럼 루카치의 매개 개념은, 반영뿐만 아니라 「차이」의 개념을 포함하는데, 이 점에서 「동일성」의 매개를 논의하는 헤겔과 구분된다. 헤겔은 현실을 절대정신에 의해 매개함으로써 예술·종교·철학이 만들어지는 것으로 설명하는 바, 이때 세 영역은 절대정신을 함유한 동일한 매개물로 간주된다. 즉 헤겔의 경우 예술·종교·철학은, 절대정신이라는 동일한 내용의 기준에 의해 가치평가되는 것이다.

  그와는 달리 루카치는 예술(혹은 예술적 매개)의 특수성을 강조하고 있다. 그러나 루카치는 다양한 매개의 필요성을 논의하면서도 특히 작가의 세계관적 매개를 강조하고 있다. 작품은 (본질을 파악하는) 세계관적 「매개」를 지님으로써 「직접」 현실을 경험하는 것과는 달리 본질을 분명하게 인식하게 한다는 것이다. 우리는 루카치의 미학을 예술의 특수성을 충분히 이해하면서 현실(혹은 역사)의 본질을 해석의 지배코드(master code)[70]로 사용하는 이론으로 볼 수 있다. 그렇다면 과연

---

69) Fredric Jameson, *The Political Unconscious* (Cornell University Press, 1981), 39~40면.
70) 해석의 지배 코드란 여러 가지 해석의 가능성을 제공하는 코드들 중에 가장 지배적인 것을 말한다. 탈구조주의의 논의대로 문학작품은 어떤 코드를 상정하느냐에 따라 여러 해석이 가능하다. 루카치는 그 중에서 역사의 코드를 가장 지배적인 것으로 설정한 셈인데, 이 점에서 그의 논의는 인식론 중심주의적 성격을 지닌다.

현실의 본질이란 무엇이며 그것을 왜 해석의 지배 코드로 삼아야 하는가. 루카치의 경우 현실의 본질이란 현실을 과학적으로 인식한 사회역사적 합법칙성을 말한다. 루카치는 현상들의 본질적 연관관계를 「총체성」이라고 불렀다. 여기서 본질적 연관관계(혹은 총체성)란 흔히 잘못 생각되듯이 화해된 통일성이 아니라 오히려 차이적 (자본-노동 등의) 관계를 의미한다.

어쨌든 루카치의 미학은 과학적으로 인식한 역사적 현실을 해석의 최종 근거로 삼고 있다. 그러나 과연 그러한 과학적 체계화가 가능하며 그렇게 인식된 역사적 현실은 어디에 존재하는 것일까. 현대사상의 주요 조류의 하나인 탈구조주의는, 이제까지 텍스트의 지시대상으로 여겨온 「역사」 자체가 일종의 또다른 「텍스트」라고 말한다. 역사라는 텍스트는 또다른 텍스트를 지시하므로 예술 텍스트는 고정된 의미로 해석될 수 없다. 역사를 과학적으로 인식할 수 있다는 주장 자체가 하나의 허구이며 그 과학적인 인식에 근거한 실천이란 목적론적인 이데올로기에 불과하다. 실제로 역사가 과학적 전망(예컨대 이성중심주의, 진보사관, 사회주의적 전망)에 따라 발전된 적은 이제까지 한번도 없기 때문이다.

이러한 탈구조주의(혹은 포스트모더니즘)의 논의는 현실의 본질 인식을 회의하는 역사허무주의로 흐를 위험을 지니고 있다. 현실(혹은 역사)은 하나의 본질에 의해 규정될 수 없으며 실체로서 고정된 것이 아니라 텍스트처럼 떠다니는 것으로 보기 때문이다. 그러나 역사적 현실을 실체로서 규정하기 어렵다는 탈구조주의의 논의는 부인하기 어려운 측면을 지니고 있다. 전통적인 마르크스주의에서는 경제적 관계로 되어 있는 하부구조에 의해 상부구조가 결정된 양상이 역사적 현실이라고 말해 왔다. 이 경우 정치, 문화, 법률 등의 (상부구조) 각 심급(수준)들의 상대적 자율성을 인정한다고 해도 궁극적인 현실의 근거는 경제적 심급에 있게 된다. 즉 노동자와 자본가의 관계가 현실의 궁극적 요인이 되는 것이다. 그러나 과연 현실의 모든 현상들이 노동자-자본가 관계로 수렴될 수 있으며 또 모든 텍스트들이 그 관계로 환원될 수 있을까.

탈구조주의는 노·자 관계를 말하는 마르크스주의의 논의 자체가 일종의 각본으로 짜여진 텍스트라고 말한다. 실제로 전통적인 마르크스주의의 논의는 현대사회에서 액면 그대로 수용할 수 없는 게 사실이다. 역사를 말하는 텍스트는 자꾸 변화될 수밖에 없는 것이다. 이런 반박하기 어려운 탈구조주의의 도전에 직면해서, 역사를 실체로 보지 않는 견해를 받아들이면서 또한 역사허무주의에서 탈출하려는 문제의식이 바로 프레드릭 제임슨의 논점이다. 제임슨은 역사란 고정된 실체로(텍스트의 지시대상으로) 존재하지 않지만 또한 텍스트처럼 무규정적인 것도 아니라고 말한다. 역사는 알튀세가 논의한 것처럼 「부재원인(absent cause)」[71]으로 작용하는데, 그러나 부재원인으로서의 역사는 텍스트를 통해서만 접근할 수 있다. 예술 텍스트건 현실의 텍스트건, 우리가 역사에 접근할 수 있는 통로는 텍스트일 뿐이다. 텍스트는 여러 가지 다른 방식으로 쓰여질 수 있지만 그 안에서 부재원인으로 작용하는 역사는 하나의 코드로서 주어진다.

　이런 관점은 「역사」를 텍스트의 고정된 지시대상으로 보는 관점을 부인하면서도 또한 여전히 「해석의 코드(약호)」로 삼을 수 있게 한다. 사실 루카치의 총체성 개념 역시 실체로서의 역사를 말한 것은 아니었다. 예술 텍스트가 총체성을 드러낸다고 할 때 그것은 텍스트의 지시대상으로서 총체성의 현실이 나타난다는 뜻은 아니다. 다만 총체성(혹은 총체적 연관관계)은 보이지 않는 요인으로서 텍스트 속에서 작용하고 있을 뿐이다. 다시 말해 우리는 텍스트를 통해서 부재원인으로서의 총체성 혹은 현실(역사)의 본질을 만나게 되는 것이다. 루카치가 비록 지배 코드로서 현실의 본질(총체성)을 말하고 있지만 그것은 텍스트의 지시대상이 아니라 일종의 부재원인인 것이다.[72]

---

71) F. Jameson, *The Political Unconscious*, 앞의 책, 34~35면.
72) 이처럼 제임슨은 「부재하는 전제」로서 루카치의 총체성 개념을 다시 소생시키며, 또한 그것을 정치적 무의식이라는 보다 복잡한 기제를 통해 해석의 코드로 삼을 수 있음을 보여주려 시도한다.

(2) 정치적 무의식과 해석의 세 지평

제임슨의 논의는 해석의 약호로서 역사를 포기하지 않는 한편, 또한 텍스트와 역사와의 관계가 매우 복잡한 것임을 암시한다. 그의 「정치적 무의식」의 개념은 그 해석과정의 복잡성을 드러내기 위한 것이다. 여기서 「무의식」이라는 용어는 프로이트와 라캉에게서 빌려온 것이다. 프로이트의 탁월한 통찰은 일상적인 생활(정상적인 것)이 무의식 속에서 참을 수 없는 모순(쾌락원리와 현실원리의 충돌)을 「억압」함으로써 이루어진다고 말한 데에 있다. 프로이트는 그 억압된 무의식이 소원 충족(꿈의 투사 등의 대리만족)을 통해 해소된다고 논의한다. 그러나 프로이트는 개인적인 의식을 다루는 데 그치고 그 개인적 의식이 역사성을 지니는 집단 의식에 매개되어 나타남을 인식하지 못했다. 따라서 프로이트의 한계를 넘어서기 위해서는 그의 이론을 역사화시켜야 한다.

라캉은 아이가 언어를 배우면서 사회의 체계로 진입할 때 무의식이 체계에 의해 구조화된다고 설명함으로써 개인의식(혹은 주체의 의식)을 사회화시켰다. 라캉의 설명은 다음과 같다. 어린아이는 거울단계 (mirror-stage)에는 거울을 보면서 실제 자신과 거울 속의 이미지를 동일시한다. 이때의 나르시스적인 만족은 자아의 내부와 외부(세계)가 완전하게 합치되는 욕망의 충족에서 비롯된다(상상계(the Imaginary Order)). 그러나 아이가 언어를 배우면서 규칙과 법률로 되어 있는 사회체계에 진입하면 내부와 외부는 더이상 일치되지 않으며 욕망은 사회체계의 장벽에 의해 자아의 내부로 미끄러져 들어가면서 끝없이 연기된다 (상징계(the Symbolic Order)). 마치 기표가 충족된 기의를 갖지 못하고 기표들의 놀이 속으로 끝없이 미끄러지듯이 자아의 욕망은 사회체계의 장벽에 의해 완전한 충족을 차단당한 채 무의식 속으로 흘러들어간다. 언어에서 기표가 가름대에 의해 기의로부터 분리되듯이 자아는 사회적 장벽에 의해 의식과 무의식(외부와 내부) 사이의 틈새를 경험한다. 그리고 기표가 기의 속에서 충족된 위치를 발견하지 못하는 것처럼 의식은 무의식 속에서 욕망을 충족시키지 못한 채 끝없이 연기시킨다. 따라서 「무의식」이란 충족된 기의의 장소가 아니라 「기표들의 놀이」가 일어나는 구조화된 곳이다.

이처럼 라캉은 무의식이 구조화된 것이며 사회체계의 억압에 의해 발생한 것임을 논의한다. 그러나 라캉 역시 사회체계와 무의식의 관계를 구체적인 역사 속에서 설명하지는 않는다. 제임슨은 여기서 한 발 더 나아가 욕망의 좌절에 의해 「정치적 무의식」이 발생하는 복잡한 기제를 논의한다. 일종의 부재원인 역사[73]는 욕망을 끝없이 좌절시킨다. 이러한 역사와 욕망 간의 모순은 참을 수 없는 경험인데 지배이데올로기[74]는 그것을 상상적으로 만족시키는 기능을 한다. 예컨대 자본주의 사회는 모든 사람이 능력에 따라 자유롭게 기회를 부여받는다는 (근면의 대가로 행복을 보장받는다는) 이데올로기로서 욕망의 좌절을 상상적으로 해소시킨다. 그러나 이러한 이데올로기는 역사와 욕망 사이의 모순을 은폐하는 기능을 할 뿐이다. 따라서 그 같은 이데올로기에 회유될 수 없는 고통스러운 경험은 정치적 무의식으로서 우리의 내면 속에 남게 된다. 욕망과 역사의 갈등이 담겨 있는 이 정치적 무의식을 마치 소원충족과도 같이 해소시키는 것이 바로 「서사 텍스트」이다.

서사 텍스트는 지배이데올로기가 작용하는 일상생활을 그리면서 다른 한편으로는 억압된 역사와 욕망(혹은 양자의 갈등관계)을 해소시키려 시도한다. 그러나 역사와 욕망은 서사 텍스트 속에 액면 그대로 형상화되지는 않는다. 서사 텍스트 속에서도 여전히 이데올로기적 억압이 작용하므로 역사는 꿈에서처럼 치환, 보상, 투사의 작용을 통해 나타날 뿐이다. 또한 그러한 기제를 통해 드러나는 욕망 역시 (지배이데올로기

---

[73] 여기서 역사는 라캉의 현실계(The Real)에 해당한다. 현실계는 상상계와 상징계가 서로 투쟁을 벌이는 실존의 장이다. 엘리자베드 라이트, 《정신분석비평》, 권택영 역 (문예출판사, 1989) 149면.

[74] 여기서 이데올로기는 알튀세가 논의한 대로 '개인과 그의 현실적 존재조건과의 상상적 관계'로 정의할 수 있다.

와는 구별되는) 또다른 이데올로기의 형태로 제시된다.

　이처럼 텍스트 속에서 역사는 억압되어 보이지 않는 형태로 나타나며 우리는 텍스트에 여기저기 분산되어 있는 의미소들을 통해 정치적 무의식을 파악할 수 있을 뿐이다. 그러나 일상생활에서는 우리의 내면에만 존재할 수 있던 정치적 무의식이 (서사) 텍스트의 표면에 형상화되므로 우리는 그 정치적 무의식을 매개로 역사를 인식할 수 있다.

　마치 꿈을 해석해야지만 무의식을 알 수 있듯이 우리는 서사 텍스트를 해석해야지만 「정치적 무의식」을 파악할 수 있다. 그리고 또 그 정치적 무의식을 매개로 했을 때만 「역사」를 인식할 수 있다. 따라서 서사 텍스트는 필연적으로 해석되어야 하며 그 해석 작용은 여전히 역사를 코드로 삼아야 한다. 이처럼 제임슨의 정치적 무의식의 개념은, 역사를 서사 텍스트의 지시대상으로 삼는 알레고리적인 해석을 반대하면서, 그러나 (복잡한 기제를 통해) 여전히 역사가 해석의 코드로서 존재해야 하는 필연성을 드러낸다.

　제임슨은 구체적인 해석의 작업으로서 다음의 세 가지 지평을 제시한다. 첫째로 예술적(문학적) 형식을 역사와 욕망의 참을 수 없는 모순을 「상징적」으로 (혹은 상상적으로) 해결하려는 시도로 보는 것이다. 이는 구체적인 역사적 현실의 지평에서 개별작품의 형식을 분석하는 작업이다. 예컨대 윤흥길의 〈장마〉에서 두 할머니(친할머니와 외할머니)의 싸움과 마지막에 집안으로 들어온 뱀을 달래 보내는 화해의 플롯을 생각해보자. 이 소설은 분단상황이라는 구체적인 역사를 다루고 있는데 그 역사의 실상은 남북한의 이데올로기에 의해 각각 은폐되어 있는 상황이다. 〈장마〉는 은폐된 분단모순을 직접적으로 형상화하는 것이 아니라 두 할머니의 싸움을 통해 상징적으로 드러내며 또한 그 모순의 고통을 샤머니즘적인 환상 속에서 해소시키려 한다. 따라서 우리는 역사를 직접 보는 대신에 분단모순이 우리 민족 자신의 문제(두 할머니의 싸움으로 상징)이며 반드시 해소되어야 할 한 시대의 어두운 역사(장마)임을 암시받는다. 또한 마지막의 화해는 실제 역사의 화해이기보다는 정치적 무의식 속에서 작용하는 화해의 소망의 표현이라고 해석할 수 있다.

두번째 지평은 작품을 보다 큰 범위에서 집단적·계급적 담론으로 보는 것이다. 여기서는 서로 상치되는 이데올로기적 담론들이 (적대적으로) 대화적 관계[75]에 있는 것으로 나타난다. 예를 들어 양귀자의 〈기회주의자〉에서 각 인물들의 (대립적인) 대화적 담론은 개인적인 불화가 아니라 이념적인 대립을 나타낸다. 즉 영업과장은 보수적인 자유주의를, 손문길은 사회주의를, 그리고 주인공 정계장은 소시민적 입장을 대변하고 있다.

세번째 지평은 전체 인류역사 혹은 생산양식의 견지에서 작품의 형식(혹은 양식)을 살펴보는 것이다. 역사적 생산양식들은 각기 상응하는 예술적(문학적) 양식들을 만들어낸다고 할 수 있다. 예컨대 로만스(영웅소설이나 기사소설)는 봉건제에 근거한 중세적 양식이며 근대 리얼리즘 소설은 자본주의와 긴밀하게 연관되어 있다. 여기서 특히 주목의 대상이 되는 것은 여러 예술적 양식(방법)들이 중첩되어 있는 경우이다. 왜냐하면 중첩된 예술적 양식은 현실에서 여러 생산양식(혹은 그것의 반영인 문화적 수준들)들이 병존하는 현상을 반영하는 것이기 때문이다. 이러한 논의가 흥미로운 것은, 상호 적대적인 문화적 수준들이 겹쳐서 나타나는 작품의 이질성을, 탈구조주의가 주장하는 「텍스트의 이질성(이질적인 담론들)」에 연관시킬 수 있다는 점이다. 반대로 말하면, 텍스트의 이질성은 텍스트의 외부의 문화적 이질성을 전제로 해야 이해될 수 있는 것이다. 이는 탈구조주의의 이론을 확장된 마르크스주의의 관점에서 재수용하는 작업이다.[76]

예컨대 김동인의 〈김연실전〉은 풍자적(냉소적)으로 희화화된 전(傳)

---

75) 대화적 관계라는 개념은 바흐친의 이론에서 빌려온 것임.
76) 탈구조주의는 텍스트가 완전하게 통일되어 있는 것이 아니라 이질적인 담론들이 섞여 있는 구조물임을 말한다. 그런데 제임슨의 이론은 이 이질성들이 역사적 현실의 문화적 이질성에서 기인된다고 논의하는 셈이다.

양식(영웅소설 유형)과 리얼리즘(혹은 자연주의)적 요소가 복합적으로 얽혀 있는 작품이다. 또한 조세희의 〈난장이가 쏘아올린 작은 공〉은 모더니즘 기법과 리얼리즘 형식이 중첩된 소설이며 김영현의 〈벌레〉에는 포스트모더니즘과 리얼리즘이 겹쳐져서 나타난다. 이러한 복합적인 형식들은 각기 그 시대의 생산양식 및 문화적 수준들의 복합성을 반영하는 것이다. 즉 봉건제와 근대 자본주의(〈김연실전〉), 그리고 근대 자본주의와 독점자본주의(〈난장이가 쏘아올린 작은 공〉), 혹은 후기자본주의(〈벌레〉)의 복합적인 병존의 양상이다. 우리는 이러한 관계 속에서 작품의 내용뿐만 아니라 「형식의 이데올로기」 자체로서 역사를 발견하게 된다.

(3) 그레마스의 사각형과 변증법적 재수용

제임슨의 이론은 개별작품을 구체적으로 분석하는 방법이기보다는 작품이 해석되어야 할 필요성과 그 복잡한 기제를 설명한 전체적인 논의라고 할 수 있다. 따라서 실제로 작품을 분석하기 위해서는 구체적인 분석 방법이 필요하게 된다. 제임슨은 그 실제적 분석의 도구로서 형식주의나 구조주의(탈구조주의)의 이론을 빌려온다. 그는 형식주의적 이론들을 전혀 무용한 것으로 보는 것이 아니라 일정한 한계 내에서 매우 쓸모있는 도구로 여기기 때문이다. 형식주의적 이론(방법)의 한계는 그 배경이 되는 이데올로기의 한계에서 비롯된 것이다. 그러나 그런 문제점을 인정하면서 변증법적 맥락에 재위치시키면 그 이론들은 매우 긴요한 분석도구가 될 수 있다.

제임슨에 의하면 형식주의(구조주의·탈구조주의)의 결함은 이론가 개인의 실수라기보다는 이데올로기의 제약에 의한 불가피한 실수이다. 따라서 형식주의 이론을 이데올로기의 한계를 넘어서도록 「역사화」시키면 그 이론적 성과는 아주 유용하게 사용될 수 있다. 한 예로 그레마스의「기호학적 사각형」을 살펴보기로 하자. 그레마스의 사각형은 의미의 생성과정을 미시적 의미소들의 역동적 상호작용으로 설명한다.[77] 이러한 설명방식은 의미를 고정된 항목(혹은 이항대립)으로 보는 전통적인 의미론을 넘어선 것이다. 그러나 그레마스의 사각형은 결국 의미의 폐쇄회로를 그리고 있다. 이 도식은 의미가 차이작용의 결과라는(탈구조주의나 해체론의) 통찰을 표시하긴 하지만, 이 심층적 역동성을 다시 표층구조에서 보편적 서사이론으로 환원시키고 있다. 즉 서사물(소설)에 포함된 의미의 역동성을 역사를 고찰하는 데 이용하지 않고, 정태적인 차원에서 서사적 전개로 이해한다. 예컨대 어떤 소설에서 욕망의 주체(주인공)와 객체가 나오며 조력자와 적대자가 등장한다는 식이다. 그것은 어떤 역사적 상황에 대한 분석이 아니라 모든 시대의 소설에서 찾아볼 수 있는 것이다.

이러한 그레마스 이론의 정태적인 한계는 이데올로기적 한계에서 기인된 것이다. 그러나 그 이데올로기적 한계를 변증법적으로 이용할 경우 우리는 역사에 대한 올바른 접근을 성취할 수 있다. 그레마스의 사각형이 의미의 폐쇄회로로 환원되는 것은 현실에서 이데올로기의 폐쇄회로를 반영하는 것으로 볼 수 있다. 현실에서 의미의 역동성과 변증법적 발전이 이데올로기에 의해 봉쇄되듯이, 그레마스 사각형에서 의미소들의 역동성은 전체 폐쇄회로에 의해 지워진다. 그러나 그레마스 사각형의 폐쇄회로를 이데올로기적 봉쇄작용으로 이해하여, 그것을 변증법적 문맥에서 철폐시킨다면, 그 밑에 숨겨진 역동적 의미소들을 통해 역사에 접근할 수 있다. 이러한 과정을 김유정의 〈동백꽃〉을 통해 살펴보기로 하자.

김유정의 〈동백꽃〉은 '나'와 점순이라는 시골 청년들의 애정의 갈등을 그린 소설이다. 이러한 주제(의미)는 어느 시대이든지 있을 수 있으며 그것을 통해 당시대의 역사를 살펴볼 수는 없을 것 같다. 그러나 이

---

77) 앞의 4절 (2) ②구조주의 서사학을 참조할 것.

소설에 작용하고 있는 이데올로기적 은폐들을 제거해보면 그 밑에 숨어 있는 역사의 모습을 드러낼 수 있다. 먼저 이 소설의 서사적 과정을 그레마스의 사각형으로 도해해보자.

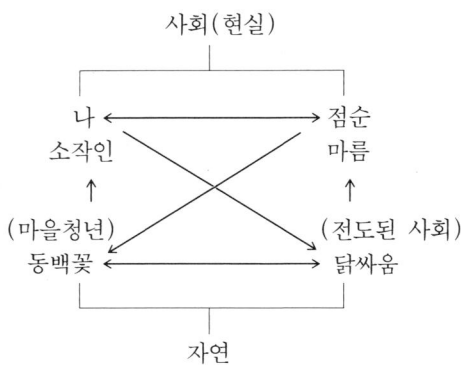

위의 사각형에서 각 항목들은 현실 자체라기보다는 현실에 투사된 욕망의 기제들이라고 할 수 있다. 현실에 대한 의미(주제)는 객관현실의 자율적 운동에 의해 나타나는 것이 아니라 주객관적 의미작용(인물과 환경의 상호작용)을 통해 드러난다. 즉 주체의 욕망이 현실 속에서 작용하는 가운데 양자의 모순과 갈등 속에서 서사적 과정이 나타나며 그것을 통해 또한 의미(주제)가 생성되기도 한다.

〈동백꽃〉에서 주인공 '내'가 괴로운 닭싸움을 경험하게 되는 것은 점순의 전도된 애정의 욕망에 의해서이다. 따라서 닭싸움의 고통은 실제로는 '나'와 점순 사이의 숨겨진 갈등을 암시한다. '나'와 점순 사이의 모순 관계는 점순의 애정을 전도시킨 요인이기도 하지만 그것은 텍스트에서 명백하게 밝혀져 있지 않다. 그런데 '나'의 고통이 극에 달하는 순간 (마름의 닭을 죽여 난처해진 순간) 점순은 돌연 '나'에게 애정을 표시한다. 그 애정의 표시는 동백꽃에 파묻히는 화해의 모습으로 나타난다. 여기서 점순은 '나'에 대해 이중적 관계에 있는 것으로 비쳐지는 바, 즉 모순과 화해의 복합적 상태에 있다.

그러나 우리는 이러한 표면적인 서사적 전개를 통해서는 '나'와 점순의 모순의 근원이 무엇인지, 그리고 이 소설이 어떻게 역사를 보여주고 있는지 알 수 없다. 주인공 '내'가 닭싸움 → 점순과의 갈등 → 동백꽃 속의 화해를 거쳐 다시 원래의 '나'의 생활로 돌아오는 과정은 단순히 농촌 청년의 애정과 갈등을 그리고 있을 뿐이다. 물론 이 폐쇄회로는 식민지 시대의 폐쇄된 현실에 상응한다.

그런데 이러한 이데올로기적인 표면구조를 들춰보면 그 이면에 숨겨진 역사의 모습을 읽어낼 수 있다. 여기서 중요한 것은 각 항목들이 다원적 의미소들로 역동적 운동을 하고 있다는 것과, 제3항인 '동백꽃'이 변증법적 운동의 매개항이 된다는 점이다.

'나'와 점순을 구성하고 있는 의미소들 중에서 공통되는 것은 같은 「마을의 청년들」이라는 점이다. 그러나 점순은 「마름」의 딸이므로 '나'와 신분적으로 모순되는 관계에 있다. 그런데 두 사람의 화해는 그런 「사회적 모순」이 없는 「자연」 속에서 이루어지며 그것은 그들이 마을 청년들이라는 공통점을 부각시켜준다. 따라서 '나'와 점순의 갈등은 지주-소작인 관계라는 「사회적 모순」에 기인되고 있으며 그 모순이 농촌의 두 젊은이의 애정을 방해하고 있음을 알 수 있다. 닭싸움은 자연 상황이지만 전도된 사회를 암시하는데 이 모의적 장치는 은폐된 모순을 드러내는 기능을 한다. 즉 「현실」에서 은폐되어 무의식으로만 존재하던 갈등이 「자연」 속에서는 그대로 드러나는 것이다. 따라서 닭싸움 자체도 현실 속에서의 갈등과는 달리 건강하게 느껴진다. 또한 그와 대립되는 동백꽃 속에서의 화해는 다음과 같은 사실들을 표상한다. 즉 그것은 「자연」 속에서의 화해이면서 또한 농촌 청년들 혹은 동백꽃(들)이라는 「복수적(혹은 집단적)」 의미가 부가된 화해이다. 자연, 마을 청년, 공동체라는 의미는 '나'와 점순의 이상적인 소망으로서 내면에 잠재해 있다. 그러나 그것은 자연 속에서만 나타날 수 있기 때문에 '나'와 점순 사이의 사회적 갈등을 해소시키지 못한다. 따라서 이 소설의 심층에는 마을 청년들의 소망과 마름-소작인의 갈등, 자연의 화해와 사회적 모순, 애정의 소망과 현실적 모순의 역동적 의미들이 운동하고 있다. 표면적 서사구조에 은폐된 역사는 바로 이 양자의 차이들 속에 위치한다고 할 수 있다. 그 차이를 확대해보면 마을 청년들의 소망과 식민지 농촌 구조의 모순, 그리고 공동체(농민, 민중)의 소망과 식민지 반봉건 사회의 차이적 갈등으로 이해될 수 있다.

〈동백꽃〉을 이처럼 역사와 소망(욕망)의 모순(혹은 정치적 무의식)이 투사된 작품으로 해석하는 데에는 특히 제3항(동백꽃)의 설정이 중요한 요인이 된다. '동백꽃(밭)'이라는 제3항은 식민지 현실의 폐쇄된 회로로부터 벗어나는 또다른 통로를 암시하기 때문이다. 즉, 동백꽃밭에는 자연, 화해, 복수성(집단성의 단초)의 의미가 포함되어 있다.

그러나 그것은 잠재적인 소망일 뿐이며 표면으로 구체화되지 않는다. 잠재된 소망이 실제로 구체화되려면 집단적 운동의 성격을 지녀야 한다. 집단적 운동을 통해 소망을 드러내는 소설은 〈동백꽃〉과는 구별되는 또다른 형식으로 볼 수 있는데, 사회주의 리얼리즘은 바로 이런 소설형식에 합당한 방법이다. 그리고 이런 유형의 소설들은 그레마스의 도식에서도 다른 양상으로 나타난다. 한 예로 박해강의 《검은 노을》을 살펴보자.

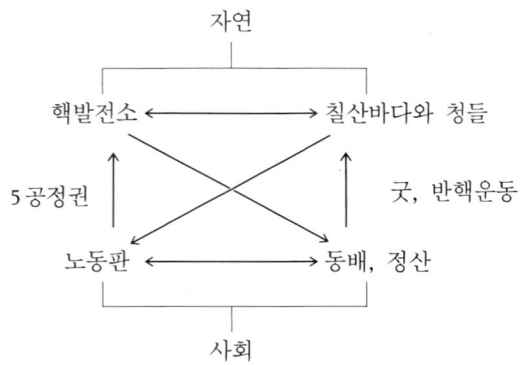

이 소설은 핵발전소의 건설에 의해 자연이 파괴되는 과정과 그에 맞서는 반핵운동을 그리고 있다. 이 소설에서 마을에 핵발전소가 들어서면 잘살게 된다는 단순한 논리는 독재정권의 이데올로기라고 할 수 있다. 그에 맞서는 반핵운동과 그것을 상징하는 풍물굿은 마을공동체의 소망을 담고 있다. 그러나 반핵운동이 이상적인 사회로의 지향을 담고 있긴 하지만 그 자체가 역사의 과정을 보여주지는 않는다. 반핵운동은 소설이나 역사의 뒷페이지 어느 곳에서도 그 성취가 보장되지는 않는다. 현실의 차이적 관계에서 벗어나 동일성의 이상을 추구하는 반핵운동은 그 점에서 또다른 이데올로기라고 할 수 있다. 역사는 이 두 이데올로기의 어느 한 지점에 존재하는 것이 아니라 그것의 기반이 되는 요소들의 복합적인 역동적 관계 속에 위치하는 것이다. 그 복합적인 관계들은 위에서처럼 그레마스의 도식으로 잘 드러낼 수 있다. 이 사각형이 〈동백꽃〉의 경우와 다른 것은 폐쇄회로가 아니라 두 이데올로기 간의 대립관계로 나타난다는 점이다. 그 중 진보적 이데올로기(반핵운동)는 지배이데올로기에 의해 은폐된 역사를 드러내고 새로운 사회의 소망을 이념의 형태로 제시한다.

《검은 노을》은 〈동백꽃〉과는 상이한 서사구조를 지니고 있지만 우리는 그레마스 사각형의 도해를 매개로 은폐된 역사를 드러낼 수 있다. 우리가 살펴본 예들은 구조주의적 (혹은 탈구조주의적) 이론을 변증법적으로 이용해 숨겨진 역사를 드러내는 도구로 삼을 수 있음을 보여준다. 제임슨 이론의 최대의 장점은 이처럼 풍성한 형식주의적 성과들을 변증법적 맥락에서 적극적으로 수용하는 점일 것이다.

10. 잠정적인 전망

 이제까지 우리는 형식주의적 이론과 변증법적 이론이 어떤 양상으로 전개되어 왔는지 살펴보았다. 형식주의·구조주의·탈구조주의 등은 예술작품이 역사적 현실에 직접적으로 연결되지 않는다는 점(자율성)을 논의의 전제로 삼고 있다. 그러나 그들 역시 암암리에 역사적 문맥을 설정하지 않을 수 없으며 가장 최근의 탈구조주의의 논의에 이르러서는 복잡한 방식으로 역사에 접근하는 문제를 다루고 있다.
 반면에 변증법적 이론은 예술작품이 역사적 현실의 반영이라는 사실을 논의의 단초로 삼는다. 그러나 이들 또한 점차로 작품과 역사의 관계가 그렇게 단순하지 않다는 점을 주목하기 시작한다. 그래서 가장 최근의 변증법적 이론들은 양자간의 복잡한 관계를 규명하는 것을 논의의 목표로 설정한다.
 이처럼 형식주의적 이론은 탈구조주의에 이르러 역사와 만나고 있으며 변증법적 이론은 최근에 와서 작품과 역사의 복잡한 관계에 초점을 맞추고 있다. 그리고 그 전개과정 속에서 탈구조주의 중 어떤 논의들은 변증법과 연계될 가능성을 보이며 변증법적 논의들은 탈구조주의 사고들을 자신의 이론의 품속에 포용하려 시도한다. 따라서 우리는 두 가지 이론적 조류가 반드시 적대적으로 대립되지만은 않으며 긍정적인 발전 속에서 서로 뒤섞일 가능성을 지닌다고 말할 수 있다. 이런 관점에서 우리의 잠정적인 전망은 형식주의와 변증법이 복합적인 과정 속에서 상호 교차될 수 있다는 것이다. 물론 양자 사이에 간단히 해소되지 않는 장벽이 없는 것은 아니다. 그러나 우리는 형식주의가 세부적 분석에 유용하며 그것이 역사적 해석으로 확대될 때에는 변증법의 견지에서 포용되어야 한다고 생각한다. 제임슨의 논의가 특히 우리의 관심을 끄는 것은 바로 이런 이유에서이다. 단지 한 가지 강조할 것은 구체적인 작품 분석은 양식과 장르를 전제로 실행되어야 한다는 것이다. 문학의 경우 시·소설·희곡 등 각 장르에 합당한 세부적 이론이 마련되어야 할 것이다.

각각의 장르의 특성에 따라 이론적 논의의 성격과 방향은 조금씩 달라질 수 있다. 가령 루카치가 소설에 중점을 두었으며 브레히트가 극양식을 중시했고 아도르노가 시와 음악에 대해 논의한 것은 우연한 일이 아니다. 형식주의 중에서도 신비평은 시에 관심을 가졌고 구성을 중시하는 시카고 학파는 소설을 주로 이야기했다.

여기서 다시 1절의 끝에서 제시했던 도표로 돌아가보자. 예술의 형식을 내적 형식과 외적 형식으로 나눌 때 내적 형식은 인식론적 미학이 강조하는 측면이며 외적 형식은 형식주의나 생산이론이 중시하는 측면이다. 물론 양쪽 측면이 단순하게 분리되어 있는 것은 아니다. 그리고 그 양쪽의 관계는 장르에 따라 다양하게 달리 나타날 수 있다. 예컨대 소설의 경우에는 외적 형식이 상대적으로 덜 중요하며 기교적인 성격을 지니고 있다. 반면에 시와 연극에서는 외적 형식이 내적 형식과 긴밀하게 얽혀 있으며 단순한 기교 이상의 중요성을 지닌다.

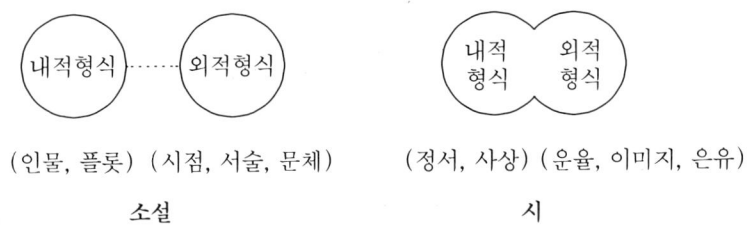

(인물, 플롯) (시점, 서술, 문체)　　(정서, 사상) (운율, 이미지, 은유)

　　　　소설　　　　　　　　　　　시

외적 형식은 감상자(독자)가 처음으로 예술 작품을 지각하는 부분이며 내적 형식을 예술 매체(언어, 소리, 색채)로서 매개하는 기능을 한다. 그런데 소설의 경우에는 외적 형식이 상대적 자율성을 지니며 내적 형식을 전달하는 효과의 견지에서 이해된다. 반면에 시에서는 외적 형식은 내적 형식과 구분하기 어려운 상태이며 시의 예술성을 중요하게 좌우한다. 이러한 장르적 특성에 따라 각 장르를 논의하는 방식 역시 상이하게 나타날 수밖에 없다. 우리는 제4장과 제5장에서 시와 소설에 대해 살펴볼 것인데 장르적 특성에 따라 각기 다른 논의방식을 펼치게 된다. 시를 논의할 때는 외적 형식을 상세히 고찰하면서 그것이 내적 형식이나 주제와 연결되는 과정을 살펴볼 것이다. 이에 반해 소설의 부분에서는 내적 형식을 먼저 세밀하게 다루고 이어서 그것을 전달하는 외적 형식을 분석하게 된다. 외적 형식을 살필 때는 형식주의와 구조주의의 논의가 많은 도움을 주게 되며 내적 형식에서는 변증법적 이론이 주요한 맥락을 제공한다. 그러나 우리는 어떤 논의에서든 형식주의적 논의들을 변증법적 관점에서 수용하는 태도를 지향할 것이다. 그러면 시와 소설에 대한 논의에 앞서 예비적으로 문학의 각 장르들의 특성에 대해 살펴보기로 하자.

제 3 장
문학의 장르

1. 장르의 3분법과 4분법

　장르의 개념은 예술을 분류하는 기준에 따라 두 가지 측면에서 사용될 수 있다. 이 예술 분류의 두 기준은 예술의 형식에 접근하는 두 가지 통로(내적 형식과 외적 형식)에 상응하는 것이다. 먼저 「매체(언어, 소리, 색채 등)」와 「외적 형식」의 기준에 따르면 문학, 음악, 회화 등의 장르가 생겨난다. 다른 한편 「현실 반영 방식」 및 「내적 형식」의 기준에 따르면 서사장르와 서정장르의 분류가 나타난다. 모든 예술 작품들은 이 두 가지 분류 방식의 격자 속에 포괄될 수 있다.

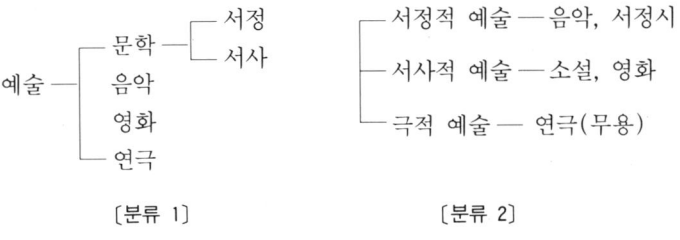

〔분류 1〕　　　　　　　　　　〔분류 2〕

위의 도표에서 볼 수 있듯이 「문학」의 특성은 서정, 서사 등의 장르 분류가 매우 분명하다는 것이다. 내적 형식 및 인식론적 분류([분류 2])에서 문학이 어느 한곳에 위치하지 않고 하위분류의 장르(서정시, 소설 등)들이 나타나는 것은 이 때문이다. 문학의 이러한 특징은 풍부한 가능성을 지닌 언어를 매체로 사용함으로써 생겨난 것이다. 언어 매체는 「서정장르」와 「서사장르」를 가능하게 할 뿐만 아니라 연극의 대본인 희곡으로써 「극양식(장르)」도 만들어낸다. 더 나아가 언어는 실생활의 의사소통 매체로 사용되므로 예술과 비예술(실용적, 과학적, 종교적 언어)의 경계선에 놓인 장르들(수필, 에세이, 교술적 작품[1] 등)을 탄생시킨다. 이러한 언어예술의 포괄적인 성격에 따라 문학(언어예술)의 장르는 몇 가지로 명확하게 분류된다. 그러나 그 분류기준과 방식, 그리고 각 장르들간의 차이 등은 분명하게 규정되어 있지 않다. 여기서 우리는 기존의 분류방식들을 검토하면서 앞으로의 논의를 위한 새로운 기준을 제시해보기로 한다.

기존의 분류방식들은 3분법이나 4분법에 의존하고 있다. 「3분법」의 대표적인 예로는 헤겔(《헤겔 미학》)과 E. 슈타이거(《시학의 근본개념》)의 이론을 들 수 있다. 헤겔은 정신성을 예술의 내용으로 보는 그의 관념론 미학에 근거해 문학의 장르를 분류한다. 예컨대 「서사장르(서사적인 시)」는 정신적 내용을 외부 현실의 형상화 과정 속에서 드러낸다.[2] 따라서 서사장르에서 정신적 내용은 객관화된 표현 대상 속에 완전히 구현되며 표현 주체(작가나 화자)는 그 대상(형상화된 외부현실)으로부터 물러선다. 이는 형상과 정신적 내용을 통일시키는 점에서 「조각」과도 유사한 방식이라고 할 수 있다.

반면에 「서정장르(서정적인 시)」는 주체의 자기표현의 형식을 통해 정신적 내용을 드러낸다. 따라서 서정시에서는 외부 현실의 총체나 어떤 사건이 제시되는 것이 아니라 하나의 실체적 총체가 직관, 감정, 성

---

1) 조동일,《문학연구방법》(지식산업사, 1980), 171면.
2) G. W. F. 헤겔,《헤겔시학》, 최동호 역 (열음사, 1987), 86면.

찰 등으로 전달된다. 이러한 서정시를 낭송하는 것은 내면성을 밖으로 표현하는 것으로서 「음악」의 방향으로 향한다.

한편 「극장르(극적인 시)」는 서사장르의 객관성과 서정장르의 주관성을 통합한 것이다. 극에서는 인물들과 그들의 행동을 통해 주관적 내면성이 표현되면서, 또한 인물들 상호간의 연관을 통해 현실 속에서 객관적 사건의 전개가 나타난다. 이러한 주관적 내면성의 표현과 객관적 사건의 전개는 하나로 통일되어 정신의 총체를 형상화한다. 이를 위해서는 연기자(인물)의 「전인격」이 요구되는데, 왜냐하면 서정시처럼 내면성을 표현하면서 동시에 (서사장르처럼) 현실 속에서 다른 인물과 연관된 전인간으로 나타나야 하기 때문이다.[3] 또한 극은 표현과 몸짓이 언어를 필요로 하지 않을 정도로 고도로 진행되면 「음악(서정적)」속에서 「조각(서사적)」이 영혼과 생기를 얻어 무용이 된다.

서 사	서 정	극
외부현실의 형상화 표현주체의 물러섬	표현주체의 자기표현의 형식	인물의 자기표현과 객관적 사건의 전개
객관적	주관적	주객관적
조각	음악	조각＋음악

이러한 헤겔의 3분법은 「완결된 체계」 속에서 각 장르들의 특성을 매우 분명하게 나타내준다. 그러나 각 장르의 본령에서 벗어난 형식들을 주변적인 것으로 폄하함으로써 때로는 실제작품에서 유리되는 측면을 보여준다. 특히 그의 미학과 장르론은 서양 예술을 중심으로 삼는 편향성을 지니고 있다. 물론 헤겔 역시 다양한 혼합장르가 존재함을 간과하지 않으며 역사적으로 여러 형식들이 나타났음을 주목한다. 그러나 그는 각 장르의 본령에서 벗어난 혼합양식들이 일정한 한계를 지닐 수

---

3) 위의 책, 88면.

밖에 없음을 논의한다. 헤겔에 의하면 혼성적 서사형식(전원시 등)은 원래적인 서사시보다 질적으로 미흡하며 민요는 근대 서정시보다 예술성이 떨어진다.

그와 달리 E. 슈타이거는 각 장르들이 명확하게 분류될 수 없음을 전제로 한다. 그는 명사형으로 된 장르분류는 논할 수 없으며 「관형어」로 된 양식적 특성을 탐구할 수 있을 뿐임을 말한다.[4] 즉 서정·서사·극의 분류대신에 서정적·서사적·극적 특성에 대해 언급해야 한다는 것이다. 이는 다양한 여러 혼합장르의 형식들을 모두 포괄하기 위한 것이다.

슈타이거의 분류기준에서 돋보이는 것은 서정과 서사를 주객의 상이한 관계로 논하는 점이다. 서정은 「주객합일」의 관계로 나타나며 그것은 과거의 사건을 현재의 감정으로 「회감(Erinnerung)」하는 작용 속에서 드러난다.[5] 반면에 서사는 「주객상면」의 관계이며 이는 과거의 사건을 재인식시키는 「표상(Vorstellung)」으로 형상화된다.[6] 한편 극에 대해서는, 현상학적 견지에서 무대의 조건이 필수적이지 않으며 극적 문예 정신에 의해 무대가 그 도구로서 마련될 뿐임을 주장한다. 즉 무대가 없는 극적 문학이 가능하다는 뜻이다.[7] 이어서 그는 파토스와 문제(Problem)라는 두 가지 개념으로 극을 설명한다.

그러나 슈타이거의 분류 방식은 다분히 표현론적 유형학에 가깝다고 할 수 있다.[8] 표현론적 유형학이라는 것은 분류기준에 대한 설명이 과학적·논리적이기보다는 묘사적이고 비유적이라는 뜻이다. 또한 슈타이거는 다양한 혼성장르에 유념하긴 했지만 전통적인 3분법의 한계에 머물러 있었다.

헤겔과 슈타이거가 논의한 3분법은 20세기 후반에 와서 많은 사람들

---

4) E. 슈타이거, 《시학의 근본개념》, 이유영·오현일 역 (삼중당, 1978).
5) 위의 책, 88·96면.
6) 위의 책, 141~42면.
7) 그러나 극양식과 극적인 것은 구분해야 함.
8) 폴 헤르나디, 《장르론》, 김준오 역 (문장, 1985), 48면.

의 반대에 부딪힌다. 뵈크(Joachim G. Boeckh)는 3분법이 '후기 부르주아 유미주의'에 의해 세워진 '협소한 우리'라고 비난한다. 그는 수필, 신문, 문예관, 수수께끼, 공식적 담화, 신문기사, 논쟁적인 풍자, 속담 등을 포용할 수 있는 개념적 틀을 요구했다.[9] 이와 유사하게 플레밍은 장르분류의 「네번째」 간막이로서 '명상문학'을 주장한다. 또한 자이들러(Herbert Seidler)는 '교훈문학(Didaktik)'을 「제4장르」로서 첨가하고 있다. 그에 따르면 서정적 내성, 서사적 관찰, 극적 열정에 교훈적 관조를 추가할 수 있다는 것이다.[10]

이들과 비슷하게 「4분법」을 주장한 우리 문학 이론가로는 조동일을 들 수 있다.[11] 조동일의 문제의식은 수필·경기체가·가사 등의 작품들이 기존의 3분법으로는 분류될 수 없다는 데에 있다. 그래서 그는 수필·경기체가·가사 등을 모두 포함할 수 있는 「교술장르」를 따로 마련할 것을 주장한다. 그는 이러한 4분법의 이론적 합당성을 입증하기 위해 각 장르의 특성을 자아(주체)와 세계(현실)의 다양한 관계로서 설명한다.

서 정	교 술	희 곡	서 사
작품 외적 세계의 개입이 없음	작품 외적 세계의 개입이 있음	작품 외적 자아의 개입이 없음	작품 외적 자아의 개입이 있음
세계의 자아화	자아의 세계화	자아와 세계의 대결	자아와 세계의 대결

교술장르의 설정이 필수적임은 위의 도표에서 이 장르를 빼버릴 경우 논리적인 공백이 생긴다는 점에서 확인된다. 즉 조동일의 방법은 각 장

---

9) 위의 책, 49면.
10) 위의 책, 50면.
11) 조동일, 《문학연구방법》, 앞의 책. 조동일, 《한국문학의 갈래이론》(집문당, 1992).

르들이 자아와 세계의 관계에서 논리적으로 가능한 모든 경우들임을 보여주는 것이다. 자아와 세계는 작품 내적인 것과 외적인 것이 있는데 작품 외적인 것이 작품 내부에 개입되는 경우(교술, 서사)와 그렇지 않은 경우(서정, 희곡)로 나눠질 수 있다. 그리고 자아와 세계의 관계는 일치되는 경우(서정, 교술)와 대립되는 경우(희곡, 서사)로 분류된다. 그 밖에 서정과 교술의 분류는 세계의 자아화인가 자아의 세계화인가로 변별되기도 한다.

  4분법에 대한 이러한 체계적 설명은 논리적으로 전혀 빈틈이 없는 것처럼 보인다. 그러나 꼼꼼히 따져보면 논리적 체계는 실제의 각 장르들의 특성에 엄밀히 들어맞지는 않는다. 예컨대 서사장르를 작품 외적 자아의 개입이 있는 것으로 분류하고, 서사적 화자(서술자)의 존재를 그런 양상으로 보는 것은, 실상에서 매우 벗어난 것이다. 단적으로 말해 소설의 화자는 「이야기 외부」의 존재이긴 하지만 분명히 「작품 내적」 자아인 것이다. 소설에서는 독립된 이야기만이 작품이 아니며 「서술된 이야기」, 즉 화자의 언어를 매개로 한 이야기가 작품이기 때문이다. 논픽션이나 수기 같은 특별한 경우에 소설에서 작품 외적 자아의 개입이 있는 경우도 있을 수 있지만 《삼대》, 《고향》, 《태평천하》 같은 일반적 소설의 화자는 틀림없이 작품 내적 자아이다. 작품 외적 (자아나 세계의) 개입이 일반적인 경우는 교술장르뿐이며 그런 이유로 이 장르는 본격적 문학에서 제외되기 일쑤였던 것이다. 교술장르를 문학의 영역에 재편입시킨 조동일의 의도는 훌륭한 것이지만 이 장르에 고유한 작품 외적 개입의 특성을 다른 장르에까지 적용시키는 것은 잘못된 것이다.

  그 밖에도 서사가 반드시 자아와 세계의 대결로만 나타나는가, 또한 교술이 모두 자아의 세계화로만 드러나는가 하는 점이 의문시된다. 루카치가 말했듯이 서사시는 자아와 세계의 조화로 볼 수 있으며 교술에 속하는 가사 중에서 서정적인 것이나 서사적인 것이 얼마든지 있기 때문이다.

조동일의 분류체계의 이런 문제점은 다음과 같은 요인에서 비롯된 것이다. 첫째로 장르분류의 기준인 「자아와 세계의 관계」가 문학의 근본원리와 어떤 연관이 있는지를 규명하지 않는 데 있다. 문학성이란 무엇인가, 그리고 언어예술이란 무엇인가 라는 질문이 장르분류의 필연성을 암시하는 근거로 놓여져야 할 것이다.

둘째로 조동일은 논리적으로 가능한 경우를 따지는 「공시적 체계론」의 방법을 사용하고 있다. 문학의 장르가 어떤 체계를 이루는 것은 틀림없지만 그 체계는 역사적 과정 속에서 부단히 변화하는 것으로 설명되어야 한다. 특히 하위장르(작은 갈래)를 고찰할 때에는 역사적 조건이 필수적으로 전제되어야 한다. 예컨대 신화·전설·민담·소설의 분류는 역사적 산물로서 나타난 것이며 각 장르의 형식적 특성은 역사적 변화에 대한 설명과 맞물려서 제시되어야 한다. 그러나 조동일은 이런 하위장르의 분류마저도 공시적 체계론으로 설명하고 있다. 가령 자아와 세계의 대결(서사장르) 중에서 전설은 세계 우위의 대결이며, 민담은 자아 우위의 대결이고, 소설은 자아 세계 상호 우위의 대결이라는 식이다. 이런 설명이 전혀 근거가 없는 것은 아니지만 우리가 요구하는 역사적·논리적 설명에 비해 엉성한 뼈대의 제시에 그치는 것은 불가피한 일이다.

물론 조동일도 하위장르(신화·전설·소설 등)의 고찰은 문학사적으로 이뤄져야 관념론을 벗어난다고 말한다.[12] 그러나 그의 논리적 체계론과 문학사적 고찰의 요구는 하나의 연구방법으로 통합되지 못하고 있다. 즉 그의 연구 방법에서는 역사와 논리가 분리되고 있는 것이다.

이제까지 우리는 기존의 3분법과 4분법의 장르론을 살펴보았다. 각 논의들은 나름대로의 장점과 타당성을 지니고 있지만 실제 작품들을 올바르게 규명하는 데는 미흡함을 볼 수 있다. 그러면 기존의 장르론의 문제점을 해결하기 위해서는 어떤 기준이 마련되어야 하는지 살펴보기로 하자.

---

12) 조동일,《문학연구방법》, 앞의 책, 174면.

2. 예술미의 특성과 장르구분의 필연성

　우리는 기존의 장르구분에서 출발하는 대신에, 논의의 순서를 뒤바꿔서 왜 장르구분이 나타날 수밖에 없는가 라는 질문에서 시작하기로 한다. 이런 장르구분의 필연성을 고찰하기 위해서는, 미란 무엇이며 왜 예술은 장르로 구분되는가 라는 질문으로 돌아가야 한다.
　꽃이나 사슴, 황혼 등의 아름다움을 뜻하는 자연미에도 장르구분이 있을 수 있을까. 만일 그렇지 않다면 그와 달리 예술에는 왜 장르구분이 필요한 것일까. 이와 같은 질문의 맥락에서, 우리는 예술미와 자연미의 차이로부터 장르구분의 속성을 찾아낼 수 있을지도 모른다.
　자연미는 서정·서사 등의 분류가 불필요한 것으로 보인다. 예컨대 수정이나 진주의 아름다움을 서정·서사 등으로 분류할 수 있을까. 물론 봄의 꽃밭이나 가을의 오솔길은 우리에게 서정적으로 느껴진다. 그러나 그 서정미의 특징이 장르로 분류될 만큼 엄밀한 것은 아니다. 오히려 서정성이 풍부한 풍경들은 예술미의 단초로서 생각되어야 할 것이다. 우리는 어떤 분위기나 풍경들로 이루어진 자연에서 예술적 영감을 얻을 수 있으며 그런 자연미는 예술미의 모태로서 존재한다. 그러나 수정이나 공작새 등과 같이 인간의 감정 이입이 배제된 상태의 자연미는 서정적이고 예술적이기보다는 막연히 아름답게 느껴질 뿐이다.
　그러면 그 막연한 아름다움이란 무엇이며 가령 수정은 왜 돌멩이보다 아름다운가. 한마디로 아름다움이란 「실재와 이상과의 일치감」이라고 말할 수 있다. 만일 인간의 내면에 이상에 대한 지향이 없다면 아름다움도 존재하지 않을 것이다. 반대로 인간의 이상적 기준이 실재물로 나타나지 않을 때도 아름다움은 존재하지 않는다. 요컨대 우리가 이상적 가치로 여기는 여러 가지 기준들이 실재물로 나타났을 때 우리는 비로소 아름다움을 느낀다. 수정이 아름다운 것은 돌멩이보다 질서·밀도·조직면에서 우리의 이상적 기준에 부합하는 실재물이기 때문이다.

그런데 자연미는 인간의 삶과는 무관한「독립된 실재물」로 존재한다. 따라서 설령 인간의 삶이 추악해졌다고 해도 수정의 아름다움은 변화되지 않는다. 수정의 아름다움은 인간의 삶의 외부에 존재하기 때문이다. 우리가 꽃이나 수정의 아름다움을 느낄 때 잠시 현실로부터 멀어지는 느낌을 갖는 것도 바로 이 때문이다.

자연미의 또다른 특징은「독립된 실재물」과「인간의 이상」과의「직접적인 대면」속에서 나타난다는 점이다. 독립된 실재물로서 자연미의 대상(꽃·수정)은, 인간에게 어떤 가치적 특징을 포함함으로써만 인간과 미적 관계를 맺는다. 따라서 그 가치적 특징을 잃어버릴 경우 자연미는 곧바로 아름다움을 상실한다. 즉, 깨진 수정은 더이상 아름답지 않은 것이다.

그와 같은 자연미와 구별되는 예술미의 가장 큰 특징은「텍스트」로서 존재한다는 점이다. 독립된 자연의 미적 대상과는 달리, 예술 작품은 항상 주객관적 요소가 뒤섞인「텍스트」로서 나타난다. 예컨대 고호의 〈자화상〉은「독립된 실재」로서 아름다운 것이 아니라「주객관적인 텍스트」속에서 미를 획득하고 있다.

「텍스트」란 객관적인 삶을 인간의 주체적인 요소로써 담아낸 것을 말한다. 텍스트는 자연 그대로 존재하는 것이 아니라「만들어진 것」이며 현실과 인간의 상호작용의 내용을 포함한다. 따라서 미적 텍스트(예술작품)는 자연미처럼 독립된 대상이 아니라 인간의 삶과 연관된 대상으로 존재한다. 미를「실재와 이상의 일치감」이라고 규정할 때 예술작품은 물질이나 형상 그 자체의 실재로서 인간의 이상과 일치되는 것은 아니다. 만일 그렇다면 자연의 보석보다 더 아름다운 조형물은 있을 수 없으며, 또한 귀짤린 사내의 형상을 담고 있는 고호의 〈자화상〉은 미적 대상이 될 수 없을 것이다. 예술적 형상은 텍스트로서, 즉 인간의 삶과 연관된 내용을 담은 형식으로서 존재한다. 따라서 예술작품의 실재는 바로 그 인간의 삶의 내용을 담은 형식일 것이다.

그렇다면 예술작품 속에 인간의 삶의 내용을 이상화시켜 그리면 아름다움이 얻어질 수 있을까. 그러나 삶의 내용을 이상화시키면 실재에 대한 감각을 상실하게 되므로 예술미는 성취되지 않는다. 예술작품은 삶의 내용을 진실하게 담고 있을 때 우리에게 실재로서 인식되며, 그 인식을 이상적 가치와 통일된 것으로 나타낼 때 미적 성취를 얻게 된다. 따라서 예술작품은 삶에 대한 객관적 인식의 측면(실재의 측면)과 그것을 우리의 가치적 기준에 통합시키는 측면(이상의 측면)의 이중성을 갖게 된다. 고흐의 〈자화상〉이 미적 대상이 될 수 있는 것은 한편으로 삶에 대한 진실을 담고 있기 때문이며 다른 한편으로는 삶에 대한 가치적 지향을 내포하고 있기 때문이다. 만일 인간의 삶이 추악한 상태에 있다면 그것을 거꾸로 아름답게만 그릴 경우 아름다움은 획득되지 않는다. 또한 그와 반대로 추악한 삶을 단지 추악하게만 그릴 경우에도 예술미는 성취되지 않는다. 추악한 삶을 있는 그대로 진실하게 드러내면서 그와 함께 그 속에 가치있는 삶으로 나아가려는 인간의 지향을 내포시켜야 한다.

바로 여기에서 예술작품의 「주체-객체」의 이중적인 복합성이 생겨난다. 예술작품은 그 대상이 주체-객체(인간의 삶)의 관계에 있을 뿐만 아니라 예술 텍스트를 만드는 과정 역시 주체-객체의 관계를 이루고 있다. 앞서 언급했듯이 예술작품은 인간의 삶을 객관적으로 인식해야 하며 또한 그것을 주체의 가치지향으로 드러내야 한다. 다시 말해 예술은 삶(대상)에 대한 객관적 「인식」과 주체의(가치지향의) 「자기인식」을 포함해야 한다.

그런데 예술의 여러 양식들(음악·회화·문학·연극 등)은 그 매체의 특성상 인식과 자기인식 중 어느 한 측면을 형상화하는 데 유리한 조건을 갖고 있다. 예컨대 소설이나 영화는 삶에 대한 「인식」을 담는 데 유리하며 음악이나 서정시는 주체의 「자기인식」을 드러내는 데 용이하다. 그래서 어떤 측면을 일차적으로 형상화하느냐에 따라 서사적 장르(소설·영화)와 서사적 장르(음악·서정시)로 분류된다. 그러나 「서사장르」가 인식의 측면을 전면에 내세운다 해도 자기인식의 측면은 여전히 그 배경의 문맥으로 작용하며,「서정장르」가 자기인식을 집중적으로 구현한다 해도 인식은 계속 배후에서 기능한다.[13] 인식과 자기인식이 서로 연관되는 속에서만 예술미가 나타날 수 있기 때문이다.

한편 인식과 자기인식이 혼합되어 나타나는「제3의 유형」도 상정할 수 있는데 연극, 무용, 회화 등이 여기에 속한다. 물론 이 제3의 유형에서 인식과 자기인식의 비중은 양식에 따라 각기 다를 수도 있다. 어쨌든 우리는 예술미에 대한 근원적인 고찰로부터 서정·서사·극이라는 장르분류의 원리를 도출해낼 수 있다. 그러면 다음에서 문학의 경우 어떤 분류가 가능하며 각 장르들은 어떻게 연관되는지, 그리고 제4의 장르는 어떻게 가능한지를 살펴보기로 하자.

3. 문학의 장르구분

예술양식들이 서정·서사·극의 특징을 지니게 되는 것은 각 양식들의 「매체적」 특성에 의한 「시공간적」 조건과 연관되어 있다. 예컨대 「자기인식」을 형상화하는 서정장르는 객관현실의 시공간을 재현해야 하는 요구에서 벗어나 있다. 따라서 서정장르는 주관적인 시공간을 그리거나 객관적 시공간에서 해방된 내면의 시간의 흐름을 형상화한다. 시간 예술인 음악과 서정시는 주관적인 시간의 흐름 속에 내면의 정서

---

13) M. S. 까간,《미학강의 I》, 290면.

와 자기인식을 담는 데 용이한 특성을 갖고 있다.

　반면에 서사장르는 삶에 대한 「인식」을 담기 위해 객관현실의 시공간을 재현해야 한다. 대부분의 예술양식들은 제한된 물질적·시공간적 조건을 이용하게 되므로 객관현실의 시공간을 충분히 되살리는 데는 한계에 부딪히게 된다. 그러나 언어적 서술과 카메라의 매체를 사용하는 소설이나 영화 등은 이 양식들의 중개적 방법을 통해 객관현실의 시공간을 무한히 제시할 수 있다. 따라서 소설과 영화의 중개적·매개적 방법은 서사장르의 고유한 특성이라고 할 수 있다. 그와 구별되는 음악, 서정시, 연극 등의 직접적 제시의 방법은 자기인식을 직접 드러내는 양식들의 특성이다.

　한편 극장르는 서사장르와 유사하게 삶에 대한 인식을 담으려 시도하면서도 중개적이 아닌 직접적 제시의 방법을 사용함으로써 객관현실을 무한히 재현하는 데는 한계가 있게 된다. 그 대신 직접적 제시라는 특성을 충분히 살려 「인식」의 과정 속에 「자기인식」을 아울러 담는 방법을 사용한다. 극장르의 주객관적인 혼합적 특성은 여기에서 기인된 것이다.

　그러면 「언어예술」인 「문학」의 경우에는 어떤 장르들이 가능할 것인가. 이미 몇 차례 밝혔듯이 문학은 언어를 매체로 사용함으로써 여러 가지 가능성을 갖게 된다. 먼저 문학은 언어를 객관현실의 시공간을 재현하는 방식으로 사용할 수 있다. 이 경우 문학은 언어의 의미형성 기능을 이용하여 현실세계를 만들어낸다. 그런데 여기서 재현되는 현실세계는 직접적으로 그 모습을 나타내기보다는 어디까지나 언어라는 매개를 거쳐서 형상화된다. 이처럼 현실세계의 모습을 직접 보여주는 것이 아니라 화자의 언어를 매개로 전달하는 중개성이 서사문학의 중요한 특징이다.

　둘째로 문학은 언어를 주체적인 자기인식을 형상화하는 수단으로 사용할 수 있다. 이때는 언어의 직접적 형상화 기능을 이용하여 자기인식과 정서적 내용을 독자에게 제시한다. 자기인식과 정서적 내용을 담는 언어의 직접적 형상화 기능이란 음성(음운)과 이미지의 측면이다. 물론 엄밀히 말하면, 언어가 우리에게 직접적으로 지각될 수 있는 요소는 음성뿐이며, 이미지는 언어적 매개를 최소화하고 직접적인 감각적 지각을 지향하는 요소이다.[14] 따라서 서정 문학에서는, 언어의 음성 부분을 이용한 운율과 직접적 감각성을 지향하는 이미지가 가장 기본적인 요소가 된다.

또한 문학은 객관현실의 재현과 자기인식의 제시를 혼합적으로 드러낼 수 있다. 즉, 문학은 객관과 주관이 혼합된 극장르를 만들어낼 수 있는 것이다. 그러나 극장르의 경우에는 직접적 공연은 불가능하며 공연되는 연극의 대본의 성격만을 갖게 된다. 왜냐하면 극장르는 직접적 제시를 필요로 하는데 언어예술에서 직접적 제시가 가능한 것은 음성과 이미지의 측면뿐이기 때문이다. 문학은 연극처럼 삶의 모습을 매개 없이 곧바로 보여줄 수는 없는 것이다. 따라서 문학은 서정·서사·극의 세 가지 장르를 포괄하지만 극장르의 경우에는 문학에 소속되는 동시에 또한 연극으로 분류되는 「미결정성」[15]을 지니게 된다. 어쨌든 문학이 「세 장르」를 포괄한다는 것은 언어예술의 풍부한 가능성을 보여주는 것이다.

그런데 문학은 언어매체의 특성으로 인해 다른 예술에서는 볼 수 없는 「제4장르」의 가능성을 또한 지닌다. 이 제4장르를 실용성(일상생활에서 사용되는)의 측면에서 보면 건축이나 장식 같은 다른 예술에서도 유사한 특성이 발견될 수 있을 것이다. 그러나 문학의 제4장르는 반드시 실용성의 문제로만 귀결되지는 않는다. 문학의 매체인 언어는

---

14) 이에 대해서는 제4장 시란 무엇인가 에서 자세히 살펴볼 것이다.
15) 미결정성이란 데리다가 괴델의 수학용어에서 차용한 것으로, 어떤 형식적 체계이든 항상 미결정적 요소가 발생함으로써 완결된 체계화를 불가능하게 한다는 의미를 담고 있다. 장르의 체계화 역시 완전한 공시적 체계화는 불가능하며 항상 미결정적인 요소를 포함한 채 역사 속에서 변화하게 된다. 마이클 라이언, 《해체론과 변증법》, 나병철·이경훈 역 (평민사, 1994). 나병철, 〈장르의 혼합현상과 서사적 서정시의 전개〉, 《기전어문학》 (1992) 참조.

일상적 글(편지, 일기, 낙서 등)뿐만 아니라 철학, 종교, 정치, 이데올로기, 과학의 내용을 담는 수단으로 사용될 수 있다. 따라서 우리는 예술과 그 밖의 다른 활동들이 중첩되는 영역으로서 제4장르를 상정할 수 있게 된다. 제4장르는 통일된 하나의 양식이라기보다는 여러 가지 다양한 혼합형식들로 이루어져 있다. 이 장르에 속한 형식들은 다만 예술과 비예술의 경계 영역이라는 공통점을 지닐 뿐이다.

이제까지 우리는 문학을 네 가지 장르의 견지에서 살펴봤지만 이 네 장르에 귀속시키기 어려운 또다른 형식을 전혀 상정할 수 없는 것은 아니다. 그것은 장르들간의 간막이가 상호 배타적이라기보다는 서로 교차될 수 있는 보충적인 성격을 갖고 있기 때문이다. 이러한「간장르적」형식의 가능성을 살펴보기 위해서는 장르들간의 관계를 고찰해야 한다. 다음에서 우리는 이 문제에 연관해서 장르의 혼합현상과 역사성의 문제를 논의하기로 한다. 그에 앞서 여기서 논의된 문학의 장르구분을 도식으로 정리하면 다음과 같다.

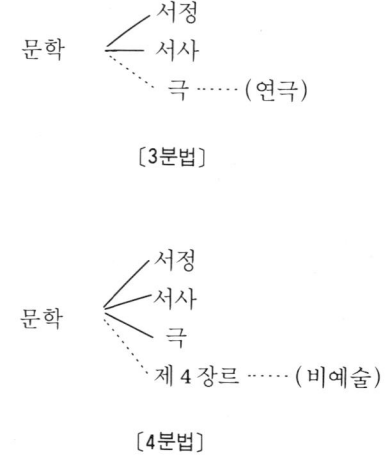

4. 문학의 장르들간의 관계와 역사적 전개

지금까지 우리는 예술미의 근원적인 특성으로부터 각 장르들이 필연적으로 출현하게 되는 점을 논의했다. 인식과 자기인식이라는 문학과 예술의 이중적 특성은 서사와 서정, 그리고 제3의 혼합장르를 만들어낸다. 또한 특히 문학은 예술과 비예술의 경계선에서 제4의 장르를 산출하고 있다. 이러한 우리의 장르론에 따르면 역사상 나타난 모든 양식들은 이 4가지 장르 중 어느 한 곳에 귀속되게 마련이다.

그러나 실제 문학사에 나타난 여러 양식들 중에는 네 가지 분류 속에 편입시키기 어려운 것들이 존재한다. 이런 혼합장르의 출현에 주목한 폴 헤르나디는, 19세기경에 확립된 3분법이나 그 이전의 4분법 대신에, 다원적 장르론의 수립을 제안한다.[16] 다원적 장르론이란 단일한 분류체계 대신에 여러 가지 좌표 체계를 설정함으로써 3분법이나 4분법으로 분류하기 어려운 혼합장르들을 설명하려는 것이다. 이 새로운 장르론은, 3분법의 간막이에 가둬두기 어려운 양식들을 모두 제4의 간막이에 몰아넣는 혼란을 극복하기 위한 것이기도 하다.

그러나 다원론의 3분법과 4분법에 대한 비판은 경직된 체계를 고집하는 관념론적 장르론에만 해당될 수 있을 뿐이다. 우리가 논의한 4분법은 극장르와 제4장르를 미결정 요인으로 설정할 뿐만 아니라 서정과 서사의 관계 역시 배타적인 간막이로 구분하지 않는다. 각 장르들은 폐쇄적인 간막이로 나눠지는 것이 아니라 서로 혼류될 수 있는 보충적인 관계를 갖고 있다.

예를 들어 서정과 서사는 서로 대립되는 것 같지만 사실은 각각의 장

---

16) 폴 헤르나디, 《장르론》 앞의 책, 182~219면. 4분법은 20세기 후반에 크게 대두했지만 원래는 3분법이 중시되기 전인 낭만주의 이전부터 있어왔다.

르 속에 다른 장르의 요소를 보충적으로 갖고 있다. 서정은 자기인식을 형상화하며 서사는 인식의 기능을 전면에 내세운다. 그러나 서정의 경우 인식의 배경이 없는 자기인식은 무의미하며 서사 역시 자기인식을 배제한 채 인식만을 고집할 수는 없다. 서정의 자기인식(혹은 정서적 표현)의 배후에는 인식의 기능 곧 서사적 문맥이 자리하며, 서사의 인식의 후면에는 자기인식 곧 서정적 맥락이 놓여진다. 두 가지 장르는 인식과 자기인식의 상호침투, 즉 서정과 서사의 교호작용 속에서 성립되는 것이다. 단지 두 요소 중 어느 것이 전면에 형상화되느냐에 따라 서정과 서사로 구분될 뿐이다.

따라서 서정시는 순수하게 자기인식과 정서만을 담는 것이 아니라 대부분 서사적 맥락을 잠재적으로 포함한다. 예컨대 김소월의 〈진달래꽃〉은 이별의 슬픔을 형상화하고 있지만 순수하게 슬픔의 정서만 노래하지는 않는다. 이별의 슬픔을 서정적으로 드러내기 위해서는 슬픔을 나타내는 단어들만 나열해서는 미흡하며 남녀의 이별이라는 서사적 사건을 배후에 설정해야 한다. 이별이라는 서사적 사건을 매개로 슬픔의 정서는 보다 더 서정적으로 드러날 수 있는 것이다.

서정시에서 서사적 맥락이 오히려 그 시의 정서적 표현을 서정적으로 만든다는 점은 이용악의 〈전라도 가시내〉를 살펴보면 보다 잘 알 수 있다. 이용악의 이 시는 이른바 이야기시라고 불릴 수 있을 만큼 서사성이 강화되어 있다. 그러나 바로 그 강화된 서사성에 의해 이 시의 서정성은 한결 더 깊이를 얻는다.

    알룩조개에 입맞추며 자랐나
    눈이 바다처럼 푸를 뿐더러 까무스레한 네 얼골
    가시내야
    나는 발을 얼구며
    무쇠다리를 건너온 함경도 사내
    (중략)
    네 두만강을 건너 왔다는 석달 전이면

단풍이 물들어 천리천리 또 천리 산마다 불탔을 겐데
그래두 외로워서 슬퍼서 초마폭으로 얼굴을 가렸더냐
두낮 두밤을 두루미처럼 울어울어
불술기 구름 속을 달리는 양 유리창이 흐리더냐
　　　　　　　　　　　　——〈전라도 가시내〉부분

　이 시에서는 북간도 술막의 전라도 여자와 함경도 사내인 화자 자신의 이야기가 시의 내용의 맥락을 이루고 있다. 〈진달래꽃〉에서는 서사적 정황이 잠재적인 맥락을 형성할 뿐이었지만 이 시의 경우 서사적 이야기는 보다 구체적으로 형상화된다. 서사성이 강화된 이런 시유형을 우리는 이야기시[17] 혹은 서사적 서정시[18]라고 부를 수 있다. 그러나 서사성이 증대됐다고 해서 이 시가 서정시와는 상이한 또다른 시장르가 되는 것은 아니다. 서정시를 자기인식과 정서표현이 전면에 형상화되는 장르로 규정할 때, 서사성이 강화된 이 시 역시 그것을 매개로 여전히 정서적 표현을 전면에 드러낸다. 이 시에서 서사성의 강화는, 서정시로부터의 일탈이기는커녕 도리어 서정성을 짙게 하고 있다. 물론 이 시는 서사성이 내용의 문맥을 이루는 점에서 (예컨대) 김영랑의 서정시 유형과는 분명히 구별된다. 그러나 그런 특성을 지닌 채 여전히 서정시의 또다른 유형으로 분류될 수 있다. 서사적 서정시라고 불릴 수 있는 이 혼합장르는 우리의 4분법의 장르론에서 벗어나지 않는다.
　이처럼 장르들간의 관계를 보충적 관계로 이해하면, 장르의 분류 이론은 소속이 불투명한 혼합장르들을 모두 포괄할 수 있다. 그런데 여기서 중요한 사실은, 혼합장르를 포함한 갖가지 장르들은 사회역사적 과정을 매개로 구체적으로 나타난다는 점이다. 우리가 논의한 장르론은

---

17) 서사성이 특징적으로 강화된 서정시(혹은 시)를 이야기시라고 부르기로 하자. 이야기시의 정확한 규정에 대해서는 제4장 5절 (3)이야기시와 리얼리즘을 참조할 것.
18) 이야기시는 서정시와 구별되는 또다른 시장르가 아니라 서정시의 특수한 예라고 할 수 있다. 따라서 이야기시의 보다 정확한 이름은 '서사적 서정시'일 것이다.

장르들의 분류를 미학적 견지에서 논리적으로 따져본 것이었다. 이러한 논리적 연구는 역사 속에서 나타나는 실제 장르들에 대한 연구와 맞물려야 한다.

구체적인 역사 속의 개별작품들은 각 장르의 관념적 표본이 아니라 다양하고 복합적인 형식으로 나타난다. 혼합장르를 포함한 모든 개별작품들은 역사적·사회 문화적 문맥을 따라 갖가지 형식들로 산포되어 있으며, 장르 분류는 그 다양한 형식들을 미학적으로 구분하는 논리적 체계의 측면일 뿐이다. 따라서 각 장르들은 미결정적인 예외적 요소를 포함하며, 서로간에 상호 침투하는 보충적인 관계를 이루고 있다. 이러한 장르론에 따르면, 우리는 이야기시나 서정소설 등의 혼합장르를 장르 분류할 수 있을 뿐만 아니라, 경기체가·가사·판소리 등의 미결정적인 형식들을 복합적으로 설명할 수 있다. 다만 중요한 것은 각 형식들을 역사적인 문맥에서 이해하면서 장르적 성격을 파악해야 한다는 점이다. 예컨대 가사와 같은 장르는 정형적 운문이 사라진 근대 이후에는 나타날 수 없는 바, 우리는 고전문학에 나타나는 가사의 장르적 성격을 역사적 문맥에서 이해해야 한다. 또한 근래에 관심의 대상이 되고 있는 서사적 서정시(이야기시)는 인식기능이 중요시되는 리얼리즘의 발전과 연관되어 있으며, 이 장르의 성행은 리얼리즘과 서사성의 강화가 요구되는 사회역사적 배경 속에서 설명되어야 한다.[19]

그런데 이처럼 여러 장르들의 관계가 역사적 맥락에서 이해될 뿐만 아니라 각 장르(혹은 하위장르)들의 발전과정 역시 사회적·역사적 변화와 연관되어 있다. 서사장르는 신화, 전설, 민담, 고소설, 근대소설 등으로 발전되어왔는데 이러한 변화과정은 역사적 변화와 긴밀한 상응관계를 이루고 있다. 고대가요, 향가, 시조, 민요, 근대시 등으로 이어지는 서정장르 역시 시대적 흐름에 따라 형식의 변천이 이루어져왔다. 따라서 서사나 서정에 대해 고찰하기 위해서는 각 장르의 근본원리가

---

19) 나병철, 〈장르의 혼합현상과 서사적 서정시의 전개〉, 《기전어문학》, 앞의 책, 48~51면.

역사적 변화 속에서 어떻게 다르게 실현되어왔는가를 살펴야 한다.
 우리는 다음에서 서정과 서사의 하위장르인 시와 소설에 대해 고찰하려고 한다. 시와 소설은 일반적으로 (좁은 의미로 보면) 근대시와 근대소설을 가리키는 장르 이름이다. 따라서 우리는 주로 근대시와 근대소설을 세부적으로 이해하기 위한 이론적 논의를 전개할 것이다. 그러나 이 논의는 서정과 서사의 원리가 근대 역사의 맥락에서 어떻게 실현되었는가를 분석하는 것이기도 할 터이다. 우리는 먼저 시와 소설을 분석하기 위한 이론과 개념들을 살필 것이지만 또한 그 이론과 개념들이 서정과 서사의 역사적 전개 속에서 어떻게 변천되어왔는가를 아울러 고찰할 것이다.
 우리의 논의는 이처럼 논리적 연구와 역사적 연구의 통일 속에서 진행된다. 그러나 보다 세부적으로 시와 소설의 분석은 장르의 성격상 다소 상이한 방법을 선택하게 된다. 시는 내적 형식(자기인식, 정서표현)과 외적 형식(운율, 이미지, 은유, 상징)이 상호 통일되어 있는 바, 이에 따라 두 측면이 동등하게 중요한 고찰의 대상이 된다. 반면에 소설은 내적 형식(인물, 플롯)과 외적 형식(시점, 서술)이 상대적으로 분리되어 있으며, 따라서 우리는 내적 형식에서 외적 형식의 순서로 논의를 진행시키게 된다. 그러나 어떤 경우이든 이론과 개념들에 대한 연구는 역사적 맥락과의 연관 속에서 전개될 것이다. 그러면 먼저 시에 대한 논의를 시작하기로 하자.

제 4 장
시란 무엇인가

1. 시란 무엇인가

(1) 시와 서정문학

　우리는 흔히 시・소설・희곡을 문학의 3대 장르라고 말한다. 여기서 소설은 서사문학의 일종이며 희곡은 극문학을 일컫는다. 다시 말해 소설은 서사문학의 하위장르이며 희곡은 극문학의 또다른 이름인 것이다. 그러면 동일한 논리에서 시를 서정문학의 하위장르로 볼 수 있을까. 아니면 시란 서정문학을 일컫는 또다른 명칭인 것인가.
　「시」와 「서정문학」의 관계는 소설과 서사문학의 관계와는 달리 명확하게 규정되어 있지 않다. 서정문학을 「서정시」로 부를 수 있다면 시란 다름아닌 서정시를 말하는 것일 터이다. 그러나 시가 매우 다양한 양상으로 전개됨을 말하면서, 서정시는 단지 시의 일종이라는 역설적 논리가 주장되기도 한다. 시에는 서사적인 시나 사유적인 시도 있으며 서정적인 시는 그 여러 시 종류 중 하나일 뿐이라는 것이다. 물론 이런 논의는 서정시를 (낭만적인) 순수 서정시에 제한하는 관념론적 장르론의 오류에서 비롯된 것이다. 그러나 이 같은 혼란의 근원에는 시와 서정문학의 관계가 그리 분명하지 않다는 개념상의 문제점이 놓여 있다.

일반적으로 시는 다음의 세 가지 개념으로 사용되어 왔다. 첫째로 「시」를 「문학」을 대신하는 이름으로 보는 경우이다. 시에는 서사시・서정시・극시가 있다고 말하는 헤겔의 장르론은 시를 문학의 대명사로 말하고 있는 셈이다. 이와 유사하게 아리스토텔레스의 《시학》이나 조나단 컬러의 《구조주의 시학》은 문학연구라는 뜻으로 시학의 개념을 사용한다. 심지어 소설시학이라는 말이 가능한 것은 시가 문학을 대표하는 개념임을 암시한다.

이처럼 시가 문학을 통칭하는 이름으로 사용되는 것은 다음의 세 가지 이유에서 기인한다. 먼저 시는 아주 오랫동안 문학의 가장 중요한 장르의 위치를 점하고 있었다. 수천년의 문학의 역사에서 서사문학의 일종인 소설이 부각된 것은 불과 몇 백년 전의 일인 것이다. 또한 문학은 오랫동안 운문으로 지어져왔으며 운문은 흔히 시적이라는 관념이 있어왔던 것이다. 마지막으로 시는 문학의 장르 중 가장 「응집성」이 높은 형식을 갖고 있다. 문학은 언어예술인데 시는 소설과는 달리 모든 예술성을 언어 자체에 응집시키고 있는 것이다.

시에 대한 일반적인 개념의 두번째 경우는 시를 산문의 대립항으로 보는 것이다. 산문은 일상적인 언어를 말하며 시란 그와 구별되는 「운문」으로 된 언어를 가리킨다. 운문으로 된 시는 언어를 특별하게 사용한 특수한 한 예로 볼 수 있다. 산문이 문학으로 사용된 것이 근대 이후의 일임을 생각할 때 시는 매우 오랫동안 문학을 주도해왔다고 말할 수 있다.

셋째로 시는 「서정문학」을 통칭하는 개념으로 사용될 수 있다. 역사적으로 서정문학에는 시(詩) 이외에 가(歌)나 곡(曲), 요(謠) 같은 이름이 붙여져왔다.[1] 향가나 청산별곡, 민요 등은 서정문학의 여러 형식

---

[1] 조동일, 《한국문학통사 1》(지식산업사, 1982) 127~30면.

들인 것이다. 이들이 공통적으로 노래로 불려진 반면 시는 문자로 창작돼온 것이 특징이다. 따라서 서정문학은 가·곡·요 같은 「노래」들과 글로 써진 「시」로 이루어진다고 말할 수 있다. 그러나 노래와 시가 구비문학에서 문자문학으로 이행되는 과정을 반영하는 것은 아니다. 노래의 가사인 황조가, 민요, 고려가요 따위 역시 일종의 서정시이며 넓은 범위에서 시라고 부를 수 있기 때문이다. 또한 향가, 시조 등은 노래인 동시에 문자로 창작된 시이며, 그와 달리 처음부터 문자로 지어진 시도 노래와 더불어 아주 오랜 역사를 갖고 있는 것이다. 따라서 우리는 시의 개념을 다음과 같이 정의할 수 있다. 일반적으로 협의의 시는 문자로 창작된 서정문학을 말한다. 그러나 넓은 범위에서 보면 모든 서정문학을 서정시 혹은 시로 부를 수 있다. 서정문학과 시의 관계는 서사문학과 소설의 관계와는 달리 하위분류가 아니라 포괄적인 대응의 관계에 있는 것이다.

　이상에서 살펴본 바와 같이, 시의 개념은 문학 전체를 일컬을 만큼 넓은 의미로 사용될 뿐만 아니라, 그것을 서정문학에 국한시키는 경우에도 매우 폭넓은 범위에서 쓰이고 있다. 특히 서정문학에서 두루 사용되는 시의 개념은, 서사문학에서 소설의 개념과는 달리 역사적 장르의 의미를 지니고 있지 않다. 물론 고대가요, 중세시조, 근대시 등의 분류가 가능하긴 하지만 가요나 시조 역시 시(혹은 서정시)의 일종으로 볼 수 있는 것이다. 더욱이 우리는 근대 이후의 자유시뿐만 아니라 삼국시대에 쓰여진 한시 역시 시라고 부르고 있다.

　이처럼 시의 명칭이 소설과는 상이하게 역사적 장르 개념을 갖지 않는 점은, 근본적으로 서정과 서사의 장르적 차이와 연관되어 있다. 서사문학의 경우에는, 세계에 대한 인식을 형상화하는 장르적 특성으로 인해, 세계가 역사적으로 변화함에 따라 내적 형식의 구조적 변화가 일어나게 된다. 반면에 서정문학은 (가치에 대한) 자기인식을 형상화하므로, 세계의 역사적 변화가 상대적으로 뚜렷하게 내적 형식에 반영되지는 않는다.

물론 서정문학에서 가치에 대한 자기인식이란, 세계에 대한 인식과 사유를 배경으로 나타나는 것으로, 역사적 변화가 내적 형식(자기인식과 정서적 표현의 형식)의 변화에 전혀 영향을 끼치지 않는 것은 아니다. 그러나 서정문학에서는 대부분 그것을 외적 형식(율격이나 언어적 표현방식)의 변화를 매개로 나타내게 된다. 예컨대 김소월의 근대시(〈진달래꽃〉)가 고려가요(〈가시리〉)나 민요(〈아리랑〉), 시조(황진이의 시) 등과 비교해 정서적 내용과 표현방식에서 아주 이질적인 것은 아니다. 김소월의 시와 그 이전의 시들과의 내적 형식의 차이는, 가령 서사문학에서 영웅소설과 현진건 소설과의 차이에 비해 그다지 명확하게 드러나지 않는다. 그 대신 노래나 시조 그리고 김소월 시와의 외적 형식의 상이점은 매우 뚜렷하게 나타난다.

이 말은 시(서정문학)에서의 내적 형식의 변화가 그리 중요하지 않다는 뜻은 아니다. 김소월의 시가 〈가시리〉나 〈아리랑〉과 구별되는 근대시라는 것은 그 시들과는 어떤 질적인 차이를 지니고 있음을 의미한다. 그러나 보다 포괄적인 문맥에서는, 유사한 자기인식과 정서표현의 형식을 지님으로써, 가요·시조·근대시는 똑같이 시(서정시)라고 불려질 수 있는 것이다.

자기인식을 형상화하는 서정문학의 또다른 특징은 서사문학과는 달리 세계를 총체적으로 드러내는 형식이 만들어질 수 없다는 점이다. 서사시·신화·소설 등의 서사문학은 세계를 총체적으로 반영하는 형식들을 생산해낸다. 단군신화, 동명왕 서사시뿐만 아니라 염상섭의 《삼대》, 이기영의 《고향》 등은 세계를 전체적으로 인식하려는 서사문학들이다. 반면에 〈황조가〉, 〈처용가〉나 정철, 이황의 시조, 그리고 한용운, 이육사의 시 등은 그 같은 총체적 형상화를 시도하지 않는다. 서사문학은 세계에 대한 인식을 구현하므로 총체적 형상화 방법이 가능하지만 서정문학은 자기인식을 드러내므로 그것이 나타나지 않는 것이다.

대신에 서정문학은 여러 가지 다양한 종류의 형식을 만들어낼 수 있다. 서사문학 역시 여러 가지 형식들이 나타나지만, 그런 중에도 신화・전설・민담・고소설・근대소설 등의 양식적 변화의 계통을 설정할 수 있다. 서사문학의 각 양식들은 당대의 세계관을 반영하면서 역사적인 변천을 보이고 있다. 이런 변화양상은 구비문학에서 문자문학으로의 변화과정이기도 하며 전체적인 흐름은 문화적 발전과정과 상응관계를 이룬다. 이것은 서사문학이 역사적 삶에 대한 인식을 담음으로써 그 시대의 세계상을 전체적으로 그릴 수 있기 때문이다.

이와 유사하게 서정문학에도 노래・시조・근대시 등의 계통을 설정할 수 있다. 그러나 서정문학의 계통은 매우 복합적이며 각 양식들과 그 시대의 삶과의 관계 역시 그리 단순하지가 않다. 노래로 불려진 민요, 고대가요, 고려가요 등과 노래이면서 기록문학인 향가, 시조 등이 서로 교차하고 있으며, 문자로 창작된 한시 역시 매우 오래 전부터 있어왔던 것이다. 그리고 각각의 양식들과 그 시대 삶과의 관계는 복합적이어서 같은 양식이 서로 다른 사상과 주제를 나타내기도 한다. 예컨대 조선조의 시조는 사대부의 기풍을 노래한 시였지만, 같은 시형식을 통해 인간의 자유로운 욕망과 감정이 표현(황진이의 시조)되기도 했다.

근대시에서도 서정문학의 계통은 단선적으로 나타나지 않는다. 정서 표현을 위주로 하는 순수 서정시가 있는 반면 서사성이 매우 강화된 서정시도 있다. 그뿐 아니라 관념적인 시, 이미지의 시, 사유적인 시 등이 있으며 또한 모더니즘이나 포스트모더니즘으로 불리는 다양한 시들이 나타난다. 이 중 어떤 시들은 서정시로 지칭될 수 없을 만큼 관념과 사유에 기울어진 시들도 있다. 그래서 이 여러 시들을 서정문학으로 분류하는 대신에, 거꾸로 시 중에는 서정시, 이야기시, 사유의 시 등이 있다는 반론이 제기되기도 한다.[2]

그러나 그 모든 시형식들을 포괄할 수 있는 시란 과연 무엇인가. 여기서의 시는 문학의 통칭도 아니며 산문과 구별되는 운문을 말하는 것

---

2) 최두석, 〈리얼리즘시론〉, 《다시 문제는 리얼리즘이다》(실천문학사, 1992), 359면.

도 아니다. 시는 특정한 종류의 문학형식을 말하는 것인 바 그것은 서사장르나 극장르와는 상이한 어떤 형식적 특징의 문학작품들인 것이다. 예컨대 이야기시는 서사성의 강화에도 불구하고 여전히 서사장르보다는 시장르의 형식적 특징을 지니고 있다. 시적 주체가 시적 대상과 엄밀한 서사적 거리를 유지하지 않고 자신의 내면 속에서 이야기를 반추하고 있는 점 등이 그것을 말해준다. 이야기시에 나타나는 이 같은 시장르의 특징들, 즉 서사성이 시적 주체의 자기인식에 종속되고 있으며, 전체적으로 이미지, 운율 등이 중요시되고, 또한 시적 주체의 무시간성 속에 시적 대상이 용해되고 있는 점은, 바로 우리가 앞서 살펴본 서정문학의 특징에 해당된다.

물론 서정시라는 명칭의 어감 때문에 이 문학형식을 정서 표현 위주의 순수 서정시에 국한시키기 쉽다. 그러나 서정문학에는 순수 서정시 이외에 다른 여러 형식들이 있을 수 있으며 그 같은 다양한 형식적 가능성 자체가 서정장르의 특징인 것이다. 노래, 한시, 자유시, 그리고 순수 서정시, 이야기시, 사유의 시 등, 이 모든 시형식들이 서정문학의 장르적 분류 속에 포괄된다. 우리는 뒤에서 이 갖가지 시들의 내적 형식의 차이에 대해 자세히 살펴볼 것이다. 그에 앞서 서정문학의 근원상황을 다시 한번 검토하고, 이어서 외적 형식을 설명하는 개념들을 고찰하기로 하자.

(2) 시의 근원상황

앞에서 우리는 시(서정문학)의 핵심적 내용이 「자기인식」에 있음을 논의했다. 흔히 시의 본질적 특성으로 말하는 「무시간성」과 「주객합일」은 이러한 내용적 조건으로부터 나타난 것이다. 자기인식의 내용은 화자의 내면에 존재하므로 무시간적이며 객관적 대상의 내면화이므로 주객합일의 특성을 지니는 것이다.

　이는 모두 시적 내용이 화자(시적 주체)의 「내면성」에 의해 통제되는 점을 (시장르의 근본적 특징으로) 말하는 것이다. 화자의 내면성이란 어떤 가치적인 것(이상)을 추구하는 내면적인 동력을 말한다. 가치정향적인 화자의 내면성 속에서 시의 「인식내용」들은 「자기인식화」된 것으로 나타난다.

　「자기인식」이란 이처럼 화자의 내면에서 어떤 인식내용들이 가치적인 것과의 관계 속에서 의식되는 것을 뜻한다. 예컨대 꽃이 지는 풍경을 시로써 형상화한다고 생각해보자. 시는 낙화의 풍경을 객관적으로 그리기보다는, 봄의 아름다움의 「가치」를 상실한 정경으로서 그려낸다. 즉 시에서는, 꽃 지는 풍경(인식내용)이 이상과 아름다움(봄)의 기준에 비추어, 그것의 상실로서 자기인식화된다. 그리고 이때 봄의 아름다움의 상실이라는 자기인식은 슬픔이라는 주관적 정서를 불러일으킨다.

　요컨대 화자의 「인식내용(꽃 지는 풍경)」은 이상적 삶이라는 가치적 기준과의 연관 속에서 「자기인식화(봄의 상실)」되며, 또 그 자기인식의 내용은 슬픔, 설움 등의 다양한 「정서」를 유발하는 것이다. 흔히 시를 시적 주체의 정서를 표현하는 장르로 말하는 것은 이런 사실에 근거한 것이다.

인식내용	자기인식	정서
꽃 지는 풍경	봄의 상실	슬픔
객관적 실재	실재-이상	주관적 표현

　이처럼 시의 중요한 특징은 서사장르와는 달리 주관적 정서를 직접 표현한다는 점이다. 그러나 그와 똑같이 본질적인 것은, 시의 「주관적 정서」란 「객관적 실재」가 화자의 내면에서 자기인식화된 결과로 나타

난다는 사실이다. 즉 시의 주관적 정서의 핵심에는 화자 내면의 「자기인식」이 놓여 있으며, 그 자기인식은 객관적 실재에 대한 인식을 배경으로 형성되는 것이다. 따라서 객관적 실재에 대한 인식내용이 달라지면 자기인식의 내용도 변화되며, 그에 따라 주관적 정서 역시 다르게 나타난다.

　이것은 정서 표현을 위주로 한 이른바 순수 서정시의 경우에도 마찬가지이다. 순수 서정시의 정서 표현 역시 자기인식의 결과이며, 또 자기인식이라는 주체적 반응의 배후에는 늘상 객관적 실재의 문맥이 놓여 있는 것이다. 일례로 정서표현이 풍부한 서정시인 김영랑의 〈모란이 피기까지는〉을 살펴보자.

　　　모란이 피기까지는
　　　나는 아직 나의 봄을 기다리고 있을테요
　　　모란이 뚝뚝 떨어져 버린 날
　　　나는 비로소 봄을 여읜 서름에 잠길테요
　　　오월 어느날 그 하루 무덥던 날
　　　떨어져 누운 꽃잎마저 시들어 버리고는
　　　천지에 모란은 자취도 없어지고
　　　뻗쳐오르던 내 보람 서운케 무너졌느니
　　　모란이 지고 말면 그뿐 내 한해는 다 가고 말아
　　　삼백예순날 하냥 섭섭해 우옵내다
　　　모란이 피기까지는
　　　나는 아직 기다리고 있을테요
　　　찬란한 슬픔의 봄을

　이 시는 은은한 슬픈 「정서」를 노래하고 있다. 그러나 이 시의 슬픔의 정서는 단순히 주관적인 감정의 표현이 아니라 봄이라는 희망의 가치를 상실했다는 「자기인식」에 근거한 것이다. 그리고 그 자기인식의 배후에는 모란이 낙화하는 객관적 정황에 대한 「인식」이 작용하고 있다.

　이처럼 순수 서정시라고 해도 단지 정서 그 자체만이 노래되는 것은 아니다. 그보다도, 한편으로는 정서를 유발하면서 다른 한편으로는 (그 배경에) 객관적 정황의 인식을 포함하는, 자기인식이 시의 핵심에 놓이는 것이다. 따라서 좋은 시는 반드시 풍부한 정서를 표현해야만 된다고 말할 수는 없다. 비록 정서적 표현은 많지 않더라도 특정한 정서의 질과 밀도를 높이는 「자기인식」이 잘 형상화되어야 훌륭한 시가 될 수 있다. 뒤에서 재론되겠지만, 시 중에는 (김영랑의 시처럼) 정서 표현을 위주로 한 시들과 비교적 정서가 절제된 시들이 있는데, 전자의 경우에도 본질적인 것은 정서보다 자기인식이며, 후자라 할지라도 자기인식에 의해 얼마든지 정서의 깊이와 밀도가 형상화된다.

　김영랑의 시와는 달리 정서보다 배경·사건·이야기 등을 형상화하는 시들의 경우, 서정시와 상이한 또다른 장르적 특성이 나타나는 것으로 생각될 수도 있다. 그러나 정서 표현의 서정시이건 배경·사건·이야기 위주의 시들이건, 화자의 「자기인식」이 시의 근원을 이루는 점에서는 동일하다고 할 수 있다. 배경이나 이야기가 형상화되면 서사성이 강화되긴 하지만, 근본적으로 객관적 실재에 대한 인식이 아니라 자기인식이 그려지는 점에서 시(혹은 서정시)의 장르적 특성에서 벗어나지는 않는다. 이런 측면에서, 배경과 이야기가 화자의 내면에서 자기인식화되느냐, 혹은 객관적 실재로 인식되느냐에 따라서, 서정과 서사, 그리고 시와 소설인 장르적 구분이 성립된다고 할 수 있다. 다음에서 배경의 묘사가 자기인식화된 시의 경우와 객관적 실재로 인식되는 소설의 경우를 예로 들어 이 점을 살펴보자.

　　山턱 원두막은 뷔었나 불빛이 외롭다.
　　헌겊심지에 아즈까리 기름의 쪼는 소리가 들리는 듯하다.

　　잠자리 조을든 문허진 城터
　　반딧불이 난다 파란 魂들 같다

어데서 말 있는 듯이 크다란 山새 한마리 어두운 골짜기로 난다

헐리다 남은 城門이
한울빛같이 훤하다
날이 밝으면 또 메기수염의 늙은이가 청배를 팔러 올 것이다
　　　　　　　　　　　── 백석, 〈定州城〉

　이 시는 김영랑의 시와는 달리, 화자(주체)의 정서적 표현보다는 정주성(객체)의 배경 묘사가 시의 내용을 이루고 있다. 그러나 이 시의 배경묘사는 정주성의 풍경을 단순히 객관적 대상으로 형상화하고 있지는 않다. 정주성의 풍경은, 이미 화자의 내면 속에 녹아든 인식내용으로서, 즉 화자에게 자기인식화된 모습으로서 그려지고 있다. 화자는 정주성의 정경을 있는 그대로의 객관세계의 모습이 아니라 자신의 내면 속의 이상의 기준에 비쳐진 현실의 풍경으로 묘사하는 것이다. '불빛이 외롭다'든지, '반딧불이 파란 魂들 같다'든지, 또 '헌겊심지 기름 쬐는 소리가 들릴 정도로 고요하다'는 등의 묘사는, 인적이 드문 정주성의 고적함을 나타내고 있다. 더욱이 '문허진 城터', '헐리다 남은 城門'은 그런 쓸쓸함을 더해준다. 다른 한편으로 화자는, '기름의 쬐는 소리가 들리는 듯하다', '…… 청배를 팔러 올 것이다' 등 확신에 찬 추측을 말함으로써, 자신이 이미 잘 알고 있는 정주성의 생활모습에 대한 향수를 적고 있다. 이 시의 중심내용은 바로 그 상실감과 향수의 자기인식인 바, 그로부터 쓸쓸함, 그리움 등의 정서가 환기된다. 정주성에 대한 여러 가지 묘사는 (정주성의 객관적 정보를 제시하기보다) 그런 자기인식과 정서의 세밀한 밀도와 깊이를 형상화하기 위한 것이다. 이처럼 배경을 묘사하는 경우에도 대상(정주성)을 자율적인 객체로서 그리는 것이 아니라 주체(화자)의 내면에 용해된 내용으로 형상화하는 것이 시의 본질이다. 이 점을 소설의 배경묘사와 비교하면서 보다 자세히 살펴보자.

사내 아이 다섯과 개 한마리가 좁다랗고 구불구불한 오솔길을 따라 장군봉(將軍峰)에 올랐다. 동쪽에 떠오른 지 얼마 안 되었어도 태양은 벌써 막바지 늦여름 열기를 뿜으며 하늘을 새하얗게 태웠고, 눈부신 햇살이 쏟아지는 누렇고 푸른 들판에는 마지막 남은 안개 엷은 한 겹이 아직 나지막이 떠서 스러지는 중이었다. 산등성이 나무들은 짙푸르다 못해 거무스름한 기운이 감돌았으며 산길을 따라 비틀거리고 여기저기 서 있는 소나무의 바늘잎 끝에서는 수정방울처럼 이슬이 반짝였다.
―― 안정효, 《은마는 오지 않는다》

위 글은 장군봉에서 바라다본 들판과 장군봉 중턱의 풍경을 묘사하고 있다. 그러나 이 부분의 풍경 묘사는 〈정주성(定州城)〉의 그것과는 달리 화자의 자기인식을 드러내기 위한 것이 아니다. 여기서 장군봉의 풍경은 화자의 내면세계와 연관되기보다는 등장인물인 다섯 아이의 행동공간으로 그려지고 있는 것이다. 이 부분의 묘사가 다섯 아이의 행동과 긴밀하게 관련된다는 것은 장군봉에서 바라다보는 시점과 장군봉 중턱의 근경의 시점이 연결되는 전개를 통해서도 확인할 수 있다. 즉, 그 두 시점은 산을 오르는 아이들의 눈에 비침직한 내용을 담고 있다. 이처럼 장군봉의 정경은 화자의 내면 속에 스며든 내용이기보다는 인물들이 행동하는 장소로서 그려지고 있다. 따라서 화자로부터는 일정한 거리를 둔 상태의 객관적 대상으로서 형상화된다. 마치 자율적인 시공간을 지닌 객관세계처럼 이 소설의 배경은 독립적인 객체로서 나타나고 있는 것이다.

물론 이 소설의 배경은 실제 현실의 객관세계와는 달리 소설의 구성을 통해 꾸며진 것이며, 그 형상화 과정에서 화자의 내면 의식이 전혀 배제되는 것은 아니다. 태양이 '하늘을 새하얗게' 태웠다든지, 이슬이 소나무 침엽에서 '수정방울처럼' 반짝였다는 묘사에는 화자의 주관이 얼마간 스며들어 있다. 그러나 그러한 주관의 틈입은 객체로서의 「이야기 세계」를 형성하는 본래의 목적에 종속되어 있다. 이 소설의 배경묘사는 하나의 「인식 대상」으로서의 이야기 세계(다섯 아이의 행동공간)를 그리기 위한 것이며 화자의 주관과 「자기인식」은 그것에 대해 부차적인 것일 뿐이다. 백석의 시(〈정주성〉)에서는 정주성에 대한 「인식내용」이 화자의 「자기인식」을 드러내는 데 봉사하고 있지만, 이 소설에서는 반대로 화자의 「자기인식」이 장군봉을 객관적 「인식대상」으로 형상화하는 데 종속되고 있다. 두 작품에서의 이런 역전된 관계는 시와 소설의 장르적 차이를 규정하는 특징으로 이해할 수 있다.

	〈정주성〉	《은마는 오지 않는다》
주	화자의 자기인식(상실감, 향수)	대상에 대한 인식(장군봉의 풍경)
종	대상에 대한 인식(정주성의 풍경)	화자의 자기인식(여름풍경의 분위기)

이 같은 차이에서 나타나는 결과는 시의 경우 「주관적인 시간(공간)」이 지배적인 반면 소설에서는 반자율적인 「객관적 시공간」이 그려진다는 것이다. 또한 시에서의 화자와 대상 간의 거리는 어디까지나 화자 내면 속에서의 간격으로 나타날 뿐이지만, 소설에서는 대상 세계(이야기 세계)가 화자와는 별도로 존재할 수 있으며, 양자 사이에는 이른바 「서사적 거리」[3]가 존재한다. 따라서 시의 경우 작품의 핵심은 「화자 내면 속」에 담겨 있는 시적 내용이지만, 소설에서는 화자와 거리를 두고 존재하는 「이야기 세계」에서 벌어진 사건들이다. 이러한 차이는 다음 면의 도표로 나타낼 수 있다.

시와 소설의 이런 근원적 차이[4]는 두 장르에서의 내용과 형식 간의 상이한 관계를 만들어낸다. 시는 화자의 내면에 담겨 있는 「시적 내용」을 (자신의 언어로) 독자에게 전달하는 상황이므로, 그 핵심적 내용이 화자의 「언어 형식」과 거의 통합되는 양상을 보인다. 즉 시에서는, 시적 내용과 언어 형식이 「화자」를 동일한 중심으로 가지며, 화자

---

[3] 화자가 이야기 세계를 객관적인 대상으로 인식할 수 있는 거리를 말함.
[4] 조정래·나병철, 《소설이란 무엇인가》 (평민사, 1991), 133~39면.

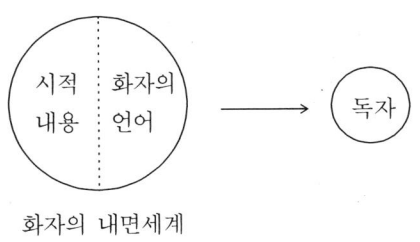

[시의 근원상황]

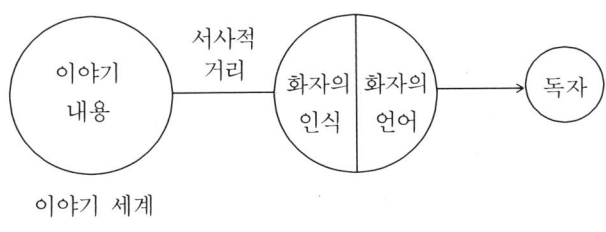

[소설의 근원상황]

는 자신의 내면의 시적 「내용」을 언어로써 완전히 「형식」화하려 시도하는 것이다.

　반면에 소설은 화자의 내면세계로부터 독립된 이야기 세계의 사건(혹은 인물, 환경, 배경)들을 언어로 전달하는 상황이다. 여기서 「이야기 내용」은 인물과 환경이라는 주체-객체의 축으로부터 나타나는 바, 그것은 「언어 형식」의 주체인 화자와는 다른 세계에서 펼쳐진다. 이처럼 이야기 내용과 언어형식은 상이한 중심을 지니므로 동일한 내용이 여러 가지 형식을 통해 전달될 가능성이 생겨난다. 다만 화자는 이야기 내용을 가장 적절하게 형상화할 언어형식을 모색할 뿐이다.

　소설에서 이야기와 화자 간의 이러한 반자율적 관계는 이야기가 화자에 의해 「중개적」으로 전달되는 특성을 만들어낸다. 반면에 시에서는 시적 내용이 화자의 내면과 통합되어 있으므로 화자 내면의 바로 그 내용요소들이 「직접적」으로 독자에게 전달되는 양상을 보인다. 서사(소설)장르의 중개적 특성과 서정(시)장르의 직접적 특성은 이처럼 「내용」과 「전달형식」과의 상호 관계에서 연원된 것이다.

여기서 내용과 형식 간의 이러한 관계를 예술형식의 개념을 세분화해서 다시 살펴보자. 우리가 시적 내용이나 이야기 내용으로 불렀던 것은 언어적 전달형식과 그것들을 대비시켜 규정한 것이었다. 그러나 시적 내용과 이야기 내용 역시 현실세계를 문학작품으로 형상화한 것으로서 「현실내용」에 대비되는 「문학적 형식」이라고 할 수 있다. 즉, 시적 내용(혹은 이야기 내용)은 시의 내용인 동시에 또한 하나의 형식으로서 존재하는 것이다. 이처럼 현실을 예술적으로 형상화하는 측면에서의 예술형식을 우리는 「내적 형식」이라고 부른 바 있다. 그리고 내적 형식과 구별되는 전달매체의 측면에서의 언어형식을 「외적 형식」이라고 명명했었다. 따라서 시적 내용(혹은 이야기 내용)과 언어형식과의 관계는 내적 형식과 외적 형식과의 관계에 상응한다고 할 수 있다. 이 같은 내용과 형식의 복합적 관계를 도표로서 정리해보면 다음과 같다.

시적 내용	화자의 언어
내적 형식	외적 형식
자기인식, 정서	운율, 은유, 상징

〔시의 내용과 형식〕

이야기 내용	화자의 인식, 언어
내적 형식	외적 형식
인물, 플롯	시점, 서술

〔소설의 내용과 형식〕

이제 위의 도표를 근거로 해서 시의 장르적 특성을 요약해보자. 첫째로 시는 현실세계에 대한 인식보다는 「자기인식」을 핵심적 내용으로 지니고 있다. 흔히 시장르의 특성으로 지적하는 「무시간성」과 「주객합일」은 이런 자기인식의 특성에서 비롯된 것이다. 그리고 시적 내용의 구성방식인 내적 형식 역시 자기인식을 중심으로 인식·정서 등과의 관계 및 그것들의 질적 차이에 따라 결정된다.

둘째로 시에서는 그 내용이 전달매체인 언어적 형식과 거의 완전한 통일을 이루고 있다. 따라서 시적 내용(그리고 내적 형식) 역시 화자의 언어를 통해 독자에게 전달되지만, 이때의 언어적 매개는 「중개적」이기 보다는 「직접적」 제시(혹은 표현)에 가까워진다. 시적 내용과 화자의 언어, 그리고 내적 형식과 외적 형식이 거의 한 덩어리로 독자에게 전해지기 때문이다. 운율, 은유, 상징 등의 외적 형식은 자기인식·인식·정서 등의 내용을 언어화한 것이지만 그 내용요소들과 분리될 수 없게 얽혀 있는 것이다.

시에서 우리가 처음으로 만나는 것은 바로 그 언어적 형식들(외적 형식)이다. 그리고 이 언어적 형식들은 내적 형식을 이해하기 위한 기본적인 전제를 이루고 있다. 따라서 우리는 시의 내적 형식을 고찰하기 전에 운율, 은유, 상징 등 외적 형식의 기본 요소들을 먼저 살펴보기로 하자.

2. 시와 운율

(1) 시와 언어

우리는 흔히 시가 「문학적 응집성」이 가장 큰 장르라고 말한다. 이 말은 시가 다른 문학 장르에 비해 가장 높은 문학성을 지녔다는 뜻은 아니다. 그보다는 「언어예술」로서 문학의 특성을 시장르가 제일 잘 나타내고 있음을 의미한다. 다시 말해, 시는 모든 「예술성」을 문학의 매체인 「언어」 속에 응집시키고 있는 것이다.

시가 모든 예술성을 언어 속에 응집시킨다는 것은 시의 예술적 내용이 거의 완전하게 언어적 표현 속에 용융되어 있음을 말한다. 즉 시의 경우 시적 내용과 언어적 표현(언어형식)은 빈틈없는 일체를 이루고 있다. 시에서는 언어를 고치면 시의 내용이 달라지고 시의 내용을 수정하려면 언어적 표현을 바꿔야 한다. 이러한 내용과 표현형식의 통일은 다른 문학장르에서는 찾아보기 어려운 것이다. 예컨대 (앞에서 살펴봤듯이) 소설은 작품의 모든 내용이 언어적 요소로만 수렴되지는 않는다. 소설에는 언어를 넘어선 이야기 세계라는 또다른 차원이 존재하기 때문이다. 반면에 시에서는 모든 시적 내용이 언어형식 속에 담겨져 있다.

소설이 외국어로 쉽게 번역되는 반면 시는 그리 용이하지 않은 것은 두 장르의 이러한 차이에서 기인된 것이다. 가령 《전쟁과 평화》를 한국어 번역본으로 읽었다고 해서 원작의 감동이 크게 줄어들지는 않는다. 그러나 김소월의 〈진달래꽃〉을 영어로 번역할 경우 원래의 감동을 그대로 보존하기란 매우 어려운 일이다. 《전쟁과 평화》는 언어(러시아어)의 효과보다 이야기(인물과 행동, 사건 등)의 구성에 예술성을 의존하므로 언어적 특성이 소실돼도 작품의 원형이 크게 손상되지는 않는다. 그러나 〈진달래꽃〉은 언어(한국어)의 효과에 거의 모든 예술성이 응집되어 있어서 그 고유한 특성이 파괴되면 원작의 감동은 크게 상실된다. 소설이 (언어 이외의) 다른 매체로 쉽게 전이되는 반면 시가 그렇지 못한 것도 이와 똑같은 이유에서이다. 《삼국지》나 《추락하는 것은 날개가 있다》는 영화나 만화로 바꿀 수 있지만 김소월이나 한용운의 시는 그런 번역이 불가능하다. 예컨대 어떻게 김소월의 〈진달래꽃〉을 영화화하고 한용운의 〈님의 침묵〉을 만화화할 수 있겠는가. 이처럼 매체의 전이가 어려운 것은 시가 언어매체와 불가분의 긴밀한 관계를 맺고 있기 때문이다.

따라서 시가 문학적 응집성이 높다는 것은 그만큼 시적 내용(내적 형식)과 언어형식(외적 형식)이 통일되어 있음을 뜻한다. 시는 이처럼 모든 내용을 언어형식에 의존하므로 그 내용의 예술성을 높이기 위해서는 언어적 특성을 총체적으로 이용해야 한다. 그러면 시가 이용할 수 있는 모든 언어적 특성이란 무엇인가. 앞에서 우리는 언어가 기표와 기의라는 두 가지 요소로 이루어져 있음을 살펴봤다. 기표는 언어의 음성적 측면이며 기의는 그 의미적 측면이다. 시는 바로 이 음성적 측면과 의미적 측면의 두 가지 요소를 예술적으로 이용한다.

시가 언어의 음성적 요소를 시적으로 구성한 것이 「운율」이며 의미의 부분을 이용한 것이 「이미지」, 「은유」, 「환유」 등이다. 먼저 언어의 음성적 부분은 시적 형상화를 위한 중요한 감각적 재료가 된다. 시는 마치 음악이 음을 이용하듯이 언어의 음성적 부분을 예술적으로 구성할 수 있다. 그러나 언어의 음성적 부분은 「감각적 재료」인 동시에 여전히 음운론의 「언어학적 규칙」에 지배되고 있다. 따라서 음성적 부분은 음운론을 매개로 감각적으로 형상화된 독특한 형태로 나타나는데, 이를 우리는 「운율」이라고 부른다. 운율의 구성원리는 음운론적 규칙에 연관될 뿐만 아니라, 언어의 의미부분과도 긴밀한 관계를 맺는 특징을 지니고 있다.

한편 시는 언어의 의미부분을 예술적으로 이용하여 운율과 함께 시의 내용(그리고 형식)을 형상화한다. 여기서는 다시 두 가지 시적 방법이 나타나는데 하나는 언어의 내포적 의미에 의존하는 방법이고 다른 하나는 구문적 관계를 이용하는 방법이다. 전자는 「이미지」, 「은유」, 「상징」 등의 기법으로 나타나고 후자는 「환유」의 기법으로 드러난다. 이 두 가지 방법은 근본적으로 「선택적 관계」와 「결합적 관계」라는 언어학적 두 기본축과 연관된 것이다. 이 기본적 관계와 그에 따른 시적 방법에 대해서는 뒤에서 더 자세히 고찰하기로 한다.

(2) 운율체계와 세계관

언어의 음성적 부분을 시적으로 이용하는 기법은 여러 가지 명칭으로 불린다. 즉 리듬, 운율, 율격, 압운, 음수율, 음보율, 음위율 등을 들 수 있다.

먼저 「리듬」은 엄밀한 기법에 대한 명칭이라기보다는 다양한 기법에 의해 생겨난 음악적 효과를 말한다. 리듬은 시뿐만 아니라 자연현상, 인체의 생리작용, 음악 등의 시간예술에서 특징적으로 나타난다. 시의 리듬은 음악의 박자와도 같이 다양한 음의 「변화」들이 규칙적인 반복 속에 「통일」되는 현상을 말한다.

「운율(meter)」은 압운과 율격을 함께 일컫는 용어이다. 그러나 넓은 의미의 운율은 리듬을 포함한 모든 음성적 기법을 의미한다. 「압운」에는 두운, 각운, 모운, 자운 등이 있으며 「율격」에는 음수율과 음보율이 있다. 음위율이란 압운을 일컫는 다른 이름이다. 따라서 우리는 운율의 종류를 다음과 같이 정리할 수 있다.

```
운율 ─┬─ 리듬
      └─ 운율 ─┬─ 압운(음위율) : 두운, 각운, 모운, 자운
                └─ 율격 : 음수율, 음보율
```

이러한 여러 가지 기법 중에서 압운은 영시와 한시에서 두드러지며 한국어로 된 시에서는 특징적으로 나타나지 않는다. 압운(rhyme)은 특정한 음운을 정해진 위치에서 규칙적으로 반복하는 것으로, 그 음운이 어느 위치에서 나타나느냐에 따라 두운, 각운 등으로 불린다. 예컨대 한시에는 한 행의 끝음운을 일치시키는 각운이 사용된다.

우리말로 된 시에는 압운보다 음수율과 음보율이 많이 적용된다. 음수율(자수율)이란 음절의 숫자를 규칙적으로 일치시키는 것을 말한다. 예컨대 시조는 3·4조가 기조이고 김소월의 〈진달래꽃〉은 7·5조라는

식이다. 그런데 음수율은 엄격한 정형시에서도 약간의 변형이 있을 수 있는데 그러한 변형은 음보율의 개념으로 설명될 수 있다.

삭풍은/나무 끝에 불고/명월은/눈속에 찬데/
만리/변성에/일장검/잡고 서서/
긴 파람/큰 한 소리에/거칠 것이/없어라/
　　── 김종서의 시조

위의 시조에서 '나무 끝에 불고', '눈속에 찬데', '만리', '변성에'는 음수율의 변형이다. 이러한 변형이 시조의 운율 규칙의 위반으로 보이지 않는 것은 여전히 음보율의 규칙을 지키고 있기 때문이다. 즉 시조는 한 행이 4음보로 진행되는데 위의 시는 이에 따르고 있는 것이다. 우리는 이 시조를 읽을 때 4음보의 박자를 지키기 위해 '나무 끝에 불고'를 빨리 읽고 '만리'를 느리게 읊는다. 이처럼 음보율이란 일정한 단위의 리듬을 규칙적인 박자수(음보수)로 나누는 율격을 말한다. 이러한 음보율은 음수율이 명확하게 정해진 정형시에만 적용되는 것은 아니다. 정형적인 음보율은 아니지만 자유시에서도 음보의 개념으로 리듬을 설명할 수 있다.

한편 이런 여러 가지 운율이 어떤 방식으로 나타나느냐에 따라 시의 종류를 두 가지로 나눠볼 수 있다. 하나는 운율의 체계가 이미 정형화돼 있어서 시작(詩作)을 그 틀에 맞추어야 하는 경우이다. 이때의 운율은 시의 내부(내용)로부터 나온 것이라기보다는 외재적으로 이미 정해져 있는 것이다. 우리는 이러한 운율의 체계를 「외재율」 혹은 「정형률」이라고 부른다.

다른 하나는 운율이 외재적으로 고정돼 있는 것이 아니라 시의 내용으로부터 다양하게 나타나는 경우이다. 이러한 시들은 외견상 정형적 운율은 없으나 내재적으로 복합적인 운율의 선율을 갖고 있다. 이 내재적인 운율의 체계를 우리는「내재율」혹은「내용률」이라고 지칭한다.

운율이 실현되는 방식인 운율의 체계는 우리의 의식 내용과 세계관을 표현하는 내면적 방법이라고 할 수 있다. 운율이란 마치 음악처럼 우리의 정신적 내용을 표현하는 미묘한 방법인 것이다. 일상생활에서도 우리는 운율의 초보적 형태를 찾아볼 수 있다. 일상적 언어는 매번 똑같은 음성으로 나타나는 것은 아니다. 우리는 언어 내용과 심리 상태의 상호연관 속에서 소리의 길이, 고저, 강세 등을 조절한다. 예컨대 '빨리 와' 할 때 '빨리'는 빠르게, '세월이 느릿느릿 간다' 할 때 '느릿느릿'은 느리게 발음한다. 이러한 음성적 표현은 언어체계만으로는 소통될 수는 없는 정신적 잔여물을 처리하기 위한 것이다. 그 다양한 「소리표현」들이 예술적으로 「조직화」된 것이 음악이나 시의 운율인 셈이다.

물론 음악이나 시는 대상이나 심리만을 표현하는 것이 아니라 우리의 자기인식을 담으려 한다. 자기인식이란 단순한 대상의 인식이나 주체의 심리상태와는 달리 실재와 이상 간의 복합적 통일성 속에서 나타난다. 이미 살펴봤듯이 자기인식은 한편으로 정서적 표현으로 드러나며 그와 함께 인식내용을 배후에 지니고 있다. 이러한 복합적 내용을 일상언어로 전달하기란 매우 어려우며 특별한 방식의 소통 수단이 요구된다. 시의 운율은 그 복합적 내용을 충분히 전달하기 위한 음성적 수준의 시적 방법이라고 할 수 있다.

자기인식은 개념적 언어내용과는 달리 항상 충분히 소통되기 어려우며 내용적 잔여물을 남기게 된다. 그 내용적 잔여물은 「실재」의 내용에 연결되는 「이상」에 대한 갈망을 포함한 것이다. 시의 운율이 개념언어 속에 억압된 정신적 내용을 해방시킨다는 것은 이런 이상의 갈망과 연관되어 있다.

시에서 운율을 통한 이상에 대한 갈망의 표현은 두 가지 종류의 방식이 사용된다. 하나는 운율의 체계가 외재적으로 정해져 있는 경우(외재율)이며 다른 하나는 시의 내용으로부터 운율이 정해지는 경우(내재율)이다. 전자에서는 세계의 이상에 대한 해석이 이미 정해져 있어서 시의 내용을 그 정해진 체계 속에 채워넣는 경우이다. 즉 특정한 세계관이 외재적 운율의 체계로 나타나며 그 세계관과 이념(이상)의 틀 속에서 시가 만들어지는 것이다. 이처럼 「외재율」이란 삶의 이상적 상태에 대한 음성적 체계화이며, 그것이 공통적으로 정해지는 것은 삶과 이상이 전체화된 시대의 특징인 셈이다. 다시 말해 공동체적 의식과 특정한 전체적 세계관은 시의 외재율과 상응하는 관계에 있다. 예컨대 노동요의 반복적 리듬은 공동체 의식을 일깨우며, 시조의 정형률은 유교적 이념과 연관되어 있다. 그 시대의 삶이 「전체적 이념」에 지배될 수 있다는 것은 모든 시들이 「공통적 운율」에 복종한다는 사실과 맞아떨어지고 있다.

이런 맥락에서 시조의 정형률을 파괴한 사설시조의 등장은 당대의 삶이 더이상 유교이념에만 지배될 수 없음을 의미하는 것으로 볼 수 있다. 전체 사회 질서로서의 이념체계가 무너져가면서 시조의 질서를 이루었던 운율체계도 붕괴되어간 것이다. 이런 뜻에서 사설시조의 부분적 파격은 내용으로부터 운율을 끌어내리는 근대적 내재율의 단초로 보인다.

근대시의 「내재율」은 개인주의와 현실주의로 대표되는 근대문화의 전개와 연관되어 있다. 운율이 이상에 대한 갈망을 조직화한 음성적 표현이라면 그 조직체계는 더이상 관념적 이념(이상)으로부터 외재적으로 정해지지 않았다. 근대적 삶은 개인이 직접 현실적 문제에 부딪히는 것으로 이루어지며 이상에의 갈망은 그 「개별적 현실 내용」 자체로부터 나타났던 것이다. 이에 상응해서 시에서의 이상에 대한 자기인식인 운율적 표현은 「개별적인 시의 내용」으로부터 드러나게 되었다.

이처럼 운율체계의 변화는 세계관과 이념의 변화를 반영하고 있다. 근대시의 내재율은 근대적 삶과 이념이 개인화·현실주의화된 사실로부터 나타난 것이다. 그러면 이러한 내재율이 개인적 이상과 자기인식을 표현하는 원리는 무엇일까. 이제 그 원리를 시의 내용과 운율 구조와의 관계를 통해 살펴보기로 하자.

(3) 시의 내용과 운율구조

근대시는 그 내용이 아무리 사회적인 것일지라도 늘상 개인의 자기인식을 매개로 현실(실재)과 이상의 상호연관을 표현한다. 음성적 수준에서의 시적 표현인 운율 역시 이러한 원리에 의해 나타난다.

개별적 시에 나타난 자기인식의 내용에 따라 개별적인 운율이 짜여지는 것이다. 이때 자기인식의 내용과 운율의 형식은 거의 완전히 통일되어 있어서 운율 자체가 자기인식의 한 부분이라고 말할 수도 있다. 운율은 의미적 표현만으로는 충분히 소통되기 어려운 자기인식의 나머지 내용을 전달하는 기능을 하는 것이다.

이러한 자기인식이 운율을 통해 소통되는 특별한 원리는 무엇일까. 이를 알아보기 위해서는 어린아이의 자폐적 놀이가 표현적 놀이로 발전되는 과정을 살펴볼 필요가 있다.[5] 자폐적 놀이란 아무 의미 없이 똑같은 음을 반복하거나 음의 높낮이를 발성하는 것으로 우리는 누구나 유아기 때 자폐적 놀이의 경험을 갖고 있다. 어린아이가 자폐적 놀이를 하는 것은 환각 속에서 긴장을 해소하고 쾌감의 상황을 재창조하기 위해서이다. 물론 이러한 유아기의 상상적 낙원은 혼자 고립된 속에서만 경험할 수 있으며, 자폐적 놀이는 다른 사람에게 어떤 메시지로 소통되지 못한다. 그러나 자폐적 놀이가 계속 시행되면서, 어린아이는 특정한 음소의 반복이 특별한 효과를 나타낸다는 것과, 선율적 긴장도의 차이에 의해 정신적 긴장과 육체적·도덕적 태도의 차이를 나타낸다는 것을 깨닫게 된다. 그러한 훈련과정이 완성되었을 때 자폐적 음성 표현은 주위 사람들에게 특정한 신호로 해석된다.[6] 이 단계가 바로 표현적 놀이의 단계인데, 시의 운율은 이 「표현적 놀이」의 특수한 경우라고 할 수

---

5) Ivan Fónagy, The Functions of Vocal Style, S. Chatman 편, *Literary Style*, (Oxford University Press, 1971), 168~70면.
6) 위의 책, 170면.

있다. 즉 이상에의 갈망을 담은 자기인식을 표현하기 위해, 자폐적 놀이를 연상시키는 반복패턴과 긴장-해소 패턴을 만드는 것이다. 자폐적 놀이와 운율은 똑같이 상상 속에서 억압된 갈망을 표현한다. 그러나 자폐적 놀이는 고립 속에서 긴장을 해소하고 쾌감을 되찾는 방식이지만, 시의 운율은 일정한 메시지를 통해 실재에 대한 인식을 전달하면서, 그 인식 내용과의 연관 속에서 이상에 대한 갈망을 표현한다.

따라서 시의 운율은 내용과의 연관성 속에서 특정한 음운들과 반복 및 긴장-해소 패턴을 사용하게 된다. 그러면 이처럼 내용으로부터 운율 구조가 만들어지는 방식은 어떤 것일까. 시적 내용과 운율형식과의 역동적 관계가 두드러지는 김소월과 김영랑의 시를 통해 이를 살펴보자.

> 산산히 부서진 이름이여!
> 허공 중에 헤어진 이름이여!
> 불러도 주인없는 이름이여!
> 부르다가 내가 죽을 이름이여!
>
> 심중에 남아있는 말 한마디는
> 끝끝내 마저하지 못하였구나
> 사랑하던 그 사람이여!
> 사랑하던 그 사람이여!
> ── 김소월, 〈초혼〉 부분

이 시는 각 연을 4행으로 하고 각 행의 길이를 적절히 조절하여 운율적인 균형을 유지하고 있다. 그 운율적 균형의 기조는 7(6)·5(4)조의 음수율이라고도 볼 수 있다. 그러나 이 시는 외재율에 의존하는 정형시는 아니며 고른 운율적 길이가 심리적인 균형을 암시하는 것도 아니다. 오히려 이 시의 시적 효과는 전체적인 균형 속에 내재하는 각 행에 미묘한 운율적「차이」에서 생겨난다.

2연 2행까지는 7(6)·5(4)조의 기본 율격이 반복되고 있으며 나머지 두 행에는 4·5율의 변형이 나타난다. 이 시를 2음보의 시로 보았을 때 이러한 변화는 앞의 음보와 뒤의 것과의 균형의 「차이」를 만들어낸다. 즉 2연 2행까지는 앞의 음보가 다급히 발음되며 나머지 두 행에서는 상대적으로 느리게 발음된다. 더욱이 1행에서는 뒤의 음보가 4음절('이름이여!')로 축소되고 4행에 이르러 앞 음보가 8음절('부르다가 내가 죽을')로 늘어남으로써 그 다급함이 가중된다. 그런데 앞의 음보는 뒤의 음보에 나타난 이별의 대상('이름')에 대한 수식어로서 발음의 다급함은 격렬한 정서상태를 나타낸다. 반면에 마지막 두 행의 '사랑하던'은 비교적 안정된 정서상태를 암시한다.

이러한 정서상태의 변화는 비슷한 음운구조를 지닌 이별의 대상('이름', '사람')의 의미론적 변화에 상응한다. '이름'은 이별의 대상을 상징적으로 표현한 것으로서 이 상징성 속에 화자의 격한 정서가 함축되고 있다. 그러나 '사람'은 비교적 객관적 인식을 드러낸 것으로 다소 진정되는 정서상태와 연관된다.

물론 끝의 두 행에서 슬픔이 완전히 진정되는 것은 아니다. '사랑하던'이라는 과거형으로써 화자는 슬픔의 지속을 여전히 반추하고 있다. 그러나 이로써 시의 흐름은, 상실의 슬픔을 통해 절망으로 나아가는 것이 아니라, 그 처절한 「부정성」의 자기인식으로써 '사랑'의 고귀함을 「긍정」하는 쪽으로 향한다. 즉 이 시의 화자는 님의 죽음에 대한 인식(혹은 자기인식)을 통해 사랑의 고귀함의 자기인식을 드러내고 있다. 김소월 시의 뛰어난 점은 이처럼 「죽음(이별)」의 한의 정서(자기인식)가 「삶(사랑)」의 긍정의 이면으로써 제시되는 점에 있다.

일반적으로 김소월의 시에는 강렬한 정서를 내포한 시들이 많이 있다. 반면에 김영랑의 시들은 대부분 은은한 정서를 담고 있다. 이러한 정서상태의 차이는 두 사람의 시의 운율구조의 차이에서도 발견된다.

불현듯
집을 나서 산을 치달아

바다를 내다보는 나의 신세여!
배는 떠나 하늘로 끝을 가누나!
　　　　　── 김소월, 〈하늘 끝〉

　이 시는 의미론적으로도 '불현듯', '치달아', '끝을' 등의 강렬한 이미지를 많이 사용하고 있다. 그에 상응해서 이 시의 운율구조는 격렬한 정서(혹은 자기인식)를 드러내고 있다. 먼저 행이 진행됨에 따라 음보수를 늘려감으로써 점차로 격해지는 정서를 나타낸다. 또한 '치달아', '떠나', '끝을' 등에서 경음이나 격음을 사용함으로써 화자의 고조된 정서상태를 암시한다. 이에 반해 김영랑의 초기시들은 매우 상이한 이미지와 운율구조를 사용하고 있다.

돌담에 속삭이는 햇발같이
풀아래 웃음짓는 샘물같이
내마음 고요히 고운 봄 길위에
오늘 하루 하늘을 우러르고 싶다
　　　　　── 김영랑, 〈작품 2〉부분

　먼저 이 시는 '햇발', '풀', '봄' '샘물', 등 은은한 이미지들을 노래하고 있다. 이러한 특징은 이 시의 운율구조와 상응하는 것이다. 김소월의 시와는 달리 이 시는 일정한 음보수(3음보)를 유지함으로써 정서적 균형상태를 나타내고 있다. 또한 유음(ㄹ)이나 유성음(ㅁ)을 연이어 사용함으로써 흐르는 듯한 이미지와 정서를 암시한다.
　이처럼 화자의 자기인식의 표현인 정서상태는 운율의 짜임과 긴밀한 연관성을 지니고 있다. 운율과 시적 내용과의 역동적 관계는 김영랑의 〈모란이 피기까지는〉에서 보다 잘 나타난다. 김영랑의 초기시들이 지나치게 음성구조에 의존하는 반면 〈모란이 피기까지는〉은 의미(이미지)와 음성(운율)의 역동적 상호작용을 매우 분명하게 드러내고 있다.

5 오월 어느날 그 하루 무덥던 날
       6 떨어져 누운 꽃잎마저 시들어 버리고는
       7 천지에 모란은 자취도 없어지고
       8 뻗쳐오르던 내 보람 서운케 무너졌느니
       9 모란이 지고말면 그뿐 내 한 해는 다 가고 말아
      10 삼백예순날 하냥 섭섭해 우옵내다
                    ──〈모란이 피기까지는〉 부분

 이 시는 5행에서부터 '……날'을 부연하여 반복하면서 서서히 긴장을 조성하고 있다. 이어서 6, 7, 8행에서는 '떨어져 누운', '천지에', '뻗쳐오르던' 등 첫 음운이 경음이나 격음으로 된 단어들을 사용함으로써 고조된 정서상태를 나타낸다. 또한 같은 행들에서, '꽃잎', '모란', '보람' 등 희망을 나타내는 (유성음 및 「양성모음」으로 이루어진) 체언들에 대비되는, '시들어 버리고는', '없어지고', '서운케 무너졌느니' 등의 'ㅅ'으로 시작되는 「음성모음군」에 의해, 슬픔이 다가오는 과정이 보여지고 있다. 9행에서는 '모란이' 앞으로 나오고 '그뿐'이 뒤로 숨어 가락이 역전되며, 10행에 와서는 이제까지 고조되었던 긴장이 풀어지고 있다. 이로써 화자는 격한 감정에서 은은한 정서로 되돌아오게 된다.
 김영랑의 시는 운율구조가 시의 내용에 참여하는 하나의 과정을 보여주고 있다. 여기서 우리는 「시적 형식」이 「내용」으로 역류하는 현상을 관찰할 수 있다. 그러나 이는 내용이 형식을 결정한다는 명제에 대한 반론이라고 볼 수는 없다. 단지 내용과 형식이 단선적이 아닌 복합적 상호작용의 관계에 있음을 말해줄 뿐이다. 또한 그 상호작용은 시에서의 내적 형식과 외적 형식, 혹은 내용과 형식 간의 불가분리성을 의미하는 것이기도 하다.

3. 은유와 환유

(1) 유사성과 인접성의 원리

　언어의 두 가지 요소를 살피면서 우리는 시에서 운율과 의미구조가 두 기본요소임을 언급했다. 그런데 시의 의미는 고정된 실체로 나타나는 것이 아니라 언어학적 규칙을 통해 생산된다. 언어규칙에 따라 문장과 의미가 생산되듯이, 시의 언어들 역시 그 규칙에 의해 구성되고 의미를 만든다. 따라서 시의 독특한 구성원리는 언어의 특수한 구성이라는 측면에서 살펴봐야 한다.
　하나의 문장은 「선택의(paradigmatic) 축」과 「결합의(syntagmatic) 축」이라는 두 과정이 배합되어 만들어진다. 예를 들어 '싸락눈이 내린다'라는 문장을 생각해보자. 이 문장은 주어와 동사라는 구문적 관계의 「결합」으로 이루어진 것이다. 그러나 이 문장은 그런 구문적 결합 이외에 '싸락눈'이라는 특정한 단어의 「선택」에 의해 결정된 것이기도 하다. 만일 동일한 현상을 지시하는 기능만 생각한다면 이 문장은 '싸리눈이 내린다'로 대체될 수도 있을 것이다. 그러나 두 문장은 유사한 의미를 지니면서도 엄연히 각기 상이한 문장으로 존재한다. '싸락눈'이라는 단어가 지니는 내포적 의미가 '싸리눈'과는 다르기 때문이다. 따라서 딱딱한 알갱이 눈이 내리는 현상을 '싸락눈이 내린다'라고 말하는 것은, '싸락눈'이라는 단어가 「선택」되는 과정과 그 주어가 ('내린다'라는) 동사와 「결합」하는 과정으로 이루어진 것이다. 선택의 과정은 「유사한」 여러 단어 중에서 한 단어가 선별되는 방식이며 결합의 과정은 「인접한」 구문적 요소와 연결되는 방식이다. 앞의 양상은 「계열적」, 「연상적」 관계라고도 말하며, 「유사성」의 원리에 의해 설명된다. 뒤의

과정은 「구문적」, 「통합적」 관계라고도 불리며 「인접성」의 원리에 의해 이해된다.[7]

　유사성의 원리에 의한 선택적 관계는 시에서 널리 사용되는 방식으로 알려져왔다. 유사성의 원리란 동일한 대상(현상)을 지시하는 여러 유사어 중에서 특정한 단어를 선택하는 양상인 바, 그 선택과정은 내포적 의미의 차이에 의해 결정된다. 그런데 시는 바로 이 내포적 의미를 중요하게 사용하는 언어구조물인 것이다. 예를 들어 '내 연인은 붉은 장미'라는 구절은 '내 연인은 아름답다'보다 훨씬 더 시적이다. 왜냐하면 앞의 구절은 붉은 장미의 내포적 의미를 적절하게 사용하고 있기 때문이다. 만일 내 연인이 아름답다 라는 뜻만을 전달하기 위해서라면 붉은 장미 대신에 백합꽃이나 모란꽃이라는 단어를 사용할 수도 있었을 것이다. 그러나 붉은 장미는 백합꽃이나 모란꽃과는 다른 독특한 내포적 이미지(의미)를 지니고 있다. 즉 붉은 장미는 '정열, 뜨거움, 요염함, 가시……' 등의 미세한 내포적 이미지들을 담고 있는 것이다. 이처럼 이미지, 내포적 의미, 분위기, 어감 등을 중시하는 시적 기법들은 유사성의 원리와 선택적 관계를 시적으로 이용하는 셈이다. 유사성의 원리에 의존하는 시들은 내포적 의미에 의한 「내재적 문맥」의 형성이 매우 중요하다. 이런 계열의 시적 기법으로는 「이미지」, 「은유」, 「상징」 등을 들 수 있다.

　그러나 흔히 생각되는 바와는 달리 시에서는 선택적 관계와 유사성의 원리만이 중시되지는 않는다. 다른 한편 시는 「구문적 결합」에 의한 「인접성」의 원리에 크게 의존하기도 한다. 은유나 상징이 중시되는 시들도 구문적 관계에 의한 연결이 무시될 수 없음은 더 말할 나위도 없다. 그런데 상대적으로 구문적 관계와 인접성이 매우 중시되는 시들도 존재한다. 이런 시들 역시 유사성의 원리에 의한 내포적 의미(이미지,

---

7) 유사성과 인접성에 대해서는 로만 야콥슨, 〈언어의 두 양상과 실어증의 두 유형〉,《문학 속의 언어학》, 신문수 편역 (문학과지성사, 1989), 92~116면을 참조할 것.

은유, 상징)를 소홀히 하지는 않지만 그와 함께 구문적 진행에 의해 나타나는 언어적 의미와 지시대상과의 관계를 중요시한다.

이런 시들에서 언어적 의미와 지시대상과의 관계는 환유적인 의미적 인접성을 나타낸다.[8] 환유적인 인접성이란 대상의 한 부분으로 대상 전체를 지시하는 관계를 말한다. 「구문적 인접성(결합성)」이 두드러진 시들은 이처럼 「의미적 인접성(환유)」역시 현저해진다. 그것은 내포적 의미(혹은 은유)에 의한 시의 내적 문맥[9]이 상대적으로 덜 강조되는 반면, (대상의 한 부분을 지시하는) 「언어적 의미와 지시대상」과의 관계에 관심이 쏠리기 때문이다. 우리가 앞에서 살펴본 백석의 〈정주성〉처럼 정서 표현보다 배경이나 사건의 인식이 중시되는 시들이 이런 유형에 속한다. 그러면 〈정주성〉을 다시 인용하면서 인접성과 환유가 두드러진 시의 특징을 보다 자세히 살펴보자.

    山턱 원두막은 뷔었나 불빛이 외롭다
    헌깊 심지에 아즈까리 기름이 쪼는 소리가 들리는 듯하다
    잠자리 조을든 문허진 城터
    반딧불이 난다 파란 魂들 같다
    어데서 말 있는 듯이 크다란 山새 한마리 어두운 골짜기로 난다

    헐리다 남은 城門이
    한울빛같이 훤하다
    날이 밝으면 또 메기 수염의 늙은이가 청배를 팔러 올 것이다

이미 살펴봤듯이, 이 시 역시 단순한 배경묘사가 아니라 화자 내면의 자기인식을 형상화하고 있다. 화자의 내면 세계를 형상화한다는 것은

---

[8] 인접성의 원리는 구문적 인접성(결합)과 의미적 인접성(환유)의 두 가지를 모두 포함한다.
[9] 시에서는 이런 측면이 아주 무시되지는 않는다. 즉, 인접성과 환유가 강조되는 시들 역시 은유와 상징, 내포적 의미가 중시된다.

전체적으로 동일한 정조와 내적 문맥을 이루고 있는 점에서 확인된다. 즉, 운율과 이미지를 통해 내적 문맥의 통일성을 유지하고 있는 것은, 이 시의 인식내용들이 화자 내면의 자기인식 속에 용해된 것임을 나타낸다.

그러나 이 시는 김소월이나 김영랑의 시들과는 달리 정서 표현보다는 배경의 인식을 내용으로 하고 있다. 즉 이 시는 정주성의 정경묘사를 내용으로 담고 있는 것이다. 그것을 위해 이 시는, 이미지와 운율에 의한 내적 문맥에만 의존하지 않고, 정주성의 정경을 지시하는 환유적 표현을 사용하고 있다. '원두막', '城터', '골짜기', '城門' 등은 정주성을 나타내는 환유적 표현들이다. 다시 말해 이 단어들은 정주성과 의미적 인접성의 관계에 있는 것이다. 그리고 이처럼 환유를 사용하는 시들은 (유사성의) 선택적 관계에만 의존하지 않고 결합적 관계를 이용하여 구문적 인접성 역시 특징적으로 나타난다. 이 시에서 보듯이 구문적 결합이 길게 나타나고 있는 것은 여기에서 기인된 것이다.

〈정주성〉처럼 구문적 결합이 길어지고 시의 내부문맥 못지않게 지시대상에 중점을 두는 시들은, 은유나 상징을 주로 사용하는 시들과는 또 다른 형식적 특징을 나타낸다. 후자와 〈정주성〉유형의 시들을 대비시키면, 은유와 환유, 유사성과 인접성, 선택적 관계와 구문적 관계, 그리고 내재적 문맥과 지시적 문맥 등으로 설명된다. 야콥슨은 이 양자의 유형을 각각 낭만주의와 사실주의에 대응시키기도 했다.[10]

여기서 유의할 것은 이러한 대비들이 장르적 차이를 나타내는 것은 아니라는 점이다. 즉, 〈정주성〉 유형의 시들 역시 환유나 구문적 관계에만 의존하지만은 않는다. 환유나 구문적 관계에 주로 의존하는 것은 산문이나 소설의 문장이다. 그와는 달리 환유적인 시들에서는 운율, 은유, 상징 등이 여전히 중요한 기능을 한다.

그러나 우리가 살펴본 두 유형의 시들은 뒤에서 고찰할 내적 형식의

---

10) 로만 야콥슨, 〈언어의 두 양상과 실어증의 두 유형〉, 《문학 속의 언어학》, 앞의 책, 112면.

두 종류에 상응한다. 흔히 논란이 되는 리얼리즘 시들 역시 우리의 논의와 깊은 연관을 이루고 있다. 이 점에 대해서는 내적 형식을 다루는 부분에서 다시 살펴보기로 한다. 마지막으로 이 절에서 고찰한 두 유형의 시들을 도표로 정리하면 다음과 같다.(한번 더 부연할 것은 도표의 대비는 상대적인 것이며 각 항목은 두 유형을 구별하기 위해 편의상 제시된 것이라는 점이다.)

유사성	인접성
선택적 관계	결합적 관계
은유	환유
내재적 문맥	지시적 문맥
정서·내면세계	배경·사건의 인식
낭만주의	리얼리즘

(2) 이미지와 자기인식

위에서 우리는 시가 언어의 의미구조를 이용하는 방법에는 은유와 환유가 있음을 살펴봤다. 그런데 은유이든 환유이든, 시에서는 언어의 의미를 개념적으로 사용하지 않고 이미지화시키려는 경향이 있다. 「이미지」란 개념적 인식이 아니라 「감각적인 지각」을 통해 나타나는 형상을 말한다. 따라서 시에서 언어의 의미를 이미지화시키는 것은 시를 감각적인 지각의 대상으로 만들려는 시도라고 할 수 있다.

시에서 감각적인 이미지를 사용하는 것은 예술의 일반적인 특성과 일치하는 것이다. 모든 예술은 감각적인 재료를 사용하여 형상적 구조물을 만들어낸다. 예컨대 음악은 소리를 이용하고 회화는 색채를 쓰며 조각은 부피를 가진 물질을 사용한다. 이와는 달리 시의 매체인 언어는 그 자체로서 감각적인 재료가 될 수는 없다.(이 점이 언어예술의 한계일 수도 있다.) 그 대신 시는 언어를 최대한도로 감각적으로 이용하려는 시도로서 시적 이미지를 만들어내는 것이다.

시가 이미지를 만드는 방법은, 우리의 「정신 속에 기록된 감각적 체험」[11]을 언어로써 환기시키는 작용을 통해서이다. 시는 직접적으로 감각적 형상을 제시할 수는 없다. 예컨대 노을에 물든 구름빛을 표현한다고 생각해보자. 회화는 붉은색과 보라색을 사용하여 색채의 이미지로써 그것을 직접 보여줄 수 있다. 그러나 시에서는 직접적으로 색채를 사용할 수 없다. 그 대신 시는 언어들의 조작으로써 감각적 형상을 환기시키는 방법을 사용한다. 가령 '구름은 보라빛 색지 위에 마구 칠한 한다발 장미'(김광균, 〈뎃셍〉)라는 식이다. 따라서 시의 이미지는, 감각적 재료가 아닌 언어를 통해 감각체험을 재현시키는 「상상적 이미지」이다. 그리고 인용된 시에서처럼, 「은유」는 이미지를 생생하게 하는 중요한 방법 중의 하나이다.

시적 이미지는 상상적으로 감각 체험을 재생하는 방법이므로 우리의 감각기관에 관련된 모든 종류의 이미지들이 있다. 즉 시각적, 청각적, 취각(후각적)적, 촉각적 이미지 등이다. 그 밖에도 감각기관과 연관된 것은 아니지만, 우리의 육체적 감각체험으로 나타나는 기관적 이미지(호흡, 맥박, 소화, 고통을 나타냄)와 근육감각적 이미지가 있다.[12] 예컨대 '石油 먹은 듯 …… 石油 먹은 듯 …… 가쁜 숨결이야'는 기관적 이미지이며 '주먹을 불끈 쥐고'는 근육감각적 이미지이다. 또한 두 가지 이상의 이미지들이 혼합되어 나타나는 경우도 있는데 이를 「공감각」이라고 부른다. 예를 들어 '분수처럼 흩어지는 푸른 종소리'나 '(깃발), 이것은 소리없는 아우성' 등은 시각과 청각이 혼합된 공감각적 이미지들이다.

---

11) 이승훈, 《시론》 (고려원, 1979), 114면.
12) 위의 책, 116면.

그러면 시가 이처럼 이미지를 사용하여 감각적 표현을 지향하는 이유는 무엇일까. 앞에서 우리는 예술 일반이 감각적 형상화를 시도한다는 점을 지적했다. 시나 예술(음악, 회화 등)이 감각화를 지향하는 것은, 힘든 정신작용 대신에 쾌감을 제공하면서 어떤 인식내용을 전달하기 위해서일 것이다. 그러나 시의 이미지의 사용은 비단 그런 목적에만 그치는 것은 아니다.

시에서 어떤 대상, 주제, 사상을 이미지화시킨다는 것은 그 인식내용들을 체험화된 것으로 제공함을 의미한다. 시에서 이미지화된 인식내용들은, 거리감을 두고 객관적으로 인식되는 대상을 구성하는 대신에, 감각적 체험들로 이루어진 내용을 구성한다. 예컨대 유치환의 〈깃발〉에서, '소리없는 아우성, 영원한 노스탤지어의 손수건'이라는 이미지들은, '깃발'이라는 대상 자체를 객관적으로 그리고 있지는 않다. 만일 그런 목적이라면 깃발의 제원, 종류, 용도 등을 설명해야 했을 것이다. 그러나 이 시의 청각적, 시각적 이미지는 깃발 자체에 대한 정보를 제공하는 것이 아니라 그것에 대한 화자의 체험을 감각적으로 형상화한다. 즉, 이 시의 이미지는, 대상이 화자의 내면 속에서 체험화되고 육화된 것을 표현하고 있다.

그러나 우리는 이미지를 막연히 객관적 대상의 주관화라고 말할 수는 없다. 「이미지」는 감각적 체험 요소들이라고 부를 수 있는데 그것은 어떤 「정서」를 불러일으킨다. 위 시의 예에서 '아우성'과 '손수건'의 이미지는 열정적인 향수의 정서를 환기시킨다. 그런데 그 이미지들이 정서 그 자체는 아니며, 그리움이라는 정서의 측면에서 보자면, 이 시의 이미지는 주관적 정서의 「객관화」라고 볼 수 있다. 따라서 이미지는 객관적 대상(깃발)의 내면화인 동시에 주관적 정서(향수)의 객관화인 것이다.

대상	이미지	정서
깃발	아우성, 손수건	열정적 향수

이처럼 이미지는 「인식」내용의 내면화이면서 또한 어떤 「정서」를 환기시킨다. 그런데 우리는 앞에서 「자기인식」에 대해서도 이와 비슷하게 규정한 바 있다. (1절 (2) 시의 근원상황의 도표를 보라!) 이런 맥락에서 이미지는 「자기인식」의 감각적 표현이라고 말할 수 있다.

자기인식이란 어떤 인식내용들이 화자의 내면에서 「가치적인 것」과의 관계에서 의식되는 것을 말한다.[13] 여기서 가치적인 것이란 이상, 이념, 세계관, 사상적 체계 등을 뜻한다. 따라서 이미지가 자기인식의 형상화라면, 거기에는 어떤 정신적 내용들이 틈입해 있는 것으로 볼 수 있다. 물론 모든 이미지들이 고차적 이념이나 사상을 포함하고 있는 것은 아니다. 시에 따라서 즉물적인 수준에 그치는 것에서부터 복합적인 사상을 포함한 것까지 여러 종류의 이미지들이 존재한다.

　　　石油먹은 듯…… 石油먹은 듯…… 가쁜 숨결이야

　　　바늘에 꼬여 두를까부다. 꽃대님보담도 아름다운 빛……
　　　크레오파트라의 피 먹은 양 붉게 타오르는 고운 입설이다…… 스며라 배암
　　　　　　　　　　　　　　　── 서정주, 〈화사〉 부분

〈화사〉는 감각적 형상화가 매우 뛰어난 시이다. 그러나 이 시의 이미지들은 관능적 의식을 전달하는 데 그치고 있다. 따라서 이 시에서 어떤 깊은 사상이나 주제를 발견하기는 어렵다.

　　　江나루 건너서
　　　밀밭 길을

　　　구름에 달 가듯이
　　　가는 나그네

---

13) 앞의 1절 (2) 시의 근원상황을 참조할 것.

길은 외줄기
南道 三百里

술익는 마을마다
타는 저녁놀

구름에 달 가듯이
가는 나그네
―― 박목월, 〈나그네〉

위 시에는 시각적 이미지가 매우 탁월하게 형상화되어 있다. 그런데 이 시의 이미지들이 단순히 감각적 표현에만 의존하고 있는 것은 아니다. '구름에 달 가듯이'의 시각적 이미지가 좋게 느껴지는 것은, 그것이 어떤 정신적 내용을 잘 형상화하기 때문이다. 이를테면 그것은 은근하면서도 여유있는 동양적인 (한국적인) 정신세계일 것이다. 이 시에서 볼 수 있듯이, 이미지는 단지 감각적인 표현에 그치지 않고 다른 한편으로 정신적인 내용을 담고 있다.

그런데 이 시의 이미지들에 담긴 정신적 내용은 어떤 측면에서 보면 문제점을 지닐 수도 있다. 이 시가 우리 민족의 수난기인 식민지 말엽에 쓰여진 점을 상기하면, 이 시에 담긴 정신세계는 사치스러운 것으로 보일 수도 있다. 이런 맥락에서 시의 정신적 내용은 또다른 가치판단의 대상이 된다.

죽는 날까지 하늘을 우러러
한점 부끄럼이 없기를
잎새에 이는 바람에도
나는 괴로워했다
별을 노래하는 마음으로
모든 죽어가는 것을 사랑해야지
그리고 나한테 주어진 길을

걸어가야겠다

오늘밤에도 별이 바람에 스치운다
—— 윤동주, 〈序詩〉

이 시에는 '하늘', '바람', '별'의 이미지가 중심적으로 그려져 있다. 그런데 이 시의 특징은 이런 이미지들이 화자의 윤리의식과 긴밀히 연관되어 있다는 점이다. '별'이나 '바람'의 이미지가 우리에게 깊이 와 닿는 것은, 감각적 표현이 뛰어나서라기보다는, 시의 문맥에서 드러나는 화자의 윤리적 순결성과 관련되어 있기 때문이다. '별'의 이미지는, '잎새에 이는 바람'에도 괴로워하는, '한점 부끄럼' 없는 화자의 순결한 마음으로 인해 아름답게 느껴진다. 그리고 마지막 행의 '별이 바람에 스치우는' 이미지는 식민지 현실에 대한 자기인식을 암시한다. 이처럼 「이미지」는 윤리의식이나 현실인식을 바탕으로 한 「자기인식」의 표현으로 나타날 수 있다.

이 시에서 또 하나 주목되는 것은 과거·미래·현재의 세 가지 시제가 사용되고 있는 점이다. 그런데 이 시에서 사용되는 시제는 산문이나 소설의 시제와는 상이한 것이다. 만일 산문의 시제라면, …… '괴로워했다'는 과거의 사실이며, '…… 걸어가야겠다'는 미래의 각오이고, '…… 스치운다'는 현재의 사실일 것이다. 그러나 이 시에서 세 부분은 모두 화자의 내면 상태를 표현한 것으로 무시간적인 성격을 갖고 있다. 세 가지 시제는 각각 윤리의식(괴로워했다), 신념(걸어가야겠다), 식민지 현실(스치운다)에 대한 자기인식을 드러낼 뿐이다.

반복해서 말했듯이, 자기인식이란 사상이나 현실인식의 내면화로서, 「무시간적인」 내면의식의 내용이라고 할 수 있다. 따라서 이 시의 세 시제 역시 무시간적인 의식 내용의 표현일 뿐이다. 또한 이 시에 사용되고 있는 이미지들도 객관적 대상이 아니라 화자의 내면 의식에 물들여진 것이다. 예컨대 '별이 바람에 스치운다'는 객관적인 관찰이 아니라 화자의 이상(별)이 현실의 억압(바람)에 고통을 겪는다는 내면의식의 표현이다. 이처럼 객관적 대상의 이미지들(별, 바람)이 내면적인 의미 (이상, 현실의 억압)를 지니는 것을 우리는 「상징」이라고 부른다. 상징에 대해서는 뒤에서 다시 살펴보기로 하자.

이제까지 살펴본 바와 같이 이미지는 자기인식을 드러내는 운율과는 또다른 시적 방법이다. 이미지와 운율은 대부분 어울려서 사용되며 따로 분리해내기는 어렵다. 그런데 시에 따라서는 운율이 강조된 것과 이미지가 두드러진 것이 존재한다. 일반적으로 현대시는 운율보다는 「이미지」를 강조하는 경향이 있다. 특히 모더니즘 시에 와서 이미지를 중시하는 시들이 많이 나타났다. 이미지의 강조는 복합적인 의미를 전달하려는 현대 사회의 요구와 연관되어 있다. 이제 그 복합적 의미 전달을 위해 이미지를 보다 효과적으로 사용하는 기법인 은유와 상징에 대해서 살펴보기로 하자.

(3) 은유와 창의적 이미지

이미지에 대한 논의에서 이미 우리는 이미지가 은유와 상징의 형태로 사용됨을 살펴봤다. 이미지는 하나의 단어나 어구로서 나타날 수도 있지만 은유와 상징의 기법으로 복합적 조직을 이루기도 한다. 앞의 예들에서 '크레오파트라의 피 먹은 양……', '구름에 달가듯이……' 등이 은유적 이미지이다.

그러면 먼저 은유를 이루는 언어적 원리 및 의미론적 구조를 살펴보자. 수사법에서는 흔히 은유와 직유를 구별하지만 시적 은유는 직유와 은유, 그리고 그 밖의 여러 비유법들을 포함한다. 예컨대 '~같다', '~처럼' 같은 직유의 형태도 시에서는 은유라고 부른다. 따라서 은유의 언어적 형식은 다음과 같이 표시될 수 있다.

A는 B이다 (B인 A)
A는 B 같다 (B 같은 A)

깃발은 소리없는 아우성이다 (소리없는 아우성인 깃발)
화사는 꽃대님 같다 (꽃대님 같은 화사)

이 예들은 은유의 가장 기본적인 형태이다. 이런 형식의 은유를 「치환은유」라고 부르기도 한다. 그러나 반드시 '~이다', '~같다' 등으로 연결되지 않더라도, 두 개의 단어(어구)나 이미지(이미지군)가 결합되어 또다른 의미나 이미지를 나타내는 모든 형식을 은유라 부른다. 가령 다음의 예들은 모두 은유에 속한다.

분수처럼 흩어지는 푸른 종소리
—— 김광균, 〈외인촌〉(1)

내 그대를 바람의 말, 능금의 심장,
풀잎의 고장이라고 부르면
—— 리처드 윌버, 〈변명〉(2)

군중 속에 유령같은 이 얼굴들,
젖은 검은 가지의 꽃잎들
—— 에즈라 파운드, 〈지하철 정거장에서〉(3)

(1)에서는 '푸른 종소리' 자체가 하나의 은유라고 할 수 있다. '푸른'의 시각적 이미지와 '종소리'의 청각적 이미지가 독특한 새로운 이미지로 결합되고 있다. 그리고 이 공감각적 이미지(은유)에 '분수처럼 흩어지는'이라는 또다른 은유가 얹혀져서 복합적인 은유의 구조를 이루고 있다.
(2)에서는 '바람의 말', '능금의 심장', '풀잎의 고장'이라는 각각의

구절이 일종의 은유이다. 가령 첫째 구절은 바람의 이미지에 말(언어)의 이미지가 포함관계로 결합되어 ('바람의 말'이라는) 또다른 이미지를 만들어낸다. 그런데 이 시구에서 각각의 구절의 병치상태 또한 은유의 형식을 이룬다. 그리고 전체적으로 '그대를 …… 부르면'에서 '그대'의 이미지와 다른 이미지들의 결합 역시 은유적 이미지를 만든다. 이런 복합적인 은유의 구조를 통해 이 시의 이미지는 역동적으로 전개되어나간다.

(3)에서 '유령같은 이 얼굴들'은 치환은유이다. 그런데 이 시에서도 '얼굴들', '꽃잎들'이라는 이미지의 병치가 일종의 은유를 이루고 있다. 여기에서처럼 이미지의 나열을 통해 은유의 효과를 얻는 기법을 「병치은유」라고 부른다. 이 시는 하나의 치환은유와 그것을 포함하는 하나의 병치은유로 이루어져 있다.

병치은유는 주격조사와 '~이다', '~같다' 등을 첨가하면 치환은유로 전환된다. 예컨대 (3)의 시는 '…… 얼굴들은 …… 꽃잎들 같다'의 치환은유로 바꿀 수 있다. 그러나 은유에서 중요한 것은 언어형식보다는 이미지의 결합방식이다. 두 개(혹은 두 개 이상)의 단어나 이미지가 결합하여 제3의 창의적인 이미지를 만들어내면 어떤 언어형식으로 되어 있든 은유의 구조를 지니는 것으로 볼 수 있다. 또한 은유는 위의 예들에서처럼 복합적으로 뒤얽혀서 나타날 수 있다.

은유를 이루는 두 개의 단어(어구) 중에서 어느 하나는 원래의 의미이고 다른 하나는 비유로 사용된 이미지(단어)로 보일 수 있다. 예컨대 '내 마음은 호수요'라는 은유는 마음이라는 원래의 의미가 호수의 이미지에 비유된 것으로 볼 수 있다. 그래서 '마음'을 「본의」라고 부르고 '호수'를 「매재」라고 하기도 한다. 하지만 은유의 구조에서 핵심적인 것은 두 개의 단어(어구, 이미지)가 결합하는 원리 그 자체에 있다. 즉 은유의 본질은 두 단어(이미지) 사이의 역동성과 긴장성에 존재한다.

그러면 은유에서 두 단어는 어떻게 결합할 수 있으며, 그 결합된 언어형식은 어떻게 새로운 이미지를 만들 수 있는가. 데리다에 의하면 은유는 시적 표현일 뿐 아니라 모든 언어의 근본적 형식이라고 말한다.[14] 우리는 간혹 어떤 대상을 언어를 통해 명확하게 파악할 수 있다고 생각한다. 그래서 논리실증주의자들은 특정한 대상에 상응하는 각각의 언어들을 찾아내려고 노력했다. 그러나 그것은 대상의 본질을 파악하는 것이 아니라 우리 의식 속의 고정된 틀로 대상을 재단하는 것일 뿐이다. 고정된 언어란 우리 의식 속의 관념화된 틀을 의미하며 우리는 관념을 대상 위에 덮어 씌울 따름이다. 따라서 어떤 대상(내용)을 올바로 표현(재현)하기 위해서는 언어의 의미를 역동적으로 사용하여 고정된 관념으로 환원되는 것을 막아야 한다. 두 가지 언어를 결합시키면서 특정한 대상을 표현하려는 은유는 그런 방법 중의 하나이다. 이런 은유에서는 두 언어들이 역동적인 긴장성을 얻을수록 대상(내용)의 본질은 더 잘 드러날 수 있다.

 데리다는 과학의 언어조차도 불가피하게 은유적이라고 말한다. 예컨대 사회과학에서 상부구조, 하부구조 등의 개념은 일종의 은유인 것이다. 더구나 대상의 객관적 인식이 아니라 자기인식을 내용으로 하는 시에서는 더 역동적인 은유가 요구된다. 시적 은유가 창의성을 요구하는 것은 그것이 상투화되면 의미들이 역동성을 잃어버리고 관념화되기 때문이다.[15] 따라서 좋은 시적 은유는 두 단어 사이에 역동적인 긴장관계를 유지해야 한다.

 형식적으로 말하면 은유에서 두 단어가 결합하는 원리는 내포적 의미의 사용에 있다. 외연적 의미가 사전적 의미라면 내포적 의미는 (사전에는 없지만) 어떤 단어가 지니는 그 밖의 섬세한 의미들이다. 이를테면 어감, 분위기, 이미지, 사회역사적 함의 등이 내포적 의미에 속한다. 은유가 성립하려면 두 단어가 이 내포적 의미를 공유해야 한다. 그러나 다른 한편 외연적 의미는 이질적이어야 하며, 이 내포와 외연 사이의

---

14) 마이클 라이언, 《해체론과 변증법》, 나병철·이경훈 역 (평민사, 1994).
15) 러시아 형식주의가 주장한 '낯설게하기' 역시 이런 논리에 근거한 것이다.

긴장관계에 의해 은유의 역동성이 생겨난다.

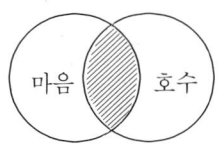

위의 그림은 '내 마음은 호수요'라는 은유를 도식으로 표시한 것이다. 이 그림에서 빗금친 부분이 내포적 의미이고 다른 부분들이 각각의 외연적 의미이다. 은유는 바로 이 내포의 동질성과 외연의 이질성 사이의 긴장관계에 의해 성립한다.

따라서 좋은 은유는 내포적 의미를 강력하게 공유하면서 또한 매우 이질적인 외연적 의미를 지녀야 한다. 몇 가지 예문을 통해 이 점을 살펴보자.

낙엽은 가을의 눈물이다(1)
낙엽은 폴란드 망명정부의 지폐(2)
낙엽은 돌멩이다(3)

(1)은 비교적 좋은 은유이다. '낙엽'과 '눈물'은 이질적인 외연과 동질적인 내포를 함께 갖고 있기 때문이다. 그러나 이 은유는 (2)에 비하면 그다지 창의적인 은유는 아니다. (2)는 매우 이질적인 외연과 응집력이 강한 내포가 역동적인 긴장을 얻고 있지만, (1)은 이질성에 비해 동질성이 더 커서 긴장이 덜하기 때문이다. 즉 (1)의 은유는 다소 상투적이라는 느낌을 준다. (2)는 이 은유를 사용한 시인(김광균)만의 독창적인 표현이지만 (1)은 흔히 쓰일 수 있는 비유이다.

한편 (3)은 '낙엽'과 '돌멩이'가 매우 이질적인 단어들이지만 단지 그 뿐이고 서로 공유할 수 있는 내포적 의미를 갖고 있지 않다. 즉 의미의 반발력만 존재하고 응집력은 존재하지 않는다. 따라서 (3)은 은유라고 볼 수 없으며 단지 이질적 의미들만 연결된 일종의 논리적인 궤변이라고 할 수 있다.

　이처럼 시적 은유는 형식적으로 의미의 반발력과 응집력이 긴장을 이루어야 한다. 그러나 은유는 그런 형식적인 측면으로만 파악될 수 없으며 시적 내용의 표현형식이라는 측면에서 살펴봐야 한다. 즉 어떤 내용을 담고 있으며 또 그 내용을 얼마나 잘 형상화하고 있는가 하는 점이다. 예컨대 다음의 은유들은 이런 측면에서 매우 훌륭한 시적 은유라고 할 수 있다.

　　물로 되어 있는 바다
　　물로 되어 있는 구름
　　물로 되어 있는 사랑
　　건너가는 젖은 목소리
　　건너오는 젖은 목소리
　　　　──정현종, 〈술노래〉부분

　이 시는 '술'의 이미지와 '바다', '구름', '사랑', '젖은 목소리'의 이미지를 병치시키고 있다. '바다'나 '구름', '사랑'은 낭만적인 동경의 대상이며 하나의 세계를 이루는 요소들이다. '술'이라는 '물' 속에는 이런 낭만적인 세계가 담겨져 있는 것이다. 또한 '젖은 목소리'는 그 동경의 대상들에 깊이 취해 있는 사람들의 교감을 의미한다. 이 시의 은유는 시인(화자)의 낭만적인 의식을 잘 드러내고 있다.

　　늘 그대로의 길목에서 집으로
　　우리는 익숙하게 빠져들어
　　세상 밖의 잠 속으로 내려가고
　　꿈의 깊은 늪 안에서 너희는 부르지만
　　애인아 사천년 하늘 빛이 무거워
　　「이 강산 낙화유수 흐르는 물에」

우리는 발이 묶인 구름이다.
    —— 최승자, 〈이 시대의 사랑〉 부분

　이 시는 사랑을 부르는 애인에게 '우리'의 사랑('구름')이 시대의 족쇄의 묶여 있음을 말하고 있다. '발이 묶인 구름'이라는 은유(이미지) 속에는 무거운 현실에 대한 화자의 자기인식이 나타나 있다.

달면 뱉고
쓰면 삼킨다
가죽처럼 늘어나버린
청춘의 무모한 혓바닥이여
    —— 이상희, 〈잘가라 내청춘〉

　이 시 역시 현실과 이상의 갈등을 은유적 이미지 속에 담고 있다. '달면 뱉고 쓰면 삼킨다'는 역설은 세속과 타협할 줄 모르는 청춘의 오기에서 생겨난 것이다. 이 시는 그 청춘이 지쳐가는 안쓰러운 모습을 은유적 이미지로 형상화하고 있다.

거기서 너는 살았다 선량한 아버지와
볏짚단 같은 어머니, 티밥같이 웃는 누이와 함께
거기서 너는 살았다 기차소리 목에 걸고
흔들리는 무우꽃 꺾어 깡통에 꽂고 오래 너는 살았다
더 살 수 없는 곳에 사는 사람들을 생각하며
우연히 스치는 질문 —— 새는 어떻게 집을 짓는가
뒹구는 돌은 언제 잠 깨는가 풀잎도 잠을 자는가
    —— 이성복, 〈모래내·1978년〉 부분

　이 시에서 '볏짚단 같은 어머니'와 '티밥같이 웃는 누이'는 더 살 수 없는 곳에 사는 사람들의 티없는 모습이다. 이 은유는 '무우꽃', '새',

'뒹구는 돌', '풀잎'의 이미지와 함께 열악한 현실 속에서 선량하게 사는 사람들의 모습을 그리고 있다.

> 별것 아니여
> 조선놈 피먹고 피는 국화꽃이여
> 빼앗아 간 쇠그릇 녹여버린 일본도란 말이여
> 뭐가 대단해 너 몰랐더냐
> 비장처절하고 아암 처절하고 말고 처절 비장하고
> 처절한 神風도 별것 아니여
> 조선놈 아주까리 미친 듯이 퍼먹고 미쳐버린
> 바람이지, 미쳐버린
> 네 죽음은 식민지에
> 주리고 병들어 묶인 채 외치며 불타는 식민지의
> 죽음들 위에 내리는 비여
> 역사의 죽음 부르는
> 옛군가여 별것 아니여
> 벌거벗은 女軍이 벌거벗은 갈보들 틈에 우뚝 서
> 제멋대로 불러대는 미친 미친 군가여
> ──김지하, 〈아주까리 神風〉

　이 시는 삼도유기부(三島由記夫)의 죽음에 대한 답변의 형식으로 쓰여졌다. 삼도유기부의 죽음은 신풍이라는 일본 정신을 상징하는 것이었다. 그의 죽음과 신풍을 비판하고 있는 이 시는 제목(〈아주까리 神風〉)부터가 풍자적 은유로 되어 있다. 신풍을 아주까리에 비유함으로써 그 비장처절한 일본정신이 얼마나 하찮은 것인가를 풍자한다. 또한 이 시 전체는, 신풍이 '국화꽃', '일본도', ……'미친군가'라는 (치환)은유들의 병치로 이루어져 있다. 이 은유들은 관형구와 결합된 이미지 속에 식민지 역사에 대한 화자의 역사의식을 내포한다.

　이 시에서처럼 은유는 비판적인 풍자의 방법으로 사용될 수 있을 뿐만 아니라 역사의식을 드러내는 시적 방법으로 쓰일 수도 있다. 앞에서 우리는 은유가 창의적인 이미지를 만드는 기법이며 은유의 창의적 이미지는 대상의 자기인식을 (진정하게) 드러내기 위해 사용됨을 논의했다. 그런데 은유는 낙엽이나 가을 등의 단순한 정서적 대상을 형상화할 뿐만 아니라 인간의 삶, 현실, 역사 등에 대한 자기인식을 (이미지로) 구현할 수 있다. 시인(화자)이 삶을 이해하는 여러 방식에 따라, 은유에는 낭만적 의식, 현실인식, 역사의식 등이 담겨질 수 있는 것이다.

(4) 상징의 원리와 내용

상징은 은유와 함께 시의 내용을 이미지화시키는 가장 중요한 기법이다. 그러나 「은유」는 두 가지 단어(이미지)를 결합시키는 방법인 반면 「상징」은 하나의 이미지만을 표면에 내세운다. 앞서 언급했듯이 은유의 두 가지 단어는 본의와 매재로 나누어진다. 상징은 그 두 가지 중 「매재」의 이미지만을 사용하여 「본의」를 연상시키는 기법이다. 이미지가 본의를 연상시키는 힘은 시의 전체 문맥 속에 퍼져 있다. 즉 우리는 시의 전체 문맥을 통해 특정한 이미지(매재)가 어떤 의미(본의)를 함축하고 있다고 생각하게 된다.

이런 매재와 본의의 관계로 볼 때 상징은 은유의 연속적인 사용의 결과라고 볼 수도 있다. 은유를 연속해 사용할 경우 본의를 생략하고 매재만 제시해도 우리는 숨겨진 의미를 짐작할 수 있는 것이다. 앞의 문맥 속에서 이미 매재와 본의의 관계가 나타났기 때문이다.

  늦은 밤에 모여 앉았습니다
  수박이 하나 놓여 있고요
  어둠 속에서 뒤척이는 잎사귀,

잠못드는 우리 영혼입니다
발갛게 익은 속살을 베어 물 때마다
흰 이빨이 무거워지는 여름밤

얼마나 더 세월이 흘러야 할까요
넓고 둥근 잎사귀들이 퍼져 나가
다시 뿌리의 상처를 어루만질 때까지는요
오랜 헤어짐을 위하여
둥글게 모여 앉은 이 자들이
아버지, 바로 당신의 식구들입니다
———— 구광본,〈식구〉

 앞의 연에서 '잎사귀(는) …… 우리 영혼입니다'는 은유의 기법이며, '잎사귀'가 매재이고 '영혼'이 본의라고 할 수 있다. 뒤의 연에서 다시 '잎사귀'의 이미지(매재)가 사용되는데, 여기서는 본의는 없고 매재만이 제시되고 있다. 그러나 우리는 그 매재의 이미지 '잎사귀'만으로도 본의를 추측할 수 있다. 그것은 이미 앞의 연에서 매재와 본의의 관계가 제시되었기 때문이다. 뒤의 연의 '잎사귀'는 식구들의 영혼을 의미하는데 이처럼 어떤 이미지(매재)를 통해 본의를 연상시키는 기법이 곧 「상징」이다.

 이와 같이 은유의 사용이 전제된다는 점에서 상징은 「확장된 은유」라고 불리기도 한다. 그러나 상징이 반드시 은유의 사용을 필요로 하는 것은 아니다. 뒤의 연에 나타난 '뿌리'의 이미지는 그것을 포함한 은유가 미리 사용되지 않았지만 우리는 그 본의를 짐작할 수 있다. 그것은 '뿌리'의 이미지가 (둥글게 앉은) 식구들을 상징하는 (둥근) '잎사귀들'에 대비되어 나타났기 때문이다. 뿌리는 식구(잎사귀)들의 아버지 혹은 부모를 상징한다. 이처럼 상징은 시의 문맥을 통해 매재가 암시하는 본의를 찾아내는 장치로 되어 있다. 이 시에 나타난 은유와 상징의 기법은 다음의 도표로 비교될 수 있다.

제4장 시란 무엇인가 193

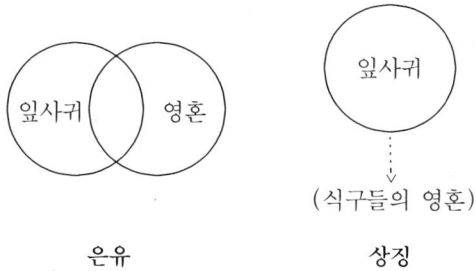

상징의 본의는 표면에 드러나지 않으며 독자들이 연상하도록 되어 있다. 매재와 본의의 관계에서 상징과 은유의 또다른 차이는, 은유의 매재와 본의는「둘 다」이미지로 사용되지만 상징은「매재」만이 이미지라는 것이다. 상징에서 숨겨진 본의는 이미지가 아니라「복합적인 의미」이며 이 점에서 은유의 본의와 구별된다. 은유는 두 가지 이미지가 또다른 이미지를 생성하는 기법이지만 상징은 하나의 이미지(매재)가 숨겨진 본의(복합적 의미)에 겹쳐지는 장치이다.

　형식적으로 볼 때 상징의 효과는, 매재의 이미지가 얼마나 생생한가와, 그 이미지가 본의를 얼마나 강력하게 환기시키느냐에 달려 있다. 이 두 측면에서 상징의 장치는 보편적 상징과 개인적 상징, 시적 상징의 세 종류로 나눠질 수 있다.

　먼저「보편적 상징」은 매재가 본의를 환기시키는 힘은 매우 크지만 매재의 이미지가 인습화된 경우이다. 예컨대 태극기가 대한민국을 상징하거나 여드름이 청춘을 상징하는 경우이다. 스포츠 구단의 심벌마크(타이거즈→해태 등) 역시 이런 종류에 속한다. 보편적 상징은 창의적인 표현과는 거리가 멀며 일상생활에서 흔히 사용되는 인습적인 상징이다.

　둘째로「개인적 상징」은 독창적인 매재를 사용하긴 하지만 그 매재가 본의를 환기시키는 힘이 아주 미약한 경우이다. 이러한 상징이 시에 사용되면 그 시는 매우 난해한 시가 된다. 예컨대 이상의 시〈▽의 유희〉에서 ▽이 무엇을 의미하는지 쉽게 파악되지 않는다. 물론 면밀히 따져보면 ▽이 남성의 상징임을 알 수는 있다. 그러나 이 시에서처럼 매재를 통해 본의를 파악하기가 무척 어려운 경우는 좋은 시적 상징이라고 볼 수 없다.

마지막으로「시적 상징」이란 매재의 이미지가 독창적이면서 또한 그것이 본의를 환기시키는 힘 역시 매우 큰 경우이다. 이 경우 매재의 이미지가 생생하게 그려지면서 그 이면에 매재가 환기하는 본의가 겹쳐지는 독특한 시적 효과가 나타난다. 예를 들어 서정주의 〈국화옆에서〉의 국화의 이미지가 이런 시적 상징에 속한다. 이 시는 노란 국화꽃의 이미지를 생생하게 형상화하면서 또한 그 이미지를 통해 동양적 여인상이라는 본의를 떠올리게 하고 있다.

위에서 우리는 좋은 시적 상징의 조건을 살펴봤지만 이런 조건은 다분히 형식적인 것이라고 할 수 있다. 훌륭한 상징은 그와 함께 깊이있는 내용이 본의로서 설정되어야 한다. 상징의 본의는 상투적이고 관념화된 것이 아니라 복합적이고 깊은 의미를 지닌 내용이어야 한다. 시에서 상징을 사용하는 목적은 시어로서 전달하기 어려운 복합적인 내용(본의)을 구체적 이미지로 형상화하기 위한 것이다. 예컨대 한용운의 〈님의 침묵〉에서 님의 이미지는 절대자, 조국, 연인 등의 복합적 의미를 담고 있다. 그런 님의 의미와 사상은 단순한 감각적인 시어로는 전달되기가 매우 어렵다. 그것을 제대로 이해시키려면 부득이 어려운 철학적, 종교적 언어를 사용해야 한다. 그런데 상징의 기법을 이용하면 님의 의미를 감각적으로 이미지화하는 동시에 그 깊은 내용을 남김없이 전달할 수 있게 된다. 상징의 독특한 효과는 이런 사상과 감각의 교묘한 통일에 있다. 또한 사상이 이미지화된다는 것은 상징이 그 사상을 자기인식화하는 특수한 방법임을 의미하는 것이다.

상징은 〈님의 침묵〉에서처럼 사상적 내용을 이미지화(자기인식화)하기도 하지만 그 밖에도 여러 가지 의미나 내용들이 형상화된다. 몇 가지 예를 통해 상징이 어떤 내용들을 전달하는가 살펴보기로 하자.

내 히드나무의 어린 싹을 꺾었네
가을은 지금 저물고 ……
그대는 가슴에 간직하는가
우리들 다시 이 땅 위에서
또다시 만나지 못할 것이니
세월의 향기여, 히드나무의 어린 싹이여
그리고 …… 그리고
그대 내가 그대를 기다리고 있을 것을
가슴을 파고 간직하여 주시옵기를 ……
    ── 아폴리네르, 〈이별〉

 이 시에서 '히드나무의 어린 싹'이 암시하는 것은 나의 여린 사랑이다. 여기서의 사랑은 일반적인 사랑이 아니라 시의 문맥 속에 특수하게 형상화된 (화자만의) 애틋한 사랑이다. '히드나무의 어린 싹'이라는 상징적 이미지는 말로 표현하기 어려운 그 화자의 사랑의 의미를 암시하고 있다.

映畵가 시작하기 전에 우리는
일제히 일어나 애국가를 경청한다
삼천리 화려 강산의
을숙도에서 일정한 群을 이루며
갈대 숲을 이룩하는 흰 새떼들이
자기들끼리 끼룩거리면서
자기들끼리 낄낄대면서
일렬 이렬 삼렬 횡대로 자기들의 세상을
이 세상에서 떼어 메고
이 세상 밖 어디론가 날아간다
우리도 우리들끼리
낄낄대면서
깔쭉대면서

우리의 대열을 이루며
한 세상 떼어 메고
이 세상 밖 어디론가 날아갔으면
하는데 대한 사람 대한으로
길이 보전하세로
각각 자기 자리에 앉는다
주저 앉는다
—— 황지우,〈새들도 세상을 뜨는구나〉

이 시에서 '흰 새떼들'이 어디론가 날아가는 모습은 생생한 영상의 한 장면으로 제시된다. 그러나 그 이미지 속에는 화자의 숨겨진 의미가 내포되어 있다. '이 세상 밖 어디론가' 날아가는 새들처럼, 우리도 '한 세상 떼어 메고' 날아가고 싶은 곳은, 아마도 이상과 희망의 세계일 것이다. 그러나 다시 각각 자기 자리에 주저앉을 수밖에 없다는 사실은 현실을 벗어날 수 없음을 암시한다. 따라서 '자기들의 세상'을 떼어 메고 '이 세상 밖 어디론가' 날아가는 새들의 이미지는, 이상과 희망을 상징하는 것으로 볼 수 있다. 이 시는 내면적 이상의 열망과 현실적 삶과의 갈등을 그리고 있다.

산모퉁이를 돌아 논가 외딴 우물을 홀로 찾아가선
가만히 들여다 봅니다

우물 속에는 달이 밝고 구름이 흐르고 하늘이 펼치고
파아란 바람이 불고 가을이 있습니다

그리고 한 사나이가 있습니다
어쩐지 그 사나이가 미워서 돌아갑니다

돌아가다 생각하니 그 사나이가 가엾어집니다
도로 가 들여다 보니 사나이는 그대로 있습니다

다시 그 사나이가 미워서 돌아갑니다
돌아가다 생각하니 그 사나이가 그리워집니다

우물 속에는 달이 밝고 구름이 흐르고 하늘이 펼치고
파아란 바람이 불고 가을이 있고 追憶처럼 사나이가 있습니다
　　　　　　　── 윤동주,〈自畫像〉

　이 시의 화자가 우물을 들여다 보는 것은 사실은 자신의 내면을 반성하는 셈이다. 화자는 하늘이 펼치고 파아란 바람이 부는 우물 속에서 자신의 모습을 발견한다. 윤동주의 다른 시에서처럼 이 시의 '파아란 바람'은 험난한 현실의 세파를 암시한다. 따라서 험난한 현실 속에 자신이 서 있는 모습을 비추는 '우물'의 이미지는 화자의 내면적 반성을 상징한다. 그러한 상징적 이미지 속에는 화자의 순결한 윤리의식이 담겨져 있다.

날로 밤으로
왕거미 줄치기에 분주한 집
마을서 흉집이라고 꺼리는 낡은 집
이 집에서 살았다는 백성들은
대대손손에 물려줄
은동곳도 산호관자도 갖지 못했니라

(중략)
그가 아홉살 되던 해
사냥개 꿩을 쫓아다니는 겨울
이 집에 살던 일곱 식솔이
어데론지 사라지고 이튿날 아침
북쪽을 향한 발자옥만 눈 위에 떨고 있었다

더러는 오랑캐령 쪽으로 갔으리라고
더러는 아라사로 갔으리라고

이웃 늙은이들은
모두 무서운 곳을 짚었다

지금은 아무도 살지 않는 집
마을서 흉집이라고 꺼리는 낡은 집
제철마다 먹음직한 열매
탐스럽게 열던 살구
살구나무도 글거리만 남았길래
꽃피는 철이 와도 가도 뒤울 안에
꿀벌 하나 날아들지 않는다
—— 이용악, 〈낡은 집〉 부분

　이 시에서 '낡은 집'은 낯선 이역으로 유랑길을 떠난 한 농민의 가족이 살던 집이다. 이 시의 전개 부분에서는 그들이 고향을 등지지 않을 수 없었던 서글픈 사연이 제시된다. 이러한 서사적 문맥을 배경으로, 폐허가 된 '낡은 집'의 이미지는 이농민의 비애와 비참한 현실에 대한 인식을 함축하고 있다. '낡은 집'의 상징적 이미지는 한 농민 일가의 비극뿐만 아니라 비참한 식민지 농촌현실에 대한 「인식」을 담고 있는 것이다.
　이 시는 흔히 「이야기시」라고 불려지는데, 3~7연에서 전개되는 털보네('낡은 집'의 주인)의 이야기를 통해 식민지 농촌에 대한 현실인식이 제시된다. 그러나 그 서사적 내용(현실인식 내용)은 화자의 「자기인식」의 형태로 나타나며 그것은 또한 1, 8연의 '낡은 집'의 상징 속에 함축된다. 이는 이 시가 매우 서사적임에도 불구하고 여전히 시의 본질적 형식에서 벗어나지 않음을 의미한다. 이러한 이야기시의 특이한 구조에 대해서는 환유와 시의 내적 형식을 살피는 곳에서 다시 고찰하기로 한다.
　이상에서 살펴본 바와같이, 상징은 개인적 체험내용뿐만 아니라, 철학적 사상, 윤리의식, 현실인식(역사의식) 등을 이미지로 형상화한다.

이처럼 사상, 윤리, 현실인식 등을 「이미지화」하는 것은, 상징이 은유와 더불어 「자기인식」을 외적으로 드러내는 중요한 방법임을 뜻한다. 앞에서 논의했듯이 이미지는 자기인식의 외적 형식이기 때문이다. 또한 자기인식이란 근본적으로 인식내용을 「내면화」하는 것을 뜻하며, 따라서 「내재적」 문맥이 강조된 은유나 상징이 중요한 기법으로 사용됨은 당연하다. 그러나 때로는 그와 달리 「지시적」 문맥이 강조된 환유의 방법이 쓰이기도 한다. 그러면 자기인식이 어떻게 환유를 통해 형상화될 수 있을까. 이제 환유의 방법이 어떤 원리에 의해 기능하는지 살펴보기로 하자.

(5) 환유와 이미지

우리는 이제까지 이미지와 은유, 상징 등이 화자의 자기인식을 형상화하는 기법임을 살펴봤다. 자기인식을 구현한다는 것은 이 기법들을 통해 드러나는 인식내용들이 화자의 「내면세계」에 용융된 의미요소들이라는 뜻이다. 이러한 내용적 특징은 형식적으로는 그것들이 긴밀한 「내부문맥」을 형성하는 특징으로 나타난다. 화자의 「내면세계」에 담긴 내용들은 형식적으로 시의 「내부문맥」의 조직화로서 드러나는 것이다. 조직화된 시의 내부문맥의 긴밀성은 화자의 내면세계의 통일성을 의미한다고 할 수 있다.

따라서 시의 내부문맥의 조직화에 기여하는 운율, 이미지, 은유 등은 화자의 내면성의 통일을 뜻하는 「내재성」과 「공시성(무시간성)」의 원리에 종속된다. 즉, 시에 나타난 내용들은 화자의 내면성의 내용들이므로 통상 내적인 긴밀성을 지닌 무시간적인 전개를 이루는 것이다. 우리가 살펴본 시들 중 운율과 이미지(은유, 상징)에 의존하는 시들은 실제로 그런 특성을 나타내고 있다. 역동적인 운율을 지닌 김영랑의 〈모란이 피기까지는〉은 그 탄력적인 운율을 통해 상실의 슬픔과 기다림의 의지를 균형있게 노래하고 있다. 상징적 이미지에 의존하는 윤동주의 〈서시(序詩)〉에서도 세 시제(과거, 미래, 현재)로 된 각 부분들은 윤리의식, 신념, 현실인식을 드러내면서 화자의 자기인식 속에 무시간적으로 통합된다. 은유의 연속적 사용이 나타나는 김지하의 〈아주까리 神風〉의 경우 통일된 역사의식이 담긴 이미지들의 병치로서 구성되어 있다.

그러나 이런 시들과는 달리 언어와 지시대상과의 관계에 강조가 주어지면서 부분적으로나마 「외재성」과 「통시성」이 드러나는 시들도 있다. 예컨대 백석의 〈정주성〉에서 '원두막', '城터', '城門' 등은 정주성이라는 「외적 대상」을 지시하는 기능에 중점이 두어지고 있다. 이용악의 〈낡은 집〉에서도 '북쪽을 향한 발자옥', '오랑캐령', '아라사' 등은 북방의 이역을 지시하는 「환유」적 기법으로 쓰인 시어들이다. 특히 이 시는 털보네가 유랑길을 떠나기까지의 생활을 시간의 흐름대로 (「통시적」으로) 그리고 있다.

〈정주성〉이나 〈낡은 집〉처럼 외재성과 통시성을 드러내는 기법을 우리는 「환유」라고 부른다. 환유는 구문적 인접성과 의미적 인접성에 의존함으로써 유사성과 공시성에 기대는 은유의 기법(방법)과는 구별된다. 환유에서 의미적 인접성은 외적 대상을 시사하는 기능이며, 또한 구문적 인접성 자체가 일종의 통시적 형식을 이룬다.

$$\begin{array}{c} \xrightarrow{\text{환유, 인접성(구문적 결합, 지시성), 통시성}} \\ \left.\begin{array}{c} \text{은유} \\ \text{유사성} \\ \text{공시성} \end{array}\right\downarrow \end{array}$$

이러한 환유는 일반적으로 산문이나 소설에 많이 사용된다. 소설에서 환유를 사용하는 것은 어떤 배경이나 인물을 묘사할 때 전체를 다 그리기보다 몇 가지 특징을 제시하는 것이 더 효과적이기 때문이다. 즉 다음 예처럼 어떤 특징적인 묘사를 통해 전체의 배경을 드러내는 방법이다.

    그들은 일곱시쯤에 감천 읍내에 도착했다. 마침 장이 섰었는지 파장된 뒤인데도 읍내 중앙은 흥청대고 있었다. 전 부치는 냄새, 고기굽는 냄새, 곰국 냄새가 풍겨 왔다. 영달이는 이제 백화를 옆에서 부축하고 있었다.
                                      ─── 황석영,〈森浦가는 길〉

    위에서 음식냄새들은 흥청대는 읍내의 풍경을 어떤 장황한 묘사보다 효과적으로 보여준다. 이처럼 환유는 어떤 대상이나 배경을 특징적으로 재현하면서 통시적인 진행에 기여한다. 시에서는 대상의 강력한 재현보다는 이미지화에 주력하므로 환유가 그리 자주 사용되지는 않는다. 그러나 시에 따라서는 환유가 매우 현저하게 나타나는 시들도 있다. 앞에서 살펴본 〈정주성〉이나 〈낡은 집〉이 바로 그런 시의 예들이다.
    〈정주성〉에서 시어들의 기능은 윤동주의 〈서시〉의 그것과는 사뭇 구별된다. '하늘', '바람', '별' 등 〈서시〉의 시어들은 각각 다른 시어들과의 긴밀한 연관성 속에 중요한 의미를 획득한다. 가령 '별'은 '하늘'과 '바람' 그리고 그 밖의 다른 언어들과의 관련 속에서 상징적 의미를 얻는다. 이런 의미에서 이 시어들은 내재적 문맥을 통해 서로 깊이 연루되어 있다. 또한 이 언어들은 「외부」의 지시대상보다는 화자의 「내면의식」과 관련을 맺고 있다. 이 시의 언어들이 이미지화되어 나타나는 것은 이 점을 보여주는 것이다.
    물론 〈정주성〉의 시어들 역시 내부문맥을 통해 상호 연관되는 양상을 나타낸다. 그러나 상대적으로 〈서시〉에 비해 내적 긴밀성이 약해진 대신 외부 대상(정주성)을 지시하는 기능이 강화되어 있다. '원두막', '헌겊심지', '城터' 등은 모두 정주성이라는 「외적 대상」을 통해 결합되고 있다. 이는 〈서시〉의 시어(이미지)들이 전부 화자의 「내면」 속에서 연결되고 있는 양상과 상이한 것이다.

따라서 우리는 〈정주성〉의 시어들이 환유적인 기능을 하고 있다고 말할 수 있다. 〈정주성〉과 같은 시들은 직접 내면세계를 노래하는 시들과는 일정한 질적인 차이를 지니고 있다. 그런데 여기서 중요한 것은 그런 질적인 차이가 시의 장르적 테두리에서는 상대적인 것이라는 점이다. 비록 〈정주성〉의 시어들이 지시적 기능을 강화하고는 있지만, 다른 한편 여전히 (운율과 이미지를 통해) 상호연관되는 내부문맥을 형성하고 있는 것이다. 그리고 각 시어들은 소설의 언어와는 달리 얼마간이든 이미지화되어 있다. 이런 특징들은 이 시의 언어들이 여전히 화자의 내면성에 물들어 있는 것임을 의미한다. 더욱이 시어들의 지시성에 의한 정주성의 전체적 모습 역시 일종의 이미지로서 형상화되고 있다. 이 점 역시 이 시가 정주성의 정경에 대한 화자의 자기인식을 그린 것임을 나타낸다.

이처럼 시에서는 환유가 사용되더라도 「운율」과 「이미지 (은유, 상징)」의 형식을 벗어날 수 없으며 이 점이 소설의 언어와 다른 것이다. 그것은 환유적 시라 하더라도 객관적 인식이 아니라 화자의 자기인식을 형상화하기 때문이다. 이와 똑같이 운율과 이미지를 중심으로 한 시에서도 「환유(지시성)」의 기능은 얼마간이든 나타나며 시의 내재적 문맥에는 외적 요소들이 이미 침투해 있다. 그것은 이러한 시들이 화자의 내면세계를 그린다해도 이미 그것에는 외부적 현실 내용들이 담겨져 있기 때문이다.

환유적 기능이 강조된 또다른 시로는 이른바 「이야기시」라고 불려지는 유형이 있다. 이런 시들은 시의 형식을 지니면서도 또한 서사성이 매우 강조되어 있다. 그러나 〈정주성〉에서와 똑같이 이 시들 역시 근본적으로는 (화자의 내면성을 형상화하는) 운율과 이미지의 형식에서 벗어나 있지 않다.

눈 덮인 철로는 더욱이 싸늘하였다

소반 귀퉁이 옆에 앉은 농군에게서는 송아지의 냄새가 난다
힘없이 웃으면서 차만 타면 북으로 간다고
어린애는 운다 철마구리 울듯
차창이 고향을 지워버린다
어린애가 유리창을 쥐어뜯으며 몸부림친다
　　　── 오장환, 〈북방의 길〉

　이 시에는 〈정주성〉과는 달리 어떤 정황에 놓인 인물들(농군, 어린애)이 등장하며 그로 인해 서사성을 드러낸다. 또한 이 시의 정황과 인물이 식민지 현실을 암시하는 점 역시 〈정주성〉과 구별되는 점이다. 그러나 그런 특징들은 시어들이 외부대상을 지시하는「환유적」기능에 의해 나타난 것이며 그 점에서는 〈정주성〉과 다를 바가 없다. 즉 '눈덮인 철로', '소반 귀퉁이'의 '농군', '어린애'의 울음 등은 고향을 등지는 이농민의 모습을 환유적으로 묘사하고 있다.
　이 시는 특히 마지막 두 행에서 시간에 따라 변화하는 각 정황들을 통해 서사적 긴박성을 강조한다. 이 두 행의 서사적 긴박성은 이농민의 비애를 한층 더 극적으로 드러내고 있다. 이러한 통시성과 서사성, 그리고 환유성과 외재성(지시성)은, 이 시가 (예컨대) 김소월이나 김영랑, 윤동주 등의 시유형과는 상이한 것임을 나타낸다.
　그러나 다른 한편 이 시의 환유적 언어는 이미지화되어 제시되며 서사적 진행 역시 각 이미지들의 연결로 나타나고 있다. 또한 서사적으로 연결된 개개의 이미지들은 전체적으로 '북방의 길'이라는 하나의 이미지 속에 통합된다. 이는 이 시가 〈정주성〉과 마찬가지로, 서사성과 환유적 특성을 지니면서도 여전히 객관적 인식이 아니라 화자의 내면적 자기인식을 형상화하고 있음을 뜻한다. 이 시의 환유나 서사성은 소설에서처럼 기능하는 것이 아니라 화자의 자기인식을 그리는 시적 형상화를 위한 또다른 방법인 셈이다. 다음에는 보다 서사성이 강화된 이용악의 〈낡은 집〉을 다시 한번 살펴보자.

날로 밤으로
왕거미 줄치기에 분주한 집
마을서 흉집이라고 꺼리는 낡은 집
이 집에 살았다는 백성들은
대대손손에 물려줄
은동곳도 산호관자도 갖지 못했니라

재를 넘어 무곡을 다니던 당나귀
항구로 가는 콩실이네 늙은 둥글소
모두 없어진 지 오랜
외양간엔 아직 초라한 내음새 그윽하다만
털보네 간 곳은 아모도 모른다

찻길이 뇌이기전
노루 멧돼지 쪽제비 이런 것들이
앞뒤 산을 마음놓고 뛰어 다니던 시절
털보의 세째아들은
나의 싸리말 동무는
이 집 안방 짓두광주리 옆에서
첫울음을 울었다고 한다

"털보네는 또 아들을 봤다우
송아지래두 불었으면 팔아나 먹지"
아낙네들은 무심코
차그운 이야기를 가을 냇물에 실어보냈다는
그날 밤
저륩등이 시름시름 타들어가고
소주에 취한 털보의 눈도 일층 붉더란다

갓주지 이야기와
무서운 전설 가운데서 가난 속에서
나의 동무는 늘 마음 졸이며 자랐다
당나귀 몰고 간 애비 돌아오지 않는 밤

노랑 고양이 울어울어
종시 잠 이루지 못하는 밤이면
어미 분주히 일하는 방앗간 한 구석에서
나의 동무는
도토리의 꿈을 키웠다

그가 아홉살 되던 해
사냥개 꿩을 쫓아다니는 겨울
이 집에 살던 일곱 식솔이
어데론지 사라지고 이튿날 아침
북쪽을 향한 발자옥만 눈 위에 떨고 있었다.

더러는 오랑캐령 쪽으로 갔으리라고
더러는 아라사로 갔으리라고
이웃 늙은이들은
모두 무서운 곳을 짚었다

지금은 아무도 살지 않는 집
마을서 흉집이라고 꺼리는 낡은 집
제철마다 먹음직한 열매
탐스럽게 열던 살구
살구나무도 글거리만 남았길래
꽃피는 철이 와도 가도 뒤울 안에
꿀벌 하나 날아들지 않는다

이 시의 3~7연에서는 시간의 흐름에 따른 정황의 변화를 통해 서사적 진행이 매우 분명하게 나타나고 있다. 각 연들은 특징적인 환유적 언어로써 당시 상황의 장면들을 묘사한다. 3연의 '노루 멧돼지 쪽제비'는 아직도 평화롭던 마을 주변의 분위기를 그리고 있다. 4연에서는 아낙네들의 '이야기'와 '저릎등', '소주에 취한 털보의 눈'이 가난과 시름에 지친 마을 사람들의 모습을 묘사한다. 그 다음 연에서는 각박한 삶 속에서도 '방앗간 한구석에서' 꿈을 키워가던 나의 동무의 이야기가 펼쳐진다. 6, 7연의 '북쪽을 향한 발자옥', '오랑캐령', '아라사'는 정처없는 유랑길의 험난함을 나타낸다. 이러한 환유적 시어들은 시의 내부문맥을 「공시적」으로 조직하기보다는 대상(인물과 상황)의 변화를 따라서 「통시적」으로 연결되고 있다.

그러나 이 시어들은 하나의 연 내에서는 운율과 이미지를 통해 긴밀한 연관을 이루고 있다. 각 연들은 배경묘사와 인물묘사의 결합으로 균형을 이루고 있으며 또 각 부분들은 내용과 연관된 운율구조와 이미지들에 지배되고 있다. 즉, 3~7연까지의 이미지들의 구조는 다음과 같이 표시될 수 있다.

	3(아이)	4(어른)	5(아이)	6(어른)	7
배경 (상황)	노루~뛰어 다니던 시절	아낙네들의 이야기	무서운 전설과 가난	'사냥개' ~겨울	오랑캐령 아라사
인물	나의 동무의 첫울음	털보의 '붉은 눈'	나의 동무의 '도토리꿈'	털보네의 야반도주	늙은이들 '무서운 곳'

이 시의 운율과 이미지들에 의한 미묘한 결합은 한 연이 각기 한편의 독립된 이미지처럼 느껴지게 만든다. 즉, 위에서처럼 각 연들은 배경과 인물이 교묘히 결합된 이미지로서 형상화된다. 예컨대 4연에서는 아낙네들의 침통한 '이야기'와 '시름시름' 타들어가는 저릎등, 그리고 시름에 젖은 털보의 '붉은 눈'의 이미지가 결합되고 있다. 또한 6연의 경우 꿩을 쫓는 '사냥개'와 '겨울', 눈 위의 '발자옥'이 긴밀하게 연결된다.

뿐만 아니라 각 연들의 연결 역시 (단순히 서사적 진행에만 지배되지 않고) 매우 율동적이고 리듬감있게 진행된다. 3·5연의 나의 동무(아이)의 이야기와 4·6연의 털보네(어른)의 이야기가 반복되며 그에 따라 희망의 이미지와 절망의 이미지가 교차된다. 이러한 반복 속에서 배경과 인물의 이미지들 역시 외적 조화와 내적 긴장을 반복한다.

따라서 3~7연들은 단지 서사적 진행에만 종속되지 않고 근본적으로는 시적(서정적) 이미지의 전개로서 펼쳐진다. 이처럼 각 연들이 이미지의 전개로서 나타난다는 것은 털보네의 이야기가 일종의 화자의 자기인식의 내용이며 각 이미지들은 그의 뇌리에서 영상처럼 지나가는 것들임을 뜻한다. 그리고 이 모든 내용들이 다시 '낡은 집'이라는 상징적 이미지 속에 포괄되어 시 전체가 통일된 화자의 자기인식의 내용으로서 드러나고 있다.

이처럼 환유와 서사성에 의존하는 시들 역시 보다 근본적으로는 운율과 이미지의 구조에 지배되고 있으며 전체적인 긴밀성을 유지하고 있다. 이 점은 이야기시 역시 자기인식을 형상화하는 시(서정시)장르의 특성에서 이탈된 것이 아님을 의미한다. 그러나 시장르의 내부에서는, 이야기시를 포함한 환유적 시는 내적 형식에 있어 은유적 시와 상이성을 드러낸다. 이제 그 두 종류의 시들의 내적 형식의 차이를 살펴보기로 하자.

4. 시의 내적 형식의 두 유형

앞에서 우리는 은유와 환유를 고찰하는 가운데 다음과 같은 사실들을 밝혀냈다. 「은유적 시」는 운율, 이미지, 은유 등을 사용하면서 시어들이 긴밀한 「내부문맥」을 조직하게 된다. 그러나 이런 시들에서도 외부 현실내용들이 구현되는데 그것은 은유나 상징이 단순한 형식적 기교가 아니라 현실적, 사상적 내용을 함축할 수 있는 기법이기 때문이다. 반면에 「환유적 시」에서는 언어의 지시적 기능에 의존하면서 시어들이 「외부 대상」을 매개로 서로 연결된다. 하지만 이런 경우에도 전체적으로는 긴밀한 내부문맥이 형성된다. 그것은 환유가 사용되는 중에도 여전히 운율과 이미지의 구조가 전체의 시를 지배하기 때문이다.

뿐만 아니라 은유적 시에서도 환유가 사용되며 환유적 시 역시 은유를 이용한다. 따라서 두 유형의 시들은 「이미지」를 중심으로 다음과 같이 상호 중첩된다. 은유와 환유 사이의 엄밀한 경계선은 설정될 수 없는 것이다.

은유적 시

| 환유 | 이미지 | 은유 |

환유적 시

은유적 시와 환유적 시의 이러한 차이는 양자의 내용적 상이성에 상응한다. 긴밀한 내부문맥을 통해 내면세계를 그리는 은유적 시는 정서, 사상, 윤리 등의 주관적 요소를 예술적으로 객관화하는 구조를 지닌다. 반면에 언어의 지시성을 통해 외부대상을 형상화하는 환유적 시는 객관적 대상, 배경, 사건을 내면적으로 자기인식화하는 구조를 드러낸다. 그러나 전자의 주관성에도 인식요소가 배경에 놓이며 후자의 객관적 대상 역시 자기인식의 형태로 내면화된다. 여기서도 두 유형은 「자기인식」을 중심으로 상호 중첩되는 양상을 보이는 것이다. 이러한 내용의 구조를 내적 형식이라고 할 때 두 유형의 내적 형식은 다음과 같이 표시될 수 있다.

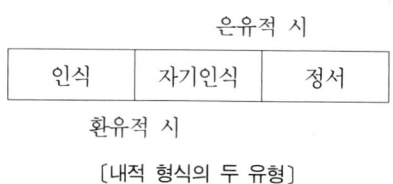

[내적 형식의 두 유형]

자기인식을 매개로 한 이런 주관(정서)과 객관(인식) 간의 상호연관은 이제까지 흔히 다른 방식으로 언급되어 왔다. 예컨대 시는 정서를 「객관적 상관물」을 통해 형상화한다고 말하기도 한다.[16] 시의 정서는 일상생활에서처럼 직접 표현되는 것이 아니라 이미지, 상징, 사건 등의 객관적 상관물을 통해 구현된다. 가령 김소월의 〈진달래꽃〉은 슬픈 정서를 '아아 슬프다'식으로 토로하는 것이 아니라 이별의 정황을 매개로 그 정서를 환기시킨다.[17] 여기서 남녀간의 이별의 정황이 바로 객관적 상관물에 해당된다. 이러한 객관적 상관물의 개념은 객관적 인식요소(이별의 정황)를 배경으로 한 자기인식의 형상화를 의미하는 것으로 볼 수 있다. 특히 이 이론은 그 자기인식이 강력하게 정서를 환기시키는 은유적 시를 염두에 둔 것임을 알 수 있다.

또 흔히 시의 정서 속에는 이미 객관적 인식이 포함되어 있다고 말하기도 한다.[18] 혹은 이런 논의의 모호함을 지적하면서 정서 중심의 시(예컨대 김영랑의 시)와 이야기 중심의 시(이용악의 시)를 구별해야 된다고 논의하기도 한다.[19] 복잡하게 얽힌 이런 논쟁의 매듭은 우리의 내적 형식의 이론에 의해 쉽게 해소될 수 있다. 「자기인식」이라는 매개항을 설정하면, 모든 시에서 「인식」과 「정서」의 상호연관을 말할 수 있는 동시에, 그럼에도 불구하고 인식중심의 시(환유적 시)와 정서중심의 시(은유적 시)의 구별을 인정할 수 있기 때문이다.[20]

은유와 환유의 차이에서 시작한 우리의 논의는 내적 형식의 구분을 거쳐 이야기시론의 논쟁 영역까지 도달했다. 실제로 우리의 시론의 많은 부분은 이 문제를 해결하는 데 주어질 것이다. 그러나 우리는 곧바로 이 논쟁에 뛰어들지는 않을 것이다. 객관과 주관, 그리고 인식과 정

---

16) 이상섭,《문학비평용어사전》(민음사, 1976), 15~16면.
17) 위의 책, 16면.
18) 오성호,〈시에 있어서의 리얼리즘 문제에 관한 시론〉,《다시 문제는 리얼리즘이다》(실천문학사, 1992), 290~93면.
19) 최두석,〈리얼리즘시론〉, 위의 책, 355~71면.
20) 혹은 양자가 둘 다 강조되는 시도 있을 수 있다.

서에 연관된 문제는 비단 이야기시에만 해당되는 것은 아니기 때문이다. 「인식적 시」와 「정서적 시」의 구분과 연관의 문제는 시의 근본적인 내적 형식의 두 유형을 암시한다. 실상 역사적으로 보면 인식적·환유적 시와 정서적·은유적 시는 줄곧 병존하면서 이어져 내려왔다. 조선조의 시들에서도 우리는 분명하게 구분되는 두 유형의 시들을 발견할 수 있다.

> 방안에 혔는 촛불 눌과 이별하였관대
> 겉으로 눈물 지고 속타는 줄 모르는고
> 저 촛불 나와 같으여 속 타는 줄 모르도다
> ──── 이개의 시조

이 시조의 시어들은 외부대상인 '촛불'을 형상화하는 데 초점이 맞춰져 있지는 않다. 촛불의 이미지를 사용한 것은 화자의 내면적 고뇌를 드러내기 위해서이다. 즉, 이 시는 '촛불'과 '나'의 은유적 관계를 중심으로 구성되어 있다. 이 시는 그 은유를 통해 화자 내면의 감정을 표현하는 형식을 취한다. 물론 이 시의 은유와 정서표현의 이면에는 세조의 왕위찬탈이라는 역사적 배경이 숨겨져 있다. 잘 알다시피 이개는 사육신의 한 사람으로 이 시조는 그의 평소의 고뇌를 읊고 있는 것이다.

이 시조처럼 화자의 정서와 자기인식을 전면에 드러내면서 그 이면에 어떤 인식적 요소(역사의식)를 담고 있는 형식을 우리는 은유적 시라고 부른 바 있다. 조선조의 시조들 중 많은 수가 이런 은유적 구조로 짜여져 있다. 예컨대 성삼문의 '이 몸이 죽어가서······'로 시작되는 시조는 '이 몸'과 '낙낙장송'의 은유적 관계가 중심 구조를 이룬다. 널리 알려진 황진이의 시조들 역시 ('명월', '벽계수' 등) 숱한 은유와 상징으로 구성되어 있다. 그러면 이런 은유적 시들과는 구별되는 또다른 형식의 시들을 살펴보자.

남쪽 창가에 종일토록 앉아 세속을 잊고 있는데
정원에는 사람이 없어 새가 나는 짓을 배운다
가느다란 풀 은근한 향기 피어나는 곳 알 수 없고
말간 연기 스러지는 햇살에 비가 부슬거린다

   南窓終日坐忘機
   庭院無人鳥學飛
   細草暗香難覓處
   淡烟殘照雨霏霏
   —— 강희맹, 〈병후음성(病後吟成)〉

 물론 이 시 역시 화자의 어떤 정서상태를 환기시키고 있다. 그러나 그 정서를 드러내는 방법은 이개의 시조와는 사뭇 다르다. 이개의 시조는 촛불의 은유와 직접적인 정서표현을 통해 화자의 심정을 드러낸다. 그러나 이 시의 묘사대상은 은유화되어 있지 않으며 직접적인 정서의 표현도 나타나 있지 않다. 남창의 풍경을 묘사하는 이 시의 시어들은 그 정경 묘사를 중심으로 상호 연결되어 있다. 또한 그로 인해 은유와 정서표현보다는 남창의 풍경에 대한 인식 및 자기인식이 전면에 형상화된다. 풍경에 대한 화자의 인식은 어떤 정신적인 세계를 담고 있으며 그 가치적 세계와의 연관 속에서 자기인식화된다. 이 시의 화자의 정서는 풍경의 인식 및 자기인식을 매개로 환기되는 바 은유에 의존하는 이개의 시조와는 상이한 형식을 보여준다.

 이처럼 어떤 배경·사건에 대한 인식 및 자기인식이 중심이 되는 시 형식을 우리는 환유적 시라고 불렀다. 은유적 시가 대부분인「시조」와는 달리 일반적으로「한시」는 환유적 시가 많다. 이런 시들에서 환유적인 대상묘사의 이면에는 어떤 관념적 사상체계가 전제되어 있다. 조선조의 한시의 경우에는「성리학」이 바로 그 사상체계라고 할 수 있다. 즉 한시에 나타난 풍경이나 사물들의 배열은 성리학의 인식론이 반영된 것이며 시의 정서 역시 그 인식론을 매개로 드러난다.

물론 이러한 구분은 매우 도식적이며 정확한 분류라고 보기는 어렵다. 시조에는 아주 여러 종류들이 있으며 한시 역시 마찬가지이기 때문이다. 그러나 「은유적 시」와 「환유적 시」라는 우리의 구분은 시형식의 큰 틀을 파악하는 데 긴요한 도움을 제공한다. 시조가 주로 개인의 내면을 노래하는 (서정적) 형식을 지니며, 반면에 한시는 사상적 이치나 세상의 풍경을 읊는다는 점은, 각각 우리의 두 가지 구분에 상응함을 보여준다.

은유적 시와 환유적 시는 단순한 양 극단이 아니라 상호 중첩되는 관계에 있으며 시조와 한시 역시 내적 형식에 있어 서로 교차하는 영역을 지닐 수 있다. 또한 보다 엄밀하게 두 시 형식의 특수성을 살피려면 우리가 언급한 내적 형식의 특성이 각각의 외적 형식과 어떤 연관을 지니는가를 고찰해야 할 것이다. 여기서는 특히 시조와 한시의 문자 매체와 운율구조의 특성이 고려되어야 한다. 그러한 외적 형식에 있어 두 시 형식은 근본적인 차이를 지니고 있기 때문이다.

그러나 근대시와 비교하면 시조와 한시는 정형률을 지니고 있다는 공통점을 갖고 있다. 이미 언급했듯이 조선조 시들의 정형률은 그 시대의 이념체계와 긴밀한 연관을 맺고 있다. 보다 구체적으로 말해 시조와 한시는 「성리학의 체계」와 밀접한 관계를 이루고 있다.

이에 반해 근대시의 내재율은 합리주의와 현실주의를 반영한다. 이미 정해진 관념 체계에 내용을 맞추는 것이 아니라 내용 그 자체로부터 운율과 이념이 자연스럽게 흘러나오는 것이다. 그런데 이런 근대시의 내적 형식 역시 꼼꼼히 살펴보면 다시 두 가지 유형이 나타난다. 그리고 그 두 유형은 조선조의 시들을 분류했던 기준에 대략적으로 상응함을 알 수 있다. 즉 개인의 내면 심정을 읊는 시들과 외부의 배경이나 사건을 드러내는 시들이다. 은유적 시와 환유적 시의 구분은 여기서 변형된 형태로 또다시 나타난다. 정서표현의 시와 인식 위주의 시라는 이 내적 형식의 구분은 근대시의 두 유형을 노정한다. 예컨대 김소월, 김영랑, 서정주, 윤동주의 시와 백석, 임화, 이용악, 오장환의 시의 차이이다.

후자의 시들을 지칭하는 이야기시라는 시형식은 이런 형식적, 역사적 맥락에서 나타난 것이다.

따라서 우리는 형식적으로나 역사적으로 시형식을 구분하는 두 가지 축을 상정할 수 있다. 하나는 운율 구조 및 이념 체계에 따른 분류로서 정형률에서 내재율로의 역사적인 변화과정이다. 다른 하나는 내적 형식의 차이에 의한 구분으로 은유적 시와 환유적 시의 두 기본유형이다. 이 두 가지 축은 다음과 같은 격자를 만들어낸다.

	은유적 시	환유적 시
정형률(노래)	시조	한시
내재율	서정적 시	이야기시

시조와 한시의 구분이 그랬듯이 위의 분류표는 시형식의 큰 틀을 이해하기 위한 편의상의 도식에 불과하다. 우리는 시형식의 복합적 특성과 여러 형식들의 역사적인 변화들을 두루 살펴봐야 한다. 그러나 그런 역사적 맥락을 염두에 두고 기본적인 시형식의 전개를 고찰하는 것도 의미가 있을 것이다. 그런 뜻에서 우리는 위에서 개괄한 시형식의 특징들을 역사적 맥락에 따라 살펴보기로 한다. 복합적으로 얽혀진 외적 형식과 내적 형식의 관계, 그리고 사상과 내용의 관계에 유의하면서 논의를 전개하기로 하자.

5. 시의 역사적 전개

(1) 조선조의 시와 성리학

 우리는 시의 내적 형식을 인식과 자기인식, 그리고 정서표현과의 상관관계 속에서 살펴보았다. 내적 형식의 중심개념인 자기인식이란 「실재」와 「이념」과의 통일적 의식이며 그것의 표현인 시형식은 그 시대의 이념과 밀접한 관계를 맺고 있다. 조선조의 정형적 시형식을 만들고 있는 「이념」은 「성리학」을 중심으로 한 유교 이념이었다. 따라서 조선조의 시들은 대부분 성리학과 긴밀한 연관을 갖고 있다. 앞에서 시형식의 두 유형으로 살펴본 한시와 시조 역시 성리학의 문학적 표현으로 볼 수 있다. 그런데 두 시형식 중 정서 중심의 시조보다 인식 중심의 한시가 보다 더 성리학의 체계와 밀접히 연관되어 있었다. 그래서 우리는 한시와 성리학의 관계를 먼저 살펴보고 이어서 시조에 대해 고찰하기로 한다.
 성리학의 견지에서 보면 시는 그 시대의 사상적, 철학적 문제와 불가분의 관계에 있었다. 성리학은 이기론(理氣論)과 성정론(性情論)으로 이루어져 있는데 이러한 사상적 체계는 그 「이념」의 언어적 표현이 「시」를 지향하도록 되어 있다. 그것은 다음과 같은 두 가지 측면에서 설명될 수 있다.
 첫째로 세상(인간과 사물)의 이치를 규명하는 이기론은 理와 氣의 개념으로 구성되어 있다. 그런데 理와 氣는 서양의 철학체계와는 달리 이념과 실재, 주체와 현실의 개념에 상응하지 않는다. 왜냐하면 理와 氣는 정신과 물질 혹은 주체와 대상처럼 상호 분리된 것이 아니기 때문이다. 理는 초월적인 것도 인간의 심중에만 있는 것도 아니며 모든 사물(氣) 자체에 내재해 있다.[21] 반대로 말하면 氣는 理의 발현이며 결코 理에 대립해 있는 대상이 아니다.

따라서 사물(氣)의 배열은 곧 理의 발현이며 理는 사물의 배열을 통해 나타난다. 여기서 객체와 주체, 실재와 이념은 통일되어 있으며 따라서 그 형상화 자체가 문학이며 시라고 볼 수 있다. 우리는 시의 특성 중의 하나로 「주객합일」을 논의한 바 있다. 그런데 객관현실과 주체(이념)가 분리되어 있어서 시를 통해서만 객체의 주체화를 그리는 서양과는 달리 성리학은 氣의 배열을 통해 바로 理를 드러내는 것이다.

물론 모든 현실의 현상들이 理의 실현으로 나타나는 것은 아니다. 만일 그렇다면 도학의 실현이나 올바른 정치 같은 것은 애초부터 필요 없을 것이다. 그러나 잘못된 현실은 氣의 대립의 문제이지 理와 氣의 대립을 의미하는 것은 아니다. 따라서 氣의 대립이나 열악한 氣의 존재는 理에 의해 평정되어야 하며 또한 그것이 氣 자체의 이치이기도 한 것이다.

그래서 理의 발현을 위해 실천적으로 노력하는 것을 도학(道學)이라고 했으며 그것을 문자를 사용해 氣의 형상화로 보여주는 것을 문학(文學)이라고 했다. 이른바 재도문학(載道文學)이라는 개념은 바로 여기에서 생겨난 것이다. 문학이란 理를 실현시키려는 도학을 氣의 형상화로써 보여주는 것인 셈이다. 물론 도학과 문학의 관계 자체가 논란거리가 되며 문학을 도학의 드러냄이 아닌 문학 자체의 사장(詞章)의 영역임을 주장하는 견해(훈구파 혹은 사장파)[22]도 있었다. 그러나 성리학을 중시

---

21) 유인희, 《주자철학과 중국철학》(범학사, 1980), 146~201면. 理와 氣의 관계는 그 둘이 엄밀하게 일치되지 않는 경우(예컨대 열악한 氣의 존재)로 인해 많은 논란의 여지가 있다. 여기서부터 理氣 일원론과 이원론 또 주리론과 주기론으로 나눠진다. 그러나 이는 사물의 운동의 원리를 어디에 부여하느냐의 문제이지 理와 氣를 주체와 객체, 정신과 물질처럼 분리된 개념으로 보는 것은 아니다.

22) 훈구파(사장파)는 문학을 도학에 종속된 것으로 보지 않고 문학이 성리학과 똑같이 중요하다는 입장을 펼쳤다. 결과적으로 훈구파는 문학적 표현에 유의하는 반면 도학의 실현을 주장하는 사림파는 문학의 내용을 중시하는 경향을 나타냈다. 조동일, 《한국문학통사 2》(지식산업사, 1983), 340~58면.

하는 입장에는 차이가 있을 수 없었고 글의 용사(用事)를 중시하느냐 그 내용과 실천에 관심을 두느냐의 구분이 있을 뿐이었다. 훈구파와 달리 사림파는 도학을 강조한 나머지 문학에는 거의 힘쓰지 않는 경우도 있었다. 그러나 도학과 문학은 분명히 다른 영역임을 알 수 있다. 도학이 성리학의 이념과 그 「실천」을 지향하는 영역이라면 문학은 이념의 「자기인식」의 영역이라고 할 수 있다. 하지만 문학의 가치가 도학과 똑같이 성리학의 이념에 의해 평가된다는 점에서 문학의 자율성은 크게 인정되지 않은 셈이었다. 이것은 문학 중에서 비교적 공식적 효용이 덜한 시의 경우에도 마찬가지였다. 이처럼 조선조의 한시는 성리학적 이념의 「자기인식」의 성격을 지니고 있었으며 이기론의 견지에서 말하자면 氣의 형상화는 理에 종속되어 있었다.[23]

한편 시를 감정을 표현하는 형식으로 보면 이는 성리학의 성정론(性情論)과 관계가 있다. 성정론은 인간의 본성과 그것의 발현인 감정을 별개의 것으로 보지 않았다. 예컨대 인간의 본성인 인(仁)은 측은지심(惻隱之心)으로서 일종의 연민의 감정으로 나타난다. 인이란 인간과 인간 사이에서 나타나는 인간의 본성인데 그것은 인간애나 동정심 등의 감정이기도 한 것이다.

따라서 성정론의 견지에서 보면 시에서 화자의 감정표현은 인간의 본성을 드러내는 것과 구분되지 않는다.[24] 그러면 과연 인간의 본성이란 무엇인가. 인간의 본성 즉 性의 발현은 인간을 포함한 모든 氣 속

---

23) 이는 소설에서 理가 배경이 되고 氣가 전면에 형상화되는 경우와 구별되는 양상이다. 제5장 3절 (1)고소설과 유교적 세계관 참조.
24) 모든 시에서 성정론의 원리가 일치된 것은 아니었다. 즉, 인간의 본성을 본연지성과 기질지성으로 나눌 때 양자 중 어디에 따르는 情을 형상화하느냐에 따라 시의 종류가 달라질 수 있다. 조선조의 한시들은 대부분 전자(본연지성, 즉 理로서의 性)에 충실한 情을 노래했지만 시조의 경우 후자에 따르는 情을 읊는 경우도 있었다. 한편 사단칠정론(四端七情論)에서는 사단(四端)과 칠정(七情)을 대립된 것으로 보는 견해(李滉)와 그렇지 않은 것으로 보는 견해(李珥)가 있는데 양자의 관계에 따라 또 시의 종류가 달라지게 된다. 여기에 대해서는 시조를 논하는 곳에서 다시 살펴보기로 한다.

에서 理를 드러내는 것을 의미한다. 인간은 자신을 포함한 전체 사물(氣)의 理를 드러냄으로써, 사물 속에서의 인간 자신의 性을 구현하는 것이다.

서양의 시의 경우에는 「대상」에 대한 「인식」이나 「자기인식」을 통해 감정을 환기시키는 방법을 사용한다. 그러나 조선조의 시에서는 인간을 포함한 「사물(氣)」들의 「理」나 그 속에서의 인간의 「性」을 통해 감정을 나타낸다. 여기서는 사물의 인식과 인간의 존재, 그리고 인간의 본성과 감정은 통일된 것으로 나타난다. 이러한 인식론과 존재론의 통일이 성리학의 특징이라고도 말할 수 있다. 이념과 실재의 통일, 인식과 감정의 일치라는 시의 자기인식의 개념은, 성리학에서는 氣의 형상화에 의한 理의 구현, 감정표현을 통한 본성의 발현으로 나타나는 것이다. 그리고 이처럼 원리상 주체와 객체, 이념과 실재가 통일되어 있다는 점에서 그 형상화 자체가 자기인식과 시의 형식을 지니는 셈이다.

이러한 문학과 성리학의 관계가 가장 잘 드러나는 것은 한시이다. 그런데 성리학에 기초한 한시에서 또 하나 특징적인 것은 인간과 자연을 분리된 것으로 보지 않는다는 점이다. 성리학에서 주체와 사물이 분리되지 않음은 이미 언급했지만 사물 중에서 인간사와 자연물의 관계 역시 대립적으로 파악되지 않는다. 한시에서 자연의 이미지와 인간사의 모습이 동일한 이치가 구현된 것으로 나타나는 것은 이 때문이다. 즉 자연이든 인간의 생활이든 理의 실현으로서 혹은 그 당위성의 견지에서 그려지는 것이다.

  바람부는 물가에 가볍고 부드러운 것 날렸는데
  사월 화개현은 벌써 보리의 가을이네
  천만 첩첩 두류산 이미 다 보았으니
  외로운 배는 다시금 큰 강의 흐름으로 내려가네

風蒲獵獵弄輕柔
四月花開麥已秋
看盡頭流千萬疊
孤舟又下大江流
　　—— 정여창,〈유두류산도화개현작(遊頭流山到花開縣作)〉

　이 시는 정여창이 두류산에 들어가 성리학을 공부한 후에 세상으로 나가면서 지은 시이다. 화개현은 두류산 남쪽 계곡에 있는 곳으로 정여창은 이 곳에서 이 시를 지었다. 이 시의 첫행은 두류산에서 보았던 풍경이며 둘째행에는 화개현에서 본 인간세상의 모습이 그려져 있다. 이어서 시인(화자)은 두류산에서 학문을 다 쌓아 다시 넓은 세상으로 나아간다는 뜻을 나타내고 있다.[25]

　이처럼 이 시는 인간 세상과 자연의 이미지를 혼합해서 사용하고 있으며 그 속에 시인의 숨겨진 의미를 담고 있다. 그러나 이러한 구성은 상징적 기법보다는 오히려 「환유」적 기법에 더 가깝다. 상징이란 시의 문맥 내부에서 어떤 이미지에 특정한 의미가 부여되는 것을 말한다. 그런데 위의 시에서는 시의 내부문맥에 의해 의미가 주어지기보다는 시어의 「지시성」에 의한 사물들의 배열에 의해 숨은 뜻이 드러난다. 그리고 그 사물들(인간, 세상, 자연)의 배열에 의미를 부여하는 것은 「외재적」인 성리학의 체계인 것이다.

　이와 같이 한시는 은유와 상징보다는 「환유」에 의존하며, 외재적인 성리학의 체계에 의해 의미가 부여된다. 이에 반해 시조는 똑같이 성리학에 연관되어 있음에도 환유보다는 은유와 상징을 주로 사용한다.[26] 이는 시조가 대부분 내면세계의 정서를 읊는 형식을 지니기 때문이라고 할 수 있다. 한시는 실제의 사물들의 배열을 형상화함으로써 理를 구현

---

25) 조동일,《한국문학통사 2》, 앞의 책, 374면.
26) 모든 시조가 다 그렇다는 말은 아니다. 시조 중에서도 한시처럼 환유의 구조에 의존하는 작품은 얼마든지 발견된다.

하고 세계에 대한 자기인식을 드러낸다. 반면에 시조는 내면세계를 형상화하므로 실제의 사물이 아니라 내면 속의 사물 곧 사물의 이미지를 그린다. 즉, 시조에서는 사물들이 화자의 내면 정서에 채색된 것으로 나타나며 그것들은 은유나 상징에 의해 내부문맥 속에서 의미를 드러낸다. 이러한 차이를 시조 한 수를 예로 들어 구체적으로 살펴보자.

이 몸이 죽어가서 무엇이 될고 하니
봉래산 제일봉에 낙락장송 되여 있어
백설이 만건곤할 제 독야청청하리라
―― 성삼문의 시조

이 시조에서 '낙락장송'이나 '백설'은 실제의 사물들이라기보다는 화자(시인)의 내면에 떠오른 이미지들이다. 이 이미지들의 배열 또한 실제세계에서의 모습이 아니라 화자의 내면세계에서 결합된 것이다. 이런 내용적 특징은 시어들이 외부 사물을 지시하기보다는 내재적 문맥 속에서 의미론적으로 연결되는 점과 상응한다. 즉, '봉래산 제일봉', '낙락장송', '백설' 등은 이 시의 내부문맥 속에서 상징적 의미를 획득한다. 그리고 그 상징적 의미는 화자 내면의 어떤 심정과 자기인식을 드러낸다.

이 시조의 내용인 화자 내면의 심정 및 자기인식이란 충절의 의식으로서 그것은 물론 성리학적 이념과 연관된 것이다. 이러한 내용적 특징이나 정형률의 형식적 특징은 이 시조가 외재적인 규정성을 지님을 의미한다. 그러나 이 시조의 내적 형식은 외재성의 환유보다는 내재성의 상징의 구조를 사용하고 있다. 그것은 이 시조가 외재적으로 성리학의 인식론(혹은 가치론)에서 벗어나 있지 못하지만 그것을 내면적인 심정을 통해 드러내는 형식을 지니기 때문이다. 즉 이 시조는 사물들의 배열을 통해 理와 性을 구현하는 한시와는 달리 화자의 내면심정을 형상화하기 위해 사물들을 배열한다. 내면심정의 내용이나 사물들의 이미지는 성리학과 연관된 것이지만 그럼에도 불구하고 그것을 내재적 문맥 속에서 드러내는 의미론(상징)에 의존하고 있다.

일반적으로 내면적 심정을 노래하는 시조들은 환유보다는 은유나 상징의 기법을 사용한다. 그것은 「내면적」 자기인식, 심정, 정서를 읊는 경우에는 「내재적」 문맥에 의존하는 은유, 상징의 기법이 보다 적절하기 때문이다. 잘 알려진 다음의 시조들은 모두 화자의 내면 심정을 은유나 상징을 통해 형상화하고 있다.

> 천만리 머나먼 길헤 고은 님 여희옵고
> 내 마음 둘 데 없어 갯가의 안자시니
> 저 물도 내 안 같하여 우러 밤길 녜놋다
> ——— 왕방연의 시조

이 시조에서 갯물의 이미지는 성삼문의 시조와는 달리 실제로 화자가 보고 있는 풍경의 일부이다. 그러나 이 시조에서 핵심적인 것은 갯물이 내 마음과 같다는 은유의 구조이다. 이처럼 은유가 중심이 되는 점에서 이 시조는 상징적 구조를 지닌 성삼문의 시조와 동일한 내적 형식을 갖고 있다.

> 꽃이 진다하고 새들아 서러워 마라
> 바람에 흩날리니 꽃의 탓 아니로다
> 가노라 휘젓는 봄을 새와 무삼하리오
> ——— 송순의 시조

위에서 '꽃' '새' '바람'의 이미지는 상징적으로 사용되고 있다. 이 시의 주제는 이 상징적 이미지들의 구성에 의존하고 있다.

> 묏버들 갈해 것거 보내노라 님의 손대
> 자시는 창 밧긔 심거두고 보쇼셔

밤 비예 새 닙 곳 나거든 날인가도 너기쇼셔
　　　　　　　　　──── 홍랑의 시조

　이 시조에서도 '묏버들', '새 닙' 등의 상징적, 은유적 이미지가 중심이 되고 있다.
　물론 모든 시조들이 은유와 상징에만 의존하는 것은 아니다. 단순히 이미지들만 나열하거나 직설적 표현과 환유를 사용하는 시조들도 얼마든지 있는 것이다. 그러나 일반적으로 화자(시인)의 내면 심정과 정서를 노래하는 시조들이 주류를 이루고 있다. 그리고 이처럼 정서표현이 주도적인 점에서 시조는 (이기론보다는) 성정론(性情論)의 견지에서 이해될 수 있다. 시조 역시 성리학의 외재적 체계에 묶여 있으므로 정서의 표현은 性의 발현으로 나타난다. 또한 기질지성(氣質之性)보다는 본연지성(本然之性)이 구현된 정서를 노래한다.
　그러나 理에 종속된 氣를 형상화하는 한시와는 달리 시조는 엄격하게 性에 종속된 情을 읊기보다는 다소 자유로이 情을 노래하는 경향도 나타난다. 情의 형상화 역시 性의 표현이지만 그것이 전면에 놓일 경우 반드시 性에 수렴되지 않는 흐름도 그려질 수 있다. 즉, 본연지성이 아닌 기질지성을 구현하거나 사단(四端)에 얽매이지 않는 칠정(七情)을 자유로이 드러낼 수도 있는 것이다.[27]
　그와 함께 작가가 사대부가 아닌 기녀 등으로 확대됨으로써 시조는 한시와는 다른 새로운 가능성을 낳게 된다. 황진이, 홍랑, 매화 등 기녀의 시조들은 주로 애정표현을 중심으로 시조를 지음으로써 엄격한 성리

---

27) 사단과 칠정의 관계에 대해서는 성리학자에 따라 일치되지 않은 견해를 나타내고 있었다. 이원론(二元論)적 주리론자인 이황(李滉)은 사단은 이발(理發)이고 칠정은 기발(氣發)이라고 하여 양자가 대립하는 것으로 보았다. 반면에 이원론적 주기론자인 이이(李珥)는 사단은 칠정을 겸할 수 없고 칠정은 사단을 겸할 수 있다고 하여 둘을 대립적인 것으로 볼 수 없다고 하였다. 조동일,《한국소설의 이론》(지식산업사, 1985), 369면 참조. 후자(李珥)의 견지에서 말하자면 황진희의 시조 등은 사단을 겸할 수도 있으나 그것에 얽매이지는 않는 칠정을 자유로이 노래하고 있었다.

학의 규제에서 벗어나고 있다. 그런데 이처럼 자유로운 애정표현의 시조들이 오히려 性에 종속된 시조들보다 생기와 활력을 얻고 있다. 다음에서처럼 性에 종속되지 않는 情을 노래하는 시조들은 외재적 이념에 얽매이지 않은 살아 있는 감정을 형상화한다.

> 청산은 내 뜻이오 녹수는 님의 정이
> 녹수 흘러간들 청산이야 변할손가
> 녹수도 청산을 못니져 울어예어 가는고
> ——— 황진이의 시조

위의 시조에서 '청산'과 '녹수'는 '내 뜻'과 '님의 정'을 나타낸다. 이 시조는 님과 '내'가 이별하는 상황을 노래하고 있다. 님과의 이별을 그리는 시조들은 이 시조 이외에도 숱하게 발견된다. 그런데 이런 유형의 조선조의 시조에서 님은 단순히 연정의 대상으로만 형상화되지는 않는다. 즉 대부분의 시조에서 님은 충절의 대상을 상징하며 그로 인해 님에 대한 연정 역시 그와 연관된 性의 발현으로 제한된다. 그러나 위의 시조에서 청산과 녹수는 그런 충절의 관계를 상징하지 않는다. 물론 이 시조 역시 떠나가는 님에 대한 내 뜻을 청산에 비유함으로써 '나'의 굳은 심지를 드러내고는 있다. 그러나 마지막 행에서 '녹수'가 일방적인 충절의 대상이기보다는 '청산'과 서로 그리워하는 연정의 관계에 있음을 읊고 있다. 이 시조는 불가피한 상황에서 이별을 맞은 두 남녀의 애틋한 연정을 드러내고 있는 것이다.

> 동짓달 기나긴 밤을 한 허리를 버혀내여
> 춘풍 니불 아레 서리서리 너헛다가
> 어론 님 오신 날 밤이여든 구뷔구뷔 펴리라
> ——— 황진이의 시조

이 시조에서도 '님'은 충절의 의미보다는 연정의 대상으로 그려지고 있다. 또한 화자는 님에 대한 연정을 인내하는 미덕을 보이기보다 숨김없이 드러내는 태도를 보인다. 즉, 이 시조는 性의 발현으로서의 情이 아니라 사단(四端)에 구속되지 않는 애정 그 자체를 노래하고 있다.

 이처럼 시조는 情 그 자체를 강조함으로써 성리학의 구속에서 벗어날 잠재력을 지니고 있었다. 그러나 일부의 그런 시조들도 근본적으로는 외재율(정형률)에 묶여 있어 그 시대의 기본적 이념과 정서에서 아주 벗어날 수는 없었다. 그런데 다른 한편으로 외재율 자체에서 이탈하려는 시도가 나타나는데 그것이 바로 사설시조의 경우이다.

 시조의 정형률은 유교 이념의 제한된 범위 내에서 내면의 정서를 드러내도록 허용했다. 이러한 제한성은 자유로운 연정을 노래한 기녀시조의 경우에도 마찬가지였다. 정형률은 어떤식으로든 정서의 절제와 폐쇄를 실현하는 방향으로 작용했던 것이다. 이에 반해 사설시조의 파격은 열린 형식을 통해 관념에서 탈피한 현실적 내용을 채워넣는 것을 가능하게 했다.

 따라서 사설시조의 변화는 율격(외적 형식)의 변화일 뿐만 아니라 내적 형식 및 내용의 변화이기도 했다. 사설시조는 평시조의 은유적 형식에서 벗어나 현실의 세태를 그리는「환유적 형식」으로 나아간 것이다. 이러한 환유적 형식은 근대 리얼리즘 문학의 초석으로서 등장한 셈이었다. 그러나 사설시조의 환유적 형식은 근대 자유시에서 직접 계승되지는 않았다. 주지하다시피 우리 근대시는 리얼리즘 형식(혹은 환유적 형식)보다는 내면 세계를 노래하는 은유적 형식으로 시작되었다. 근대시의 새로운 형식은 현실 내용의 직접적 반영보다는 율격의 해방과 개인의 자기인식의 형태로 전개된다. 그러면 내재율을 통해 개인의 내면정서를 드러내는 근대시의 새로운 형식을 살펴보기로 하자.

(2) 근대시와 개인의 내면세계

근대시의 전개는 소설의 경우보다 한층 더 복잡한 경로를 거치게 되었다. 외적 형식(서술, 시점)보다 내적 형식(플롯)에 비중이 주어지는 소설에서는 플롯을 통해 현실주의를 구현하는 방향으로 근대소설이 전개된다. 반면에 양자(외적 형식과 내적 형식)가 불가분리의 관계에 있는 시의 경우 외적 형식의 쇄신이 없는 현실주의의 내용이란 처음부터 불가능했다. 따라서 정형률에서 벗어난 율격과 관념을 탈피한 이미지의 획득이 근대시의 중요한 관건이 되었다.

또한 장르의 특성상 환유를 위주로 하는 소설은 대부분 현실인식의 발전을 따라 소설 형식도 발전되어 갔다. 그러나 은유와 환유의 두 형식을 지니면서도 은유가 주도적인 시에서는 처음부터 환유적 형식의 발전을 얻을 수는 없었다. 근대시는 사설시조의 환유적 형식을 직접 계승하지 못한 채 주로 정서표현과 은유 중심의 시로서 출발하였다. 그에 따라 현실인식의 반영 역시 정서와 이미지를 매개로 드러내게 된다. 반면에 환유적 시(혹은 리얼리즘적 시)는 보다 뒤늦게 나타나며 환유적 시가 등장한 이후 두 유형의 시들은 우리 근대시의 중요한 두 줄기를 형성하게 된다.

근대시의 내재율과 이미지는 관념적 세계관과 공동체 의식에서 벗어난 내면 공간을 드러내는 것이었다. 물론 조선조의 시조 중에서도 성리학에서 벗어난 개인의 내면 정서를 읊는 시들이 많이 있었다. 그러나 그런 시들도 근본적으로는 공동체적 의식에서 이탈한 것은 아니었다. 외재율이나 공동어구,[28] ~하리라 식의 어조 등이 그 점을 나타낸다. 이에 반해 근대시는 공동체적 관념에서 벗어난 「개인의 내면세계」를 드러내는 형식을 보여준다. 율격과 이미지의 혁신은 이와 연관된 외적

---

28) 공동어구란 여러 작품에서 반복되어 사용되는 시구를 말한다. 신연우, 〈어구결합방식을 통해 본 시조의 구성원리〉, 한국정신문화원 석사논문, 13~17면.

형식의 변화였다.

　근대시의 내재율은 미리 주어진 관념적 세계관이 아닌 「개별적」 내용 자체로부터 이상에의 지향을 내포하는 형식이었다. 또한 이미지의 사용 역시 근대적 개인의식을 구현하는 방법으로 나타난다. 예컨대 김소월의 〈진달래꽃〉은 전통적인 이별의 정한을 노래하면서도 그것을 개인의 내면의식을 매개로 나타낸다. 물론 조선조의 황진이의 시조 역시 개인의 연정을 노래하는 내용을 담고 있다. 그러나 시조들은 끝내 조선조의 사회적 기풍에서 벗어나지 못했으며 시의 이미지들은 어떤 식으로든 관념적 세계관이 물들어 있었다. 반면에 〈진달래꽃〉은 이별에 대응하는 방식에서 비슷한 주제의 그 이전의 시들과는 명백히 구별된다. 고려가요 〈가시리〉는 님을 고이 보내겠다는 여성적 수동성을 보이며 조선조의 시조들은 은근히 님에 대한 충절을 노래했다. 황진이의 개성적인 시조들도 넓은 범위에서는 이런 시들의 한계를 벗어나지 않고 있다. 그러나 〈진달래꽃〉에서는 죽어도 눈물을 흘리지 않고 진달래꽃을 뿌리겠다는 적극적인 역설적 의지를 보임으로써 여성 화자의 근대적 개인의식을 보여준다. '진달래꽃'의 이미지에서는 전통적 정한의 정서와 근대적 자기의식이 용융되어 있는 것이다. 이 시가 정형률을 지님에도 불구하고 대표적인 근대시로 꼽히는 이유는 여기에 있다.

　물론 근대시가 개인의 내면세계를 그린다는 것은 완전히 민족이나 사회와 절연됨을 의미하는 것은 아니다. 단지 개인의 내면을 매개로 사회적(혹은 민족적) 문제에 접근하며, 또한 개인은 사회와 분열된 상태의 의식의 주체임을 뜻한다. 따라서 개인의 내면세계를 그리면서 그와 함께 민족적, 사회적 내용을 포함해야만 올바른 근대시의 면모가 갖춰지게 된다.

　우리 근대시들에서는 이미지, 은유, 상징 등을 통해 그러한 개인의식과 사회의식(민족의식)의 통합이 나타난다. 예를 들어 김소월의 〈진달래꽃〉, 〈초혼〉, 〈금잔디〉 등은 자연 이미지들을 매개로 개인의 이별의 슬픔과 민족적 정한을 통합시키고 있다. 또한 한용운의 〈님의 침묵〉은

'님'의 상징적 이미지를 이용해 조국을 상실한 슬픔과 회복의 신념을 암시한다. 그 밖에도 식민지 시대에 쓰여진 시들은 어떻게든지 조국의 현실과 연관을 맺는 경우가 많다. 김영랑은 개인의 내면정서를 드러내는 시들을 주로 썼지만 〈두견〉, 〈거문고〉 등에서는 민족적 정한을 노래하고 있다. 이와 유사하게 순수시를 쓴 것으로 평가되는 서정주나 박목월의 시 중에서도 식민지 현실과 연관된 것들이 보다 좋게 느껴진다. 가령 서정주의 〈화사〉보다 〈자화상〉이 생생한 감동을 주는 것은 이 때문이다. '애비는 종이었다'로 시작되는 이 시에서 '스물세해동안 나를 키운 것은 팔할이 바람이었다'는 은유는 현실의 풍파를 더없이 실감나게 전해준다.

　한편 흔히 저항시인으로 알려진 이육사와 윤동주 역시 실상은 현실에 대한 직접적 저항보다는 개인의 내면세계를 노래하는 시들을 주로 썼다. 즉 그들 또한 은유나 상징을 통해 개인의식과 현실인식을 통합시키는 방법을 사용한다. 가령 이육사의 〈절정〉은 '하늘도 그만 지쳐 끝난 高原/서릿발 칼날진 그 우에 서다'라고 급박한 상황을 말하면서 '겨울은 강철로 된 무지갠가 보다'라고 초극의 정신을 노래한다. 이 시는 '서릿발 칼날진' 고원의 상징이나 '강철로 된 무지개'라는 은유를 통해 암담한 식민지 현실을 정신적으로 극복하려는 자세를 나타낸다. 〈서시〉, 〈자화상〉, 〈별헤는 밤〉 등의 시를 쓴 윤동주 역시 내면세계를 수놓는 상징들을 통해 현실과의 연관을 암시했다. 특히 〈별헤는 밤〉의 말미에 나타난 다음의 은유와 상징은 순결한 윤리의식을 바탕으로 윤동주 시의 아름다움을 잘 보여준다.

　　　나는 무엇인지 그리워
　　　이 많은 별빛이 내린 언덕 우에
　　　내 이름자를 써보고
　　　흙으로 덮어 버리었습니다

　　　딴은 밤을 새워 우는 벌레는

부끄러운 이름을 슬퍼하는 까닭입니다

그러나 겨울이 지나고 나의 별에도 봄이 오면
무덤 우에 파란 잔디가 피어 나듯이
내 이름자 묻힌 언덕 우에도
자랑처럼 풀이 무성할 거외다
―― 윤동주, 〈별헤는 밤〉 끝 부분

위에서 화자가 이름을 흙으로 덮은 것은 떳떳이 행동하지 못하는 자신에 대한 반성을 의미한다. 이는 물론 화자의 소극성보다는 그만큼 식민지 현실이 암담했음을 나타내는 것이다. 화자의 윤리적인 반성은 절망적인 현실을 당당히 응시하려는 태도의 이면인 셈이다. 더 나아가 화자는 자신의 별(이상)에 봄(새로운 날)이 오는 그 날에 대한 신념을 드러낸다. 여기서 윤동주의 「현실」에 대한 싸움은 「자기자신」과의 대결인 동시에 내면세계의 「상징」적인 싸움이라고 할 수 있다.

은유와 상징을 통해 개인의식과 현실인식을 통합적으로 드러내는 시 형식은 이후로도 우리시의 중요한 전통이 되어왔다. 순수 서정시로 불리는 시 중에도 은유와 상징 속에 현실인식을 담는 경우가 적지 않았으며 반대로 현실비판적인 시들도 많은 숫자가 내면적 서정의 형식을 지니고 있었다. 특히 70년대에 이르면 사회비판적인 시들이 대거 등장하고 있는데 이 시들도 내면세계를 노래하는 은유적 형식에 속한 것들이 많았다. 이런 서정적 시들은 직접적으로 (혹은 풍자적으로) 현실을 비판하는 유형이나 80년대 이후 현저해진 이야기시들과는 구별되는 특징을 보여준다.

흐르는 것이 물뿐이랴
우리가 저와 같아서
강변에 나가 삽을 씻으며
거기 슬픔도 퍼다 버린다

일이 끝나 저물어
　　스스로 깊어가는 강을 보며
　　쭈그려 앉아 담배나 피우고
　　나는 돌아갈 뿐이다
　　삽자루에 맡긴 한 생애가
　　이렇게 저물고, 저물어서
　　샛강 바닥 썩은 물에
　　달이 뜨는구나
　　우리가 저와 같아서
　　흐르는 물에 삽을 씻고
　　먹을 것 없는 사람들의 마을로
　　다시 어두워 돌아가야 한다
　　　　―― 정희성, 〈저문 강에 삽을 씻고〉

　이 시는 '흐르는 물'의 은유와 '강', '삽', '달' 등의 상징을 통해 노동자의 삶과 인생의 깊이를 그리고 있다. 여기서 '강'은 인생을, '삽'은 노동 생활을, 그리고 '달'은 그들의 삶에 대한 애정을 상징한다. 노동 생활('삽')의 고통을 '스스로 깊어가는' 강물(인생의 흐름)로 씻어내는 화자의 내면에는, '샛강' 위로 뜨는 '달'과도 같은, 삶에 대한 애정이 깔려 있다. 이 시의 현실비판의 힘은 '먹을 것 없는 사람들'에 대한 그 같은 애정 속에서 싹트고 있다.

　　간다
　　울지마라 간다
　　흰 고개 검은 고개 목마른 고개 넘어
　　팍팍한 서울길
　　몸팔러 간다
　　언제야 돌아오리란
　　언제야 웃음으로 화안히
　　꽃피어 돌아오리란

댕기 풀 안스러운 약속도 없이
간다
울지 마라 간다
모질고 모진 세상에 살아도
분꽃이 잊힐까 밀 냄새가 잊힐까
사뭇 사뭇 못 잊을 것을
꿈꾸다 눈물 젖어 돌아올 것을
밤이면 별빛 따라 돌아올 것을

간다
울지마라 간다
하늘도 시름겨운 목마른 고개 넘어
팍팍한 서울길
몸팔러 간다
—— 김지하 〈서울길〉

 이 시는 산업화되어가는 사회에서의 공동체의 파괴와 비인간화를 그리고 있다. '서울길'은 비인간화된 도시로의 길을 상징하며 '흰 고개 검은 고개 목마른 고개'는 그 여정의 척박함을 드러낸다. 또한 '몸 팔러 간다'는 은유는 인간의 가치마저 상품화된 비정한 사회를 암시한다. 그러나 생계를 위해 이처럼 도시로 '몸 팔러' 갈 수밖에 없는 현실에서도, '분꽃'과 '밀 냄새'가 잊히지 않음을 노래함으로써, 가슴속에 아름다운 서정의 세계가 사라지지 않을 것임을 시사하고 있다.
 이상에서처럼 70년대의 시들은 분명한 현실비판을 담고 있는 경우에도 은유나 상징을 통해 서정적 정서를 드러내는 시들이 많았다. 그러나 80년대에 이르면 내면세계를 그리기보다는 환유적 형식으로써 한층 적극적인 현실인식을 보이는 시들이 나타나게 된다. 이야기시는 이러한 환유적 시 중의 한 유형으로 볼 수 있다. 물론 환유적 시는 80년대에 처음 나타난 것은 아니며 식민지 시대에서부터 그 전통을 찾아볼 수 있다. 그러면 이제 이 근대시의 또다른 형식을 살펴보기로 하자.

(3) 이야기시와 리얼리즘

① 이야기시의 형식적 특성

　식민지 시대에 환유적 시형식이 나타난 것은 올바른 현실인식에 대한 필요성이 점차 높아진 때문이었다. 외부 현실의 인식기능이 강조된 환유적 시는 내면 정서를 노래하는 은유적 시에 비해 식민지 현실에 대한 인식을 분명히 드러낼 수 있었다. 더욱이 사회주의 세계관을 앞세운 프로시의 경우 은유적 형식만으로는 현실인식과 이념을 제대로 구현할 수 없었다. 프로문학의 발생이 근대문학사에서 필연적이었다면 「환유적 시」의 등장 역시 그만큼 불가피한 것이었다.

　물론 모든 환유적 시가 프로시는 아니며 또 환유에 의해 저절로 리얼리즘이 성취되는 것도 아니다. 더 멀리 보면 환유적 시는 한시의 중요한 내적 형식이기도 했던 것이다. 한시의 (관념적인) 「성리학」적 세계관 대신 「현실주의」 의식으로 세계를 반영할 때 근대적인 환유적 시가 나타나게 된다. 그리고 프로시의 사회주의 세계관은 현실주의의 중요한 한 방법으로 볼 수 있다.

　식민지 시대의 환유적 시는 임화, 백석, 이용악 등이 쓴 이야기시에 이르러 리얼리즘을 꽃피웠다. 이처럼 「환유적 형식」, 「이야기시」, 「리얼리즘」은 긴밀한 연관성을 갖고 있다. 그러나 환유적 시가 반드시 이야기시가 되어야 하는 것은 아니다. 환유적 시는 그 밖에 서술시나 풍자시의 형식을 지니기도 한다. 또 이야기시가 모두 리얼리즘으로 나타나는 것도 아닌데 이는 모든 소설이 리얼리즘은 아닌 것과 비슷한 이치이다.

　그러나 우리 시사에서 볼 때 이야기시는 리얼리즘의 유력한 형식이었으며 환유적 방법 역시 리얼리즘적 요구의 산물이었다. 이야기시가 본격화되기 이전에 서정적 시를 쓰던 시인들이 환유와 은유가 혼합된 형식[29]으로 식민지 현실을 반영하려 한 것은 이 때문이었다. 김소월의

〈바라건대는 우리에게 우리의 보습대일 땅이 있었더면〉이나 이상화의 〈빼앗긴 들에도 봄은 오는가〉는 전통적인 은유적 서정시에 환유를 틈입시킨 시형식들이다. 시의 전체로 보면 은유(상징)와 정서표현이 주도적이지만 식민지 현실에 대한 인식을 보이는 '우리의 보습대일 땅'이나 '빼앗긴 들'의 환유는 이 시를 리얼리즘적 시로 만들고 있다.

이 두 시의 경우에는 환유적 기법이 서사적 상황을 형성하고 있지만 순수한 은유적 시에서도 서사성은 나타날 수 있다. 순수 서정시에서도 서사적 요소가 중요한 기능을 하는 것은 앞서 살펴본 대로 서정과 서사의 관계가 보충적 (혹은 차이적[30]) 관계에 있기 때문이다. 이러한 서정과 서사의 관계는 이야기시를 이해하는데 핵심적이므로 이에 대해 좀더 자세히 살펴보자.

한 예로 김소월의 〈진달래꽃〉은 순수 서정시에 가깝지만 서사적 배경이 서정성을 짙게 하는 요소로 작용하고 있다. 순수 서정시이기보다는 현실비판적 시이지만 여전히 은유적 형식을 지닌 시로는 정희성의 〈저문 강에 삽을 씻고〉를 들 수 있다. 이 시는 매우 서정적이면서도 〈진달래꽃〉보다 훨씬 서사성이 강화되어 있다. 또한 부분적으로 '먹을 것 없는 사람들의 마을' 등에서 일종의 환유적 기법이 사용되고 있다. 정희성의 시보다 한결 분명하게 환유가 사용된 시는 김지하의 〈서울길〉이다. '팍팍한 서울길'은 비정한 도시의 상징이기도 하지만 또한 구체적 현실을 지시하기도 하기 때문이다. 이에 따라 〈서울길〉은 〈저문 강……〉보다 서사성이 한층 더 두드러지고 있다.

그럼에도 불구하고 〈서울길〉은 아직 이야기시(서사적 서정시)로 보기 어려우며 은유적인 서정시에 머물고 있다. 그것은 왜일까. 한껏 강화된 서사적 맥락이 이야기시의 조건으로 미흡하다면 서정적 시와 이야

---

29) 은유적 형식과 환유적 형식에 대해서는 3절 은유와 환유를 참조할 것.
30) '차이적'이라는 것은 외견상 대립되어 있는 두 개의 항목이 단순히 독립된 두 개의 체계나 자기동일성으로 이루어진 것이 아니라 상호침투적이고 보완적인 관계로 얽혀 있음을 뜻한다. 마이클 라이언, 《해체론과 변증법》, 나병철·이경훈 역 (평민사, 1994), 제1장 참조.

기시를 구분하는 선명한 근거는 무엇일까.[31]

〈서울길〉을 이야기시로 볼 수 없는 것은 서사적 정황의 기능이나 효과가 미력하기 때문은 아닐 것이다. 오히려 〈서울길〉에서의 서사적 정황은 이 시의 서정적 효과를 위해 강력하게 기능하고 있다. 그러나 그 서사적 맥락은 이 시의 응축된 서정적 순간을 위한 인식적 근거로 설정되어 있을 뿐이다. 정작 시의 전면에 형상화되는 것은 서정적 정서를 환기시키는 은유와 상징들이며 환유에 의한 서사적 정황은 「공시적」 수준에 머물고 있다.

이와는 달리 환유와 서사성이 점차 증대되어 「통시적」 맥락을 이루는 시들이 있다. 예컨대 임화의 〈우리 오빠와 화로〉, 백석의 〈여승〉, 이용악의 〈낡은 집〉 등이 여기에 속한다. 〈우리 오빠와 화로〉에서는, 담배를 태우며 고민하던 오빠가 잡혀간 사건부터 남아 있는 남매의 이야기까지가, 통시적 맥락을 이루고 있다. 또한 〈여승〉에서는 불행한 한 여인이 여승이 된 사연이, 〈낡은 집〉에서는 털보네의 이야기가 하나의 개인사로서 그려진다. 물론 통시적인 서사적 맥락 역시 화자의 자기인식에 의해 재배열되며 특정한 서정적 정서를 환기시키는 매개적 정황으로 형상화된다. 그러나 그 매개적 정황이 차츰 늘어나서 은유나 상징에 의한 정서의 환기보다 기능적으로 우세해지는 경우가 생겨난다. 이처럼 환유에 의한 통시적인 서사적 맥락이 은유와 상징 등에 의한 구성을 압도하는 시를 우리는 「이야기시」라고 부른다.

이야기시에서도 중심적인 범주는 「자기인식」이라고 할 수 있다. 이야기시의 서사적 요소들은 자기인식화된 것으로 제시되며 그 내면화된 내용들은 어떤 정서를 불러일으킨다. 이는 순수 서정시에서의 정서적 표현이 실상 어떤 인식요소들의 자기인식인 것과 마찬가지이다.[32] 예를

---

31) 물론 서정적 시와 이야기시는 다른 장르, 양식의 구분에서처럼 차이적 관계에 있으며 따라서 실제 작품에서 날카롭게 이분화될 수는 없다. 그러나 양자를 구분하는 어떤 조건은 제시되어야 할 것이다.
32) 앞의 1절 (2) 시의 근원상황을 참조할 것.

들어 〈낡은 집〉의 털보네의 사연은 화자에 의해 자기인식화되어 그려지며 그 내용들은 비애감을 환기시킨다. 이는 〈모란이 피기까지는〉의 슬픈 정서가 희망(봄)의 기다림과 좌절에 대한 자기인식인 것과 조금도 다름없다. 단지 이야기, 정서, 이미지(은유, 상징) 중에서 어떤 요소가 집중적으로 형상화되느냐의 차이일 뿐이다. 인식-자기인식-정서의 상호관계에서 우리는 인식이 강조된 시를 환유적 시로, 정서나 이미지가 두드러진 시를 은유적 시로 부른 바 있다. 이야기시는 환유적 시의 한 유형이며 인식기능이 강화되었지만 정서표현이 현저한 시와 마찬가지로 서정시의 기본구조에서 이탈되지 않고 있다.

그럼에도 불구하고 이야기시를 특수한 시형식으로 보는 것은 우리가 정서표현 위주의 시에 보다 익숙해져 있기 때문일 것이다. 또한 서사장르와의 관계에서 서정장르를 생각할 때, 은유적 시(혹은 정서표현의 시)의 경우 서사적 맥락이 나타나더라도 분명한 종속관계를 보이는 반면, 이야기시에서는 그것이 매우 두드러지게 형상화되기 때문이다. 보다 중요한 것은, 이야기시가 아닌 서정적 시의 서사적 편린(〈서울길〉의 '팍팍한 서울길' 등)에서는 볼 수 없는 준서사적인 특징이 이야기시에서만 발견되는 점이다. 앞에서 〈서울길〉과 〈낡은 집〉 등을 비교하며 살펴봤듯이 유독 이야기시에서만 「통시성」과 「거리」의 특성이 발견된다. 그러나 다른 한편 그런 특성을 포함한 이야기시의 서사성은 여전히 서정적 화자의 자기인식에 종속되는 점에서 서사장르의 장르적 특성과는 매우 상이한 것이다.

여기서 우리는 이야기시의 「서사성」을 면밀히 검토해볼 필요가 있다. 이제까지 자기인식에 종속된 이야기시의 서사성은 다음의 두 가지 측면에서 논의되었다. 먼저 이야기시의 서사적 사건은 서정적 화자의 '체험 속에 용해되어 있는 시적 대상일 뿐'이며 따라서 그 사건에 대한 「인식」도 화자의 '체험에 내포된 「정서」'에 포함된다고 보는 견해이다.[33] 시의

---

33) 오성호, 〈시에 있어서의 리얼리즘 문제에 관한 시론〉, 《다시 문제는 리얼리즘이다》, 앞의 책, 290면.

「정서」를 중요시하는 이 논의는 정서 속에 이미 인식이 포함되어 있다는 전제를 갖고 있다. 이와는 반대로 이야기시의 이야기에는 이미 '시인(화자)의 마음이 스며있다고' 보는 견해도 있다.[34] 이야기의 인식기능을 주목하는 이러한 주장에는 시의 서사와 소설의 서사가 매우 다르다는 전제가 깔려 있다.

그러나 이 두 견해는 시에서의 주객관적 관계를 묘한 역설로써 얼버무리는 셈이다. 시의 정서가 인식기능과 무관하지 않다는 것은 지극히 중요한 고찰이다. 그러나 정서 자체 속에 인식이 포함된다고 보는 것은 정확한 고찰이 아니다. 오히려 정서란 주객합일의 서정적 과정 속에서 그 결과로서 나타나는 것이다. 주관(정서, 사상)과 객관(대상 혹은 대상의 인식)의 합일이란 시적 대상(객관)이 '화자의 체험(주관) 속에' 용해된 것을 말하며 다른 말로 「자기인식」화 된 것을 뜻한다. 정서가 인식을 포함하는 것이 아니라 자기인식이 인식을 내포하는 것이며 또 그것이 정서를 환기시키는 것이다. 이미 위에서 사용한 구절을 반복하자면 이야기시의 사건(서사성)에 대한 인식은 자기인식에 종속된다. 요컨대 첫번째 견해는 정서와 인식 사이에 자기인식이라는 매개 개념을 빠뜨린 데 잘못이 있다. 매개항으로서의 자기인식이 시에서 중요한 것은, 이상과 실재(현실)의 통일로서 정의되는 자기인식이, 시에서는 직접 전면에 형상화되기 때문이다. 전형성의 개념 역시 이 개념과 연관되어 있는데 그 점은 뒤에서 다시 논의하기로 한다.

두번째 견해는 서사라는 개념 자체가 잘못 설정되어 있다. 이야기에 이미 시인의 마음이 스며 있는 것이라면 우리는 구태여 서사성이나 이야기의 개념을 사용할 필요조차 없을 것이다. 시인의 마음이 스며 있는 이야기는 서사가 아니라 단지 시일 뿐이기 때문이다. 다시 말해 그것은 이야기시이지 결코 이야기 그 자체가 아니다. 부연할 필요도 없이 이야기시론의 어려움은 서사성과 서정시의 특이한 결합을 설명하는 데 있는

---

34) 최두석, 〈리얼리즘시 재론〉, 《실천문학》, 1993, 봄, 210~11면.

것이다.

 따라서 통시성, 거리, 객관성을 지닌 서사성을 그대로 인정하면서 그것이 시 속에서 어떻게 변용되는가를 살펴봐야 할 것이다. 이야기시에서 객관적 인식내용들은 정서로 풀어지거나 이미지로 응축되기보다 생생한 서사적 맥락으로 이어진다. 그래서 우리는 시를 통해 소설과도 유사한 서사적 형상을 볼 수 있는 것이다. 그러나 그 서사적 형상 역시 화자의 내면에서 회감되는 내용이며 자기인식에 포괄되는 인식요소이다. 화자의 내면에 정서나 이미지 대신 서사적 형상이 회감되는 것은 화자가 인식내용에 객관적 거리를 두고 있음을 뜻하며 또한 그것을 생생하게 돌이켜보고 있음을 의미한다. 이처럼 거리를 두고 구체적으로 인식내용을 응시하는 화자의 태도가 이야기시의 서사성을 특징짓는 요건이다.

 물론 이러한 응시는 내면 속에서의 태도이며 따라서 서사적 거리 역시 자기인식의 한 요소일 뿐이다. 그리고 통시적으로 나타나는 이야기 내용 또한 이미지나 운율에 의해 재구성된다. 바로 그렇기 때문에 객관적 인식내용인 이야기는 서정적 주체(화자)와의 상관관계 속에서 자기인식으로 형상화되는 것이다. 이러한 주객관적 관계를 염두에 두면서, 우리는 객관적 인식내용이 화자의 태도(거리두기, 어조), 운율, 이미지 등과 어떻게 연관되어 자기인식으로 통합되는지 살펴봐야 한다. 그리고 이른바 전형성의 문제 역시 이 양자(객관적 인식 내용과 서정적 주체의 주관)의 상호연관 속에서 찾아져야 할 것이다. (이 문제는 다음에서 살펴볼 것이다.)

② 이야기시의 여러 가지 유형

 이제까지 우리는 이야기시의 형식적 특징을 다음과 같이 고찰했다. 먼저 이야기시는 인식기능이 강화된 점에서 정서표현 위주의 시들과는 구별된다. 서사적 인식기능의 강화는 다른 시에서는 볼 수 없는 통시성이나 객관적 거리가 나타나는 점에서 확인할 수 있다. 그러나 다른 한편 이야기시는 그 객관적 인식 내용을 서정적 주체(화자)와의 상관관계 속에서 자기인식으로 형상화하여 그런 구조에서는 다른 시들과 상이성을 지니지 않는다. 다만 정서표현보다 인식기능이 강화된 점이 중요한 특징이라고 할 수 있다. 그 같은 특징 때문에 이야기시는 결과적으로 정서를 환기시키기는 하지만 직접적인 정서표현은 절제되는 것으로 보일 수도 있다.

하지만 이야기시에서 객관적 인식이 강화되었다고 해서 정서표현이 나타날 수 없는 것은 아니다. 이용악의 〈낡은 집〉과 같이 서사성이 매우 강화된 경우 화자는 정서표현을 절제하고 있는 것으로 보인다. 그러나 〈낡은 집〉은 이야기시의 한 유형일 뿐이며 다른 경우에는 순수 서정시처럼 정서표현이 풍부한 시들도 있다. 예컨대 같은 시인의 〈전라도 가시내〉는 일종의 이야기시이면서 정서표현 또한 매우 탁월한 경우이다.

이처럼 이야기시는 인식기능과 정서표현(혹은 주체적 표현)의 밀도에 따라 여러 가지 유형으로 나눠볼 수 있다.[35] 즉 〈낡은 집〉처럼 인식기능이 우세한 시와 〈전라도 가시내〉처럼 정서표현이 뛰어난 시로 구분된다. 또한 인식기능이 강화된 동시에 화자(시적 주체)의 정서나 신념 역시 두드러진 또다른 시들이 있다.

먼저 인식기능이 강화된 대신 정서표현을 절제하는 시로는 〈낡은 집〉과 오장환의 〈모촌〉, 〈북방의 길〉을 들 수 있다. 이 시들에서는 화자(시적주체)의 정서, 사유, 신념 등이 거의 나타나지 않으며 그 대신 시적 대상으로 그려진 인물과 상황이 뚜렷하게 부각된다. 이처럼 화자의 주체적 표현이 거의 드러나지 않음으로써 이런 시들은 마치 3인칭

---

35) 최두석, 〈리얼리즘시론〉, 《다시 문제는 리얼리즘이다》, 앞의 책, 368면 참조. 최두석은 여기서 전형성을 논하면서, 〈낡은 집〉(이용악), 〈모촌〉(오장환) 등은 시적 대상이 강조된 시이며, 〈아버지의 문앞에서〉(김상훈), 〈농무〉(신경림) 등은 시적 주체가 중심이 되고, 박노해의 〈손무덤〉은 양자가 다 중요하다고 논의한다. 이러한 분류는 무척 적절하지만 어느 한 쪽에서 전형성을 찾아야 한다는 주장은 매우 잘못된 것이다.

으로 내용이 전달되는 듯이 느껴진다. 그렇게 생각되는 또다른 이유는 화자를 지목하는 '나'라는 1인칭이 좀처럼 사용되지 않기 때문이다. 또 이 같은 특징으로 인해 이런 시들의 화자는 시적 대상(인물과 상황)으로부터 일정한 거리를 두고 있는 것으로 여겨진다.

그러나 여기서의 시적 대상에 대한 거리는 소설에서의 서사적 거리와는 매우 양상이 다른 것이다. 소설의 서사적 거리는 서사적 대상(인물과 상황)에 (반)자율성을 부여하는 한편 화자에게는 객관적 인식기능을 수행하도록 한다. 반면에 〈낡은 집〉유형 시에서의 「거리」는 시적 대상에 자율성을 부여하지 않으며 화자가 냉정한 인식기능만 수행토록 하지도 않는다. 그것은 거리를 두고 펼쳐지는 시적 대상의 이야기 역시 화자 내면의 자기인식 속에 포괄되는 시의 일부이기 때문이다.

이러한 차이는 소설과 이야기시에서 내용의 구성성분이 본질적으로 상이함을 말해준다. 소설에서는 서사적 대상이 화자에 의해 형상화된 이후에도 「독립적인」인물과 상황으로 남는다. 그러나 이야기시의 경우 인물과 상황이 화자에 의해 형상화되면 독립성을 잃어버리고 화자의 자기인식의 내용이 된다. 따라서 소설의 내용은 대부분 형상화된 인물과 상황인 반면 이야기시의 경우 인물과 상황의 재배열된 구성물 곧 화자의 자기인식이 주요 내용이 된다.

이러한 내용의 질적인 차이로 인해 이른바 전형성의 문제 역시 두 장르에서 근본적으로 다르게 논의되어야 한다. 즉 소설에서는 「인물」과 「상황」의 전형성이 중요한 반면 〈낡은 집〉유형의 시에서는 그것만으로 충분하지 않다. 후자의 경우 인물과 상황은 화자의 「자기인식」의 한 성분일 뿐이기 때문이다. 그러면 이 경우 전형성은 어디서 찾아야 할 것인가. 이 점을 구체적인 시를 통해 자세히 살펴보기로 하자.

추라한 지붕 썩어가는 추녀 우엔 박 한 통이 쇠었다.
밤서리 차게 나려앉는 밤 싱싱하던 넝쿨이 사그러 붙던 밤, 지붕 밑 양주는 밤새워 싸웠다.
 박이 딴딴히 굳고 나뭇잎새 우수수 떨어지던 날, 양주는 새 바가지 뀌어들고 추라한 지붕, 썩어가는 추녀가 덮인 움막을 작별하였다.
—— 오장환, 〈모촌〉

 위의 시에는 화자의 정서표현이 거의 없는 대신 인물과 상황의 모습은 분명하게 드러나 있다. 이런 시에서는 모든 문제를 화자의 정서로 환원하는 것은 무리일 수밖에 없다. 그래서 화자의 정서(혹은 주관) 대신 시적 대상인 인물과 상황을 주목해야 하며 전형성도 그것에서 찾아야 한다는 견해가 제기된다.[36]
 그러나 이 시의 전형성을 인물과 상황에서만 찾으려는 것은 화자의 정서에만 집착하는 경우만큼이나 일면적인 것이다. 인물과 상황의 전형성의 기준에서 본다면 이 시는 평면적인 삽화에 불과하기 때문이다. 물론 소설의 인물·상황(환경)의 전형성과 시의 그것과는 일정한 차이가 있다고 주장할 수도 있다.[37] 하지만 인물·상황의 전형성이라는 개념은 양자의 상호연관이 독립적인 세계에서 펼쳐지는 것을 전제로 하고 있다. 이 전형성 개념이 소설에 적합한 이유는 여기에 있다. 그와 달리 위의 시처럼 인물·상황이 또다른 주체(화자)에 의해 흡수되는 양상에서 전형성을 인물·상황에만 돌리는 것은 주객관계(화자와 시적 대상)에서 형성되는 시의 내용 중 한쪽 측면(시적 대상 즉 인물·상황)에만 편향된 객관주의를 드러낼 뿐이다. 이런 문제점을 호도하기 위해 시의 인물·상황의 전형성에는 이미 화자의 마음이 스며 있다고 논의되기도 한다. 그러나 화자의 마음이 스며 있는 인물·상황은 더이상 그 자체(인물·상황)의 전형성이 아니라 화자와 시적 대상(인물·상황) 간의 상관관계 속에서 나타나는 전형성인 것이다. 요컨대 위의 시의 전형성

---

36) 위의 책 368면.
37) 위의 책 362면. 이런 주장에 의하면 시에서는 이야기나 서사의 개념 자체에 이미 시적 주체의 마음이 스며 있다고 한다. 그러나 전술했듯이 시의 장르적 본질에 대한 고찰을 회피하는 언급에 불과하다.

은 화자와 시적 대상 간의 주객관계 속에서 찾아져야 하며 그 점에서는 다른 모든 시들과 구별되지 않는다.

위의 시에서 인물·상황은 그 자체로 주객관계를 이루는 것이 아니라 시적 주체(화자)가 응시하는 객관적 현실을 반영할 뿐이다. 이 점이 소설의 인물·상황의 관계와 다른 점이기도 하다. 소설에서는 「인물」과 「상황」의 상호연관이 그 자체로 독립적인 세계를 이루며 그 「주객관계」 속에서 전형성을 드러낸다. 그리고 그 결과로서 역동적인 플롯을 갖추어야 전형성이 획득된다. 소설의 전형성은 인물과 환경의 상호작용을 통해 객관적 인식을 얻을 뿐만 아니라 그것을 매개로 자기인식에 도달해야 얻어진다. 환경에 「즉해 있는」 인물이 아닌 「대해 있는」 인물이 요구되는 것은 이 때문이다.

그러나 시에서는 아무리 인물·상황이 부각된 경우에도 양자의 역동적인 상호작용이나 환경(상황)에 대해 있는 인물이 그려지기 매우 어렵다. 따라서 인물·상황에 측면에만 초점을 맞추면 언제나 세태의 반영에 머물 뿐이다. 그 대신 시에서는 「화자」와 「인물·상황」 간의 상호관계 속에서 「자기인식」을 구현하는 방법을 사용한다. 소설에서는 인물과 환경 간의 상호작용을 매개로 자기인식에 도달하지만 시에서는 화자와 인물·상황 간의 연관 속에서 직접 그것이 형상화된다. 그러면 시에서의 자기인식이란 무엇인가. 그것은 화자의 「이상」과 인물·상황의 「현실」이 대립·통합되는 의식을 말한다. 따라서 소설에서는 환경에 대해 있는 인물이 필요했지만 시에서는 인물·상황에 「대해 있는」 화자가 요구된다. 전형성 역시 이런 관계 속에서 찾아질 수 있다. 소설에서는 인물과 환경의 전형성이 필요하지만 시에서는 화자와 인물·상황의 상관관계 속에서 전형성이 요구된다. 보다 구체적으로는 위의 시에서 화자의 자기인식의 자취는 내재율과 이미지 등으로 나타난다. 시에서 시적 대상의 내용 못지않게 운율, 이미지, 은유 등의 외적 형식이 중요한 이유는 여기에 있다.

요컨대 위 시의 전형성은 인물과 상황의 내용이 내재율과 이미지를 통해 어떻게 구현되었는가를 총체적으로 따져보아야 할 것이다. 왜냐하면 그것이 시의 주객관계의 형상화에 다름이 아니기 때문이다. 위 시의 경우 인물과 상황이 매우 중요하지만 그 내용을 화자의 자기인식의 견지에서 검토해야 한다는 점에서는 다른 시들과 조금도 틀리지 않는 것이다.

한편 위의 시는 환유적 방법으로 이야기를 제시하고 그를 통해 객관현실을 반영하는 점에서 리얼리즘 시로 볼 수 있다. 그런데 위의 시처럼 화자가 인물·상황을 응시할 뿐 자신의 주관의 표현을 절제하는 시들은 대부분 〈비판적 리얼리즘〉의 특징을 나타낸다. 화자의 태도와 자기인식속에는 어떤 이상에의 지향이 내포되어 있지만 그것이 구체적인 이념(신념)의 형태로 드러나지는 않기 때문이다. 그러나 이야기시는 이런 유형으로만 나타나는 것은 아니다. 이제 화자의 주관의 표현이 보다 적극적인 또다른 유형들을 살펴보기로 하자.

화자의 주관의 표현이 두드러진 이야기 시들은 1인칭의 형식이 분명하게 드러나며, 또한 대부분 화자 자신이 이야기 속의 인물로 나타난다. 그런데 이런 유형의 시들은 또다시 다음의 두 가지 형태로 나눠진다. 하나는 화자와 시적 대상(인물, 상황) 간의 거리가 좁혀지면서 고조된 화자의 정서가 표현되는 경우이며, 다른 하나는 거리가 그대로 유지되지만 시적 대상에 대한 인식을 매개로 화자가 정서나 신념을 표출하는 경우이다. 먼저 첫번째 유형을 살펴보기로 하자.

여기에 속하는 시로는 이용악의 〈전라도 가시내〉, 김상훈의 〈아버지의 문앞에서〉 등을 들 수 있다. 이 시들은 화자가 시적 대상에 한 발 다가선 상태에서 일정한 정조를 유지하면서, 또한 시적 대상의 인식내용이 세세히 드러남에 따라 점차로 정서를 증폭시켜가는 전개를 보인다. 여기서 무엇보다 주목되는 것은, 화자의 서정적 정서는 서사적 인식내용에 의존해서 그 밀도와 질이 정해진다는 점이다.

    네 두만강을 건너왔다는 석 달 전이면

단풍이 물들어 천리 천리 또 천리 산마다 불탔을 겐데
그래두 외로워서 슬퍼서 초마폭으로 얼굴을 가렸더냐
두 낮 두 밤을 두루미처럼 울어 울어
불술기 구름 속을 달리는 양 유리창이 흐리더냐
　　　　　　—— 이용악,〈전라도 가시내〉부분

　이 시의 화자는 시적 대상(전라도 가시내)에 접근해 있기 때문에 전라도 가시내의 외로움과 슬픔은 화자 자신의 것이기도 하다. 그런데 이런 정서표현이 절실하고 진정하게 느껴지는 것은 그 이면에 전라도 가시내가 처한 상황에 대한 인식이 놓여 있기 때문이다.[38] 즉, 그녀가 멀고 먼 유랑길을 떠나 두만강을 건넜다는 사실에 대한 인식이다. 그러한 인식이 비애의 정서의 질과 내용을 결정하는 것이다. 물론 이 같은 인식과 정서의 통합에는 「자기인식」이라는 매개항이 작용한다. 화자의 자기인식이란 현실과 이상 간의 상호연관 속에서 나타나는 바, 화자의 내면에 단풍이 물든 강산에서 아름다운 삶을 살고 싶은 바람이 크면 클수록 유랑민의 삶에 대한 「인식」은 짙은 비애의 「정서」로 표현되는 것이다.
　흔히 화자의 정서 속에 이미 인식이 포함되어 있다는 것은 바로 이를 뜻하는 말일 터이다. 그러나 그것은 정서나 인식 어느 한쪽으로 수렴되지 않는 화자의 자기인식일 뿐이다. 그리고 화자의 자기인식은 「시적 대상과 화자와의 상관관계」 속에서 나타난다. 따라서 이런 유형의 시에서도 「전형성」은 이 주객관계 속에서 찾아져야 한다.
　위의 시가 단순히 비애감만 주는 것이 아니라 아름답게 느껴지는 것은 화자가 내면에 이상에 대한 동경을 잃지 않고 있기 때문이다. 그것을 달리 말하면, 자기인식을 통해 「전형성」과 「전망」을 얻고 있기 때문이라 할 수 있다. 그런데 위 시의 화자는 막연한 이상을 지닐 뿐 어떤 뚜렷한 이념을 신념으로 갖고 있지는 않다. 그런 점에서 이 시는

---

38)〈전라도 가시내〉에 대한 설명은 제3장 4절 문학의 장르들간의 관계와 역사적 전개를 참조할 것.

「비판적 리얼리즘」 유형의 시로 볼 수 있다. 하지만 비슷한 형식을 지니면서도 화자의 정서표현 속에 어떤 이념에 근거한 굳은 신념이 표명되는 시들도 있다. 예컨대 김상훈의 〈아버지의 문앞에서〉는 그런 특징을 보여준다.

등짐지기 삼십리 길 기어넘어
가쁜 숨결로 두드린 아버지의 문앞에
무서운 글자 있어 공산주의자는 들지 말라
아아 천날을 두고 불러왔거니
떨리는 손이 문고리를 잡은 채
멀끄럼이 내 또 무엇을 생각해야 하느냐
(중략)
징용사리 봇짐에 울며 늘어지든 어머니
형무소 창구멍에서 억지로 웃어보이든 아버지
머리 씨다듬어 착한 사람되라고
옛글에 일월같이 뚜렷한 성현의 무리 되라고
삼신판에 물떠놓고 빌고
말배울쩍부터 정전법을 조술하드니
(중략)
형틀과 종문서 지니고
양반을 팔아 송아지를 사든 버릇
소작료 다툼에 마을마다 곡성이 늘어가든
낡고 불순한 생활 헌신짝처럼 벗어버리고
저기 붉은 기폭 나붓기는 곳 아들 아버지 손길 맞잡고
새로이 떠나지는 못하겠는가 이 아츰에 ……
아아 빛도 어둠이런듯 혼자 넘어가는 고개
스물일곱해 자란 터에 내 눈물도 남기지 않으리
벗아 민중의 함성을 전하라
내 잠깐 악몽을 물리치고 한숨에 달려 가리라
───── 김상훈, 〈아버지의 문앞에서〉 부분

이 이야기시의 시적 대상(혹은 이야기 내용)은 '나'와 아버지, 그리고 그를 둘러싼 상황이다. 〈전라도 가시내〉처럼 이 시의 화자는 감정이 고조된 상태에 있으며, 그로 인해 시적 대상과의 거리가 좁혀져 있고, 이야기 내용은 감정표현과 뒤섞여서 나타난다. 결과적으로 이 시에서는 이야기 내용이 화자에 의해 회감되는 것임이 분명하게 드러난다. 또한 이야기를 통해 인식내용이 세세히 제시됨에 따라 화자의 정서가 점차 증폭되는 흐름을 지닌 점도 앞의 시와 동일하다. 그것은 현재의 상황이 이야기 내용에 나타난 모순이 가장 격화된 시점이기 때문이기도 하다. 그런데 이 시는 〈전라도 가시내〉처럼 정서를 토로하는 차원에서 그치는 것이 아니라 사회주의 이념에 근거한 신념을 앞세워 앞날의 행동방향을 암시하는 데로 나아간다.

〈전라도 가시내〉는 '때아닌 봄을 불러줄께 …… 잠깐 너의 나라로 돌아가거라'하는 정도에 그치고 있지만, 이 시는 '민중의 함성을 전하라 …… 악몽을 물리치고 한숨에 달려가리라'라고 외치고 있다. 이 시에서처럼 화자의 내면에 확고한 사회주의 이념을 간직한 시를 「사회주의 리얼리즘」이라고 부를 수 있다.

이 시가 사회주의 리얼리즘 시로서 성공적인 것은 전형성과 전망을 얻고 있기 때문이다. 이 시의 전형성은 신념, 울분, 정서 등의 주체인 화자와 그가 반추하는 이야기 내용(시적 대상) 간의 상관관계 속에서 나타난다. 앞의 두 경우와 똑같이 여기서도 화자와 시적 대상 간의 주객관계가 핵심적인 것이다.

사회주의 리얼리즘 시[39] 중에는 보다 더 감정이 절제되고 화자와 시적 대상 간의 거리가 일정하게 유지되는 시들도 있다. 물론 이런 시들도 어떤 고정된 유형이 있는 것이 아니라 상대적인 차이를 지니고 있는 경우가 많다. 예컨대 임화의 〈우리 오빠와 화로〉, 〈네거리의 순이〉 등은 김상훈의 〈아버지의 문앞에서〉보다는 감정이 절제되어 있으나 박노

---

[39] 이야기시 중에서 사회주의 리얼리즘 시를 말함. 사회주의 리얼리즘 시가 반드시 이야기시로 나타나는 것은 아니다.

해의 〈지문을 부른다〉, 〈손무덤〉⁴⁰⁾ 등에 비하면 상당히 격한 정서를 지니고 있다. 인식(이야기)과 정서가 둘 다 강조된 이야기시 유형의 사회주의 리얼리즘 시 중에서 가장 정서가 절제된 시로는 박노해의 두 시를 들 수 있다. 물론 이 시들도 결미에서 감정이 고조되면서 어떤 집단적인 신념을 표명하는 짜임을 지니고 있다. 그러나 이야기가 제시되는 부분에서는 줄곧 감정이 절제되는 것이 특징이다.

(전략)
초라한 스물아홉 사내의
사진 껍질을 벗기며
가리봉동 공단에 묻힌 지가
어언 육년, 세월은 밤낮으로 흘러
뜻도 없이 죽음처럼 노동 속에 흘러
한번쯤은 똑같은 국민임을 확인하며
주민등록 갱신을 한다

평생토록 죄진적 없이
이 손으로 우리 식구 먹여 살리고
수출품을 생산해온
검고 투박한 자랑스런 손을 들어
지문을 찍는다
아
없어, 선명하게
노동 속에 문들어져
너와 나 사람마다 다르다는
지문이 나오지를 않아
없어, 정형도 이형도 문형도

---

40) 〈지문을 부른다〉와 〈손무덤〉은 거의 동일한 유형의 시이다. 단지 앞의 시의 시적 대상인 인물이 '나' 혹은 '우리'인 반면 뒤의 시에서는 '정형'이 특히 부각되어 있을 뿐이다.

사라져 버렸어
임석경찰은 화를 내도
긴 노동 속에
물건너간 수출품 속에 묻혀
지문도, 청춘도, 존재마저
사라져 버렸나봐
(중략)
지문없는 우리들은
얼어붙은 침묵으로
똑같은 국민임을 되뇌이며
파편으로 내리꽂히는 진눈깨비 속을 헤쳐
공단 속으로 파묻혀 간다
선명하게 되살아날
지문을 부르며
노동자의 푸르른 생명을 부르며
되살아날
너와 나의 존재
노동자의 새봄을
부르며 부르며
진눈깨비 속으로
타오르는 갈망으로 간다
―― 박노해, 〈지문을 부른다〉 부분

이 시에서 화자가 이야기를 반추하는 부분은 감정표현이 절제되어 있다. '아, 없어……'하는 대목 역시 그 순간의 놀라움을 묘사한 것일 뿐 화자의 정서를 직접 노출한 것은 아니다. 그러나 화자의 내면에서 모든 이야기가 다 회감되고 난 후엔 그 이야기 내용의 인식을 매개로 정서가 고조되기 시작한다. 즉 '지문없는 우리들'이라는 인식이 울분을 불러일으키고 또 그것은 '타오르는 갈망'으로 이어진다. 그 타오르는 갈망 속에, '노동자의 새봄'을 부르는 사회주의 이념이 자리하고 있는 이 시는 사회주의 리얼리즘 시의 대표적인 형식을 보여준다. 그러면서도 김상훈의 시와 구별되는 점은 집단적 신념이 강조되고 있다는 점이다. 그러나 시적 대상(우리와 우리의 이야기)과 화자와의 상관관계 속에서 전형성이 나타나는 점은 앞의 시와 조금도 다르지 않다.

이제까지 우리는 화자와 시적 대상(이야기) 간의 거리 및 정서표현의 정도에 따라 이야기시들을 여러 유형으로 나눠보았다. 시에 따라서 정서가 고조된 상태에 있는 시와 절제된 시, 그리고 그 둘이 합성되어 있는 시들이 있었다. 다른 한편으로 화자의 내면에 막연한 이상에의 지향을 지닌 경우와 구체적인 이념을 갖춘 경우로 구분될 수 있었다. 그러나 어떤 유형이든 화자의 자기인식을 중심으로 인식과 정서가 상호연관되는 점은 동일하게 나타났다. 또한 시의 전형성이 화자와 시적 대상(이야기) 간의 상관관계 속에서 찾아지는 점 역시 다름이 없었다. 보다 구체적으로 말하면, 이야기시에서는 이야기가 화자에 의해 자기인식화된 내용이 핵심이며, 그것은 시의 정서, 이미지, 은유, 상징, 운율 등과 이야기 내용과의 상호연관 속에서 고찰될 수 있다. 객관적 인식을 담은 이야기 내용이 정서, 이미지(은유, 상징), 운율 등에 의해 화자의 자기인식으로 변용된 것이 곧 시의 내용이기 때문이다.

이야기시는 자기인식이 중심에 놓이는 서정시의 규범에서 이탈하지 않으면서 이야기를 통해 객관적 (현실의) 인식을 최대한도로 전달할 수 있는 시형식이다. 물론 이런 시에서도 정서적 표현이 얼마든지 나타나지만 그 「정서」의 근원이 되는 「인식」이 시의 표면에 분명하게 형상화되는 점에서 정서 위주의 시들과는 구별된다. 결과적으로 이야기시는 직접적인 정서표현보다 객관적 인식에 강조를 두는 경향을 나타낸다. 그런데 직접적 정서표현을 절제하면서도 다른 한편으로 객관적 인식 또한 담지 않는 또다른 시형식이 있다. 이 시들은 정서보다 인식을 강조하면서도 객관현실보다는 「내면의식」을 반영하는 특징을 지니는 것이다.[41] 화자의 내면의식을 주로 형상화하는 이 시들을 우리는 「모더니즘」시라고 부른다. 그러면 다음에서 모더니즘 시와 그에서 한발 더 나아간 포스트모더니즘 시에 대해 살펴보기로 하자.

(4) 모더니즘과 포스트모더니즘

 전통적인 서정적 시에서 이야기시에 이르는 과정은 잠재된 서사성이 시의 표면에 구체적으로 부각되는 양상을 보여준다. 우리 시사에서 정서 위주의 시로부터 「리얼리즘 시」로 나아가는 경로는 이처럼 서사성과 구체성이 증대되는 전개로 볼 수 있다. 그런데 이와는 반대로, 서사성과 객관적 인식이 오히려 와해되는 또다른 경로를, 새로 나타난 「모더니즘 시」들이 보여주고 있다.
 리얼리즘이 구체성과 객관적 인식을 강화하는 것은 분열된 자본주의 사회를 총체적으로 인식하려는 시도에서 기인된 것이다. 우리시의 흐름에서 리얼리즘 지향이 나타난 것은 식민지 사회의 분열과 모순을 극복하려는 노력의 한 방법이었다. 그러나 분열의 객관적 극복보다는 그로 인한 고립된 내면의식에 초점을 맞추는 모더니즘이 30년대 중반 이후 나타나기 시작한다. 그리고 이후로 리얼리즘과 모더니즘은 서로 병존하는 상태에서 우리 문학사를 구성해왔다. 이처럼 상이한 방법과 세계관을 지닌 문학이 상호 공존하는 상황 자체가 우리 문학사의 특수성이라고 할 수 있다.
 리얼리즘과 모더니즘은 그 방법과 세계관에서 서로 대립될 것으로 생각된다. 그러나 우리 사회에서는 그 두 가지 방법이 각기 다른 맥

---

41) 이처럼 내면의식을 형상화하므로 모더니즘 시는 인식이 강조되었음에도 불구하고 환유보다는 은유적 형식을 지닌다.

락에서 현실과 연관되면서 서로 영향과 충격을 끼치는 관계에 있게 된다. 객관현실의 인식과 변화를 목표로 하는 리얼리즘은 사회적 모순과 개혁의 요구가 상존하는 한 우리 문학에서 필수적인 요소임에 틀림없다. 반면에 우리 사회는 일종의 자본주의 사회로서 자본주의의 발전이 가져온 내적 혁신의 요구 역시 외면할 수 없을 것이다. 인식방법의 혁신을 모색하는 모더니즘이 단순히 폄하될 수 없는 이유는 여기에 있다.[42]

자본주의와 기술문명의 급속한 발전은 전통적인 방식으로 객관현실을 총체화하는 것을 어렵게 했다. 이제 객관현실은 파편화된 모습으로 보여지며 외부현실과 내면의식은 분열을 일으키게 되었다. 이러한 외면(객체)과 내면(주체) 간의 깊은 심연은 통일된 「자기인식」을 어렵게 했으며 그에 따라 「인식」과 「정서」(즉 자기인식의 객관적 측면과 주관적 측면), 지성과 감성의 분열이 초래되었다. 엘리어트가 말한 이른바 「감수성의 분열」[43]이란 바로 이를 일컫은 것이었다. 분열된 감수성은 새로운 인식(혹은 자기인식)의 방법으로 다시 통합되어야 하는데 그 어려운 작업을 시도한 것이 모더니즘 시인들이었다.

예를 들어 군중들이 모여 있는 모습은 통상적으로 번잡한 따뜻함, 민중성 등을 느끼게 한다. 그러나 음산한 지하철 정거장에 모여 있는 사람들은 그런 상례적인 정서를 불러일으키지 않는다. 여기에서 우리는 인식과 정서의 분열을 맛보게 되는 것이다. 그 감수성의 분열을 통합시키기 위해서는 새로운 인식(그리고 자기인식)의 방법으로서 독특한 이미지를 만들어내야 한다.

---

42) 예컨대 프루스트 등의 모더니즘 소설에서 나타난 4차원성은 자본주의 발전의 새로운 예술적 산물로서 영화예술의 등장에서 우리는 그 필연성을 엿볼 수 있다. A. 하우저, 《문학과 예술의 사회사-현대편》, 백낙청·염무웅 역 (창작과비평사, 1981), 240~45면.

43) 엘리어트는 〈The Metaphysical Poets〉라는 글에서 17세기에는 가능했던 지성과 감성의 통일이 현대에 와서는 분열되었다고 말한다.

군중 속에 유령같은 이 얼굴들
젖은 검은 가지의 꽃잎들
　　──　에즈라 파운드, 〈지하철 정거장에서〉

　위 시는 군중들에 대한 지적 인식(비인간화된 모습)과 감성적 정서 (인간애) 사이의 분열을 '젖은 검은 가지의 꽃잎들'이라는 창의적인 은 유로써 재통합시키고 있다. 군중이라는 대상에 대한 감수성의 분열은 도시문명이 가져다준 비인간화(혹은 사물화)에 의해 빚어진 것이다. 위 시의 은유적 이미지는 사물화에 의한 음산함('젖은 검은 가지') 속에서 도 인간애('꽃잎들')를 되찾으려 시도하는 자기인식의 표현이다. 이러 한 새로운 인식방법에 의한 자기인식 속에서 인식과 정서는 다음과 같 이 재통합되는 것이다.

군중들	……　얼굴들 ……　꽃잎들	음산함 속의 아름다움
인식	자기인식	정서

　모더니즘의 이러한 은유와 자기인식 속에는 자본주의와 기술문명이 가져다준 사물화에 대한 저항의식이 포함되어 있다. 그러한 저항은 감 성적이기보다는 지성적이며 외면적이기보다는 내면적인 것이었다. 이에 따라 「지성」과 인식이 강조됨에도 불구하고 모더니즘은 환유보다는 「은유」의 형식을 지니게 된다. 지성과 은유의 형식이 두드러진 이런 유형의 모더니즘은 통상「이미지즘」과「주지주의」로 불린다.
　30년대 후반에 우리 시에 영향을 미친 모더니즘은 그 같은 이미지즘 과 주지주의였다. 김기림과 김광균의 시에 나타나는 새로운 은유와 이 미지의 창조는 그 영향의 결과로 볼 수 있다. 예컨대 김광균은 〈추일서 정〉에서 가을에 대한 이미지를 다음과 같은 은유로 표현했다.

낙엽은 폴란드 망명정부의 지폐
포화에 이즈러진
도룬시의 가을 하늘을 생각케 한다
길은 한줄기 구겨진 넥타이처럼 풀어져
일광의 폭포 속으로 사라지고
조그만 담배연기를 내어 뿜으며
새로 두시의 급행열차가 들을 달린다
포푸라 나무의 골조 사이로
공장의 지붕은 흰 이빨을 드러내인 채
한 가닥 꾸부러진 철책이 바람에 나부끼고
그 위에 셀로판지로 만든 구름이 하나
—— 김광균, 〈추일서정〉 부분

위 시는 '폴란드 망명정부의 지폐', '구겨진 넥타이', '담배연기', '셀로판지로 만든 구름' 등 지적이고 창의적인 은유들로 가득 차 있다. 이러한 은유와 이미지들은 도회적인 감각으로 새로운 감수성을 만들어내려는 노력으로 볼 수 있다. 그러나 김광균의 시에는 자본주의와 도시문명의 사물화에 대한 저항이 거의 나타나 있지 않다. 더욱이 30년대 후반 이후 우리 사회의 사물화 현상에는 궁핍과 혼돈, 핍박 등 식민지 자본주의의 모순이 작용하고 있었다. 지성과 감성의 분열을 낳은 그 같은 핵심적 모순을 간과한 채 단순히 도시적 감수성만을 추구한 작품들은 따라서 공허한 유희로만 느껴질 수밖에 없었다. 김기림과 김광균의 시들에 비해 당시의 사회적 모순을 엿볼 수 있는 이상의 몇 편의 시들을 주목하는 이유는 여기에 있다.

안해를 즐겁게 할 조건들이 틈입하지 못하도록 나는 창호를 닫고 밤낮으로 꿈자리가 사나와서 가위를 눌린다. 어둠 속에서 무슨 내음새의 꼬리를 체포하여 단서로 내 집내 미답의 흔적을 추구한다. 안해는 외출에서 돌아오면 방에 들어서기 전에 세수를 한다. 닮아온 여러벌 표정을 벗어버리는 추행이다. 나는 드디어 한조각 독한 비누를 발견하고 그것을 내 허위 뒤에다 살짝 감춰버렸다. 그리고 이번 꿈자리를 예기한다.

—— 이상,〈追求〉[44]

이 시는 카페 여급인 아내의 허위를 비판하는 내용들을 담고 있다. 아내에 대한 비판은 '독한 비누'로 '여러벌 표정을 벗어'버린다는 은유 속에 표현되고 있다. 이 시에서 아내의 허위는 화자의 의식을 분열시키며 화자는 그것을 지적인 은유를 통해 추궁하는 것이다. 그런데 중요한 것은 아내의 허위의 이면에는 전통적인 관습을 와해시키는 식민지 자본주의의 모순이 내포되어 있다는 점이다. 이는 이상의 다른 시들이나 소설들(〈지주회시〉,〈날개〉등)을 읽어보면 보다 더 확실하게 드러난다. 이상의 시가 다소 난해하면서도 우리 모더니즘 시의 선두주자로 꼽힐 수 있는 이유는 여기에 있다.

이상은 36년 이후 비교적 덜 난해하면서도 내면의식으로나마 현실적 모순을 암시하는 시들을 썼다. 그러나 전체적으로 보면 이상의 시는 주지주의보다는 다다이즘과 초현실주의에 연관되어 있으며 매우 실험적이고 도전적인 성격을 띠고 있다. 특히〈오감도〉연작시 등에서 특징적으로 나타나는 이러한 경향은 이상의 시들을 훨씬 후대의 포스트모더니즘 시들과 연결시키게 한다.

「포스트모더니즘」은 모더니즘에 반발해 나타난 문화형식으로서 우리 문학에서는 80년대 이후의 시와 소설들에서 발견된다. 이른바 해체시로 불리는 황지우, 박남철, 장정일 등의 작품은 형식의 해체와 패러디의 방법을 사용하는 일종의 포스트모더니즘 시이다. 그런데 이들의 파괴적이고 도전적인 시적 방법은 반세기 전의 이상의 실험적 수법과 매우 유사한 특징을 보여준다. 80년대의 포스트모더니즘들이 이처럼 선배모더니즘의 시적 방법을 답습하고 있는 것은 무슨 이유에서일까.

포스트모더니즘이 모더니즘에 반발했다고 하지만 그것은 귀족적이고

---

44) 띄어쓰기, 한자→한글, 인용자.

엘리트주의화된 이미지즘과 주지주의에 대해서일 뿐이다. 모더니즘은 원래 도시문명의 사물화에 저항하면서 나타났으나 이내 새로운 관습 속에서 타성에 빠지게 된다. 이런 권위주의화된 모더니즘에 반박하면서 나타난 포스트모더니즘은 다다이즘과 초현실주의가 갖고 있던 관습 파괴의 정신에 직접적으로 맥이 닿아 있다. 따라서 〈오감도〉류의 이상의 모더니즘 작품들은 오히려 후대의 포스트모더니즘과 연관성을 지니는 것이다.

포스트모더니즘의 출현에는 소위 자본주의의 제3기적 현상이 자리하고 있다. 프레드릭 제임슨에 의하면 리얼리즘·모더니즘·포스트모더니즘은 각기 자본주의의 세 가지 발전단계에 상응해서 나타난 문화형식이다.[45] 리얼리즘은 자본주의의 발흥기에 등장했으며 모더니즘은 독점자본주의 단계의 산물이고 포스트모더니즘은 20세기 후반 후기 자본주의와 더불어 출현했다. 자본주의의 제3기적 단계란 다국적 기업과 자본주의의 국제화, 텔리비전, 비디오 등 전달매체의 변혁, 컴퓨터·인공두뇌학·정보산업의 발전으로 설명된다. 이 시기의 경제적·기술공학적 변혁은 문화형식에도 일정한 영향을 미쳐 전통적인 양식에서 새로운 형태로의 변화를 요구한다. 포스트모더니즘은 그 요구에 부응하기 위한 형식적 실험이라고 할 수 있다.

모더니즘 역시 기술문명의 발전에 대처하려는 시도였지만 아직 이 단계에서는 새로운 관습과 형식의 모색이 가능한 시기였다. 문화적 형식화란 세계를 어떤 방법으로 인식하려는 과정을 포함한다. 모더니즘은 파편화된 현실을 총체적으로 인식하는 것이 불가능함을 보여줬지만 다른 한편 새롭고 복잡한 방법으로 또다른 형식화를 모색해왔다. 그러나 포스트모더니즘은 현실을 더이상 하나의 세계관으로 형식화할 수 없음을 주장한다. 흔히 포스트모더니즘이 관습과 형식의 파괴로 나타나는 것은 이 때문이다. 80년대에 유행한 해체시들 역시 이러한 권위와 형식

---

45) 프레드릭 제임슨·백낙청, 〈맑시즘, 포스트모더니즘, 민족문화운동〉, 《창작과 비평》. 1990, 봄, 268~300면.

의 파괴를 목표로 삼고 있다.

> 숙자는 남편이 야속해
> ──── KBS 2TV 산유화(하오 9시 45분)
>
> 길중은 밤늦게 돌아온 숙자에게 핀잔을 주는데, 숙자는 하루종일 고생한 수고도 몰라주는 남편이 야속해 화가 났다. 혜옥은 조카 창연이 은미를 따르는 것을 보고 명섭과 자연스럽게 이야기를 나누게 된다. 이모는 명섭과 은미의 초라한 생활이 안쓰러워 ……
>
> 어느날 나는 친구집엘 놀러 갔는데 친구는 없고 친구 누나가 낮잠을 자고 있었다. 친구 누나의 벌어진 가랭이를 보자 나는 자지가 꼴렸다. 그래서 나는 …….

낙서를 연상시키는 황지우의 이 시가 시로 읽히는 것은 단지 시집에 실렸기 때문일 것이다. 이 시는 시로서 존재하기 위한 형식화의 조건을 하나도 갖추고 있지 않다. 이러한 시형식의 파괴 작업에는 하나의 세계관으로 현실을 반영(재현)하기 어려워졌다는 인식론적 회의가 숨어 있다. 그와 함께 이 시의 또다른 특징은 현실의 사물들이 생경하게 시의 표면에 나타났다는 점이다. 유심히 보면 이 시는 TV 프로그램 신문기사에 화장실 낙서를 덧붙여놓은 것임을 알 수 있다. 이처럼 현실의 사물·언어들을 발췌해 편집하는 수법은 해체시에서 널리 발견된다. 현실의 재현이 아닌 직접적인 돌출은 포스트모더니즘 문화형식의 한 단면인 셈이다.

포스트모더니즘은 현실이 이미 기호와 재현물로 가득 찼으므로 그것을 다시 재현하는 것은 무의미하다고 생각한다. 이로써 현실과 재현의 경계는 무너지며 현실의 사물과 언어들이 생경하게 시의 표면에 출몰하는 것이다. 이 점 역시 현실을 단일한 세계관으로 형식화하기 어려워졌다는 인식론적 불가지론을 드러내는 셈이다. 대신에 포스트모더니즘은 현실을 이해하기 위해서는 다양한 형식화의 가능성을 살펴봐야 한다고 생각한다. 탈중심·다원론·해체론 등 포스트모더니즘이 표방하는 원리는 이런 생각과 연관되어 있다.

이와 함께 포스트모더니즘은 패러디의 방법을 많이 사용하는데 이는 모든 신성불가침한 권위들을 부인하는 탈권위의 의식을 보여준다. 패러디는 기존의 관습과 형식 속에 포함된 고정불변의 세계관과 인식론을 파괴하는 것이다. 박남철의 다음의 시는 그 대표적인 예이다.

　　지금, 하늘에 계시지 않은 우리 아버지 이름을 거룩하게 하옵시며,
　　아버지의 나라이 말씀이 아니시며, 뜻이 하늘에서 이룬 것 같이, 그러나 땅에서는 아직도 이루어지지 않았나이다
　　오늘날 우리에게 일용할 거시기는 단 한 방울도 내려 주시지 않으셨으며
　　우리가 우리에게 죄 짓고 있는 자들을 모르는 척하고 있듯이 우리의 모르는 척하는 죄를 눈감아 주옵시고,
　　우리가 우리 스스로의 힘으로 일어설 수 있을 때까지는 몇만년이라도 우리의 시험이 계속되게 하여 주시고
　　다만 어느날 우연히 악에서 구하려 들지는 말아 주시옵소서
　　대개 나라와 권세와 영광이 아버지께 영원히 있다고 말해지고 있사옵니다 언제나 출타중이신 아버지여
　　　　　　　　　　　　　　　　　　　　　　아멘
　　　　　　　　　　　　　　　　── 박남철, 〈주기도문〉

위의 시처럼 이런 패러디의 시들이 별다른 대안이나 방향을 지니지 못할 경우 허무주의에 빠지는 것은 불가피하다. 그러나 모든 포스트모더니즘이 앞서 살펴본 시들처럼 파괴적이고 허무적이기만 한 것은 아니다. 포스트모더니즘이 우리 시에 나타난 것은 우리 문화가 이미 자본주의의 제3기적 단계에 진입했음을 입증한다. 하지만 서구와는 다른 경로를 거쳐온 우리 사회에서는 그들과 똑같은 입장에서 포스트모더니즘의 논리를 수용할 수는 없을 것이다. 우리 사회에는 아직 외적 개혁의 필요성이 중시되고 있으며 그만큼 리얼리즘의 요구는 필수적인 셈이다. 우리의 경우 리얼리즘·모더니즘·포스트모더니즘은 서로 병존하는 상태에 있으며 포스트모더니즘의 시대에도 리얼리즘의 필요성은 간과될 수 없다. 실제로 포스트모더니즘 성향의 시들 중에서도 현실비판적인 리얼리즘의 요구에 부응하는 작품을 전혀 발견할 수 없는 것은 아니다.

예컨대 《뒹구는 돌은 언제 잠 깨는가》라는 시집에 실린 이성복의 시들은 중심이 해체된 듯한 어지러운 연상작용에 의존하는 포스트모더니즘의 특성을 보여준다. 흡사 초현실주의의 자유연상 기법을 상기시키는 이 시들은 사물들을 중심적인 세계관으로 배열하기보다는 그들간의 복잡하고 기이한 관계를 노출시킨다. 그러나 그 흔들리는 연상작용은 혼돈과 환상 속에서도 우리를 포근하게 감싸준다. 그것은 이 시들의 자유연상법이, 단지 무질서와 혼란에만 빠지지 않고, 올바른 인식의 근거로서 외부현실과의 접촉점에서 내면적인 풍부한 관계를 포착하기 때문이다.

> 그날 아버지는 일곱시 기차를 타고 금촌으로 떠났고
> 여동생은 아홉시에 학교로 갔다 그날 어머니의 낡은
> 다리는 퉁퉁 부어올랐고 나는 신문사로 가서 하루 종일
> 노닥거렸다 前方은 무사했고 세상은 완벽했다 없는 것이
> 없었다 그날 驛前에는 대낮부터 창녀들이 서성거렸고
> 몇 년 후에 창녀가 될 애들은 집일을 도우거나 어린
> 동생을 돌보았다 그날 아버지는 未收金 회수 관계로
> 사장과 다투었고 여동생은 愛人과 함께 음악회에 갔다

> 그날 퇴근길에 나는 부츠 신은 멋진 여자를 보았고
> 사람이 사람을 사랑하면 죽일 수도 있을 거라고 생각했다
> 그날 태연한 나무들 위로 날아 오르는 것은 다 새가
> 아니었다 나는 보았다 잔디밭 잡초 뽑는 여인들이 자기
> 삶까지 솎아내는 것을, 집 허무는 사내들이 자기 하늘까지
> 무너뜨리는 것을 나는 보았다 새占 치는 노인과 便桶의
> 다정함을 그날 몇건의 교통사고로 몇 사람이
> 죽었고 그날 市內술집과 여관은 여전히 붐볐지만
> 아무도 그날의 신음소리를 듣지 못했다
> 모두 병들었는데 아무도 아프지 않았다
> ── 이성복, 〈그날〉

위의 시는 어떤 중심적인 논리에 의해 이미지가 배열되고 있지 않다. 일상생활의 주변을 이루는 이미지와 사건들이 별다른 인과관계 없이 나열될 뿐이다. 그러나 이 현란하면서도 단조로운 일상사의 배열은 교묘한 결합 속에서 현실의 표리의 모순을 드러낸다. 아무 연관이 없는 듯한 일상의 단편들은 화자의 의식 속에서 현란하고 새로운 관계를 획득하며 또 그를 통해 평범할 수 없는 평범한 현실의 단면이 나타나는 것이다. 즉 화자의 번득이는 의식 속에는 소리 없는 아픔이 숨어 있으며 그것을 드러내지 않는 일상의 단조로운 나열은 그 자체가 현실의 모순을 보여준다.

이성복의 이 시는 초현실주의적 연상법이 사회현실과 무관한 초월적 관념만을 노래하는 것이 아님을 보여준다. 즉, 그의 시에서는 우연과 비약으로 가득 찬 이미지들이 단조로운 현실 이면의 모순을 드러내는 기법으로 사용된다. 여기서 중심보다는 다양한 현상에 주목하는 포스트모더니즘적 방법이 얼마든지 현실비판적인 목적으로 쓰일 수 있음을 발견할 수 있다.

이제까지 모더니즘에서 포스트모더니즘에 이르는 일련의 혁신적인 시들을 살펴보았다. 이 시들은 자본주의의 물질적·기술공학적 발전에 따

른 사물화에 맞서서 인간주체의 문제를 새롭게 검토하는 것으로 볼 수 있다. 그 구체적 방법으로 모더니즘은 인간의 내면세계를 탐구했고 포스트모더니즘은 다양한 관계 속에서 구성된 인간을 제시했다. 이러한 내면성이나 다원론은 외부 현실의 변혁을 목표로 하는 리얼리즘과는 방향이 사뭇 다른 것이다. 그러나 모더니즘이나 포스트모더니즘 역시 외부현실에 대한 일정한 비판적 자세를 견지할 수 있으며 그를 통해 새로운 사회에 대한 열망을 드러낼 수 있다. 특히 현실의 개혁이 필수적인 우리 사회에서는 그 비판의식의 요구가 더 절실하다고 할 수 있다. 리얼리즘·모더니즘·포스트모더니즘의 이러한 복합적 관계는 객관현실을 형상화하는 소설 장르에서 한층 중요하게 드러난다. 우리는 다음 장에서 이 상이한 방법들의 병존 관계와 연계성의 문제를 다시 살펴보기로 한다.

제 5 장
소설이란 무엇인가

1. 소설이란 무엇인가

(1) 소설과 서사문학

　소설은 서사문학의 발전과정에서 가장 나중에 나타난 장르이다. 소설이 출현하기 이전에는 소설의 선조로 불릴 수 있는 다른 양식들이 있어 왔다. 즉, 신화·전설·민담 등 구어로 소통된 장르들이 그것이다. 우리는 이들을 「소설」과 구별해 「설화」라고 부른다.
　그런데 이처럼 역사적으로 분류할 때 소설 역시 고소설과 근대소설(혹은 로만스(romance)와 노블(novel))로 구분된다. 따라서 서사문학의 역사는 설화에서 소설로, 보다 구체적으로는 신화·전설·민담에서 고소설, 근대소설로 발전되어 왔다. 이러한 서사문학의 발전과정은 인간의 삶의 양상과 인식구조의 변화에 따른 것이다. 예컨대 신화는 신화적 삶과 인식구조의 산물이며 근대소설은 그와 다른 오늘날의 삶의 양상과 연관되어 있다.

이렇게 볼 때 소설은 우리시대의 서사문학이라고 말할 수 있다. 그리고 우리와는 다른 삶이 펼쳐질 미래의 세계에는 또다른 서사문학이 출현하리라 추측된다. 다시 말해 소설은 결코 서사장르의 종착역이 아닌 것이다.

그러면 이러한 여러 장르들을 왜 똑같이「서사문학」이라는 이름으로 부르는 것일까. 신화·전설·민담·고소설·근대소설을 모두 서사장르로 명명할 수 있는 공통된 근거는 무엇일까. 한 예로 신화 중에서 동명왕 이야기의 서사적 특징을 살펴보자. 동명왕 신화는 유화의 몸에서 알로 태어난 주몽이 시련을 이겨내고 고구려를 세우는 이야기이다. 하강-상승의 구조를 갖고 있는 이 이야기는 신의 혈통을 지닌 주몽에게 고구려의 왕으로서의 합당성을 부여하는 논리를 담고 있다. 이 신화는 신화시대의 인물, 사건, 환경, 그리고 이러한 요소들의 상호관계 속에서 그 시대의 세계상을 그리고 있다. 이처럼 어느 한 시대의 세계의 모습이 「이야기」속에 담겨진다는 것이「서사문학」의 중요한 특징이다.

신화와는 아주 상이한 근대소설에서도 이러한 특징은 발견된다. 예를 들어 김동인의〈감자〉는 복녀가 궁핍한 환경에서 몰락과 타락을 겪은 끝에 죽음을 맞는 이야기이다. 하강적 구조를 갖고 있는〈감자〉는 인간적인 요소가 훼손된 비정한 세계의 논리를 담고 있다. 축복의 이야기인 동명왕 신화와는 달리〈감자〉는 철두철미 파멸과 죽음의 이야기인 것이다. 그러나 이 소설 역시 식민지 시대의 인물, 사건, 환경, 그리고 이 요소들의 상호연관 속에서 그 시대의 세계의 모습을 형상화한다. 이처럼 서사문학은 공통적으로 특정한 시대의 삶의 모습을 담은「이야기」를 지니고 있다.

서사문학의 또다른 특징은 이야기가「언어」로 전달된다는 점이다. 이야기란 일정한 논리를 지닌 어느 시대의 삶의 내용인데 이것은 반드시 언어로만 전달되는 것은 아니다. 소설처럼 충분하지는 않지만 회화나 음악에도 이야기는 나타날 수 있다. 연극이나 무용은 그보다 훨씬 더 풍부한 이야기를 제시한다. 더욱이 영화나 만화는 소설에 조금도 뒤지지 않는 구체적이고 생생한 이야기를 전달해준다. 그러나 연극이나 무용은 이야기를 무대 위에서 공연하는 장르이며, 영화나 만화는 영상과 그림을 통해 이야기를 제시하는 양식이다. 이에 반해 서사문학은 이야기를 언어를 통해 전달하며 그 때문에 언어의 주체인「화자」를 반드시 필요로 한다.

따라서「이야기」와「화자」는 서사문학을 구성하는 두 가지 필수요건이다. 연극・무용・회화・표제음악의 경우 이야기는 존재하지만 화자는 나타나지 않는다. 또 영화나 만화에는 화자가 나타날 수도 있지만 설화나 소설처럼 필수적인 것은 아니다. 다른 한편으로 서정시의 경우 화자는 존재하지만 이야기는 형상화되지 않는다. 물론「이야기시」라는 서사적 서정시에서는 이야기가 그려지지만 그것은 어디까지나 화자의 내면에 담겨진 시의 내용일 뿐이다.[1] 반면에 설화나 소설의 이야기는 화자로부터 독립된 자율적인 세계를 전개시킨다.

이런 측면에서 서사문학의 중요한 특징은 이야기와 화자와의「관계」에서 찾을 수 있다. 서사문학은 화자로부터 독립된「반자율적인」이야기의 세계를 펼쳐보인다. 화자의 역할은 특정한 논리(신화적 논리, 유교적 논리, 현실주의 원리 등)에 따라 시공간을 구성하면서 그 세계 속에서 인물들이 살아가는 모습을 형상화하는 것이다. 이러한 화자의 역할은 시대에 따라 달라지고 그 기능도 복합적이어서 단순한 이야기의 전달자에 그치는 것은 아니다. 그러나 화자는 자신이 구성하는 시공간, 인물, 환경, 사건으로부터 일정한 거리를 두고 자신의 역할을 수행한다. 즉 이야기 세계는 화자로부터 독립된 시공간을 지닌「객체」로서 형상화된다. 이야기 세계를 이처럼 반자율적인 객체로 만드는 화자와의 거리를 우리는「서사적 거리」라고 부른다.

이에 반해 서정문학은 이야기를 지닌 경우에도 서사적 거리를 갖추고 있지 않다. 서정문학의 이야기는 화자의 내면에 용융된 자기인식의 한 부분으로 그려질 뿐이다. 서사문학에서처럼 이야기가 독립된 객체의 세

---

[1] 이에 대해서는 제 4 장 5 절 (3)이야기시와 리얼리즘 을 참조할 것.

계로 형상화되지 않는 것이다.

그러나 서사문학의 이야기는 자율적인 객체로서 그려짐으로써 독자(청자)에게 하나의 인식의 대상으로서 세워진다. 물론 이야기는 실제 세계와는 달리 특정한 논리(혹은 가치체계)에 따라 구성된 시공간, 인물, 환경, 사건들의 내용으로 이루어진다. 따라서 독자는 이야기를 듣는 전체 통시적 과정을 통해 세계를 「인식」하면서, 그와 동시에 어떤 가치에 대한 「자기인식」에 도달한다. 이처럼 「통시적」 인식과정을 통해 자기인식에 도달하는 점에서 서사문학은 직접적으로 자기인식을 체험하는 서정문학과 구분된다.

또한 서사문학은 객체로서의 인식의 대상으로 형상화되기 때문에 객관현실을 인식하는 매개물로서 가장 잘 기능할 수 있다. 독자(청자)는 이야기 세계를 인식하면서 거기에 반영된 객관현실 역시 인식하게 된다. 서정문학에도 이런 인식과정이 없는 것은 아니지만 객관현실의 형상은 자기인식 속에 녹아든 내용으로 드러난다. 그러나 서사문학에서는 실제로 객관현실을 인식하듯이 이야기 세계를 경험하게 된다. 따라서 서사문학은 모든 문학장르 중에서 객관현실을 객체로서 가장 잘 반영할 수 있다. 서사문학이 객관현실의 「총체성」을 매우 훌륭하게 획득할 수 있는 이유는 여기에 있다.

이 때문에 서사문학은 각 역사적 시기마다 그 시대의 총체성을 반영하는 장르들이 출현한다. 서정문학은 다양한 장르들이 복합적인 관계를 이루며 역사적인 계통을 만들어간다. 반면에 각 시대의 총체성을 형상화할 수 있는 서사문학은 장르의 변화과정과 역사적 발전과정이 매우 긴밀하게 상응하는 관계를 보여준다. 물론 서사문학 역시 총체성을 담지 않는 다양한 부차적 장르들이 명멸하기도 한다. 그러나 서사문학에서는 서정이나 극과는 달리 매우 분명한 역사적 장르변화의 계통(「신화」,「전설」,「민담」,「고소설」,「근대소설」등)을 설정할 수 있다.

앞에서 각 서사장르들이 그 시대의 삶의 양상과 인식구조의 변화를 반영한다고 한 것은 이를 뜻한 것이었다. 매시기의 서사장르들에서 그것은 특히 이야기와 화자의 변화 및 그 관계의 변화로서 나타난다. 이야기가 인간이 어떤 환경(세계)에서 살아가는 양상의 반영이라면 화자는 세계를 인식하는 인간을 반영한다. 그리고 이야기와 화자와의 관계는 어떤 삶의 양상과 인식주체(인간)와의 관계를 드러낸다. 그러면 인간의 삶의 변화에 따른 서사장르의 구체적인 변화양상을 살펴보기로 하자.

(2) 서사문학의 역사

이야기의 구성원리의 변화는 세계와 인간과의 관계를 반영한다. 예컨대 고대에는 인간의 생활이 자연에 압도되어 있었으므로, 인간은 온갖 경외로운 자연환경으로부터 신성한 힘의 존재를 믿게 되었다. 인간은 자연에 내재한 신비로운 힘의 근원을 신이라고 불렀으며, 인간의 삶의 질서에 필요한 절대적 가치를 그 신성한 힘에 결부시켰다.

그들은 세계(자연과 인간)를 지배하는 신성한 힘이 거주하는 「천상계」의 실존을 믿었던 것이다. 모든 「신화」 이야기는 천상계의 신성한 힘이 지상계의 삶의 질서로서 펼쳐지는 내용을 담고 있다. 이를 위해 천상계와 지상계를 연결하는 존재로서 형상화되는 인물이 바로 「영웅」인 셈이다. 우리나라의 여러 건국신화들은 이 관계를 잘 보여준다. 영웅은 「신」의 혈통을 지닌 인물로서 지상계에서는 삶의 질서를 위한 절대적 가치인 건국시조의 「왕권」을 갖게 된다. 예컨대 동명왕 신화에서 주몽의 고구려의 건국은 신의 혈통을 받았다는 신성한 논리에 의해 그 합당성을 얻는다. 이러한 건국신화는 왕권을 중심으로 한 「지상계의 질서」와 「천상계의 신의 섭리」와의 조화를 의미하는 것이었다.

그러나 그러한 조화는 「전설」의 시대에 들어서면서 분열되기 시작한다. 한 예로 아기장수 전설을 보면, 신성한 힘을 지닌 영웅의 탄생이 인간의 비극으로 받아들여짐을 볼 수 있다. 일단 왕권을 정점으로 한 통치질서가 확립되자, 인간들 중 경외로운 힘을 지닌 자는 더이상 축복을 받을 수 없게 된 것이다. 새로운 영웅의 탄생은 기존 질서에 대한 도전을 의미하기 때문이다.

장사가 태어나면 그 마을이 망한다는 생각을 갖고 있던 마을 사람들은 놀라운 힘을 지닌 아이를 큰 돌을 올려놓아 죽게 한다. 영웅이 될 아이를 미리 제거함으로써 훗날의 재앙을 막기 위해서였다. 그러나 이러한 마을 사람들의 행동은 인간의 비극을 의미하는 것일 수밖에 없었다. 인간에게 비범한 능력을 부여한 신의 섭리가 더이상 인간의 삶의 질서와 화합되지 않는다는 좌절이 나타났던 것이다.

하지만 인간의 좌절과 슬픔은 여전히 신성한 힘의 원리를 빌려 표현된다. 위의 전설에서 아이가 죽자 번개가 치며 용마가 날아와 울다 죽었고, 죽은 아이의 시체 주위에는 몇 달이 넘도록 불개미 떼가 모여 군대훈련을 한다. 신의 섭리와 인간의 질서에 균열이 생겨났지만, 사람들은 아직 세계가 신성한 원리에 지배된다고 믿었던 것이다.

이처럼 「신화」가 조화와 축복을 담고 있는 반면, 「전설」은 분열과 슬픔을 형상화한다. 그러나 신화와 전설은 똑같이 세계가 「신성한 힘의 원리」에 지배된다는 믿음을 갖고 있었다. 신화·전설·민담 등을 똑같이 「설화」로 부르는 것은 이처럼 동일한 세계관에 지배되고 있기 때문이다.

설화시대에 세계를 지배하는 신성한 원리는 개인의 자아의식을 압도하면서 모든 인간에게 받아들여졌다. 즉, 인간은 신성한 원리를 「즉자적으로」 수용해 자신의 세계관으로 삼았던 것이다. 「세계」와 「인간」과의 이러한 관계는 「이야기」와 「화자」와의 관계에 그대로 반영된다. 설화의 이야기를 통괄하는 신성한 원리는 화자의 자아의식을 제압하고, 화자로 하여금 그것을 당연하고 유일한 세계질서로 인식하도록 한다. 화자는 자기의 관점으로 이야기 세계를 대면하는 것이 아니라, 신성한 원리를 즉자적으로 받아들여 청중들에게 전달한다. 이처럼 화자는 자신의 관점을 지니지 못한 채, 이야기에 내포된 신성한 세계관을 전달하는데 전념하게 되므로, 그런 기능을 수행하는 한 서술 언어 자체는 매번 바뀌어도 이야기의 의미가 손상되지 않았다. 서술의 정확한 보전이 필요 없다는 점은 설화의 전달수단이 「구어」였다는 사실과도 상통한다.

소설의 출현은 「세계와 인간」과의 변화된 새로운 관계를 반영하는 것이었다. 신의 섭리와 인간의 질서가 분열된 시대에, 인간은 더이상 신성한 원리에 의존하지 않고 「인간적」 관점으로 세계를 인식하게 되었다. 물론 고소설의 시대에는 신이 활동하는 천상계가 여전히 존재한다고 믿었다. 그러나 신의 섭리는 더이상 직접적으로 인간의 삶에 관여하지는 않게 되었다. 천상계가 완전히 사라지지는 않았지만 보이지 않는 저편 세계로 물러나게 된 것이다. 조선조의 영웅소설에서 천상계가 주로 꿈을 통해서 나타나는 것은 여기에 기인한다.

천상계가 삶의 무대에서 사라져감에 따라, 인간은 그 대신 인간의 질서를 최고의 가치로 삼게 되었다. 이를테면 조선조 사회는 충·효·열 등 인간적 덕목을 최고의 가치로 내세웠으며, 신에 의한 질서 대신 이 「유교이념」이 이야기의 구성원리로 작용하게 되었다. 이처럼 천상적 질서 대신 지상적 원리를 선택함으로써, 비범한 능력을 지닌 「영웅」의 탄생이 다시 가능해졌다. 그러나 다시 태어난 영웅은 신의 아들이 아니라 왕에게 「충성」을 맹세하는 유교이념의 영웅에 불과하다. 물론 영웅은 저편 세계로 물러난 신의 섭리의 후광에 둘러싸인다. 하지만 그 섭리에 의한 비범한 능력은 이미 신성성을 상실했으며, 다만 지상적 질서를 유지하는 힘으로 사용될 뿐이다. 영웅소설의 주인공들은 천상계의 도움을 받기도 하지만 그 힘조차도 근본적으로 지상적 원리의 견지에서 받아들여진다.

이와 같이 세계와 인간과의 새로운 관계는 이야기의 구성원리에 변화를 가져오게 되었고, 또한 그것은 이야기와 화자와의 관계에도 반영되었다. 인간은 신성한 원리에 의해 압도되는 것이 아니라 충·효·열을 정점으로 하는 인간의 관념체계로서 세계를 이해하기 시작했다. 즉, 인간은 유교적 관념으로 세계를 대면하게 되었고 이에 상응해서 소설의 화자 역시 이야기 세계를 인간적 관점으로 바라보게 되었다. 이처럼 화자의 서술에 인간적 관점이 내포됨으로써, 그의 서술은 이야기뿐만 아니라 자신의 관점을 아울러 담는 기능을 하게 된다. 따라서 양자(이야기 내용과 화자의 관점)가 섞여진 서술은 변화될 수 없는 언어(글)로 고정되었다. 소설의 전달 수단이 설화와는 달리 「문어체」로 바뀐 것은 이와 관련이 있다.

이러한 「로만스적」[2) 고소설은 근대에 이르러 또다시 변화를 겪게 된다. 고소설을 지배하던 유교이념은 기존 질서를 옹호하며 사회를 통합하는 기능을 해왔다. 대부분의 고소설들이 행복한 결말로 끝나는 것은 유교이념을 바탕으로 사회와 개인이 조화될 수 있다는 인식을 드러내는 것이다. 즉, 충·효·열을 잘 지키면 누구나 행복해질 수 있다는 생각이다.

그러나 역사가 보다 진전됨에 따라, 사람들은 유교이념이 더이상 조화된 사회를 보장하지 못함을 깨닫게 되었다. 유교이념이 영원한 행복을 보장한다는 것은 「관념」일 뿐이며, 실제 「현실」에서는 사회와 분열된 개인이 고통을 당한다는 사실을 인식하게 된 것이다.

인간은 「신의 섭리와 인간의 질서」가 분열되었을 때 신성한 원리를 포기하고 「지상의 원리」를 선택했듯이(설화→고소설), 「사회와 개인」이 분열되었음을 깨닫자 양자를 결속하는 관념을 버리고 개인을 존중하는 「현실의 원리」를 믿게 되었다(고소설→근대소설). 근대소설의 발흥은 이러한 현실주의와 개인주의에 근거한 것이었다. 근대소설은 사회의 이념과 개인의 삶이 조화될 수 없다는 사회와 개인과의 갈등, 즉 「현실」의 분열된 실상을 드러내면서, 또한 그 분열을 극복하려는 「개인」의 내면적 의지를 보여준다.

고소설에서 근대소설로의 이행은 봉건제에서 자본주의에로의 발전과정에 상응한다. 자본주의 문화의 토대가 되는 개인의식의 발달은 사회

---

2) 로만스에 대해서는 3절 (1)고소설과 유교적 세계관 을 참조할 것

전체를 관장하는 봉건적 관념이 더이상 개인의 삶을 지배하지 못함을 인식하게 했다. 그러한 인식을 반영하는 근대소설은 말하자면 관념으로부터 개인을 해방시켰다. 즉, 지배적 관념보다는 개인의 현실이 더 중요하게 된 것이다.

이처럼 개인은 관념의 굴레에서 벗어나 한껏 자유스러워졌지만, 그러나 이제는 혼자서 현실의 문제에 맞서게 되었다. 즉, 갖가지 현실적 모순에 대처해야 함으로써 관념이 떠맡았던 짐을 이제 혼자서 지게 된 것이다. 예컨대, 최서해의 〈탈출기〉에서 주인공은 이렇게 말한다.

"아때 나에게 부지런한 자에게 복이 온다 하는 말이 거짓말로 생각되었다. …… 부지런하다면 이때 우리처럼 부지런함이 어디 있으며 정직하다면 이때 우리 식구같이 정직함이 어디 있으랴? 그러나 빈곤은 날로 심하였다."

부지런하고 정직해도 빈궁에 시달려야 하는 현실 모순에 의해, 주인공은 분열된 삶을 살아가면서 그 고통과 불안을 혼자 떠맡아야 한다. '착한 사람은 복을 받는다'는 관념이 개인과 사회를 결속시켰던 고소설의 시대에는, 《흥부전》에서 착한 흥부가 복을 받아 행복해지듯이, 그 사회적 관념이 모든 사람의 삶의 원리였다. 그러나 이제는 그러한 공동체적 신념이 불가능해진 것이다.

근대소설은 자본주의적 현실 속에서 사회와 개인의 갈등이 더 깊어가자, 그 고통의 원인에 대한 고찰과 함께 그러한 현실에 대한 비판이 중심을 이루게 되었다. 현실의 모순을 비판하고 개인적 삶의 의미를 묻는 것이 근대소설의 중심적인 문제가 된 것이다. 이처럼 개인과 사회의 갈등을 그리면서 현실의 모순을 비판하는 소설을 「비판적 리얼리즘」이라고 부른다.

그러나 근대소설 중에는 그와는 달리 현실의 모순에 집단적으로 저항하면서 새로운 사회의 건설로 나아가는 소설도 있다. 이 새로운 사회

건립을 향한 소설은 개인의 문제를 넘어서서 다시 집단적 신념을 추구하는 특징을 지닌다. 진보적 이념을 앞세워 이상적 사회 건설로 매진하는 행동을 그리는「사회주의 리얼리즘」이 바로 그것이다. 이러한 사회주의 리얼리즘의 지향점은 다시 사회와 개인, 인간과 세계를 조화시키려는 데에 있다. 그러나 사회주의 리얼리즘은 관념에 의한 결속이 아닌 현실주의에 입각한 조화로운 이상적 사회를 형상화한다는 점에서 고소설의 로만스적 원리와 엄격히 구별된다.

또한 새로운 이상적 사회의 건설에는 비범한 인식과 행동이 요구되므로 사회주의 리얼리즘에는 고소설처럼「영웅」적 인물이 재등장한다. 그러나 이 영웅적 인물 역시 로만스처럼 천부적인 이상적 성격으로서가 아니라 민중 속에서 생활하면서 현실의 모순에 맞서 싸우는 현실적 성격으로 그려진다.

이러한 사회주의 리얼리즘 소설은 사회주의 세계관을 전제 조건으로 했을 때만 창작될 수 있다. 따라서 이 소설에 반대하는 사람들은 이념적 목표점으로 설정된 이상 사회에 의문을 나타내면서, 그로 인한 소설의 관념 편향을 비판한다. 이러한 두 가지 상반된 견해는 간단하게 시비를 가릴 수 있는 성질의 것은 아니다. 왜냐하면 근본적으로 양자의 견해는 역사와 미래를 바라보는 세계관적, 이념적 차이에 근거하기 때문이다.

비판적 리얼리즘에서 사회주의 리얼리즘으로 나아가는 방향과는 구별되는 또 하나의 흐름이「모더니즘 소설」이다. 모더니즘 소설은 개인과 사회의 분열을 담는 것에서 한걸음 더 나아가, 통일적으로 파악되기 어려운 개인의 내면으로 눈을 돌린다. 다시 말해, 개인의 내면의 분열 및 통일에 초점을 맞추는 것이다. 이 때문에 모더니즘은 인간을 사회로부터 고립시켜 형상화하는 경향을 나타낸다. 그러나 원래의 모더니즘의 목표는 인간과 사회의 관계를 보다 복합적이고 심층적으로 파악하려는 데 있다고 할 수 있다.

근대소설부터 화자와 이야기의 관계는 복잡성을 지니게 된다. 설화나 고소설처럼 정태적 관점에 의존해서는 결코 복잡하고 다양한 현실적 문제를 전달할 수 없기 때문이다. 따라서 근대소설에 오면서 화자의 관점과 그 서술양상에 따라 이야기의 성격에 변화가 수반되었다. 물론 사회주의 리얼리즘에서는 사회주의 세계관을 전제로 하는 만큼 그 관점도 일정한 지향성을 지니지만, 어디까지나 현실을 기반으로 하는 것이 또 하나의 전제이고 그 현실 자체가 매우 다양하므로, 여기서도 화자의 관점은 단순하지만은 않다. 모더니즘의 경우, 보다 내부적인 시각이 필요하고 다분히 심리적인 문제가 결부되는 만큼 화자의 시점과 서술은 더욱 중요시된다. 따라서 근대 이후의 소설에서는, 화자의 문제가 이야기 구성 원리에 못지 않게 중요한 요소로 자리잡게 되었다.

　이제까지 우리는 신화에서 모더니즘 소설에 이르는 서사문학의 변천과정을 살펴보았다. 우리가 고찰한 여러 가지 양식들은 두 가지 축을 따라 상호 구별되는 특징으로 분류된다. 먼저 역사적 맥락을 따라서 설화와 소설로, 그리고 소설은 다시 고소설·근대소설(비판적 리얼리즘·사회주의 리얼리즘·모더니즘)로 나뉘어진다. 다른 한편으로 인간과 세계와의 상호관계의 맥락에서, 양자가 조화된 신화·고소설·사회주의 리얼리즘과 상호 분열된 전설·근대소설(비판적 리얼리즘·모더니즘)로 분류된다. 이와 같은 서사문학의 계통분류는 다음의 도표로 정리될 수 있다.

	조화	분열
설화	신화	
		전설
소설	고소설	
		비판적 리얼리즘
	사회주의 리얼리즘	모더니즘

위의 도표에서 「조화」로 분류된 양식들은 「현실」을 있는 그대로 그리기보다는 「이상」으로 나아가는 모습으로 형상화하며, 영웅적인 주인공을 등장시킨다. 그러나 신화는 신의 섭리와 인간적 가치가 일치된 이상을, 그리고 고소설은 관념화되었으나 신의 섭리가 아닌 인간적 이념(즉 유교 이념)에 의해 조화된 삶을 그리지만, 사회주의 리얼리즘은 현실주의 원리에 입각한 이상적 삶을 형상화한다. 따라서 신화의 영웅이 신의 아들로 나타나며 고소설의 영웅이 왕의 충신으로 그려지는 반면, 사회주의 리얼리즘의 주인공은 민중의 대표자나 가장 인간적인 영웅으로 등장한다.

반면에 「분열」로 분류된 양식들은 삶을 「이상」적인 상태보다는 있는 그대로의 「현실」로서 드러내며, 전체적으로 비극적인 전개의 틀을 가진다. 전설은 신의 섭리와 인간의 질서가 분리된 슬픔을, 근대소설은 사회와 개인의 분열된 비극을 형상화하며, 특히 모더니즘 소설은 인간의 내면적 심층을 탐구한다. 그리고 중요한 것은 이 양식들이 비극적 전개를 보인다고 해서 그것이 결코 비관주의에 빠진 것을 의미하지는 않는다는 점이다. 왜냐하면, 이상적 삶에의 지향을 현실적 삶의 상태로는 나타내지 않지만, 대신에 인간의 내면적 열망으로써 그것을 형상화하기 때문이다.

(3) 소설의 근원상황

앞에서 우리는 서사장르의 변화과정을 역사적 맥락에서 살펴보았다. 이처럼 역사적 관점에서 서사장르들을 고찰한 것은 각 장르의 변천 과정이 그 시대의 삶의 내용과 불가분의 관계에 있기 때문이었다. 여기서 중요한 것은 역사 발전과 장르 변화의 상응관계가 각 서사장르의 근원적 형식을 매개로 나타난다는 점이다. 따라서 우리의 논의는 항상 「역사적」방법과 「논리적」방법의 통일 속에서 이루어지게 된다.

　이제 우리는 서사문학 중 소설에 대해서 보다 자세하게 살펴볼 것이다. 앞으로의 우리의 논의 역시 기본적으로 역사적 관점을 취할 것이지만 그것은 또한 소설에 대한 근원상황을 고찰하는 것이기도 하다. 그래서 우리는 먼저 소설의 근원상황에 대한 기본적 윤곽을 살펴보고 그것이 역사적 흐름에 따라 어떻게 변화되었는가를 고찰할 것이다. 이처럼 이론과 역사의 통일 속에서 소설에 대한 근본적인 이해를 제공하는 것이 우리의 주된 목적이다.

　소설의 근원상황을 살펴보기 위해 우선 이야기를 갖고 있는 다른 장르와 소설과의 차이를 고찰하기로 한다. 이야기를 지니고 있는 장르로는 연극, 영화, 만화, 이야기시 등을 들 수 있다. 이미 우리는 이야기시와 소설과의 차이를 살피면서 시와 소설과의 장르적 구분을 논의한 바 있다. 그것은 한마디로 소설의 이야기가 시와는 달리 「반자율적인」 독립된 세계로서 펼쳐진다는 점이었다. 그러면 그 밖에 연극, 영화, 만화와 소설과의 차이점은 무엇일까.

　연극이나 영화, 만화는 문학의 장르는 아니며 단지 연극이 희곡의 형태로 문학에 관련될 뿐이다. 그러나 이 세 장르는 소설과 더불어 이야기를 통시적으로 (시간의 흐름에 따라) 보여주는 대표적인 양식들이다. 소설이 연극, 영화, 만화 등으로 쉽게 전환되는 이유는 여기에 있다. 그러면서도 소설을 포함한 네 양식은 각기 상이한 장르적 관습을 갖고 있다. 이들 중 특히 연극은 다른 세 양식과 구별되는데 즉 소설, 영화, 만화는 「서사장르」에 포함되는 반면 연극은 「극장르」로 분류되는 것이다.

　연극은 관객들 앞에서 공연된다는 점에서 영화와 유사성을 지니고 있다. 또한 언어(소설)나 그림(만화)이 아닌 실물의 모습을 보여준다는 점 역시 일치한다. 그러나 연극의 특징은 극중 세계를 관객 앞에 직접적으로 보여주며 중간에 어떤 매개물도 지니지 않는다는 것이다. 물론 영화의 이야기 역시 관객 앞에 직접 보여진다고 생각될 수도 있다. 하지만 엄밀히 말해 영화는 「누군가의 시점」에 의해 포착된 장면이 다시 보여지는 것이다.

그렇지 않다면 영화를 볼 때 왜 우리의 의사와는 상관 없이 어떤 장면을 보는 방향이 수시로 바뀌겠는가. 연극의 관객은 자신의 고정된 시점으로 극중 장면을 바라볼 뿐이다. 하지만 영화의 관객은 어떤 장면을 정면에서 보기도 하고 측면에서 보기도 하며 또 특정한 인물의 눈에 비친 풍경으로 보기도 한다. 여기서 중요한 것은 우리의 의지와는 별도로 매번 「시점」이 변환된다는 점이다. 이는 영화의 경우 이야기 장면과 관객 사이에 시점 제공자인 어떤 「매개자」가 존재함을 의미한다.

이처럼 이야기와 감상자(관객, 청중, 독자) 사이에 이야기를 전달하는 매개자가 존재한다는 것이 서사장르의 중요한 특징이다. 영화나 만화가 소설과 달리 시각적인 직접성을 지님에도 불구하고 똑같이 서사양식으로 분류되는 것은 이 때문이다. 서사장르의 매개자는 시점 제공, 내용 선택, 시간의 이동(역행 및 순행 등) 등의 역할을 한다. 다시 말해 매개자는 이야기 내용을 최종적인 작품으로 만드는 일종의 편집의 기능을 하는 것이다. 그리고 이처럼 이야기를 즉석에서 공연하는 것이 아니라 재편집하는 매개자가 존재함으로써 서사장르의 이야기는 무한한 시공간을 지닌 세계의 내용을 담을 수 있다. 반면에 극장르(연극)는 이야기를 현장에서 직접 공연해야 하므로 제한된 시공간을 이용해 집중적으로 내용을 표현해야 한다. 서사장르의 이야기 내용이 실제 삶의 모습과 매우 유사한 반면 극장르의 내용은 보다 상징적이고 표현적이 되는 이유는 여기에 있다.

이러한 특징 때문에, 서사장르는 자연스런 삶의 모습으로 드러나는 이야기를 통시적으로 「인식」함으로써 전체적으로 「자기인식」에 도달하게 된다. 반면에 극장르는 이야기의 통시적 「인식」과 함께 (그것만으로는 불충분하므로) 각 장면마다 「자기인식」의 표현을 결합시켜야 한다. 서사장르가 객관현실의 인식에 중점을 두는 반면, 극장르는 자기인식과 인식이 혼합된 주객관적 양상으로 공연되는 것은 이 때문이다.

이상에서처럼 서사장르의 특징은 독립적으로 무한히 펼쳐질 수 있는 「이야기」와 그것을 선택하고 편집하는 「매개자」의 존재에 있다. 일반적으로 우리는 서사장르의 매개자의 기능을 담론(discourse)이라고 부른다.[3] 따라서 서사장르는 「이야기」와 「담론」의 두 가지 요소로 구성되어 있는 셈이다.

 똑같은 서사장르 중에서도 소설은 영화나 만화에 비해 언어적 서술이 매우 중요한 역할을 한다. 영화나 만화에서도 서술이 사용될 수 있지만[4] 그보다는 영상기법이나 그림의 표현이 한층 중요할 것이다. 그러나 소설에서는 모든 것이 언어로 처리되므로 시점, (내용)선택, 시간이동 등의 기법과 언어적 서술과의 결합양상이 중시된다. 따라서 소설의 경우 담론의 기능을 언어의 주체인 「화자」가 떠맡게 된다.

 여기서 이야기와 담론의 두 요소를 앞서 논의했던 「내적 형식」과 「외적 형식」의 개념에 비교해서 살펴보자. 우리는 인물과 플롯으로 나타나는 이야기를 내적 형식으로, 시점과 서술로 기능하는 화자의 영역을 외적 형식으로 규정한 바 있다. 이러한 구분에 의하면 소설의 담론은 외적 형식에 해당되는 것으로 볼 수 있다.

 앞에서 우리는 소설의 경우 시와는 달리 내적 형식과 외적 형식이 분리되어 있는 것으로 논의했었다. 그러나 양자는 절대적으로 구분되어 있지 않으며 「상대적 독립성(혹은 반자율성)」을 지닐 뿐이다. 왜냐하면 이야기란 무한한 확장의 가능성을 모두 포함하기보다는 담론에 의해 선택·조정된 내용으로 구체화되기 때문이다. 어떤 뜻에서는 이야기란 담론이 끝나야 비로소 그 내용이 확정된다고 말할 수 있다. 이야기는 무한한 독립된 세계에 펼쳐져 있는 것이지만 담론에 의해 골격이 선택되고 세부적 잔여물이 채워지게 되는 것이다.

 따라서 소설의 내적 형식과 외적 형식, 그리고 이야기와 담론은 상대

---

[3] 시모어 채트먼, 《영화와 소설의 서사구조》, 김경수 역 (민음사, 1990), 15~47면.
[4] 영화의 경우 영상에 겹쳐지는 화자의 목소리로 나타날 수 있으며 만화에서는 그림의 상단에 쓰여지는 언어로써 제시될 수 있다.

적 독립성을 지닌 채 서로 중첩되어 있는 것으로 생각된다. 예컨대 이야기의 구체화된 형식인 「플롯」은 「이야기」 내용인 동시에 또한 「담론」의 결과물인 것이다. 담론은 이야기에 큰 영향을 미치지 않는 세부 기법의 요소이기도 하지만 그 자체가 중요한 이야기의 한 부분이 될 수도 있다. 따라서 소설의 이야기와 담론의 관계는 다음과 같이 표시될 수 있다.

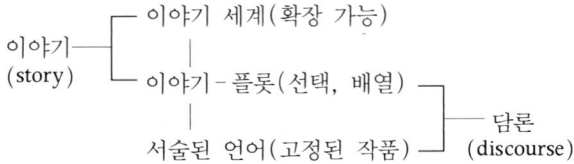

이야기 세계가 얼마간 확장 가능한 것은 화자가 일일이 관여할 수 없는 독립된 세계로 설정되기 때문이다. 예컨대 〈춘향전〉의 이야기는 이도령이 춘향을 구출해서 행복하게 살았다는 내용으로 끝나고 있다. 그러나 우리는 두 사람이 서울로 올라간 이후에 어떻게 살았을까 궁금해하기도 한다. 만일 춘향이 정실부인이 되지 못했다면 과연 그녀가 그것으로 만족할 수 있었을지 질문해볼 수도 있다. 또한 작품에는 자세히 나타나지 않은 방자나 향단, 월매 등을 중심으로 그들의 생각과 생활을 그려볼 수도 있다.

하지만 이러한 이야기의 확장은 어디까지나 하나의 가능성으로서 존재할 뿐이다. 실제의 구체적 이야기는 화자에 의해 선택되고 배열된 플롯의 형식으로 나타나게 된다. 그리고 최종적으로 작품은 화자의 서술된 언어로서 우리 앞에 놓여진다.

따라서 소설을 읽을 때 우리는 먼저 「서술된 언어」들을 대면하게 된다. 그러나 그와 함께 인물들이 행동하는 이야기를 머리 속에 떠올린다. 이때 우리는 「플롯」의 맥락을 따라 진행하지만 플롯 자체는 완벽한 시공간의 세계로서 우리 앞에 나타나는 것은 아니다. 우리는 주어진 플롯을 근거로 비어 있는 부분들을 적당히 채워넣음으로써 「이야기 세계」 속으로 진입하는 것이다. 따라서 플롯 자체는 우리의 상상력에 의해 보충되어야 하는 이야기의 선택된 맥락을 구성할 뿐이다. 우리의 상상력은 작품에 제시된 한도 이상으로 확장될 수 있지만 그 한계를 통제하는 것 역시 플롯과 화자의 담론이다.

역순으로 구성된 이런 「창작과정」과 「독서과정」을 통해, 우리는 「이야기」와 「담론」이 상대적 독립성을 지니면서 소설을 이루는 양상을 파악할 수 있다. 이제 우리는 소설의 이 두 가지 요소에 대해 보다 구체적으로 살펴보기로 한다. 먼저 양자를 분리해서 논의를 시작할 것이지만 우리는 항상 그 둘의 상호연관을 염두에 둘 것이다. 그리고 이야기와 담론의 여러 형태들을 살피면서 역사적으로 소설형식이 어떻게 변화되었는지 아울러 고찰할 것이다. 역사적으로 나타난 여러 형식을 고찰하는 것은 소설의 근본원리를 이해하려는 우리의 작업과 맞물려 있기 때문이다. 그러면 먼저 이야기에 대한 논의를 시작하기로 하자.

2. 이야기의 구성요소

(1) 이야기 세계의 시공간

이야기는 인간과 그가 살아가는 세계, 그리고 양자의 상호작용으로 이루어진다. 인간과 세계라는 주객관계는 소설에서는 흔히 「인물」과

「환경」으로 명명된다. 그리고 양자의 역동적 상호작용은 「플롯」이라고 불려진다. 그 밖에 인물, 환경, 플롯의 존재 근거인 특정한 「시공간」역시 이야기를 구성하는 기본 요소이다. 따라서 소설의 이야기는 인물, 환경, 플롯, 시공간 그리고 이들의 상호연관 속에서 만들어진다. 그러면 그 중 가장 기본적인 요소인 시공간에 대해서 살펴보자.

 이야기 세계는 실제 세계와 마찬가지로 인물들(인간들)이 살아가는 시공간[5] 속에서 구성된다. 이야기 세계의 시공간은 인물들의 삶의 근거가 되므로 물리적인 삶의 조건으로 나타나야 한다. 그러나 실제 세계와는 달리 이야기 세계는 우리의 의지대로 무한정하게 경험되는 장소(시간)로서 제시될 수는 없다. 이야기의 시공간은 플롯의 전략에 따라 한정된 크기와 형태로 우리 앞에 나타날 뿐이다.[6] 또한 이야기 세계는 자연적인 객관적 시공간이 아닌 화자에게 인식된 삶의 장소(시간)이므로 인식구조의 변화에 따라 매우 다른 형태로 드러날 수 있다. 역사적 변화에 따라 장르가 변화하듯이 각 장르의 시공간 역시 여러 다양한 특성으로 제시되는 것이다.

 예컨대 신화는 「역사적」시공간과 「신화적」시공간이 통합된 양상으로 나타난다. 동명왕 신화에서 주몽이 북부여로부터 남하하여 졸본에 고구려를 세우는 경로는 역사적 장소(시간)로서 확인된다. 그러나 엄수에 이르러 물고기와 자라의 도움으로 강을 건너는 장면은 신화적인 상황이다. 이러한 역사성과 신화성의 결합이 신화적 시공간의 가장 큰 특징이다.

 신화에서 또한 중요한 점은 그 같은 역사와 신화의 통합이 「신성한 과거」로서 제시된다는 것이다. 동명왕 이야기는 현재와 미래로 나아가는 과거의 한 지점만을 차지하는 것이 아니다. 동명왕 신화의 「과거」는 현재와 미래를 포함한 역사적 시간 위에 군림하는 「초월적인 시간」으

---

[5] 미하일 바흐친, 〈소설 속의 시간과 크로노토프의 형식〉, 《장편소설과 민중언어》, 전승희 외 역 (창작과비평사, 1988), 260~468면.
[6] 이 문제는 이야기시간과 담론시간의 관계 속에서 논의될 수 있다.

로 그려진다. 왜냐하면 동명왕의 과거는 신의 섭리가 깃든 영원한 시공간으로서 언제까지나 인간의 삶(그리고 역사)을 지배하는 힘을 지니기 때문이다. 이처럼 신화시대의 사람들은, 미래가 아니라 과거를 바라보며 삶을 살아가는, 「전도된 역사」[7]의 질서를 갖고 있었다.

이러한 전도된 역사의 질서는 고소설에 이르기까지 계속 나타난다. 고소설(특히 영웅소설)에서는 신화적 시공간이 사라지면서 지상계의 사건들이 주로 그려지게 된다. 그러나 그와 함께 역사적 시공간마저 상실되어 구체적 삶과 유리된 「추상적 시공간」이 설정된다. 예컨대 《조웅전》은 송나라 문제(文帝)시대의 이야기를 그리고 있으며 《유충렬전》은 명나라를 배경으로 하고 있다. 이처럼 영웅소설들이 빈번히 중국을 무대로 삼는 것은 유교 문화권의 본거지를 소설의 시공간으로 설정하기 위한 것이다. 그러나 그 같은 시공간이 설정됨으로써 보편적 이념에 채색된 삶이 그려질 뿐 구체적인 현실의 삶은 담을 수 없게 된다. 이념적 보편주의를 근거로 한 시공간에서는 인물과 환경 역시 그 이념에 의해 채색되며 이야기는 구체성을 상실한 관념성과 추상성을 드러낸다. 따라서 영웅소설은 유교이념의 「관념」이 「현실」을 지배하는 시대의 이야기라고 할 수 있다.

그런데 이러한 유교이념을 담은 영웅소설의 과거의 시간은 현재와 미래로 이어지는 역사적 시간을 지배하는 기능을 한다. 영웅소설의 과거는 신화의 신성성을 지니지는 않지만 역사 위에 군림하는 하나의 「전범적인」 시간이기 때문이다. 유교이념의 실현을 최고의 미덕으로 삼는 사회에서는 과거의 언젠가 그 본보기가 나타났던 때를 더없는 이상으로 여기며 살아가는 것이다. 과거의 「그때」는 관념적인 삶의 내용이지만 그 「관념」적 이념이 「현실」의 삶을 이끌기 때문이다. 결국 이때까지도 「과거」가 「현실」을 지배하는 「역사적인 전도」가 계속되고 있었다.

고소설의 세계를 넘어서서 이른바 개화의 주제를 그리려 한 신소설은 먼저 「전범적인 과거」를 타파하려 시도했다. 신소설의 이야기가 현실의

---

[7] 바흐친, 《장편소설과 민중언어》, 앞의 책, 336면.

일상적 삶을 주로 다룬 것은 이를 위해서였다. 예컨대 《혈의 루》(이인직)는 청일전쟁을 배경으로 한 옥련과 그녀의 가족의 이야기를 통해 당시대의 삶을 그리려 했다. 이 점에서 신소설의 시공간은 고소설과는 달리 현실의 장소(시간)로서 설정된다.

그러나 신소설의 문제점은 현재(현실)의 삶을 미래와 연관시키는 방식에 있었다.[8] 물론 신소설에서 미래의 삶을 미리 보여준 것은 아니었다. 하지만 미래를 향한 낙관적인 신념이나 행복한 결말은 미래와 현재의 연결방식을 암시한다. 신소설의 낙관적 신념은 대부분 개화나 유학에 근거한 것인데 이 이념들은 현실 자체로부터 도출된 것이 아니라 그 「외부」와 연관된 것이었다. 예를 들어 《혈의 루》에서 옥련의 삶에 큰 영향을 끼친 개화는 「외국」으로부터 밀려온 것이었다. 외국과 우리의 현실은 아무 연관 없이 분리되어 있으며 개화를 통해 일방적으로 우리에게 작용할 뿐이다. 《혈의 루》에서 옥련과 구완서가 공부를 마친 미국이 현실로부터 유리된 추상적 공간으로 느껴지는 것은 이 때문이다.

바로 그 추상적 공간 「외국」의 문명은 개화의 본보기로서 「현재의 전범」을 선사한다. 외국문명은 더없는 모범으로서 우리의 현재와 미래를 지배하는 것이다. 또한 그 모범을 추종하는 주인공의 행동은 미개화한 모든 사람들에게 다시 「개화」라는 「전범」이 된다. 개화를 표방한 새로운 소설은 고소설의 전범에서 탈피하려 노력했지만 이처럼 또다른 전범에 사로잡히게 된다. 신소설은 과거가 아닌 미래를 향함으로써 고소설의 역사적 전도를 바로잡기는 했다. 그러나 미래를 연결하는 역사적 추진력은 개화와 외국이라는 「전범적인 현재」에 의해 폐쇄된다. 즉, 현실→미래로 이어지는 역사적 방향성이 신소설에서는 현실→현실의 외부(외국)로 공시화된다. 여기서는 현실에 전망을 제시하는 미래의 자리에 현실 「바깥」의 초월적 전범(전범적 현재)이 대신 채워진다. 소설의 공간(그리고 시간)은 그 초월성을 미래의 이상으로 신봉하는 개화 이데올로기에 지배된다. 이처럼 신소설은 또다른 전범에 얽매임으로써

---

[8] 모든 신소설이 다 그렇다는 것은 아니다.

역사의 모습을 올바로 그려내지 못한다. 이 점에서 신소설은 판소리계 소설에서 나타났던 부분적인 현실성과 구성체마저 계승할 수 없게 된다.

 이와는 달리 근대소설은 신소설의 전범적인 시공간을 폐지함으로써 현실 그 자체를 그리려는 노력으로 시작한다. 흔히 근대소설의 기본시제가 과거형인 것으로 생각하지만 이때의 과거는 고소설의 그것과는 전혀 다른 성격을 갖고 있다. 근대소설의 과거는 객관적 시간(공간)의 축적을 위한 서사적 시제로서 근본적으로 「역사적인 과거」라고 할 수 있다. 왜냐하면 축적된 시간과 사건은 과거에서 현재로 진전되고 있으며 더 나아가 미래로의 방향까지 암시하기 때문이다. 즉, 근대소설의 과거는 시간의 축적과 진전을 알림으로써 역사적인 시간개념을 보여줄 뿐이다. 따라서 근대소설의 독자는 과거형의 서술을 통해 객관적 시공간이 축적되어가는 「역사적 현실」의 모습을 보게 된다.

 이처럼 근대소설은 역사성이 지워진 전범적 시공간 대신에 객관적인 역사적 시공간을 마련한다. 근대소설에서 문제가 되는 것은 이 역사적 시공간이 미래와 단절된 채 정태적으로 그려지느냐 혹은 올바른 방향성을 지닌 역동적인 모습으로 나타나느냐 하는 점이다. 물론 이것은 시공간의 차이라기보다는 그 속에 설정되어 있는 인물과 환경, 그리고 양자의 상호작용의 관계에 따른 것이다. 예컨대 인물이 부정적 환경에 지배되어 역동성과 긍정성을 잃어버릴 경우 역사적 시공간은 당대의 부정적 세태의 정물화로 전락한다. 반면에 인물이 환경과 역동적인 상호작용을 이룰 때는 생생한 역사적 현실이 박진감있게 형상화된다.

 이처럼 소설의 시공간은 인물과 환경의 설정에 의해 보다 다양하게 구체화된다. 그러면 인물과 환경, 그리고 그 상호작용에 따라 소설의 이야기가 어떤 모습으로 그려지는지 살펴보기로 하자. 그에 앞서 위에서 논의된 신화와 소설의 시공간의 종류를 요약하면 다음과 같다.

	신화	고소설	신소설	근대소설
시공간	신성한 과거	전범적 과거	전범적 현재	역사적 현실

(2) 인물・환경・플롯

앞에서 살펴본 「시공간」은 「인물과 환경」의 특성과 긴밀하게 연관되어 있다. 예컨대 신화의 신성한 과거에는 신성한 힘을 소유한 건국시조의 영웅이 주인공으로 등장한다. 또한 고소설의 전범적 과거에는 유교 이념의 본보기를 보여주는 관념화된 인물(그리고 환경)이 그려진다. 이에 반해 근대소설은 역사적 현실 속에서 인물과 환경의 현실적 관계를 형상화한다.

이처럼 인물・환경은 시공간 요소와 연관되어 있지만, 그러나 같은 종류의 시공간이라도 인물・환경의 관계는 다양하게 나타날 수 있다. 특히 양자의 관계는 이야기의 역동적 측면인 「플롯」에 직접 연결된다. 다음에서는 이야기를 구체적으로 형성하는 인물과 환경, 그리고 플롯에 대해 살펴보자. 여기서는 주로 근대소설의 다양한 양상을 살펴볼 것이다.

인물과 환경은 인간의 삶의 주객관계의 반영으로서 이야기가 구성되기 위한 기본적인 존재물이다. 그런데 인물과 환경은 정태적으로 존재하기만 하는 것이 아니라 시간의 흐름에 따라 역동적으로 상호반응한다. 이야기를 「인간의 삶의 객관적 형상화」라고 할 때, 인간의 삶이란 어떤 인간이 주어진 환경 속에서 살아가는 내용이다. 그러면 흔히 말하는 인간이 「살아가는」 내용이란 무엇인가. 「삶」이란 인간이 환경 속에서 특정한 행동을 하거나 그 반대로 환경이 인간에게 영향을 미치는 양상을 말한다. 이 주객의 상호반응이 소설 속에서는 「인물과 환경의 상호작용」으로 나타난다. 그리고 행동과 사건들의 연속인 이 역동적 과정을 「플롯」이라고 부른다. 따라서 이야기는 다음과 같이 「인물」과 「환경」의 존재적 요소와 「플롯」이라는 역동적 요소로 구성된다.

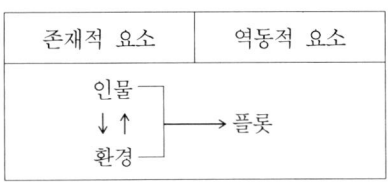

이 세 가지 중 어떤 요소가 더 강조되느냐에 따라 소설의 이야기는 다양하게 구분된다. 먼저 「인물」의 성격에 문제점[9]이 있고 환경은 별다른 모순을 드러내지 않을 때 그 소설은 인물 중심의 소설이 된다. 이 경우 인물과 환경은 역동적으로 반응하지 않으며 대부분 플롯보다는 인물의 성격에 관심이 모아진다. 예컨대 현진건의 〈B사감과 러브레터〉는 B사감의 성격적인 문제점이 부각된 반면 여학생 기숙사라는 환경은 모순된 사회를 반영하지 않는다. 기숙사의 환경은 B사감의 미묘하고 복합적인 성격을 드러내기 위해 적절하게 설정됐을 뿐이다. 이 소설의 흥미는 B사감의 성격에 집중되고 있으며 인간의 삶에 대한 의미 역시 그녀의 성격을 통해 파악된다.

이와는 달리 「인물」과 「환경」 양자에 강조가 주어진 소설들이 있다. 즉 인물도 문제적이고 환경도 모순된 것으로 그려지는 경우이다. 이 소설들에서는 인물과 환경의 상호작용이 매우 역동적이며 「플롯」이 선명하게 부각된다. 대부분의 리얼리즘 소설이 이 경우에 속하는데 이 역동적 플롯의 소설을 특히 「본격소설」[10]이라고 부르기도 한다.

예를 들어 염상섭의 《삼대》에서 조덕기는 자본가의 아들이지만 그의 부친이나 조부와는 달리 양심과 비판력을 지닌 점에서 문제성[11]을 지

---

9) 문제적 인물이라는 뜻은 아니다.
10) 임화, 〈본격소설론〉, 《문학의 논리》 (학예사, 1940), 365~86면.

니고 있다. 그가 만일 부친과 똑같이 자본가의 위선과 부도덕을 드러내는 인물이었다면 이 소설은 단순한 세태소설에 그치고 말았을 것이다. 그러나 그는 돈의 위력을 알고 있는 자본가인 동시에 '돈없는 조덕기'로서 인간적이고 싶은 양심 또한 지니고 있다. 따라서 이 소설은 그를 중심으로 자본가와 사회주의자라는 양 극단의 인물들이 복합적으로 연결되게 짜여 있다. 조덕기와 같이 중간적 입장에서 그 시대를 전체적으로 드러내는 인물을 우리는 「중도적 주인공」[12]이라고 부른다.

한편 이 소설의 환경은 식민지 시대의 모순된 사회를 반영한다. 소설에 설정되는 환경에는 자연환경과 사회환경이 있는데 리얼리즘 소설에서는 특히 사회환경이 중요하게 그려진다. 사회환경이란 물리적 배경이기보다는 인간관계가 복잡하게 짜여진 환경, 즉 모든 인간관계의 총체성이라고 할 수 있다. 전술했듯이 이런 사회환경이 모순된 것으로 설정되고 인물도 문제성을 지닌 경우 인물과 환경의 상호작용은 매우 역동적으로 나타난다. 왜냐하면 문제성을 지닌 인물은 환경의 모순에 매우 민감하게 반응하며 반대로 환경의 인물에 대한 작용 또한 매우 강력하기 때문이다. 이러한 인물과 환경의 상호작용은 《삼대》와 같은 「비판적 리얼리즘」에서는 복합적인 플롯으로 드러난다. 중도적 주인공을 중심으로 진보적, 부정적 인물들이 사회환경에 다양하게 반응하기 때문이다.

반면에 「사회주의 리얼리즘」에서는 인물과 환경의 상호작용이 사회의 본질적 관계를 분명하게 드러내는 플롯을 만든다. 예컨대 한설야의

---

11) 여기서 '문제성'이란 루카치가 《소설의 이론》에서 말한 '문제적 인물(개인)'을 말한다. 제2장 6절 (3)《소설의 이론》과 역사철학적 관점 을 참조할 것.
12) G. 루카치, 〈월터 스코트〉, 《역사소설론》, 이영욱 역 (거름, 1987). 이 책에서 루카치는 역사소설을 역사극과 비교해서 논의하면서, 극에서는 「세계사적 개인」이 중심적 역할을 맡지만, 소설에서는 「세계사적 개인」은 부차적 인물이 되고 「중도적 주인공」이 중심점이 된다고 말한다. 우리는 역사적 진보를 일면 긍정하면서도 적극적인 역할은 맡지 못하는 비판적 리얼리즘의 주인공을 포괄하는 개념으로 사용하기로 한다. 조정래・나병철, 《소설이란 무엇인가》(평민사, 1991), 66~68면을 참조할 것.

《황혼》에는 노동자인 준식, 여순, 형철과 지식인 경재, 그리고 자본가 안중서가 등장한다. 이들 중 안중서는 모순된 환경을 대표하는 (환경에 즉해 있는) 인물이며, 나머지 주요 인물들의 살아가는 모습은 환경과의 상호작용으로 그려진다. 이 소설의 환경이란 「친일 자본가-노동자」 관계로 설명되는 식민지 자본주의의 모순된 환경이다. 보다 구체적으로는 그것이 극명하게 드러나는 공장의 환경이 그려진다. 소설의 진행은 선택된 주요 인물들과 모순된 자본가-노동자 관계라는 환경과의 상호작용으로 이루어진다. 즉 노동자들은 안중서(잘못된 환경의 대표)로부터 억압받기도 하고 반대로 저항하기도 하며, 지식인 경재는 그런 환경에 대해 고민하기도 하고 비판의식을 지니기도 한다. 그리고 경재의 우유부단한 태도가 노동자들의 적극적인 저항의지와 대비적으로 그려지기도 한다. 소설 속에 나타나는 이런 여러 가지 양상들이 바로 인물과 환경의 상호작용인 셈이다. 그리고 그것을 통해 부각되는 플롯은 「친일자본가-노동자」라는 식민지 자본주의의 본질적 관계를 선명하게 노정한다.

이처럼 인물과 환경의 상호반응은 빈번히 인물들의 관계로서 나타난다. 왜냐하면 환경이란 다름아닌 인간관계의 복합적 그물망이기 때문이다. 예컨대 사회환경은 자본가-노동자, 혹은 지주-소작인 관계의 구조로 이루어진다. 이같은 관계양상에서 사회환경은 자본가나 지주의 힘에 의해 지배된다. 따라서 바로 그들이 사회환경이라는 인간관계 논리의 대표자라고 할 수 있다. 그 환경을 대표하는 (환경에 즉해 있는) 인물에 맞서서 힘의 논리를 전복시키고 환경을 개조하려는 인물을 「긍정적 주인공」[13]이라고 부른다. 그들은 대개 모순된 환경의 힘의 논리에서 반대편에 있는 인물들(즉 노동자나 소작인)인데 이들이 긍정적 주인공으로 등장하는 소설이 「사회주의 리얼리즘」이다.

이상의 두 가지 리얼리즘에서 사회의 본질을 반영하는 「중도적 주인

---

13) 긍정적 주인공에 대해서는 쉬체르비나 외, 《소련의 현대문학 비평》, 이강은 역 (한겨레, 1986), 126~28면, 274~79면, 314~15면. 조정래·나병철, 《소설이란 무엇인가》, 앞의 책, 63~66면 참조.

공」과 「긍정적 주인공」을 「전형」[14]이라고 부른다. 전형적 인물에는 이 밖에 풍자소설의 「부정적 주인공」을 들 수 있다. 또한 부차적 인물 중에도 전형이 있을 수 있으며 이러한 다양한 전형들은 한 작품에서 적절한 위계질서를 이루게 된다.[15]

전형적 인물은 사회의 본질을 반영하지만 다른 한편으로는 매우 개성적인 인물로 그려져야 한다. 왜냐하면 그는 과학적 이론으로 추상화된 인물이 아니라 구체적 삶 속에 생생하게 살아 있는 인물이어야 하기 때문이다. 이런 점에서 전형성이란 「보편성(현실의 본질)」과 「개별성」이 통일된 형상이라고 할 수 있다.

또한 전형적 인물은 단독으로 그려질 수 없고 항상 「전형적 환경」속에서 형상화된다. 리얼리즘은 인물과 환경의 상호연관 속에서 제대로 성취될 수 있기 때문이다. 엥겔스가 리얼리즘의 요건으로 「세부적인 진실 외에도 전형적인 환경(상황)에서의 전형적인 인물의 진실한 재현」[16]을 들고 있는 것도 이런 맥락에서이다. 우리는 이 엥겔스의 전형론에 인물과 환경의 상호작용에 근거한 「역동적 플롯」이라는 조건을 덧붙일 수 있을 것이다.[17]

인물과 환경, 그리고 플롯이 강조된 이러한 본격소설 이외에도 얼마든지 다른 유형의 소설이 있을 수 있다. 예컨대 사회적 모순을 반영하는 환경이 설정되었지만 그 환경에 대해 문제의식을 지니지 않는 인물

---

14) 전형이란 사회현실의 본질을 예술적 특수성으로 반영한 형상을 말한다. 전형은 현실을 인식시키는 기능을 하는 동시에 생생한 예술적 형상으로 나타나야 하므로 보편성과 개별성이 통일된 모습으로 드러난다. 전형에는 「인물」의 전형과 「환경」의 전형이 있다.
15) G. 루카치, 〈미학서설〉, 홍승용 역 (실천문학사, 1987), 253~63면.
16) 엥겔스, 〈런던의 마가렛 하크니스에게〉, 《마르크스 엥겔스의 문학예술론》, 김영기 역 (논장, 1989), 88면.
17) 임화, 〈세태소설론〉, 《문학의 논리》, 341~464면. 임화, 〈본격소설론〉, 위의 책, 365~86면. 임화는 본격소설이 리얼리즘의 거의 유일한 방법인 것처럼 말했지만, 모든 리얼리즘이 본격소설로만 성취되는 것은 아닐 터이다. 예컨대 풍자소설은 본격소설의 형식을 지니지 않았지만 중요한 리얼리즘의 한 방법임에 틀림없다.

이 등장하는 소설도 있다. 이 경우 인물이 환경에 적극적으로 반응할 수도 있지만 대부분 올바른 방향성을 상실하게 된다. 이런 소설에서는 인물과 환경, 플롯이 모두 부각되더라도 그로부터 전형성을 얻지는 못한다. 한 예로 김동인의 〈감자〉를 보면 복녀라는 강한 성격의 주인공과 모순된 사회환경이 설정되어 있다. 그러나 복녀와 사회환경과의 상호반응의 결과는 도덕적 파탄과 인격의 파멸이 빚어졌을 뿐이다. 이는 복녀의 내면에 올바른 삶에 대한 방향성이 잘못 세워졌기 때문이다. 이처럼 모순된 환경 속에서 인간의 내면적 파탄이 빚어지는 소설을 「자연주의」라고 부른다.

이와는 달리 인물들이 무기력한 상태에서 모순된 환경의 논리에 휩쓸리는 소설들이 있다. 이 소설들에서는 잘못된 세태의 풍경은 드러나지만 그것이 어둡고 우울한 모습으로 나타날 뿐이다. 이를테면 박태원의 《천변풍경》이나 이효석의 〈장미 병들다〉 등이 그것인데 이 무기력한 객관주의적인 소설을 흔히 「세태소설」이라고 일컫는다.

이제까지 우리는 인물・환경・플롯 중 어떤 요소에 초점이 주어지느냐에 따라 여러 종류의 소설들을 살펴보았다. 이와 같은 형식적인 분류 이외에도 인물과 환경이 어떤 내용으로 채워지느냐에 따라 소설은 다양한 양상으로 나타난다. 특히 내용적으로 살펴볼 때 인물과 환경 그리고 그 상호연관은 역사적 시기에 따라 각기 다른 모습으로 나타난다. 가령 고소설, 근대소설, 모더니즘 소설 등의 인물과 환경은 역사적 변화에 따라 그 내용이 달라진 것이다. 따라서 우리는 앞서 고찰한 이야기의 시공간의 차이에 따른 구분에 인물과 환경의 상이한 설정에 의한 역사적 변화를 결합시킬 수 있을 것이다. 이처럼 시공간, 인물, 환경, 플롯 및 그 상호연관에 의해 구성된 소설의 이야기 짜임을 우리는 「서사구조」라고 부르기로 한다. 서사구조는 시공간의 변화와 인물, 환경의 상이한 선택에 의해 결정된다. 다음에서 이러한 각 요소들의 특성에 유의하면서 서사구조의 다양한 양상을 살펴보자.

3. 서사구조의 역사적 변화

(1) 고소설과 유교적 세계관

　서사구조는 역사적 변화에 따라 달라지며 같은 시대라도 작가의 관심이나 세계관에 의해 차이가 생기게 된다. 서사구조란 시공간의 설정과 인물·환경(그리고 플롯)의 상이한 선택에 따라 정해지는데 이러한 선별의 원리는 역사적 시기 및 작가의 세계관과 연관되어 있다. 소설이 어떤 양식과 구조로서 형상화된다는 것은 특정한 시대의 작가가 세계를 어떻게 바라보며 미학적인 작업을 했느냐의 문제인 것이다. 따라서 작가의 세계관과 객관 세계의 상호작용은, 소설의 시공간 및 인물, 환경, 플롯의 선택과 그 상호연관을 결정한다. 즉 작가의 세계관은 소설 내적으로 이야기 구성요소들(시공간, 인물, 환경, 플롯)의 선택 및 배열의 원리로 작용하는 것이다. 여기서 소설의 내적 구조를 확정하는 선택 및 배열의 원리를 「전망」[18] (혹은 원근법, perspective)이라고 부른다.

```
    작가의 세계관 ── 전망(선택 및 배열의 원리) ┐
        ↑↓                                     ├──→ 서사구조
    객관 세계 ── 시공간, 인물 ⇄ 환경, 플롯 ┘
```

---

18) 전망은 선택원리로서 본질적인 것과 비본질적인 것, 핵심적인 것과 주변적인 것을 선별하면서, 이야기의 실마리를 정리해주고 인물들의 발전방향을 결정한다. 현실의 반영이나 소설형식 양자에 있어서 방향성을 결정함으로써, 전망은 소설의 내용에 인과감과 질서를 부여한다. 물론 이러한 전망은 작가의 주관적 의도에 의해 결정되는 것이 아니라, 인물과 환경 그리고 양자의 상호작용의 선택과 배열을 통해 나타난다. 따라서 어떤 인물과 환경을 선택했느냐에 따라 전망과 플롯은 달라진다. 루카치,《현대리얼리즘론》, 황석천 역 (열음사, 1986), 34, 53~57면 참조.

이처럼「전망」은 작품의 형식적(구조적) 특질과 작가의 세계관의 종류를 동시에 말해주는 개념이다. 따라서 소설이 어떤 전망을 갖는가 하는 점은 그 소설의 형식(구조)과 내용을 이해하는 데 필수적인 요건이 된다.

요컨대 전망이란 삶이 이루어져가는 근거 및 방향을 결정하는 원리로, 이는 작가의 삶을 바라보는 관점(세계관)이면서 또한 소설의 서사구조를 구성하는 방법이 된다. 예컨대 고소설 중 영웅소설은 인간의 삶이 유교이념에 의해 이루어져간다는 관점을 담고 있다. 즉 지배질서인 유교이념이 잘 실현되면 영원히 행복한 삶을 누리게 된다는 생각이다. 이러한 세계관은, 현실의 모순은 잠정적인 것이며 근본적으로 유교이념에 의해 해소될 수 있다는 신념을 포함한다. 따라서 현실의 모순을 극복하기 위해 새로운 미래(변화)를 상정하는 것이 아니라 과거로부터 그랬듯이 유교이념에 의해 극복될 필연성을 강조한다. 영웅소설의 시공간이 미래지형적이 아닌「전범적인 과거」로 설정되는 것은 이 때문이다. 즉 현실의 문제점은 원래부터 그것을 지배하는 유교이념에 의해 해소된다는 (과거의) 전범을 보여주는 것이다.

이러한 세계관에 근거한 영웅소설의 서사구조는 현실의 모순 위에 유교이념을 덮어씌우는 점에서「관념적인 전망」을 내포한다. 또한 문제의 해결이 미래지향적이지 않으며, 변화를 예정하지 않은 채 과거부터 있어왔던 현재의 지배체제를 옹호한다는 점에서,「과거지향적 전망(혹은 순환적 전망)」이라고 할 수 있다.

흔히 중국의 송대(宋代)나 명대(明代)로 설정되는 영웅소설의 시공간은 이러한 전망에 근거한 것이다. 또한 영웅소설은 인물과 환경의 선택에 있어서도 유교이념의 전망에 의존한다. 한 예로《조웅전》에서 조웅은 충(忠)이라는 유교이념을 드러내는 본보기로 형상화된다. 그리고 그가 활동하는 환경 역시 유교이념의 신분질서나 가치체계를 반영하는 인간관계의 그물망으로 설정된다. 즉 천자(天子)를 중심으로 충신과 간신을 대표하는 조웅과 이두병(李斗炳), 그리고 그들 주위의 여러 인물들의 인간관계로 짜여져 있다.

　이 소설은 인물과 환경의 상호작용을 통해서도 유교적 가치체계를 드러내는 플롯을 구성한다. 조웅이 태어나서 처음으로 맞는 불행은 간신이 득세한 환경에서 기인된 것이다. 조웅은 자신의 고난을 극복하기 위해 필연적으로 간신 이두병과 대결해야 될 운명에 처한다. 그는 이두병과 맞서기 위해서는 천상계와 연관된 능력을 키우는 한편 그것을 실현하는 과정에서 충성심을 발휘한다. 조웅이 이두병에게 승리를 거둔 요인은 도승으로부터 전수받은 천상계의 힘이지만 그것은 또한 충(忠)이라는 유교이념으로 구체화된다. 이처럼 천상계의 힘을 「유교이념」으로 장식해 구현하는 것이 영웅소설의 기본적인 양상이다. 《조웅전》은 결국 충신과 간신의 대결에서 천상계와 연관된 충신이 필연적으로 승리하게 된다는 논리를 담고 있다. 충성심을 다한 결과 행복한 결말을 맞게 된다는 이 소설의 구조는 다음과 같이 요약된다.

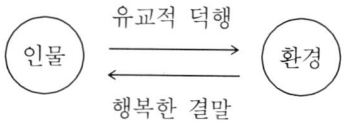

　여기서 주목할 것은 인물과 환경의 관계가 개인과 사회(혹은 자아와 세계)의 대립을 나타내는 것이 아니라는 점이다. 이 소설의 환경은 인물의 이념(忠)을 실현할 수 있는 유교적 질서체계로 되어 있다. 인물이 환경과 대립하게 되는 것은 간신의 득세에 의해 환경이 잠시 유교적 질서를 잃어버리게 되기 때문이다. 그러나 그것은 필연적으로 유교이념과 천상계의 힘에 의해 회복될 수밖에 없다. 이처럼 《조웅전》과 같은 영웅소설들은 원래의 이상적인 세계상에서 잠시 이탈했다가 다시 회귀하는 짜임을 지니고 있다. 이러한 자기회귀적인 운동의 원리는 천상계의 힘과 그것의 구체적인 유교이념에 내재한다. 결국 하강-상승의 플롯의 운동은 유교이념의 기존질서가 실현된 이상적 세계를 옹호하려는 구조인 셈이다. 《조웅전》의 서두와 말미의 동일성은 이 점을 잘 보여준다.

　(가) 송문제(宋文帝) 즉위 이십삼년이라. 이때 시절이 태평하여 사방에 일이 없고 백성이 평안하여 격양(擊壤)을 일삼더니 ……

　(가)' 혈혈단신 조원수는 일월같이 빛난 충을 기린각(麒麟閣) 제일층에 게명하고, 성운을 하직하고 번국으로 돌아가 왕화(王化)를 펴며 민정을 살피니, 만인이 태평가를 부르며 성덕을 다 일컬으며 천세 만세 하옵소서 하더라.

　영웅소설 중에는 (가)와 같은 대립 이전의 이상적인 상태가 서술되지 않은 경우도 있다. 그러나 그때에도 원래의 이상적인 세계는 전제되어 있는 것으로 볼 수 있다. 왜냐하면 영웅소설의 환경은 주인공의 이념과 동일한 유교적 질서가 지배하는 세계이기 때문이다.

　인용문의 경우 《조웅전》의 몸체 부분은 (가)에서 (가)'로 회귀하는 과정이라고 할 수 있다. 그런데 우리의 흥미는 (가) 혹은 (가)'의 이상적 질서보다는 그 회귀과정에서 나타나는 우여곡절에 있다. (가), (가)'의 이상적 질서는 삶을 지배하는 원리를 포함하지만 우리의 관심은 그것에서 이탈되었다가 다시 복귀하는 긴장된 과정에 있는 것이다. 이러한 (가), (가)'와 《조웅전》의 몸체 부분을 이기론(理氣論)의 견지에서 조명하면 각각 理와 氣에 대응한다고 할 수 있다.[19] 氣는 理의 발현으로 삶

---

19) 이기론의 견지에서 고소설을 고찰하면서 탁월한 견해를 펼치고 있는 책으로는 조동일의 《한국소설의 이론》(지식산업사, 1977)을 들 수 있다. 다만 이 책에서는 氣의 대립을 물아(자아와 사물)의 대립으로 이해하고 있으나, 원래 성리학에서의 氣의 대립은 주객의 대립이기보다는 선량한 氣와 열악한 氣의 대립임을 유념할 필요가 있다. 따라서 조선조의 중세적 이념을 잘 구현하고 있는 소설은 선악(혹은 의와 불의 충과 불충)의 氣의 대립을 형상화하는 영웅소설 유형일 것이다. 그 밖에 주객(혹은 개인과 사회)의 대립을 형상화하는 《홍길동전》등은 중세적 이념을 넘어선 근대소설적 요소가 구현된 것으로 볼 수 있다.

290

을 구성하는 물질과 에너지이다.[20] 반면에 理는 氣를 이루는 원리이며 氣 자체에 즉해 있다. 《조웅전》에서 우리가 흥미를 느끼는 것은 하강-상승의 氣의 운동이지만 그 운동의 원리는 理이며 소설의 주제 역시 理에 근거해 있다.

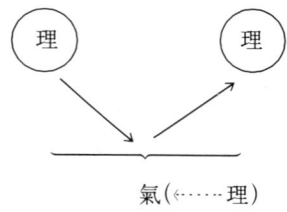

氣(⋯⋯理)

이처럼 영웅소설에서는 氣가 전면에 형상화되며 그것의 원리인 理는 배경의 문맥을 이룬다. 반면에 조선조의 대표적인 사대부의 장르인 한시 등에서는 理가 전면에 부각되며 氣의 형상화는 전적으로 理에 종속된다.[21] 여기서 우리는 왜 조선조의 양반들이 소설을 폄시하는 태도를 지녔는가를 알 수 있다. 소설 역시 氣의 운동(인간의 삶)은 理의 원리(혹은 유교이념)를 보여주기 위한 것이지만 그래도 결국 관심을 끄는 것은 후자보다는 전자이기 때문이다.

理보다 氣에 초점을 둔 경우 氣의 형상화는 은연중에 理에서 이탈될 수 있게 된다. 《조웅전》은 氣의 대립이 理에 의해 완전히 해소됨을 보여주는 소설이지만 氣를 형상화하는 중에 부분적으로 理에서 벗어난 상황을 그리고 있다. 예를 들어 조웅과 장소저의 결연은 부모의 승인 없이 자유의지에 의해 이루어진다. 이러한 연애관계는 유교이념의 견지에서 보면 매우 파격적인 것이다. 물론 이 같은 잠정적인 이탈은 결말에

---

20) 理와 氣의 개념에 대해서는 제4장 5절 (1)조선조의 시와 성리학을 참조할 것.
21) 시조의 경우 理氣論보다는 性情論이 그 원리를 설명하는 데 적합하며 性에 구속되지 않고 자유로이 情을 노래하는 시조(황진이의 시조)도 나타난다. 그러나 보다 일반적으로 말하면 조선조의 시들은 理에 종속된 氣를 그린 셈이었다.

와서 모두 제자리로 돌아온다. 그러나 정작 우리의 흥미를 자극하는 것은 그 다양한 氣의 운동인 셈이다.

그럼에도 불구하고 《조웅전》(영웅소설)의 氣의 대립은 흔히 말해지듯 자아와 세계(혹은 개인과 사회)의 대결[22]로 파악될 수 없다. 이 소설에서 氣의 대립이란 구체적으로 충신과 간신의 대립인데 이는 선량한 氣와 열악한 氣의 맞섬이지 개인과 세계(사회환경)의 대결은 아닌 것이다. 선량한 氣(충신)를 대표하는 조웅은 세계(유교 체계)의 논리에 지배되고 있으며 그것에 포함된 인간관계의 질서에 맞서 있지 않다. 그가 대결하는 것은 세계의 논리를 일시적으로 혼란에 빠뜨린 열악한 氣(간신)일 뿐이지 세계 그 자체는 아닌 것이다.

실상「자아와 세계의 대립」이란 《조웅전》과는 다른 유형의 소설에서 찾아볼 수 있다. 예컨대 《홍길동전》에서 주인공 홍길동은 세계의 논리에 맞서 있다고 볼 수 있다. 세계의 논리란 양반이 지배하는 유교이념을 말하는데 홍길동은 자신을 피지배자(서자)의 위치에 놓는 그 같은 질서를 수긍하지 않기 때문이다. 그는 세계(환경)의 논리에 따르면 힘이 열등한 위치에 있지만 소설의 공간에서는 힘의 우월성을 발휘한다. 따라서 《홍길동전》은 소설을 통해서 세계의 질서를 전복시키려는 잠재력을 갖고 있다. 그리고 이 소설의 갈등은 서자인 홍길동과 유교질서와의 관계에서, 즉 자아와 세계의 대립에서 발생되고 있다.

《홍길동전》의 갈등 역시 氣의 대립이라고 볼 수 있지만 이때의 대립은 理에 의해 해결될 수 없는 부분을 항상 남기게 된다. 이 소설의 결말은 잠정적으로 理에 의해 평정이 이뤄진 것 같으나, 사실은 여전히 갈등의 잔여물을 지니고 있다. 그것은 이 소설이 유교적 신분사회 자체를 문제삼고 있기 때문이다.

이와 비슷한 양상이 판소리계 소설에서도 발견된다. 예컨대 《춘향전》에서 춘향은 세계(환경)의 논리에 따르면 피지배자이나 소설에서는 가장 아름다운 인물로 형상화된다. 물론 춘향이 어떤 힘을 발휘하며 세계

---

22) 조동일, 《한국소설의 이론》(지식산업사, 1985), 316~17면.

의 질서를 역전시키려 시도하지는 않는다. 그러나 유교이념의 기준으로도 뛰어난 인물인 춘향은 대개는 양반에게만 부여되었던 덕목(열녀)을 자신도 실천하겠다고 주장함으로써 인격적인 삶을 요구한다. 표면적으로는 유교이념인 열녀를 내세우고 있지만 그것이 인격적 삶이 주어지지 않았던 기생에 의해 주장됐다는 점에서 근대적 인간해방의 사상으로 나타나는 것이다.

한편 이 소설의 전망은 영웅소설처럼 과거로부터 나온 유교이념을 옹호하는 점에서 「과거지향적 전망」으로 보일 수도 있다. 그러나 다른 한편 영웅소설과는 달리 소설의 시공간이 구체적 현실로 설정됨으로써 유교적 전망은 새로운 의미를 획득한다. 물론 《춘향전》의 시대적 배경은 과거의 상황으로 설정되어 있다. 그러나 그것은 현재의 민중들의 삶과 매우 밀접한 연관성을 지닌 것으로 그려진다. 또한 문제의 해결책인 유교이념은 과거의 전범이 아니라 미래의 이상으로 내세워진다. 전통적 관습으로 보면 일종의 탈선인 춘향과 이도령의 사랑이 유교이념인 열녀의 행실로 치장됨으로써 유교적 이상은 현실의 「변화」와 「미래」를 암시하는 것이다. 이처럼 현실성이 강조되고 미래의 유교적 이상이 표방되는 과정에서 과거의 이야기 《춘향전》은 「역사적 시공간」의 단초를 내포한다. 理→氣→理로 향하는 자기회귀적인 관념적 운동은 여기서 현실주의의 맹아를 획득하고 있다. 《춘향전》의 서술시제가 '~더라' 체가 아닌 '~는다' 체라는 점 역시 이러한 현실성을 입증하는 셈이다.[23] (서술양상과 서사담론에 대해서는 뒤에서 다시 구체적으로 논의하기로 한다.)

이와 같이 판소리계 소설은 영웅소설처럼 유교이념의 주제를 갖고 있지만 현실성이 반영된 인물과 환경을 선택함으로써 근대소설로 나아가는 이행기의 소설형식을 만들고 있다. 그러나 《홍길동전》과 판소리계 소설을 포함한 모든 「로만스적[24] 고소설」은 구조적으로는 동일한 특징

---

23) 이는 물론 공연양식인 판소리에서 유래한 점과도 관계가 있다.
24) 로만스에 대해서는 Northrop Frye, *The Secular Scripture* (Harvard University Press, 1976)를 참조할 것.

을 지니고 있다. 즉 이상적 인물과 그 반대 인물 간의 대립관계, 하강-상승의 구조, 행복한 결말 등의 특징을 지닌다. 또한 천상계와 연관된 흔적이 이상적 인물을 통해 제시되는 점 역시 로만스적 소설의 특징이다. 이러한 이상옹호적인 로만스적 서사구조는「패러디」를 통해 근대소설로 이행되는 과정을 거친다. 패러디와 풍자를 통해 근대적 현실주의로 나아가는 소설형식은 박지원의 한문 단편에서 찾아볼 수 있다. 그러면 이행기 소설의 또다른 형식인 박지원의 단편소설을 살펴보자.

(2) 박지원의 소설과 현실주의의 출현

고소설(영웅소설)의 관념적인 낙관적 전망은 전체 사회를 공동체적 이념으로 결속시키면서, 또한 실제 현실의 불만과 고통을 행운으로의 출구를 통해 해소시키는 기능을 하고 있었다. 그러나 사회적 모순이 점점 심화되면서 그러한 유교이념의 안전판이 더이상 효능을 발휘하지 못하는 시기가 오고 있었다. 공동체적 유교이념은 서서히 붕괴되어 갔고 이에 따라 행운으로의 출구가 폐쇄되었으며, 더욱이 사람들은 차츰 개인과 사회의 대립관계를 인식하기에 이른 것이다.

이러한 사회적 변화에 상응해서, 근대소설은 관념적 세계관 대신 현실주의 원리를 받아들여 새로운 양식을 창출하게 된다. 새로운 양식으로서의 근대소설은 근본적으로 고소설의「패러디」의 형식을 갖고 나타났다. 패러디는 현실을 형식화하면서 배경의 문맥을 교체시키는 순간 생겨난다. 고소설은 유교이념의 문맥을 현실의 형식화 원리로 사용하고 있었다. 그러나 그러한 문맥의 사용이 더이상 현실의 변화를 감당하지 못함을 판소리계 소설들은 잘 보여주고 있다.

이처럼 변화된 현실상황에서 심각한 사회적 문제를 새로운 세계관적 문맥을 통해 조명할 때, 미처 변화되지 않은 전대의 관습이 잔여분으로 남아 그 관습에 대한 패러디의 형식이 성립되는 것이다.[25] 예컨대, 박지원의 〈양반전〉은 패러디를 통해 근대소설의 단초를 마련하고 있다. 원래 전(傳)양식은 유교적 이상형의 인물을 그리면서 그의 이름을 제목으로 삼는 관례를 갖고 있었다. 그러나 〈양반전〉은 유교적 신분질서의 표본인 양반을 풍자하면서 그 풍자의 대상을 제목으로 삼고 있다. 즉, 전통적 관습인 전(傳)양식에 대한 희작(패러디)을 시도하고 있는 것이다.

정선(旌善) 고을에 상민인 부자와 가난한 양반이 살고 있었는데, 양반은 환자(還子)를 갚기 위해 부자에게 양반을 팔게 된다. 이 얘기를 들은 군수는 부자에게 양반 증서를 만들어주겠다며, 양반이 지켜야 할 어려운 몸가짐을 나열한다. 증서 내용을 듣고 있던 부자는 한참 머엉하다가 이렇게 말한다.

"양반이 겨우 요것뿐이란 말씀이우? 내가 듣기엔 '양반하면 신선이나 다름없다'더니, 정말 이럴 뿐이라면 너무도 억울하게 곡식만 몰수당한 것이어유. 아무쪼록 좀더 이롭게 고쳐주시기유."

군수는 증서를 고치면서 이번에는 양반의 각종 횡포를 나열하기 시작한다. 증서가 겨우 반쯤 이룩되었을 때 부자는 혀를 빼면서 "아이구 그만두시유, 참 맹랑합니다그려. 당신네들이 나를 도둑놈이 되라 하시유" 하고 머리를 흔들면서 달아나버렸다.

이러한 양반에 대한 풍자는 관념적 세계관 대신 현실주의의 원리로 당대 사회를 조명함으로써 가능해진 것이다. 이처럼 배경의 문맥을 변경시키는 패러디에 기초한 〈양반전〉은 풍자를 통해 비판적 리얼리즘의

---

25) 예를 들어 《흥부전》을 패러디해서 《놀부전》을 만들었을 때, 《놀부전》은 현실주의의 세계관적 문맥에 따라 《흥부전》을 재구성한 것이지만, 이 《놀부전》에는 원작(《흥부전》) 및 그 유교적 세계관의 문맥이 여전히 흔적으로 남게 된다. 바흐친은 패러디에서의 이러한 양상을 원작(《흥부전》)과 대화적 관계를 이루는 것으로 설명한다. 즉, 《놀부전》은 《흥부전》과 대화적 관계를 이루고 있는 패러디 작품이다. 츠베탕 토도로프, 《바흐찐의 문학사회학과 대화이론》, 최현무 역 (까치, 1987), 106~110면. M. M. Bakhtin, *The Dialogical Imagination* (University of Texas Press, 1981), 68~83면 참조.

요소를 획득하고 있다. 그러나 이 작품을 완전히 근대소설로 볼 수는 없는데, 그 이유는 신분제에 대한 날카로운 비판의식에도 불구하고 여전히 전대의 표기방식인 한문을 사용하고 있기 때문이다.

그렇지만 이 소설은 로만스적 고소설과는 분명히 구별되는 서사구조를 보여주고 있다. 첫째로 소설의 시공간이 추상적 과거가 아닌 구체적인 현실로 설정되어 있다. 둘째로 인물들간의 선악의 대립적 관계가 사라지고 인물과 환경 간의 분열된 관계를 보여준다. 셋째로 하강-상승 구조를 통한 행복한 결말이 없어지고 평형 혹은 하강구조를 이루고 있다. 이러한 세 가지 요건은 뒤에서 살펴볼 근대소설(특히 비판적 리얼리즘)의 일반적인 서사구조의 특징으로 볼 수 있다.

(3) 신소설과 개화이념

신소설은 개화기의 일상적 현실을 그리고 있는 점에서 관념적인 유교사회를 형상화한 고소설과 구별된다. 또한 미래로 나아가는 과정에서 새로운 이념(개화이념)을 제시함으로써, 유교적 이상을 제시하거나 풍자의 방법을 사용하는 판소리계 소설 및 박지원의 한문 단편과도 차이를 지닌다. 즉, 현실의 모순을 그리면서「미래」지향적인 이념을 내세우는 점은 전대의 소설과 구별되는 신소설의 고유한 특징인 셈이다.

특히 신소설은 현실적인 시공간을 설정함으로써 영웅소설의 전범적 과거의 시공간과 구분된다. 전범적 과거의 시공간은 유교이념에 채색된 상징적 공간과 과거의 이상적 인물의 일생담[26]으로 나타난다. 그러나 신소설의 공간은 현실 그 자체로 그려지며, 시간 역시 이상적 인물의 일생담이 아닌 사건 진행에 필수적인 것으로 축소된다. 이러한 이야기 시간의 변화와 함께 담론시간[27]에도 변화가 일어나「시간적인 역전」과

---

26) 이는 대부분 전(傳)양식을 차용한 구조를 지닌다.

불일치가 나타난다. 결과적으로 고소설에 비해 「이야기시간」이 축소되고 「담론시간」이 확대되는 양상이 나타난다.[28]

이 같은 시공간적인 특징은 상징적·관념적 시공간에서 현실적·구체적 시공간으로의 변화[29]를 보여주는 것이다. 근대 소설에 매우 접근한 이러한 재현 방식은 신소설을 전대의 모든 소설로부터 구분짓는 특징으로 볼 수 있다. 따라서 이같은 측면에서만 본다면 신소설은 고소설의 전범적 시공간에서 벗어나 근대소설의 방법에 거의 근접한 것으로 생각된다.

그러나 현실적인 시공간이라는 것은 현실 자체가 그려졌다는 것만으로 얻어지는 것은 아니다. 시공간이란 정태적인 풍경으로 고정돼 있는 것이 아니라 과거에서 현재, 미래로 나아가는 역동적인 과정인 것이다. 따라서 현실적인 시공간이 그려지려면, 소설의 통시적 과정 속에서 현재(혹은 과거)의 상황으로부터 미래로의 추진 과정이 역동적으로 드러나야 한다.

그런데 신소설의 현실(현재 혹은 과거)과 미래의 연결방식은 현실적인 역동성을 상실하고 있다. 한 예로 신소설의 표본적인 작품인 이인직의 《혈의 루》를 살펴보자.[30] 이 소설은 전체적으로 과거형('더라'체)으로 제시되지만 그것은 고소설(전범적인 과거)과는 달리 현실의 상황을 제시하고 있다. 가령 청일전쟁이 일어나 옥련의 일가가 흩어진 것은 과거의 이야기가 아니라 (당대의) 현재(현실)의 이야기이다. 이 소설의 플롯의 (통시적) 전개 과정은 과거형으로 나타나는 현재의 연속으로

---

27) 화자가 이야기를 서술하는 데 걸리는 시간을 말하며 일반적으로 소설을 정독하는 시간과 일치한다. 이야기시간은 담론시간에 의해 재배열됨으로써 시간 순서의 역전 등이 생길 수 있다. 시모어 채트먼, 《영화와 소설의 서사구조》(민음사, 1990), 73~100면 참조.
28) 정선태, 〈신소설의 서사론적 연구〉, 서울대 석사논문 (1994), 38~46면.
29) A. A. 멘딜로우, 《시간과 소설》, 최상규 역 (대방출판사, 1983), 45면. 정선태, 〈신소설의 서사론적 연구〉 앞의 논문, 45면.
30) 《혈의 루》 유형의 신소설 외에도 여러 다양한 종류의 신소설들이 있다. 그러나 일단 여기서는 《혈의 루》 유형의 소설에 대해 논의하기로 한다.

구성되고 있다. 현재의 연속이란 실상 미래로 나아가는 과정이며 그 일련의 연관관계를 통해 현실의 시공간이 그려진다.

그러나 이 소설에서 미래로 나아가는 현실의 각 사건들은 진정한 현실을 구성하지 못한다. 그러면 이 소설의 각 사건들은 어떻게 연결되고 있는가. 먼저 《혈의 루》의 플롯의 진행은 대략 다음과 같이 나타난다.

청일전쟁으로 인한 옥련(그리고 가족)의 고난→일본 군의관에 의한 옥련의 구출→일본생활(자살결심→구완서에 의한 구출)→미국생활(김관일과의 재회, 서양문명 공부)

이러한 일련의 과정은 고난으로부터 행복으로 나아가는 양상이며, 또한 비문명의 상태에서 문명개화로 진행하는 과정이다. 현실에서 이상으로, 그리고 현재에서 미래로 전진하는 이 진행은 개화이념에서 그 추진력을 얻고 있다. 그런데 그 개화이념은 현실과 연관된 이상이라기보다는 현실의「외부」에 목표점을 둔 이념일 뿐이다. 이처럼 개화이념이 현실과 단절된「관념적」이상이라는 사실은 그 이념의 본거지인 외국(미국)이 추상적 시공간으로 나타나는 점에서도 확인된다. 미국에서의 옥련과 김관일(옥련의 부친)의 우연한 만남은 그러한 추상성을 더 높여준다.

> 김관일은 옥년을 ᄯᅩ나보고 구완셔를 사위감으로 덩ᄒᆞ고 구씨와옥련의 목뎍이 그럿틋 긔의한말을드르니 김씨의조흔마음도 측양홀수없는지라
> 미국화성돈에엇더ᄒᆞ (호텔)에셔는 옥년의부녀와 구씨가 솟쌀ᄀᆞ치 느러안져셔 그럿틋희낙ᄒᆞ터 셰상이고르지못ᄒᆞ야 조선 평양성 북문안에 게싹지ᄀᆞ치 나진집에셔 솜십전부터 남편업고 ᄌᆞ녀군에 혈륙업고 직물업시 지니는부인이잇스되 십년풍상에 남보다 만흔것 흔가지가 잇스니 그만흔것은 근심이다

인용문에서 미국(외국)은 기쁨의 공간으로 그려지며 조선은 슬픔의 공간으로 제시된다. 이러한 차이는 문명과 비문명에 근거한 것이며 이 소설은 후자에서 전자로 나아가는 진행을 보인다. 그러나 이러한 진행

은 실상 「현실」에서 「비현실」로의 과정으로 드러날 뿐이다. 그것은 미국이 조선의 외부에 추상적으로 존재하듯이 조선의 개화라는 이념의 목표가 현실의 외부에 관념적으로 존재하기 때문이다.

근심과 슬픔의 공간 조선의 현실을 그리기 시작한 《혈의 루》는, 현실의 슬픔을 기쁨으로 바꾸기 위한 방법으로, 현실 외부를 지향하는 개화이념을 끌어옴으로써 진정한 역사적 현실을 그리지 못한다. 전술했듯이, 현실→미래 대신에 현실→현실 외부(외국)의 초월적 공시화가 나타나기 때문이다. 즉 현실은 전체 플롯의 과정 속에서 이 비현실적인 개화의 본보기를 보여주려는 시공간으로 전환된다. 이에 상응해서 소설의 인물 역시 개화의 「모범」이 되는 인물이 형상화되며, 환경은 비문명/문명의 대립관계를 보여주는 조선/외국으로 설정된다. 조선은 현실적 공간인 사회환경으로 그려지는 대신에 문명화되어야 할 비문명적 공간으로 제시될 뿐이다.

《혈의 루》의 이러한 「전범적」 서사구조를 영웅소설과 비교하면 다음과 같이 표시될 수 있다.

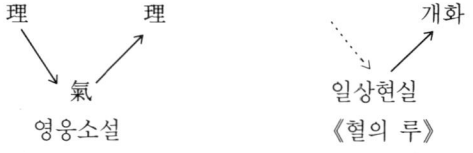

영웅소설은 理에서 다시 理로 회귀하는 순환적인 구조를 지니며 또한 그런 점에서 과거중심적이다. 반면에 《혈의 루》는 그 같은 순환적 구조에서 탈피하고 있으며, 새로운 이념(개화)을 내세우는 점에서 미래지향적으로 보인다. 그러나 미래로 나아가는 힘을 제공하는 개화이념이 현실 자체로부터 발아되지 않은 채 외부로부터 제공됨으로써 현실의 공간은 개화이념을 보여주려는 전범적인 공간으로 전환된다. 《혈의 루》가 판소리계 소설이나 〈양반전〉에서 나타났던 부분적 현실성마저 얻지 못한 것은 이 때문이다. 후자들에서는 미흡하나마 현실에서 미래의 이상으로 나아가려는 지향이 암시되지만, 《혈의 루》에서는 현실-이상의 관계가 비문명/문명으로 단절되어 있는 것이다. 신소설은 의식적으로 현실로부터 출발했지만 그 현실을 미래(이상)로 연결시키는 과정에서 예전(고소설)의 방법인 전범적 형식을 되풀이한 셈이다. 그러면 이제까지의 모든 미숙한 형식들을 극복하고 진정한 현실성을 얻고 있는 근대소설의 전개에 대해 살펴보기로 하자.

(4) 근대소설과 비판적 리얼리즘

① 자연주의와 리얼리즘

근대소설은 전대의 「전범적인 시공간」을 폐지하고 역사적 현실을 그리려는 노력으로 시작되었다. 이를 위해 근대소설은 신소설처럼 현실로부터 출발하면서도 그와는 달리 현실 외부에 근거한 이념(혹은 계몽사상)을 철폐할 것을 요구한다. 신소설과 이광수 소설의 계몽주의에서 벗어나 「현실 그 자체」를 그리자는 주장은 이런 요구를 명시한 것이었다.

그러나 이번에는 현실 그 자체를 그리면서 어떻게 그 속에 미래로의 지향을 함축하느냐가 문제되었다. 미래가 아닌 현실만 나열할 뿐이라면 어떻게 그 현실을 이상과 연결시킬 것인가. 만일 현실이 이상의 지향과 연관되지 못한다면 어두운 현실은 우울한 사회의 정물화로 그려질 것이다. 이것은 「전망」을 상실한 「자연주의」를 의미하는 것이었다. 자연주의는 미래로의 지향을 폐쇄함으로써 「역사적 현실」을 올바르게 형상화하지 못한다.

따라서 처음부터 근대소설은 「자연주의와의 싸움」을 치러야 했다. 더욱이 1920년대 전반의 식민지 현실은 어둡고 암울하게 그려질 수밖에 없었다. 아직 식민지 현실에 저항하는 굳건한 이념을 마련할 수 없었기 때문에 현실을 있는 그대로 그릴 경우 비관주의를 벗어나기 어려웠던 것이다.

그러나 리얼리즘의 전망은 반드시 부정적 현실에 맞서는 이념을 지녀야만 얻어지는 것은 아니다. 만일 그렇다면 20년대 중반까지 미각성된 민중들을 형상화하는 소설들은 필경 리얼리즘을 성취할 수 없었을 것이다. 그 당시의 하층민들은 새로운 이념은 물론이고 일정한 비판의식조차 갖추지 못했기 때문이다. 하지만 식민지 현실을 비판적으로 드러내는 방법은 주인공의 지적 능력에만 의존하지 않으며 소설의 전체과정을 통해서 독자 자신이 판단하도록 할 수 있다. 그리고 그를 통해 부정적 현실의 본질을 비판적으로 제시함으로써 역으로 전망을 획득하게 된다.

예컨대 현진건의 〈운수 좋은 날〉의 김첨지는 비지성적인 인물로 현실비판의식이 결여되어 있다. 그러나 그는 현실의 고통 속에서도 끝까지 행복한 삶에 대한 이상을 포기하지 않는다. 자신의 불행을 팔자 소관으로 떠넘기거나 오랜만에 닥친 행운 앞에서 불안에 떠는 것은 그가 그만큼 행복한 삶을 갈망하고 있음을 의미한다. 그리고 이처럼 김첨지가 이상에의 열망을 버리지 않음으로써 그는 자신의 건강한 내면성을 보존하게 된다. 그가 자신의 불행에 대해 막연한 울분을 터뜨리는 것은 이같이 굳건한 내면성을 지니고 있기 때문이다. 특히 결말에서의 아이러니컬한 고통 표현 방법은 그의 불행이 온당하지 못하다는 감정적인 항의를 포함하고 있다.

"응으, 또 대답이 없네, 정말 죽었나버이." 이러다가 누운 이의 흰 창이 검은 창을 덮은, 위로 치뜬 눈을 알아보자마자
"이 눈깔! 이 눈깔! 웨 나를 바루 보지 못하고 천정만 보느냐, 응?"하는 말끝엔 목이 메었다. 그러자 산 사람의 눈에서 떨어진 닭의 똥같은 눈물이 죽은 이의 뻣뻣한 얼굴을 어룽어룽 적신다. 문득 김첨지는 미친 듯이 제 얼굴을 죽은 이의 얼굴에 한데 부비대며 중얼거렸다.
"설렁탕을 사다놓았는데 왜 먹지를 못하늬, 왜 먹지를 못 하늬 …… 괴상하게도 오늘은 운수가 좋드니만 ……"

이는 이 소설의 마지막 장면인데 김첨지는 아내의 죽음에 대해 단순히 절망적인 슬픔만을 드러내지는 않는다. 무엇 때문인지는 모르지만 김첨지의 내면에는 분노가 가득 차 있는 것이다. 물론 김첨지는 자신의 울분이 어떤 표적을 향해 발산되어야 할지 모르고 있으며 그의 항의 자체는 막연한 감정 토로에 그치고 있다. 그럼에도 불구하고 독자는 선량한 그가 행복한 삶을 이룰 수 있는 올바른 사회가 건설되어야 함을 암시받는다. 그것은 독자가 한편으로 김첨지를 내려다보는 위치에 있지만 다른 한편 김첨지의 의식을 공유하면서 그의 입장에서 소설의 사건을 경험하기 때문이다. 여기서 중요한 것은 김첨지의 내면성이 끝까지 건강함을 지키고 있기 때문에 독자가 그것을 근거로 미래의 「이상을 내다볼 수」 있다는 점이다. 이 점에서 김첨지는 현실과의 싸움에서 패배했지만 오히려 그 패배를 통해 그의 내면성은 승리를 거둔다고 할 수 있다.

이와는 달리 현실에 패배하면서 내면성까지 붕괴되는 경우 독자는 미래의 이상을 내다볼 근거를 잃게 된다. 이때는 현실이 악화되면 인간성까지 파멸된다는 「환경결정론」과 비관주의를 느낄 뿐이다. 이러한 전망의 상실과 절망론이 「자연주의」 특징이다.

예컨대 김동인의 〈감자〉의 복녀는 현실에서 몰락했을 뿐만 아니라 내면성마저 파탄에 이르게 된다. 이 소설에서 독자는 얼마간 복녀의 입장에 있게 되지만 그녀의 내면적 파멸 속에서 다만 황폐함을 느끼게 된다. 이처럼 복녀에 대한 동정이 미래의 이상에 대한 소망으로 연결되지 못하는 것은 그녀의 도덕성이 피폐해졌기 때문이다.

따라서 이 시기의 리얼리즘의 중요한 요건은 민중들의 건강한 내면성과 활력을 드러내는 데 있었다. 〈운수 좋은 날〉은 그것을 통해 부정적 환경을 비판적으로 드러냄으로써 역으로 전망을 암시한다. 이처럼 부정의 부정을 통한 비판적 리얼리즘의 전망을 흔히 「부정적 (혹은 소극적) 전망」[31]이라고 부른다. 부정적 전망은 막연한 이상에의 지향을 근거로 삼는 점에서 「유토피아적 전망」이라고도 할 수 있다.

부정적 전망을 통한 전망의 획득에서 또 하나 중요한 점은 현실의 부정적 「본질」에 대한 비판이 나타나야 한다는 점이다. 현실을 아무리 분석적으로 자세히 묘사하더라도 본질적 측면과의 연관이 제거된 경우 현실의 올바른 발전 방향은 나타날 수 없다. 현실의 본질적 관계란 현실에 대한 진실한 인식인 동시에 미래의 이상으로 연결되는 관계이기 때문이다. 예를 들어 〈감자〉에는 농민의 몰락상이 그려지지만 그것이 지주-소작인의 본질적 모순관계에서가 아니라 복녀 남편의 게으름에 의한 것으로 제시된다. 따라서 이 소설은 현실의 본질을 드러내지 못하며 표면적으로만 현실을 반영하고 있다. 이 점에서도 〈감자〉는 현실의 본질적 관계의 선택원리인 「전망」을 얻지 못하고 있다. 리얼리즘의 「전망」의 기능은 현실의 본질적 관계를 선택하고 그것을 이상에의 지향으로 연결시키는 것인데 이 소설은 그 두 가지를 모두 결하고 있다.

이상의 논의를 바탕으로 하는 자연주의와 리얼리즘의 차이를 도표로 정리하면 다음과 같다.

자연주의	리얼리즘
전망 상실 (비관주의)	전망 획득 (내면성의 승리)
환경결정론 (정물화)	환경과 상호작용 (역동적 구성)
현실의 표면 반영 (세부묘사 집착)	현실의 본질 반영 (서사적 구성)

---

31) 비판적 리얼리즘의 전망은 역사적 방향성을 명백히 제시하기보다는 현실의 부정성을 부정함으로써 방향성을 암시하는 방법을 취한다. 이는 비판적 리얼리즘이 부르주아 사회에 뿌리박고 있어서 그 이상은 내다보지 못하는 위치에 있기 때문이다. 따라서 비판적 리얼리즘은 막연한 이상을 내다보는 유토피아적 전망을 갖는 수가 많다. 그리고 이러한 전망은 다음의 이중적 기능을 갖는다. 즉, 현실을 충실히 묘사하면서 그 속에서도 절망에 빠지지 않도록 해주는 것이다. 루카치는

이제까지 〈운수 좋은 날〉을 중심으로 근대소설과 비판적 리얼리즘에 대해 살펴보았다. 근대소설(특히 비판적 리얼리즘)은「세계관」적 기반이 바뀜에 따라「전망」이 달라졌으며「인물과 환경」의 선택 및 양자의 상호작용 역시 달라졌음을 알 수 있다. 고소설의 보편적이고 이상적인 인물에서 개성과 보편이 통일된「전형적 인물」로 교체되었으며 환경 역시 인물과 대립하는 사회환경으로 바뀐 것이다. 그리고 인물과 환경의 상호작용은 부정적 환경을 비판적으로 반영하는 플롯의 논리를 담게 되었다.

1.   인물 ⇄ 환경
          행 동 →
          ← 고 통

2.   인물 ⇄ 환경
          억 압 →
          ← 비판의식

② 중도적 주인공의 여러 가지 유형

비판적 리얼리즘의 주인공으로는 미각성 상태의 민중(〈운수 좋은 날〉)이나 도시빈민, 소시민 등이 선택된다. 이들은 부정적인 인물은 아니지만 또한 진보적이고 실천적인 인물도 아니다. 이들처럼 중간 정도의 의식상태를 지닌 비판적 리얼리즘의 주인공을 우리는「중도적 주인공」[32]이라고 부른다.

이와 같은 비판적 리얼리즘의 특징을 두 가지 소극적 명령문으로 요약하고 있다. 첫째는「합리적인 질문」이며, 또 하나는「불안과 혼란을 극복하려는 의지」이다. 비판적 리얼리즘은 이를 통해 사회주의의 전망을 거부하지는 않는다는 소극적 전망을 드러낸다. 루카치,《현대리얼리즘론》, 앞의 책, 60~72면 참조.

32) 주 12)를 참조할 것.

중도적 주인공의 다양한 유형 중에서 특히 흥미로운 것은 소시민 주인공이다. 소시민 주인공은 여러 가지 모습으로 그려지는데 그 가운데 중요한 한 유형은 주인공의 의식의 성장과정을 형상화하는 것이다. 우리는 80년대의 소설 중에서 이러한 주인공을 많이 발견할 수 있다. 즉, 87년~88년에 쓰여진 〈태양은 묘지 위에 붉게 타오르고〉(양헌석), 〈강〉(김인숙), 〈위기의 사내〉(현기영) 등이 여기에 속한다. 이 소설들은 87년의 6월 항쟁이나 대통령 선거를 배경으로, 소시민의 불투명한 의식이 점차로 각성되어가는 과정을 그리고 있다. 또한 주인공의 의식의 각성이 뚜렷한 것은 아니지만 소시민의 의식이 부정적 현실을 비판하는 데 사용되는 소설로 윤정모의 〈님〉이나 40년대 소설 중 김남천의 〈경영〉, 〈맥〉을 들 수 있다.

소시민 주인공 소설의 또다른 유형은 소시민의 이중적 의식을 비판하는 소설들이다. 역시 80년대 후반의 소설 중 〈기회주의자〉(양귀자), 〈부정〉(김인숙), 〈덧문 너머의 헝클어진 숨결〉(김향숙)을 들 수 있다. 이 소설들은 한결같이 소시민의 기회주의적 속성을 비판하고 있지만, 그런 중에도 주인공의 긍정적 가능성을 열어두는 소설이 전망의 획득에 성공하고 있다. 그것은 소시민이 비판의 대상이긴 하지만 그가 부정적 환경을 대표하는 인물은 아니기 때문이다. 이런 소설들에서 부정의 부정을 통한 전망의 획득은, 소시민이 부정적 성향으로 들어서는 태도에 대한 비판을 통해 그 반대의 가능성을 보여주는 것이어야 한다. 예컨대, 〈덧문 너머의 헝클어진 숨결〉보다 〈기회주의자〉가 전망의 획득에 성공하고 있는 것은 이런 연유에서이다.

"노재청씨가 탈퇴하겠다는군. 사장 솜씨도 보통은 아니야. 어느새 그 사람을 사재청으로 만들어 버렸어."
그때의 손의 얼굴에는 확실히 강철같은 표정이 있었다. 그것은 노조를 향해 재청을 외치다가 사장 쪽으로 재청의 방향을 돌린 이재철에게로 날리는 강철이었다. 결코 부러지지 않을 것 같은 손문길의 단단함이, 강철의 그 질감이 그는 부럽다고 느꼈다. 삶에 대한 이 망설임이 언제까지 갈 것인지 ……

위 인용문에서 주인공 정계장은 자신의 우유부단함을 스스로 인식하고 있다. 이처럼 주인공의 고민하는 모습을 삽입시킴으로써, 전체적으로 그에게 가해지는 비판과 함께 긍정적 가능성 역시 열어놓고 있다. 〈기회주의자〉라는 비판적 표제에도 불구하고 정계장이 부정적 인물로 느껴지지 않는 것은 이 때문이다(물론 작가가 손문길에 전적으로 찬동하는 것이라고 볼 수도 없다).

흔히 소시민적 인물이 비판적 리얼리즘의 주인공으로 선택되는 것은, 그가 부정적 환경과 진보적 인물의 중간 정도되는 인식상태를 지니고 있기 때문이다. 예를 든다면, 〈태양은 묘지 위에 붉게 타오르고〉에서 석일은 독재정권과 운동권 학생 해린의 중간에, 〈부정〉에서의 아내는 부정적 환경과 민세 아빠의 사이에, 그리고 〈기회주의자〉의 정계장은 영업과장과 손문길의 가운데에 위치한다.

이들 소시민적 주인공들은 일정한 비판의식을 내면에 지니고 있지만, 〈태양은 묘지 위에 …… 〉에서처럼 긍정적 방향으로 나아가기도 하고 〈부정〉에서처럼 반대방향을 취하여 비판의 대상이 되기도 한다. 어느 경우이든 이들의 중간적 성격은 부정적 현실을 비판적으로 반영하는 데 적절한 역할을 하게 되는 것이다.

이제까지 우리는 주로 중·단편소설을 중심으로 살펴봤지만, 장편의 경우에 비판적 리얼리즘은 복합적 구성을 통해 총체적 형상화 방법을 취하게 된다. 대표적인 작품으로 《삼대》에서는, 중도적 인물 조덕기를 중심으로 세대간의 축과 이념적 축을 복합적으로 구성하고 있다. 이 소설에서 조의관-조상훈-조덕기의 관계는 삼대에 걸친 자본가의 세대간의 갈등을 조덕기의 비판적 의식을 매개로 형상화한 것이다. 또한 조의관·조상훈-조덕기-병화의 관계는 이념의 차이에 의한 갈등을 그리고 있는바, 각각 부정적 의식, 중도적 의식, 진보적 의식을 대표하고 있다.

이러한 복합적 구성의 총체성은 세계관적으로 중간적 상태에 있는 조덕기를 중심인물로 위치시킴으로써 획득된 것이다.

그러나 총체성의 형상화는 《삼대》와 같은 비판적 리얼리즘의 방법으로만 성취되는 것은 아니다. 사회주의 리얼리즘은 중도적 인물을 통한 매개관계가 아니라, 현실의 본질적 모순관계를 직접 형상화함으로써 총체성을 획득한다. 즉 자본가와 노동자, 부정적 인물과 진보적 인물(긍정적 주인공)[33]의 대결 및 투쟁관계가 소설의 중심적인 내용으로 그려진다.

고소설에서는 인물과 환경의 상호작용이 일어나지만 인물의 행동은 환경의 논리의 반영이며, 결과적으로 환경의 논리에 지배되는 양상으로 나타났다. 이에 반해 비판적 리얼리즘은 인물과 환경의 대립관계를 각 계급 계층의 움직임을 포착하는 가운데 그려낸다. 따라서 인물과 환경은 분열된 관계에서 상호작용하며, 그 역동적 운동을 통해 현실의 전망을 암시한다.

한편, 사회주의 리얼리즘은 현실과 인간의 대립적 상호작용을 실천적 차원에서 그려낸다. 즉, 인물은 환경에 대해 비판적 의식만을 갖는 것이 아니라 실천적으로 환경을 개조시키려 나서는 것이다. 이로써 인물과 환경의 상호관계는 또다른 질적인 차이를 보여주게 된다. 이제 몇 개의 예들을 통해 사회주의 리얼리즘의 새로운 양상을 살펴보자.

(5) 사회주의 리얼리즘과 진보적 세계관

① 본질적 관계의 형상화

비판적 리얼리즘과 구별되는 사회주의 리얼리즘의 방법적 특징은 서사적 선별원리를 사회주의적 전망에 의거함으로써 새롭게 나타난 것이

---

33) 긍정적 주인공에 대해서는 2절 (2)인물·환경·플롯 을 참조할 것.

다. 즉, 이상적인 사회주의 사회로 나아가는 인물과 환경을 선택하여 양자의 상호작용을 형상화한 산물이다. 이로써 사회주의 리얼리즘은 플롯과 전망에 있어서 리얼리즘의 또다른 특징을 보여준다.

물론 사회주의 리얼리즘은 사회주의 사회뿐만 아니라 우리나라와 같은 제3세계에서도 생산될 수 있다. 식민지 시대 우리 소설사를 살펴보면, 사회주의 리얼리즘이 비판적 리얼리즘과 나란히 창작되었음을 알 수 있다. 이 경우, 동일한 현실이 두 가지 리얼리즘의 방법으로 형상화되었던 셈인데, 이를테면 1930년대의 현실은 《삼대》라는 비판적 리얼리즘과 함께 《고향》(이기영)과 같은 사회주의 리얼리즘으로도 형상화되었던 것이다.

이처럼 똑같은 현실이 두 가지 상이한 리얼리즘으로 반영되었던 것이 우리 문학사의 특수성이라고 할 수 있다. 여기서 우리의 관심사는 두 개의 리얼리즘이 창작방법과 목표에 있어 어떤 차이를 지니는가이다.

앞에서 언급했듯이 비판적 리얼리즘이 중도적 인물을 매개로 현실을 반영한다면, 사회주의 리얼리즘은 현실의 「본질적 모순관계」를 직접 형상화한다. 그 두 가지 중에서 중도적 인물이 주인공으로 선택되는 양상은 이미 살펴본 바 있다. 그러면 현실의 본질적 모순관계를 반영함은 무엇을 의미하는가.

현실의 본질이란 현실을 인식하는 데 있어 가장 핵심이 되는 요건들을 말한다. 우리가 현실을 올바로 인식하기 위해서는 그 본질을 간파해야 한다. 이는 물론 다른 사물을 인식하거나 형상화하는 데 있어서도 마찬가지이다. 어떤 사물을 올바로 형상화하려면 그 사물에 대한 정확한 인식이 전제되어야 하며, 그것의 본질을 파악해야 한다.

예를 들어, 사과나무를 그림으로 형상화한다고 가정해보자. 이때 사과나무를 정확히 반영하기 위해 세부묘사에 집착하는 경우와 전체의 모습을 빠짐없이 그려넣는 경우가 있을 수 있다. 물론 이 두 가지 모두 사과나무를 형상화하는 데 중요한 요건이 될 것이지만, 보다 더 중요한 것은 사과나무의 본질을 파악해서 형상화하는 것이다. 다음의 그림을 통해 이 점을 생각해보자.

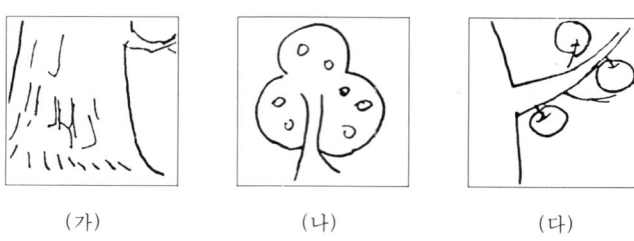

(가)   (나)   (다)

　(가)는 세부에 집착한 경우이고, (나)는 전체를 빠짐없이 그린 것이다. 그러나 어느 것도 사과나무를 그린 것이라고 한눈에 알아볼 수는 없다. 반면에 (다)는 세부에 매달리지도, 전체를 다 그리지도 않았지만 사과나무의 그림임을 금방 알 수 있다. 이는 사과나무를 이루는 핵심적 요건인 나무와 사과와의 접합상태를 그렸기 때문이다. 요컨대 이 그림은 사과나무의「본질」을 형상화하고 있는 것이다.
　사과나무 대신 현실을 형상화하는 경우에 있어서도 이와 조금도 다를 바가 없다. 현실의 어느 한 부분을 세밀히 그리거나 액면 그대로의 현실 전체를 모두 그리는 것보다 현실의 본질을 파악하는 방법이 중요한 것이다. 여기서 현실의 본질이란, 사과나무의 본질과 마찬가지로 현실을 가장 올바르게 인식할 수 있는 몇 개의 요건들일 터이다.
　물론 현실은 사과나무보다 훨씬 더 복잡하고 포괄적이다. 현실은 사과나무와는 달리 역사적 문맥을 지니며, 주어진 역사적 시점에 따라 상황이 달라진다. 그리고 사과나무의 모습은 정태적인 반면, 현실은 역동적으로 변화하는 모습으로 나타난다. 따라서 어느 역사적 시점에서 현실의 본질은, 한편으로 그 시대의 사회를 규정하면서 다른 한편으로는 그 사회의 발전법칙을 포함하는 요건들인 것이다.
　그러한 사회현실의 본질을 파악하는 것이 바로 사회과학의 주 임무이다. 예를 들어, 1930년대 한국사회의 본질은「자본주의 사회구성체의 식민지 반봉건 사회」라는 이론으로 설명될 수 있다. 사회과학은 이처럼 현실의 본질을 이론으로 추출하여 당대 사회를 이해할 수 있는 핵심적인 요건들을 제시한다.

리얼리즘 문학은 동일한 목표를 수행하는 또다른 방법이라고 할 수 있다. 리얼리즘 문학은 현실의 본질을 이론적으로 제시하는 것이 아니라 형상으로 보여주는 방법을 사용한다.[34] 이를테면, 위에서 예를 든 1930년대의 한국사회는 노동자와 자본가, 지주와 소작인이 서로 갈등관계에 있는 모습으로 그려질 수 있는데, 이러한 갈등관계는 자본주의나 식민지 반봉건 사회를 형상화한 것인 동시에 1930년대 한국사회의 생활모습을 반영한 것이다. 다시 말해, 1930년대의 한국 현실을 형상을 통해 반영하면서 현실의 본질(자본주의, 식민지 반봉건)에 대한 인식을 포함하고 있는 것이다.

여기서 주의할 것은, 형상을 통한 반영(리얼리즘 문학)이 단순히 이론(사회과학)의 예증이 되어서는 안 된다는 점이다. 이론은 현실의 본질을 추상화한 설명방식이지만, 문학은 생생한 생활의 모습을 보여주어야 하기 때문이다. 문학은 이론적 핵심을 풍부한 형상으로 매개함으로써 현실의 본질 인식을 아주 내포적으로 드러낸다.

리얼리즘 문학에서 본질 인식의 내포성의 정도는 작품에 따라 다양하다고 할 수 있다. 그런 다양성 속에서도 상대적으로 내포성이 큰 방법이 비판적 리얼리즘이며, 그 반대가 사회주의 리얼리즘이다. 전자는 생생한 삶의 모습을 보다 풍부하게 보여주는 반면, 후자는 현실의 본질에 대한 인식을 한층 예리하게 제시한다.

비판적 리얼리즘이 본질적인 관계를 특히 내포적으로 그리는 것은 중도적 인물을 주인공으로 삼아 그의 삶을 형상화하기 때문이다. 이에 반해, 사회주의 리얼리즘은 본질적인 모순관계의 인물들을 직접 주인공으로 내세운다. 《고향》에서는 마름 안승학과 진보적 지식인 김희준 및 인

---

34) 과학과 문학(예술)의 차이에 대해서는 루카치, 《미학서설》, 홍승용 역 (실천문학사, 1987), 253~63면.

동・방개 등의 소작인들을 주요인물로 등장시키며, 《황혼》(한설야)에서는 자본가 안중서와 노동자 준식・여순을 등장인물로 형상화한다. 이들 주요 인물들은 「자본주의 사회구성체의 식민지 반봉건 사회」에서의 본질적인 모순관계를 보여준다. 물론 이러한 인물의 선택은 환경의 선택에 있어서의 본질적인 설정에 근거한 것이다. 《고향》은 지주-소작인 관계(식민지 반봉건 사회)로 설명되는 농촌의 현실을, 《황혼》은 노동자-자본가의 관계(자본주의 사회)를 드러내는 공장의 환경을 설정하고 있다. 여기서 우리는 인물과 환경의 역동적 상응관계를 살펴볼 수 있다. 인물과 환경의 구조적 상응은 양자의 역동적 반응을 형상화하는 전제조건이다.

그러면 이렇게 선택된 인물과 환경은 어떻게 상호반응을 이루는가.[35] 사회주의 리얼리즘에서는, 인물과 환경의 선택에 있어서 그랬듯이 양자의 상호작용에 있어서도 본질적 모순관계를 반영한다.

일례로 《고향》의 경우를 살펴보자. 《고향》에 나오는 두 부류의 인물은 미학적으로 각기 상이한 기능을 한다. 먼저 김희준(진보적 지식인)・인동・방개 등은 소작인으로서 환경의 본질적 관계의 한 부분을 이루지만, 또한 잘못된 환경(지주-소작인 관계)에 저항하는 「환경에 대해 있는」 인물들이다. 반면에 마름 안승학은 환경의 논리에 집착하는 「환경에 즉한」 인물로서, 단지 잘못된 환경의 논리를 대표하고 있을 뿐이다. 따라서 두 부류의 인물들의 갈등관계는 실제로는 인물과 환경의 모순관계를 이루고 있는 셈이다.

이 소설에서는 이러한 인물들의 갈등관계를 포함, 소작인들과 모순된 환경(지주-소작인 관계)과의 상호작용이 진행된다. 구체적으로 김희준과 소작인들은 마름으로부터 억압당하기도 하고 저항하기도 하며, 소작인들끼리 갈등하기도 하고 단합하기도 한다. 또한 지주-소작인 관계에서 빚어진 궁핍한 생활로 고통당하기도 하고 그것에서 벗어나려고 애쓰

---

35) 인물과 환경의 전형성은 양자가 역동적으로 상호반응하는 가운데 형상화된다. 이는 비판적 리얼리즘의 경우에도 마찬가지이다.

기도 한다. 소설 속의 이러한 모든 양상들은 인물과 환경의 상호작용으로 설명될 수 있다. 그리고 이 인물과 환경의 상호작용은 근본적으로 소작인과 마름(혹은 지주)의 갈등양상이며, 지주-소작인 관계라는 현실의 본질적 모순관계의 반영인 것이다.

② 저항적 행동의 역동성

사회주의 리얼리즘 소설은 인물과 환경의 상호관계가 본질적 모순관계를 반영함으로써 그 역동적 반응의 산물인 플롯의 전개 역시 비판적 리얼리즘과는 차이를 지니게 된다. 비판적 리얼리즘의 주인공은 환경에 대립해 있으면서도 내면적으로 갈등하거나 비판의식을 표명하는 데 그칠 뿐이다. 이는 이 양자의 주인공이 환경에 맞서 있으면서도 본질적인 모순관계를 이루는 인물은 아니기 때문이다. 그러나 사회주의 리얼리즘의 주인공은 그 계급적 성격상 모순된 환경으로부터 가장 핍박받는 위치에 있고, 반대로 자신은 그 모순을 해결해야 할 임무를 부여받고 있다. 따라서 후자(사회주의 리얼리즘)의 주인공은 필연적으로 적극적인 저항 행동으로 나서는 과정을 보이게 된다.

소설의 플롯은 그 실천적 행동으로 나아가는 과정을 인물과 환경의 상호작용으로 형상화한다. 이 과정은 인물의 측면에서 보면 실천적 행동으로 나아가는 의식의 각성과정이며, 반면에 환경의 측면은 인물들이 각성을 이루는 계기로서 작용하는 전개이다. 여기서 중요한 것은 양자의 상호작용이 역동적으로 이루어지도록 긴밀한 플롯이 짜여져야 한다는 점이다.

한 예로, 방현석의 〈내딛는 첫발은〉에서 정식의 변모과정을 생각해 보자. 정식은 어려운 집안 생활을 도맡아야 하는 책임 때문에 노조원들의 집단행동에서 슬그머니 빠지게 된다. 그러나 그의 내면적 갈등은 누구보다도 심각한 것이었다. 연극대사를 빌려 발설되는 그의 다음과 같은 말이 그것을 암시한다.

"난 이 공장에 목을 맬 수밖에 없다. 그렇다면 눈이 시려워도 어쩔 수 없다. 전 대리한테 얻어터졌을 때도 참았어. 난 밸이 없어서가 아냐. 출근할 때마다, 방문을 나설 때마다 다짐했었어. 내 자존심은 여기 두고 간다고 말야."

이처럼 울분을 삼키면서도 정식은 노조원들이 모이기로 한 옥상에 모습을 나타내지 않는다. 이윽고 노조원들이 전원을 끄고 농성을 시작하자 구사대의 공격이 시작된다. 이때까지도 정식은 입술을 깨물며 건성으로 기계에 걸레질을 할 뿐이었다. 그러나 이 과정에서, 구사대의 폭력을 통해 드러난 회사측의 비인간적 태도는, 정식을 자극하여 그의 행동을 변모시키는 계기가 된다. 이 소설은 그 변화과정을 매우 짜임새 있게 전개하고 있다.

옥상에서 비명소리가 들리며 머리가 터진 강범 등이 끌려 내려오자, 정식은 피가 거꾸로 솟는 것을 느끼지만 끝내 발은 떨어지지 않는다. 이때 먼저 앞으로 나선 것은 전주 아주머니였다. 그러나 그녀는 곧 구사대의 우악스러운 손에 뿌리쳐져 땅바닥에 나뒹군다. 더이상 싸움이 아니고 구사대의 폭력만이 있는 지경에 이르렀을 때, 가공반 진희가 자리를 차고 일어선다. 진희는 돈벌기 싫으냐는 공장장의 멸시의 말을 등 뒤로 하고 탈의실로 돌아섰다. 가공반이 울음바다를 이루고 이 주임이 진희의 멱살을 나꿔챈다. 여기서 비로소 정식이 나서는데 이 장면은 뭉클한 감동을 제공한다.

"기집애가 뭘 안다고 나서고 지랄이야. 가서 앉지 못해."
이 주임이 진희의 멱살을 나꿔챘다.
"나둬. 이 새끼야."
소리친 것은 정식이었다. 순식간에 현장은 긴장 속에 술렁거렸다.
"놓으란 말이야, 이 새끼야."
갑작스런 상황에 공장장과 상무는 어쩔 줄 모르고 당황했다. 현장의 모든 눈들이 정식에게 모아졌다.

"야이, 씨팔 새끼들아. 기계 못 꺼!"
 정식이 던진 스패너가 공중을 날았다. 유리창을 박살내고 밖으로 떨어졌다. 정식의 옆 6호기가 꺼졌다. 그 뒤 4호기가 꺼졌다. 그리고 9호기가, 8호기가 꺼졌다.
 "언제까지 이렇게 개처럼 살거야, 언제까지."
 정식은 금형 받침목을 들고 내달렸다. 이 주임과 순옥을 잡았던 구사대가 도망쳤다. 밖의 정형은 런닝 샤쓰까지 갈갈이 찢긴 채 얻어맞고 있었다.
 15호기, 16호기가 꺼졌다. 11호기, 21호기, 2호기, 12호기, 13호기 …… 가 차례로 꺼졌다. 스패너가 유리창을 향해 날기 시작했다. 기계소리 대신 유리창 깨지는 소리가 잇따랐다.
 "나가자."
 누군가 외쳤다. 나가자. 가자. 나가자. 한 순간이었다. 눈물이 분노로 불타올랐다. 모두의 눈에서 불꽃이 튀었다. 달려나가는 사람들의 손에 금형 받침목이 하나씩 들려 있었다.

 정식의 출현은 표면적으로는 돌발적으로 느껴진다. 현장이 순식간에 긴장 속에 술렁인 것은 이 때문이다. 그러나 그의 태도 변화는 오랫동안 내면적 갈등으로 진행되어 왔고, 그것이 더이상 참을 수 없는 시점에서 폭발한 것에 불과하다. 노조원과 전주 아줌마나 진희 등에게 회사측의 폭력이 가해지는 동안 그의 분노는 소리없이 증폭되어 왔고, 그 과정이 돌연한 그의 변모에 필연성을 제공하는 것이다. 다시 말해, 구사대와 공장장 그리고 이 주임 등 부정적 인물과 그들로 대표되는 부정적 환경의 논리가 드러나면서, 그것을 계기로 정식의 변화가 진행되었던 셈이다. 위의 장면이 우리에게 큰 감동을 제공하는 것은, 그 환경의 계기로 인한 필연성이 표면적인 돌발성과 적절하게 결합하고 있기 때문이다.
 잘 형상화된 사회주의 리얼리즘 소설들은, 대부분 위의 예문처럼 주인공의 저항적 행동을 환경의 계기에 의한 필연성으로 제시한다. 그러한 양상은 특히 노동소설의 경우 매우 극적인 장면으로 나타난다. 예를 들어 이북명의 〈암모니아 탱크〉에서는 암모니아 탱크를 닦던 동료의 죽음을 계기로 일본인 감독에게 집단적으로 저항하며, 〈출근 정지〉에서는 변성 탱크 폭발사고를 촉발점으로 단합된 행동을 보인다. 또한 정화진의 〈쇳물처럼〉과 방현석의 〈내딛는 첫발은〉의 경우에는 회사측의 비인간적 태도가 중요한 계기가 된다. 이 모든 예들에서 주인공의 저항적 행동은 노사간에 모순으로 규정되는 잘못된 노동 환경에의 반작용으로 일어나고 있다.

이처럼 사회주의 리얼리즘 소설에서는 주인공의 의식의 각성이 반드시 실천적 행동으로 이어지는 플롯을 보인다. 주인공의 실천적 행동은 잘못된 환경을 개조함으로써 올바른 역사의 방향으로 나아가려는 목표를 갖고 있다. 저항적 행동을 통해 환경의 부정성을 바로잡으려는 이러한 인물을 우리는 「긍정적 주인공」[36]으로 설명한 바 있다. 긍정적 주인공은 거의 최상의 인식능력과 실천력을 갖춘 점에서 비판적 리얼리즘의 중도적 주인공과 구별된다.

그러나 긍정적 주인공 역시 현실 속에 살아 있는 인물로 그려져야 한다. 즉, 최상의 행동력과 더불어 그의 인간적 약점과 고민을 형상화할 때 오히려 긍정적 주인공의 온전한 모습을 드러낼 수 있다. 도식적인 완결된 인물에서 살아 있는 긍정적 주인공으로 나아가는 과정이 사회주의 리얼리즘 성취의 길이었음을 우리 프로 소설사는 입증하고 있다.

이상에서 논의된 바 사회주의 리얼리즘의 인물과 환경의 상호작용은 다음과 같이 표시될 수 있다.

1. 인물 ⇄ 환경 (행동 / 고통)

---

[36] 2절 (2)인물・환경・플롯 을 참조할 것.

2. 인물 ⇄ 환경
       (억압/저항)

3. 인물 ⇄ 새로운 사회

③ 집단적 인물과 낙관적 전망

 사회주의 리얼리즘의 또다른 특징은 주인공의 저항적 행동을 「집단적 인물」의 움직임으로 전개한다는 점이다. 즉 주인공이 실천적 행동으로 나아가는 과정은 그를 포함한 민중들이 단합하는 과정과 일치하게 된다. 〈내딛는 첫발은〉에서 정식의 저항적 행동은 전체 노동자들의 단결을 알리는 봉화와 같은 것이다. 〈쇳물처럼〉이나 〈새벽출정〉(방현석), 《황혼》(한설야) 등에서도 주요 인물들의 저항은 모든 노동자들의 단합을 전제로 그 의미를 지닌다. 이것은 진보적 지식인과 소작인들의 결합을 그리고 있는 〈낙동강〉(조명희), 〈홍수〉(이기영), 《고향》 등 농민소설의 경우에도 마찬가지이다. 다음의 예들은 사회주의 리얼리즘에서 긍정적 주인공의 영웅성이 민중들의 단결을 가져오는 힘으로 그려짐을 보여준다.

 주물공들은 화끈한 것을 좋아한다. 그러나 70명이 넘는 인원이 일거에 참여할 수 있게 하기 위해서는 무엇보다도 모두가 지켜보는 앞에서 전상무의 기를 제대로 꺾어 놓아야 했고 그 다음의 역할을 천씨가 수행했던 것이다.
 전상무가 쫓기듯이 현장을 빠져나가자마자 천씨는 샤구의 자루를 빼내어 가운데를 움켜쥐었다.
 "모두 연장 놔!"

환호성이 현장을 뒤흔들고 연장들이 달그락거리며 내던져졌다. 누군가 기둥에 붙어 있던 파이프 단가표를 부욱 찢어 냈다.

—— 정화진, 〈쇳물처럼〉

수많은 깃발이 날린다. 양렬로 늘어선 사람의 손에는 긴 외올 베자락이 잡혀 있다. 맨 앞에 선 검정태를 두른 기폭에는
'고 박성운 동무의 영구'
라고 써 있다.

그 다음에는 가지각색의 기다. 무슨 「동맹」, 무슨 「회」, 무슨 「조합」, 무슨 「사」. 각 단체 연합장임을 알 수 있다. 또 그 다음에는 수많은 만장이다.

"용사는 갔다. 그러나 그의 더운 피는 우리의 가슴에서 뛴다."
"갔구나. 너는—— 날 밝기 전에 너는 갔구나! 밝은 날 해맞이 춤에는 네 손목을 잡아볼 수 없구나."
"……"
"……"

이루 다 셀 수가 없다. 그 가운데는 긴 시구같이 이렇게 벌려서 쓴 것도 있었다.

"그대는 평시에 날더러 너는 최하층에서 터져나오는 폭발탄이 되라, 하였나이다. 옳소이다. 나는 폭발탄이 되겠나이다……"

—— 조명희, 〈낙동강〉

이처럼 사회주의 리얼리즘의 플롯은 주인공이 투쟁으로 나아가는 과정과 함께, 일일이 열거되지 않은 수많은 민중들의 단결력이 결집되는 과정을 그린다. 긍정적 주인공의 활동과 더불어 민중들이 단합하는 전개는 극적으로 형상화되기도 하고 복합적 플롯으로 세밀히 보여지기도 한다. 그러나 어떤 경우든 민중들의 단합된 행동과 저항은 규모가 큰 감동을 제공한다. 민중들의 단결력의 근원에는 새로운 사회에의 신념이 놓여 있으며, 그것을 바탕으로 당대 사회모순의 「본질적」 대결상황을 보여주기 때문이다.

이처럼 사회주의 리얼리즘에서 긍정적 주인공과 민중들의 행동은 새로운 사회에 대한 신념을 토대로 이루어지고 있다. 따라서 전체의 플롯은 그 신념을 형성하는 진보적 세계관의 전망에 의해 짜여진다. 특히 플롯의 결말은 단합된 민중들의 승리의 신념을 표명하는 것으로 끝나는데, 이러한 배열의 원리를 「낙관적 전망」이라고 부른다. 다음에서 보는 바와 같이, 사회주의 리얼리즘 소설들은 거의 예외없이 낙관적 전망으로 결말을 맺는다.

　　아들의 손을 잡고 밥집을 들어서려던 천씨는 문득 무슨 생각이 들었는지 손을 풀고 한걸음 뒤로 물러섰다.
　　"니가 열그라."
　　석환이는 천씨를 빠끔히 올려다보면서 한번 씨익 웃더니 성큼 발을 내디디고 두 손을 모아 밥집 문을 개선장군처럼 열어젖혔다. 핏대높은 노래 가락이 형광등 불빛보다 현란하게 부딪쳐 왔다.
　　　　　　　　　　　　　　　　　── 정화진, 〈쇳물처럼〉

　　모든 촛불을 껐다. 온통 어둠뿐이다.
　　낮은 노래 소리가 가슴에서 물결쳤다. 흩어지면 죽는다. 흔들려도 우린 죽는다. 하나 되어 우리 나선다. 승리의 그날까지. 지키련다, 동지의 약속. 해골 두 쪽 나도 지킨다……
　　민영은 2조의 조장이 되어 정문을 빠져 나갔다.
　　미정은 마지막 5조를 이끌고 세광을 나섰다.
　　캄캄한 새벽 하늘에 펄럭이는 깃발들만 소리없는 함성으로 이들의 출정을 배웅했다.
　　　　　　　　　　　　　　　　　── 방현석, 〈새벽출정〉

　사회주의 리얼리즘의 낙관적 전망은 반드시 행복한 결말만을 의미하는 것은 아니다. 〈새벽출정〉에서처럼 인물들의 앞에는 (고소설 주인공이 경험하는) 화해된 삶이 아닌 험난한 투쟁이 놓여 있다. 그러나 인물들의 신념이 매우 확고하고, 그들의 투철한 신념은 진리(과학적 세계관)에 기대고 있는 것이기 때문에 앞날의 전망은 낙관적으로 느껴진다. 그리고 이처럼 미래의 승리가 기정 사실로서보다는 민중들의 신념에 토대를 둠으로써 그것의 구체적 형상화는 상징적으로 그려지게 된다. 즉, 《고향》에서는 밝아오는 여명으로, 〈깃발〉과 〈새벽출정〉에서는 깃발의 펄럭임으로, 그리고 〈쇳물처럼〉에서는 아이의 웃음으로 나타난다.

이제까지 사회주의 리얼리즘의 인물과 환경, 그리고 플롯과 전망에 대해 살펴보았다. 인물과 환경의 상호관계 및 플롯(그리고 전망)의 특징이 비판적 리얼리즘과 상이한 것은, 사회주의 리얼리즘이 기초하는 세계관이 앞의 방법과는 구별되기 때문이다. 세계관의 차이는 방법의 질적인 차이를 낳게 된다. 똑같이 현실을 올바르게 반영하려는 (리얼리즘) 목표를 갖고 있지만, 두 가지 방법은 형상화에 있어 질적으로 상이한 특징을 나타낸다. 마지막으로 두 가지 리얼리즘의 방법적 특징을 도표를 통해 비교해보자.[37]

	비판적 리얼리즘	사회주의 리얼리즘
주인공	중도적 주인공	긍정적 주인공
플롯의 과정	개인의 자기인식과 비판의식	민중들의 단합과 저항적 행동
전망	소극적 전망	낙관적 전망

여기서 유의해야 할 점은 이러한 차이가 어느 한 방법의 우월함을 의미하는 것은 아니라는 점이다. 물론 사회주의 리얼리즘론자들은 비판적 리얼리즘이 지닌 한계를 분명히 지적한다. 실상 사회주의의 건설을 목표로 하는 한 사회주의 리얼리즘의 우수성이 강조됨은 당연할 것이다.

---

[37] 사회주의 리얼리즘의 내용적, 형식적 특징에 대해서는 쉬체르비나 외, 《소련의 현대문학 비평》, 앞의 책을 참조할 것.

그러나 어느 방법이 적절한가의 문제는 역사의 발전과정과 사회적 상황에 의한 것이며, 두 가지가 병존하는 상태에서는 양자를 똑같이 중시하는 태도가 필요하다고 생각된다. 두 방법의 차이에도 불구하고 양자가 연대를 맺는 것이 불가능한 일은 아니며, 실제로 그「연계」의 문제가 주요 과제로 떠오르는 시기도 있다고 할 수 있다. 따라서 보다 강조될 것은 어떤 방법이든「현실」을 올바로 반영하는 역할을 제대로 수행할 수 있어야 한다는 점이다.

(6) 풍자소설과 공격적 웃음

① 이상과 현실의 직접적인 대조

「이야기」를 인간의 삶의 객관적 형상화로 말한다면,「인물」은 그 주체(인간)적 측면이며「플롯」은 인간 주체가 삶을 이루어나가는 역동적 측면이라고 할 수 있다. 인간의 삶의 역동적 측면으로서의 플롯은, 이미 살폈듯이 인물과 환경의 상호작용으로 구체화된다. 서사형식을 문법에 비유했을 때, 소설의 플롯을「동사적 서술어」로 보는 이유는 여기에 있다.

그러나 모든 소설의 플롯이 역동적인 추진력을 가지고 펼쳐지는 것은 아니다. 소설 중에는 플롯의 진행이 매우 정태적이고 에피소드 나열식으로 구성된 유형도 있다. 이제 우리가 살펴볼 풍자소설이 바로 이런 경우에 속한다.

풍자소설이 정태적 플롯을 지니는 것은 인물과 환경의 상호작용이 역동적으로 이루어지지 않기 때문이다. 풍자소설은 인물과 환경의 선택에 있어서 부정성의 극단에 있는 조건들을 반영한다. 즉, 풍자소설은 부정적 인물이 부정적 환경에서 살아가는 모습을 비판적으로 형상화한다. 풍자소설의 부정적 인물이란 환경의 왜곡된 논리에 집착하는 자로서,

그가 부정적 환경과 맞서는 경우는 거의 일어나지 않는다. 이처럼 인물이 환경의 논리를 대표할 뿐 그것과 대립하지 못하면 인물과 환경의 상호작용은 역동성을 잃어버리며, 소설의 플롯 역시 정태적으로 진행되는 것이다.

그러면 「정태적」 플롯을 지닌 풍자소설은 삶의 「역동성」을 어떻게 반영할 수 있는가. 이미 언급한 바, 삶의 역동성은 소설에서 인물과 환경의 역동적 반응으로 반영된다. 여기서 인물과 환경의 역동적 반응이란 환경의 부정성과 대립하는 인물이 등장함으로써 가능해진다. 그리고 환경의 부정성에 맞서는 것이 가능한 것은 인물의 성격에 내포돼 있는 이상으로 나아가는 힘에 의한 것이다. 이처럼 인물의 성격에 이상에의 추동력이 틈입함으로써, 소설은 내적으로 인물과 환경의 역동성을 획득하며, 외적으로 현실을 단순한 복제가 아닌 이상을 지향하는 형상으로 반영한다.

그러나 풍자소설에는 부정적 환경에 맞서는 주인공이 그려지지 않는다. 풍자소설은 왜곡된 환경에 집착하는 인물을 그림으로써 내적으로 플롯의 역동성을 잃어버리며, 또한 현실을 정태적으로 반영하는 듯하다. 하지만 훌륭한 풍자소설은 단순히 현실을 무기력하게 그리는 데 그치지는 않는다.

위에서 살펴본 바에 의하면, 삶의 역동성을 반영하기 위해서는 현실을 이상지향적 형상으로 그려내야 한다. 풍자소설 역시 삶의 역동성을 그리기 위해서는 어떤 방식으로든 이상에의 추동력을 틈입시켜야 한다. 정태적 플롯을 지닌 풍자소설은 플롯 자체만으로는 그 힘을 내포하지 못한다. 그러면 힘없는 플롯을 지닌 풍자소설이 어떤 방법으로 이 문제를 해결할 수 있을까.

풍자소설은 부정적 인물과 환경을 그리는 데 있어 단순한 복제가 아닌 비판의 힘이 내재된 모습으로 형상화한다. 풍자소설에서 비판의 힘은 부정적 인물·환경에 대립하는 작가의 세계관에 의한 것이며, 이상으로 나아가는 추동력은 여기에 함축된다. 따라서 그 힘은 일반소설과는 달리 인물에 의해 구체적으로 소설의 표면에 드러나지 않는가. 풍자소설에는 이상에의 추동력을 행동을 통해 소설의 표면에 구체화하는 인물이 등장하지 않으며, 단지 작가의 내면에 이상을 지향하는 힘이 내재할 뿐이다. 그 대신 작가 내면의 추동력은 비판의 힘으로 작용하여 부정적 인물과 환경을 형상화하는 데 영향력을 발휘하게 된다. 부정적 인물·환경을 단순히 복제하는 것이 아니라, 비판의 힘인 작가 내면의 이상의 빛에 대비시켜 보다 더 어둡고 일그러진 형상으로 그려내는 것이다. 풍자소설의 부정적 인물·환경이 실제 현실의 부정성보다 한층 과장되어 제시되는 것은 바로 이 때문이다. 현실의 부정성은 중립적으로 포착되는 것이 아니라, 작가의 이상의 명도에 대비되는 어둠으로 파악됨으로써, 실제보다도 결점이 과장된 희화화된 형상으로 나타나는 것이다.[38]

이렇게 볼 때 풍자소설의 과장과 왜곡은 작가의 이상에의 추동력에 의한 것이며, 희화화된 형상 속에는 이미 이상을 지향하는 비판적 힘이 내포되어 있는 셈이다. 현실의 부정성을 보다 왜곡하고 우스꽝스럽게 만듦으로써, 대상의 윤리적·인식적 약점을 공격하고, 작가 자신은 이상으로 나아가는 승리감을 드러내는 것이다. 이는 풍자적 희화화가 이상과의 연관 속에서 현실을 바라보면서 삶을 역동적으로 반영함을 뜻한다. 그래서 역동적 플롯을 지니지는 못하지만 독특한 희화화 방법을 통해, 풍자소설은 역동성과 전망을 획득할 수 있는 것이다. 부정적 인물

---

[38] 이상에서 설명된 바를 루카치는 현상과 본질의 변증법의 독특한 구현으로 논의한다. 즉, 일반 리얼리즘 소설은 소설을 통해 현상과 본질을 매개시키지만, 풍자는 그러한 매개를 의식적으로 배제하고 현상과 본질을 직접적으로 대조시킨다는 것이다. 루카치, 〈풍자의 문제〉, 《루카치 문학이론》, 김혜원 편역 (세계사, 1990), 48~61면 참조.

여기서 루카치가 말하는 현상과 본질의 직접적인 대조는 우리가 논의한 현실과 이상의 직접적 대조와 같은 맥락에서 이해할 수 있다. 풍자의 희화화는 (본질이 비어 있는) 현상과 본질 자체와의 직접적인 대립과 통일 속에서 이루어진다. 따라서 형상화 방법은 다르지만 풍자 역시 현상과 본질의 변증법을 구현하는 리얼리즘의 한 형식임을 알 수 있다.

(환경)을 단순 복제하는 것보다 과장되게 희화화시켰을 때 오히려 실감나게 느껴지는 것은, 이 방법으로 삶의 역동성과 전망이 얻어지기 때문이다.

② 풍자만화와 풍자소설

지금까지 풍자양식이 독특한 형상화 방법으로 삶의 역동성을 반영하는 원리를 알아보았다. 이제 앞에서 고찰한 방법과 특징을, 먼저 풍자만화를 통해 살펴보기로 하자. 우리가 풍자만화에 눈을 돌리는 것은, 이 만화양식이 풍자의 원리를 잘 보여줌으로써 풍자소설을 이해하는 데 큰 도움을 주기 때문이다.

위에서 보듯이, 풍자만화는 단 한 칸으로 최대의 효과를 발휘할 수 있다. 물론 한 칸 만화의 분량으로는 플롯의 전개가 불가능하며, 어떤 한 장면이나 하나의 삽화를 그릴 수 있을 뿐이다. 그러나 훌륭한 풍자만화는 그것만으로도 사회현실을 날카롭게 비판할 수 있다. 이는 풍자양식이 복잡한 플롯을 필요로 하지 않으며, 그 효과를 발휘하기 위해 「정태적 삽화」로서 충분함을 말해주는 것이다.

또한 풍자는 「부정적 인물(상황)」에 초점을 맞추면서 긍정적 인물은 단지 부수적으로 등장시킨다. 위의 만화에서도 핵심은 크게 그린 부정적 인물(선진국)에 맞춰져 있으며, 그 앞의 인물(개발도상국)은 단지 대비적 효과를 위해 배치되었을 뿐이다. 앞의 인물이 중요하지 않다는 것은, 그가 부정적 인물과는 달리 특징 없이 평범하게 그려진 사실로도 알 수 있다. 반면에 중앙의 부정적 인물은 특수하게 가공되어 형상화되어 있으며, 이 만화의 핵심은 그에게 집중되어 있다.

이처럼 부정적 인물이 주요 인물로 설정되면 인물과 환경(상황)의 역동적 반응이 없어지고, 플롯의 역동성 또한 소실된다. 이 만화가 한 칸으로 충분한 것도 이 점과 연관이 있는데, 이러한 사정에 대해서는 이미 위에서 자세히 살펴본 바 있다.

풍자양식의 세번째 특징은 부정적 인물(상황)을 과장되게 왜곡시켜 「희화화」한다는 점이다. 위의 만화를 보면 왼편의 핵심적 인물은 탐욕스러운 모습으로 희화화되어 그려져 있다. 이는 실제의 특정한 인물을 중립적으로 그린 것으로 볼 수 없다. 그럼에도 우리는 실제에 가깝게 그린 것보다 이같은 모습에 보다 실감한다. 이러한 역설은 어떻게 생겨나는 것일까.

앞에서 살펴보았듯이, 풍자는 부정적 인물을 단순히 복제하는 것이 아니라 작가 내면의 이상에 대비시켜 형상화하는 것이다. 이때 이상/현실의 명암의 대비에 의해 부정적 인물의 모습은 더욱 일그러지게 그려지는 것이다. 따라서 이 과장되게 왜곡된 형상 속에는 작가의 이상에의 자신감이 자리하고 있으며, 그 승리감은 왜곡된 형상이 우리에게 만족스런 웃음을 선사할수록 더욱더 확실하게 구현된다. 물론 풍자의 비판적 태도 역시 여기에서 나타난다. 작가는 이상에의 추동력으로써 부정적 인물들을 공격하고 일그러뜨리는 것이다. 위의 만화가 실감을 얻는 것은, 이처럼 이상과의 연관 속에서 현실의 부정성을 그림으로써 삶의 역동성을 반영하기 때문이다.

이상에서 살펴본 풍자만화의 세 가지 특징은 전형적인 풍자소설《태평천하》(채만식)에 그대로 적용시킬 수 있다. 흔히 지적되듯이, 《태평천하》는 정태적 플롯과 에피소드를 가지고 느슨하게 연결된다. 이러한 플롯의 정태성은 인물과 환경의 상호작용이 역동성을 잃고 있는 데서 기인한 것이다. 그리고 이는 부정적 인물인 윤직원 일가의 회화화에 핵심이 주어질 뿐 그들과 대립해 있는 긍정적 인물이 형상화되지 않기 때문이기도 하다.

이처럼 부정적 인물을 주인공으로 형상화하면서 긍정적 인물은 단지 배경으로만 그리는 것은 풍자양식이 늘상 취하는 방식이다. 앞서 예를 든 만화에서도 형상화의 초점은 왼편의 핵심 인물에 주어져 있고, 그 앞의 인물은 단순한 대비를 위한 것이었다. 《태평천하》역시 모든 에피소드들은 윤직원 일가를 회화화하는 데 전력하며, 유일한 긍정적 인물 종학은 마지막에 그림자적 형상으로 그려질 뿐이다. 종학(윤직원의 손자)은 윤직원(그리고 그의 일가)의 반역사적 성격을 더욱 분명히 하는 방향 감각을 제공하지만, 그의 역할은 단지 그런 대비를 위한 것일 뿐 환경과 반응하는 역동적 성격을 드러내지는 않는다.

무엇보다도 풍자의 본질은 부정적 인물의 회화화에 있는 것이다. 앞에서 살펴보았듯이 부정적 인물의 왜곡과 과장은 작가의 이상에 근거한 비판의 힘에 의해 이루어진다. 《태평천하》에서 윤직원 일가의 회화화 역시 똑같은 원리로 성립된다. 15개의 삽화는 윤직원의 반역사적 성격과 그로 인한 그 일가의 왜곡된 인간관계를 회화화하는 진행으로 전개된다. 5, 6장에서는 윤직원 가족의 인간관계가 돈을 매개로 이루어짐으로써 끊임없이 불화가 야기됨을 풍자하고 있고, 다음에는 이러한 관계의 파탄 속에서 윤직원이 유일하게 총애하는 식구가 비정상적인 태식임을 회화화한다. 태식은 술어미를 상관하여 낳은 열다섯 살의 아이로, 그의 비정상성은 다음과 같이 그려진다.

    윤직원 영감은 턱을 치받쳤으나 헤벌씸 웃으면서
    "허허허 이 자식아, 원!"
하고 귀엽다고 정수리를 만져줍니다.
    아이가 사랑에 있는 상노아이놈 삼남이와 동기간이랬으면 꼭 맞게 생겼습니다.
    열다섯 살이라면서, 몸뚱이는 네댓 살박이만큼도 발육이 안 되고, 그렇게 가냘픈 몸 위에 가서 깜짝 놀라게 큰 머리가 올라앉은 게 하릴없이 콩나물 형국입니다.
"이 자식아, 좀 죄용죄용허지 못허구, 그게 무슨 놈의 수선이냐? 응? …… 이 코! 이 코 좀 보아라 ……"
엿가래 같은 누런 콧줄기가 들어가지고는 숨을 쉴 때마다 이건 바로 피스톤처럼 바쁘게 들락날락합니다.

또한 윤직원은 그의 공허한 마음을 채우기 위해 비윤리적인 여자관계를 맺게 된다. 윤직원의 왜곡된 여자관계는 부당한 축첩뿐만 아니라 증손자와 같은 나이의 동기를 탐하는 행동으로 그려진다. 그의 비윤리성은 증손자 경손이 동기 춘심과 연애를 하게 됨으로써 여자애 하나를 두고 증조부와 증손자가 함께 즐기는 관계로 풍자된다. 비윤리적인 여자관계는 손자 종수를 통해서도 드러나며, 이처럼 집안 남자들이 밖에 나가 다른 여자들과 관계하는 반면 집안의 여자들은 모두 과부이거나 생과부라는 대조로써 왜곡된 인간관계가 희화화된다.

한편 사회적 인간관계에서도, 소작인들을 착취하면서 오히려 선심을 베푸는 듯한 윤직원의 태도를 통해, 그의 왜곡된 이기주의가 풍자된다. 윤직원의 이기주의는, 소작인들에게는 극도로 인색하면서 자기 개인의 건강을 위해서는 온갖 수단을 가리지 않는 행동을 통해서도 나타난다. 그가 건강을 위해 노심초사하는 모습은 어린아이의 오줌까지 마다하지 않는 행동으로 희화화된다.

　이웃의 가난한 집으로 어린애가 있는 데를 물색해서 그 어린애들의 아침 자고 일어난 오줌을 받아오기로 특약을 해두었습니다. 그 대금이 매삭 20전…… 저편에서는 30전은 주어야 한다는 것을, 대복이가 10전만 받으라고 낙가(落價)를 시키다 못해, 20전에 절충이 되었던 것입니다.
　그렇게 오줌 특약을 해두고는, 새벽이면 삼남이가 빨병을 둘러메고서, 오줌을 걷어오는 것이고, 시방도 바로 그 오줌입니다.
　윤직원 영감은 빨병에서 오줌을 따르는 동안, 삼남이는 마침 생을 한 뿌리 껍질을 벗깁니다.

이건 바로 쩍쩍 들러붙는 약주술로 해장이나 하는 듯이 쪽 소리가 나게 오줌 한 잔을 마시고, 이어서 두 잔, 다시 석 잔, 석 잔을 마시자 삼남이가 생 벗긴 것을 두 손으로 가져다 바칩니다.
"그년의 자식이 엊저녁에 짜게 처먹었넝개비다! 오줌이 이렇게 짠 걸 보닝개……"
윤직원 영감은 상을 찌푸리면서 생을 씹습니다.
오줌이란 본시 찝찝한 것이지만 사람의 신경의 세련이란 무서운 것이어서, 삼십 년이나 두고 매일 아침 먹어온 윤직원 영감은 그것이 조금 더 짜고, 덜 짜고 한 것까지도 알아맞힙니다.
"…… 빌어먹을 년의 자식이 아마 간장을 한 종재기나 처먹었넝가부다!"

이처럼 《태평천하》는 윤직원(그리고 그의 일가)의 윤리적(세계관적) 결함을 확대시켜 희화화하는 삽화들로 구성되어 있다. 여기서 우리가 유념해야 할 것은, 윤직원이 단순히 탐욕스러운 악인으로 그려진 것이 아니라 당대의 「본질적 모순」을 반영하는 「부정적 전형」으로 형상화되어 있다는 점이다. 윤직원은 식민지 반봉건 사회라는 1930년대의 우리 사회를 올바르게 인식시켜 주는 부정적 역할(친일자본가, 지주)을 하는데, 《태평천하》는 이같은 윤직원의 본질적인 부정성을 공격함으로써 역으로 비판적 리얼리즘의 전망을 얻는 것이다. 이렇게 볼 때 〈태평천하〉와 같은 풍자소설 역시 리얼리즘을 구현하는 중요한 한 방법임을 알 수 있다.

③ 풍자소설의 다양한 전개

우리는 이제까지 주로 《태평천하》를 통해 풍자소설의 특징을 살펴보았다. 그러나 모든 풍자소설들이 《태평천하》처럼 순수하게 풍자적 방법만을 사용하는 것은 아니다. 풍자소설은 정태적 플롯을 지니기 때문에 장편으로 발전하기 어려운 점을 갖고 있다. 따라서 풍자가 장편으로 길어질 경우에는 흔히 다른 서사적 방법과 결합하는 양상을 나타낸다.[39]

예를 들면 《흥부전》은 로만스적 서사구조와 풍자가 결합된 소설이며, 《돈키호테》나 《걸리버 여행기》는 각각 로만스적 패러디, 알레고리가 풍자와 혼합되어 있는 소설이다.

한편 역사적으로 보면, 풍자는 리얼리즘의 선두주자로 나타났음을 알 수 있다.[40] 실제로 이상주의적 세계관에서 현실주의적 세계관으로 이행하는 과정에는 흔히 풍자의 양식이 성행하게 된다. 이것을 보여주는 가장 좋은 예가 판소리계 소설과 박지원의 장편소설들이다. 《춘향전》, 《흥부전》, 《심청전》 등의 판소리계 소설들은 근본적으로는 로만스적 서사구조를 갖고 있지만, 다른 한편 풍자적 요소를 통해 리얼리즘의 맹아를 보이고 있다. 이들 소설들에서 풍자적 요소가 특징적으로 나타나는 것은, 이미 유교적 이상주의가 무너져가고 있으며 새로운 현실주의 의식이 싹트고 있음을 말해주는 것이다. 〈양반전〉, 〈호질〉 등 박지원의 소설 역시 풍자를 통해 리얼리즘의 단초를 이룩한 대표적인 경우라 할 수 있다.

이처럼 근대로의 이행기에 풍자가 성행하는 것은 이 양식의 방법이 이상의 기준에서 현실을 바라볼 때 생겨나는 것이기 때문이다. 유교적 이상이든 새로운 사상의 이상이든, 판소리계 소설과 박지원 소설들의 풍자는 작가의 이상을 준거로 현실의 모순을 직시한 산물인 것이다. 채만식의 《태평천하》 역시 우리는 같은 방법으로 설명할 수 있었다. 요컨대 이상과 현실을 직접적으로 대조시키는 풍자의 방법은 리얼리즘을 실현하기 위한 독특한 형상화 방법의 하나라고 하겠다.

---

39) R. Scholes·R. Kellogg, *The Nature of Narrative* (Oxford University Press, 1966), 112~13면.

40) 위의 책, 111~12면.

(7) 해학소설과 동정적 웃음

① 해학의 이중적인 효과

풍자소설이 1930년대 후반에 성행한 것은 이 시기에 긍정적 인물을 그리는 본격소설[41]을 창작하기 어려웠기 때문이었다. 본격소설은 긍정적인 인물과 부정적인 인물의 역동적 상호관계 속에서 튼튼한 플롯을 만들어낸다. 반면에 풍자소설은 그러한 본격서사의 정공법보다는 우회적인 전략을 사용한다. 즉, 인물을 통해 이상에의 지향을 발견하기 어려운 현실에서, 풍자는 인물과 플롯을 통해 부정적 현실을 공략하기보다는, 작가 내면의 이상의 기준에서 현실의 질서를 전복시키는 방법을 쓴다. 현실에서 권력을 휘두르는 부정적 인물이 작가의 이상에 준거한 풍자의 세계에서는 희화화의 대상이 되는 것이다.

이처럼 이상의 빛을 찾아내기 어려운 암담한 상황에서, 어둠 속에 숨어 있는 잠재적 희망을 드러내는 또다른 방법이「해학소설」이다. 해학은 풍자와 마찬가지로 어두운 현실의 고통을 건강한 활력으로 전환시킨다. 그러나 풍자가 부정적 인물을 공격함으로써 효과를 얻는 반면 해학은 현실에서 고통을 당하는 인물의 내면으로부터 잠재적 활력을 찾아낸다. 그것을 위해 해학소설의 화자는 인물을「내부」로부터 그리는 언어를 구사한다. 풍자가「공격적인 웃음」인 반면 해학이「동정적인 웃음」인 이유는 여기에 있다. 즉, 해학은 인물의 순수한 내면과 잠재적 활력을 긍정하는 웃음인 것이다. 인물에게 고통을 가하는 현실 편에서 보면 곤경에 처한 인물은 비웃음거리가 되지만, 반대로 인물의 편에 서면 그는 활력적인 해학의 대상이 된다. 이처럼 해학은 인물의 잠재력과 순수성의 기준에서 현실의 질서를 전복시킴으로써 절망적인 고통을 극복하는 수단으로 쓰일 수 있다.

---

41) 임화가 사용한 용어로 본격 서사성을 지닌 리얼리즘 소설을 말한다. 임화,〈본격소설론〉,《문학의 논리》, 앞의 책, 365~86면. 주 10) 참조.

따라서 해학소설의 주인공으로는 비록 현실의 부정적 힘에 압도되어 있지만 내면으로는 「순수함」과 「활력」을 잃지 않는 인물들이 설정된다. 예컨대 김유정의 농민소설의 주인공들은 그런 해학소설의 대표적인 예를 제시한다. 그의 소설의 농민들은 한편으로는 무력한 인물이지만 다른 한편으로는 더없이 건강하고 순결한 모습을 보여준다. 해학의 방법은 농민들이 벌이는 터무니없는 일들에 웃음을 짓게 하지만, 그런 상황을 그들의 입장에서 제시함으로써 특이하게 동정적인 효과를 유발한다. 그 독특한 과정은 다음의 두 가지 요소로서 설명될 수 있다.[42]

첫째로 농민들의 터무니없는 행동은 그들의 잘못이라기보다는 현실의 부정성이 무력한 농민들의 삶을 왜곡시킨 결과로서 인식된다. 농민들의 행동은 단지 우스꽝스러운 것에 그치지 않고 일탈된 행동(노름, 매음 등)으로 나아가기도 한다. 그러나 설령 그들이 비윤리적인 일을 저지르더라도 우리는 그들을 탓하기보다 현실 자체의 비정함에 눈을 돌린다. 그것은 해학이 농민들의 결백을 긍정하는 입장에서 타락한 현실세계를 조명하기 때문이다. 이 경우 농민들의 일탈된 행동은 그만큼 현실의 압력이 엄청남을 의미할 뿐이다.

해학에 의해 나타나는 또다른 효과는 절망적인 우울한 세태에서도 낙관적 활력을 잃지 않게 한다는 것이다. 만일 냉정하게 중립적으로 그린다면 김유정 소설의 상황들은 한 점의 희망도 남지 않은 현실로 나타날 것이다. 그러나 무력하면서도 끈질긴 잠재력을 지닌 농민의 내부로부터 그들의 생활을 그림으로써 비극적 현실은 활기찬 생활 모습으로 역전된다. 해학은 이처럼 극단적인 어둠 속에서도 끊임없이 절망과 투쟁하는 힘들을 포착한다.

이러한 해학의 효과는 대상이 되는 인물들을 내부로부터 그림으로써 얻어진다. 그러면 '내부로부터의 형상화'라는 해학의 방법은 구체적으로 어떤 수단으로 이루어지는 것일까. 다음에서 김유정 소설을 예로 해서

---

[42] 김유정의 농민소설에 대해서는 나병철, 〈1930년대 후반기 단편소설 연구〉, 《현대문학의 연구 1》(바른글방, 1989), 163~207면 참조.

해학적 방법의 두 가지 측면을 살펴보기로 하자.

② 순수한 인간관계의 형상화

우리는 위에서 해학이 고통을 활력으로, 그리고 타락을 순수함으로 역전시키는 방법임을 설명했다. 이러한 해학의 방법이 성립하려면 타락으로 얼룩진 세태에서도 잠재적으로 순수성과 활력을 지닌 인물을 설정할 수 있어야 한다. 물론 그런 인물은 현실적으로는 무기력할 수도 있다. 그러나 그의 내면에는 순결성이 그대로 보존되어 있어야 해학이 사용될 수 있다. 우리는 그의 순결을 근거로 해서 왜곡된 상황을 해학적 웃음으로 전복시키고 낙관적 활력을 얻을 수 있는 것이다.

따라서 표면적으로 왜곡되고 타락한 세태가 형상화되지만 다른 한편 인물들이 근본적으로는 순결하다는 것이 드러나야 한다. 김유정 소설에서 왜곡된 인간관계와 순수한 인간관계가 병치되는 양상이 나타나는 것은 이 때문이다. 이 두 가지 중 전자는 현실세태의 모습이며 후자는 내면적 본성이 은연중에 밖으로 드러난 양상이다. 소설에서 주로 그려지는 것은 현실세태이지만 그럼에도 불구하고 순수한 인간관계가 보다 더 본질적으로 느껴지게 된다. 그것은 인물들의 입장에서 그들의 생활을 내부로부터 그리는 해학의 방법이 사용되기 때문이다.

예를 들어 〈금따는 콩밭〉에서 영식이는 금을 캔답시고 콩밭을 다 파헤치는 엉뚱한 짓을 저지른다. 영식이의 허황된 행동이나 공연히 아내에게 화풀이를 하는 태도 등은 비뚤어진 세태의 모습을 반영하는 것이다. 그러나 그의 본심은 여전히 순박하다는 것이 수재의 거짓말(금줄이 잡혔다는)에 속은 후 아내를 따뜻이 달래주는 모습에서 발견된다. 〈땡볕〉에서도 덕순이는 아내를 실험대상으로 병원에 맡기고 돈을 타내려는 잘못된 생각을 하게 된다. 의사 앞에서 월급은 안 주냐고 묻는 그의 모습에서 우리는 웃음을 참지 못한다. 그러나 이때의 웃음은 차가운 조소가 아니라 따뜻한 「해학적인」 웃음이다. 덕순이의 순박함을 알고 있는 우리는, 그의 왜곡된 행동에서 극심한 궁핍이라는 현실적 모순을 보면서 오히려 그를 「동정」하기 때문이다.
 〈땡볕〉을 포함한 김유정의 거의 모든 소설이 순수한 인간관계를 보여주는 결말로 되어 있는 것 역시 해학의 방법과 연관되어 있다. 해학이란 근본적으로 순박한 인물에 대해 적용될 수 있는 소설적 전략이기 때문이다.

 영식이는 기쁨보다 먼저 기가 탁 막혔다. 웃어야 옳을지 울어야 옳을지. 다만 입을 반쯤 벌린 채 수재의 얼굴만 멍하니 바라본다.
 "이리와 봐. 이게 금이래."
 이윽고 남편은 안해를 부른다. 그리고 내 뭐랬어, 그러게 해보라고 그랬지, 하고 설면설면 덤벼오는 안해가 한결 어여뻤다. 그는 엄지손가락으로 아내의 눈물을 지워주고 그리고 나서 껑충거리며 구뎅이로 들어간다.
―― 〈금따는 콩밭〉

 "그럼, 너 이담부턴 안 그럴테냐?" 하고 물을 때에야 비로소 살 길을 찾은 듯싶었다. 나는 눈물을 우선 씻고, 뭘 안 그러는지 명색도 모르건만,
 "그래!" 하고 무턱대고 대답하였다.
 "요담부터 또 그래 봐라, 내 자꾸 못 살게 굴테니."
 "그래 그래, 인젠 안 그럴 테야."
 "닭 죽은 건 염려마라. 내 안 이를 테니."
 그리고 뭣에 떠다 밀렸는지 나의 어깨를 짚은 채 그대로 퍽 쓰러진다. 그 바람에 나의 몸뚱이도 겹쳐서 쓰러지며 한창 피어 퍼드러진 노란 동백꽃 속으로 푹 파묻혀 버렸다.
 알싸한, 그리고 향긋한 그 냄새에 나는 땅이 꺼지는 듯이 온 정신이 고만 아찔하였다.
―― 〈동백꽃〉

 안해는 더위에 속이 탔음인지 한길 건너 저쪽 그늘에서 팔고 있는 얼음 냉수를 손으로 가리킨다. 남편이 한푼 더 보태어 담배를 사려던 그 돈으로 얼음 냉수를 한그릇 사다가 입에 먹여까지 주니 안해도 황송하여 한숨에 들이킨다. 한 그릇을 다 먹고 나서 하나 더 사다주랴 물었을 때 이번에는

왜떡이 먹고 싶다 하였다. 덕순이는 이것이 마지막이라는 생각으로 나머지 돈으로 왜떡 세개를 사다 주고는 그대로 눈물도 씻을 줄 모르고 그걸 오직오직 깨물고 있는 안해를 이윽히 바라보고 있었다. 그러나 안해가 무슨 생각을 하였는지 왜떡을 입에 문 채 훌쩍훌쩍 울며
"저 사촌 형님께 쌀 두되 꿔다 먹은거 부디 잊지 말구 갚우." 하고 부탁할 제 이것이 필연 안해의 유언이라 깨닫고는
"그래 그건 염려말아!"

——〈땡볕〉

　이런 순박한 농민들의 모습은 해학적 힘의 원천이 그들의 순결한 내면에 있음을 알려준다. 이들은 무지하고 무력한 사람들이지만 오히려 그로 인해 그들의 인간성은 따뜻하게 느껴진다. 그런 인간성을 잘 포착하는 해학적 묘사에 힘입어, 우리는 그것을 타락한 인간관계보다 훨씬 본질적인 삶의 모습으로 깨닫게 된다.
　이제까지 우리는 해학이 근본적으로 「순박한 인물」의 내면에 근거하는 방법임을 살펴보았다. 그러면 그러한 인물들을 내부로부터 그린다는 것은 무엇을 말하는가. 다음에서 그 구체적인 방법을 고찰하기로 하자.

③ 상황의 희화화와 공감적 서술

　해학소설에서도 흔히 「과장」과 「희화화」가 사용되는 것을 볼 수 있다. 그러나 해학의 과장은 풍자와는 달리 공격적인 의미를 지니지 않는다. 풍자의 과장은 인물의 결점을 확대시키려는 것이지만 해학은 다만 인물이 처한 상황이 너무 터무니없음을 드러내는 것이기 때문이다. 즉 풍자는 「인물과 상황」을 희화화하지만 해학은 단지 인물이 처한 「상황」을 우스꽝스럽게 만든다. 해학은 그런 상황에 처한 인물을 오히려 동정적인 시선으로 바라본다. 그것은 앞서 밝힌 대로 그 인물이 근본적으로 순수한 내면성을 지니기 때문이다. 해학은 순박한 인물을 내부로부터 그려 그를 동정하고 그의 숨겨진 활력을 드러낸다. 아무리 우회적이라도 풍자가 날카로운 공격의 언어인 반면 해학은 부드럽고 활력적인

언어인 것은 이 때문이다. 채만식의 《태평천하》와 김유정의 〈안해〉의 다음 부분들은 이런 차이를 잘 보여준다.

"돈 내누아라, 이놈아!……내 빚 물어준 돈 내누아!"
"제게 분재시켜 주실 데서 잡아 까시지요!"
"뵈기 싫다. 이 잡어 뽑을 놈아!"
하고 고함을 치고는 돌아앉아 버립니다.
 이래서 결국 윤직원 영감이 지고 마는 싸움은 싸움이라도, 한달에 많으면 두세 번 적어서 한번쯤은 으레껏 해야 합니다.
 이런 빚 조건으로 생긴 싸움이, 아들 창식하고만이 아니라 맏손자 종수하고도 종종해야 하니, 엔간히 성가실 노릇이긴 합니다.
 또 그런 빚을 물어주는 싸움은 아니라도, 윤직원 영감은 가끔 딸 서울아씨와도 싸움을 해야 합니다. 작은 손자며느리와도 싸움을 해야 하고, 방학에 돌아오는 작은 손자 종학과도 싸움을 해야 합니다.
 며느리 고씨하고는 말할 것도 없고, 사랑방에 있는 대복이나 삼남이와도 싸움을 해야 합니다.

—— 채만식, 《태평천하》

 인용문에서는 윤직원 일가의 싸움이 희화화되어 그려지고 있다. 이런 상황에 대한 풍자는 아무리 우회적인 서술이라 해도 날카로운 비판의 화살이 들어 있다. 그것은 싸움의 근원이 인물들의 탐욕에 있으며 풍자는 그런 인물들을 공격하는 것이기 때문이다.

 방에 들어서는 길로 우선 넓적한 년의 궁뎅이를 발길로 퍽 들여지른다.
"이년아! 일어나서 밥차려!"
"이놈이 왜 이래? 대릴 꺾어 놀라." 하고 년이 고개를 겨우 돌리면
"나무 판 돈 뭐 했어, 또 술 처먹었지?"
 이렇게 제법 탕탕 호령하였다. 사실이지 우리는 이래야 정이 보째 쏟아지고 또한 계집을 데리고 사는 멋이 있다. 손자새끼 낯을 해 가지고 마누라 어쩌구 하고 어리광으로 덤비는 건 보기만 해도 눈허리가 시질 않겠나. 계집 좋다는 건 욕하고 치고 차고 다 이러는 멋에 그렇게 치고 보면 혹 궁

한 살림에 쪼들리어 악에 받친 놈의 말일지는 모른다. 마는 누구나 다 일 반이겠지. 가다가 속이 맥맥하고 부화가 끓어오를 적이 있지 않나. 농사는 지어도 남는 것이 없고 빚에는 몰리고. 게다가 집에 들어서면 자식놈 킹킹거려, 년은 옷이 없으니 떨고 있어, 이러한 때 그냥 배길 수야 있느냐. 트죽태죽 꼬집어 가지고 년의 비녀쪽을 턱 잡고는 한바탕 홀두들겨 대는구나.

—— 김유정, 〈안해〉

위의 인용문 역시 싸움의 장면이지만 이런 희극적 (희화화된) 묘사에는 오히려 인물에 대한 동정이 틈입해 있다. 그것은 그들의 싸움이 개인적인 탐욕이 아니라 터무니없이 열악한 생활에서 비롯된 것이기 때문이기도 하다. 비록 희화화된 상황을 연출하지만 전혀 악의가 없는 인물들을 우리는 동정하는 것이다.

이 장면에서 또 하나 특징적인 것은 인물들의 싸움이 궁핍한 생활에서 오히려 내면적인 활력의 발산으로 느껴진다는 점이다. 인물들이 싸우면 싸울수록 도리어 그것은 생기있는 모습으로 비춰지는 것이다.

그러나 우리가 원수같이 늘 싸운다고 정이 없느냐 하면 그건 잘못이다. 말이 났으니 말이지 정분치고 우리 것만치 찰떡처럼 끈끈한 놈은 다시 없으리라. 미우면 미울수록 싸우면 싸울수록 잠시를 떨어지기가 아깝도록 정이 착착 붙는다. 부부의 정이란 이런겐지 모르나 하여튼 영문 모를 찰거머리 정이다. 나뿐 아니라 년도 매를 한참 뚜들겨 맞고 나서 같이 자리에 누우면

"내 얼굴이 그래두 그렇게 숭업진 않지?" 하고 정말 잘난 듯이 바짝바짝 대든다. 그러면 나는 이 때 뭐라고 대답해야 옳겠느냐. 하도 기가 막혀서 천장을 쳐다보고 피익 내어 버린다.

"이년아! 그게 얼굴이야?"
"얼굴 아니면 가주 다닐까."
"내니깐 이년아! 데리고 살지 누가 근다리니 그 낯짝을?"
"뭐 네 얼굴은 얼굴인 줄 아니? 불밤송이 같은 거, 참 내니깐 데리구

살지!"
 이러면 또 일어나서 땀을 한 번 흘리고 다시 드러눕을 수밖에 없다.

 이처럼 비참한 삶을 활력적인 생기로 전환시키는 비결은 무엇일까. 반복해서 말했듯이 그것은 순박한 인물을 내부로부터 그리는 방법에 의한 것이다. 인물을 내부로부터 그린다는 것은 그의 행동을 내부 시점으로 포착한다는 뜻은 아니다. 해학은 오히려 풍자처럼 외부 시점에 의해 그려지는 경향이 있다. 그러나 똑같이 희화화와 외부 시점을 사용하면서도, 일정한 거리를 두고 비판적으로 묘사하는 풍자와는 달리, 해학은 인물에 대해 공감과 애정을 갖고 묘사를 진행한다. 인물에 대한 애정과 공감을 드러내는 방법 중의 하나는 그의 생활을 그와 동일한 수준에서 서술(묘사)하는 것이다. 김유정 소설에서, 농민들과 동질적 언어를 구사하는 화자를 사용하는 것은 바로 이를 위해서이다. 화자가 인물들과 동질적인 언어를 사용하기 때문에 김유정 소설에서는 인용부호 안과 밖의 언어가 서로 구분되지 않는다.[43] 즉, 농민들의 삶을 그들 자신의 살아 있는 언어로 그림으로써, 화자는 그들의 삶을 그들 편에 서서 공감적으로 형상화하는 것이다.
 그 밖에도 해학소설은 직접적으로 인물에 대한 공감과 애정을 표시하기도 한다. 예컨대 '우리의 ~는' 하고 인물을 지칭함으로써 그가 화자 및 독자('우리')와 같은 편의 인물임을 표시하는 것이다.

 채광이 좋건 나쁘건 아궁이에서 끄수가 나건 말건 스물여섯해 동안 우리의 ㄷ씨가 몸을 담아 있던 연화봉의 함석집은 세계정신의 상징인 유엔 감시하에 역사적인 남한만의 5·10선거가 거행되던 5월 중순에 날아 갔다.
—— 이무영,〈ㄷ씨 행장기〉

---

[43] 1인칭 소설에서는 말할 것도 없고 3인칭 소설에서도 이런 특징이 두드러진다.〈봄봄〉,〈동백꽃〉,〈안해〉등 1인칭 소설에서는 화자의 생생한 언어의 사용이 한층 현저한데 이 소설들이 보다 더 해학적인 것은 이 때문이다.

인물을 내부로부터 그린다는 것은 이처럼 그와 같은 편에서 서술하는 것을 뜻한다. 화자와 독자의 공감대는 풍자에서도 나타나지만, 풍자의 경우 그 공감대를 근거로 인물을 비판하는 반면, 해학에서는 인물에게도 공감을 표시하게 된다. 그래서 터무니없는 희화화된 상황이 연출되더라도 그것이 인물의 탓이 아니라 외부 상황의 모순에서 비롯되었음을 드러내는 것이다. 이처럼 공감적 서술은 인물을 동정하고 현실의 모순을 암시하는 기능을 한다.

공감적 서술이 빚어내는 또다른 효과는 인물 내부의 잠재적 활력을 드러내는 것이다. 인물에 대한 공감이란 그의 행동의 올바름에 관한 것이라기보다는 순수한 인물의 내면에 거리낌없는 활력이 내재함에 의한 것이다. 그 활력에 공감하면서 인물의 편에 서는 순간 우리는 그의 촌극이 외부 현실모순이 연출해낸 것임을 깨닫는다. 순박한 인물에게는 별다른 잘못이 없으며 그를 그렇게 만든 현실이 잘못되어 있음을 알게 되는 것이다. 해학의 중요한 효과 중의 하나는 이처럼 우회적 경로를 통해 진정한 현실인식에 도달하게 하는 점일 것이다.

④ 소설의 희극적인 방법

풍자와 해학은 암담한 현실과 고통스러운 삶에 대항하는 「우회적인 전략」이라는 공통점을 지닌다. 어두운 현실을 밝은 활력으로 역전시키는 「희극적인」 방법이라는 점도 동일하다. 그래서 둘을 합쳐서 「골계」라고 부르기도 한다.

일반적으로 희극적인 효과는 상식 이하의 인물이나 상황을 묘사할 때 나타난다. 소설에서 사용되는 주요한 희극적인 방법에는 풍자, 해학, 아이러니, 패러디 등이 있다. 이들 중에서 먼저 풍자와 해학을 다시 비교해서 정리해보자.

풍자와 해학의 공통점은 터무니없는 상황을 희화화한다는 점이다. 그러나 풍자는 그 같은 상황이 부정적 주인공에서 비롯된 것으로 보고 그 인물을 공격하는 방법을 취한다. 반면에 해학은 순박한 주인공이 그런 상황에 대해 별다른 잘못이 없음을 드러낸다. 이는 풍자가 부정적 주인공에 심리적 거리는 두고 외부로부터 비판하는 반면, 해학은 주인공에 공감하면서 그를 내부로부터 묘사하기 때문이다. 풍자는 인물을 공격하는 과정에서 부정의 부정을 통해 역으로 전망을 드러내지만, 해학은 인물을 동정하면서 잘못이 외부현실에 있음을 알려준다. 이 모든 과정에서 풍자는 화자(작가) 내면의 이상에의 전망을 암시하는 반면, 해학은 인물의 내면에 잠재된 활력과 순수성을 드러낸다. 이러한 양자의 차이는 다음의 도표로 표시될 수 있다.

	풍자	해학
희화화	인물·상황 희화화	상황 희화화
인물	부정적 주인공 외부로부터 묘사 (심리적 거리)	순박한 주인공 내부로부터 묘사 (심리적 공감)
현실인식	부정의 부정 (공격적 웃음)	외부 현실모순 암시 (동정적 웃음)

이러한 풍자와 해학은 각기 독립적으로 나타날 뿐만 아니라 혼합되어 나타날 수도 있다. 예컨대 《흥부전》 같은 판소리계 소설에서는 흔히 풍자와 해학이 뒤섞여서 사용된다. 그런 중에도 어느 하나가 우세해지는 경향이 있는데 이는 인물의 특성과 연관되어 있다. 예컨대 놀부와 같은 부정적 인물에는 주로 풍자가 사용되며 흥부처럼 착한 인물에는 해학이 두드러진다.

놀부 심수를 볼작시면, 초상난터 춤츄기, 불붓는터 부치질ᄒᆞ기, 희산ᄒᆞ터 기닭잡기, 장의가면 억매(抑賣) 흥정ᄒᆞ기, 집의셔 못쓸 노릇ᄒᆞ기, 우는 ᄋᆞ희 볼기치기, 갓난 ᄋᆞ희 똥먹이기, 무죄ᄒᆞᆫ 놈 쌤치기, 빗갑시 계집

쎗기 늘근 영감 덜미집기, ㅇ희빈 계집 배차기, 우물밋티 쏭누기, 오려 논의 물터놋키, 잣친 밥의 돌퍼붓기, 픠는 곡식 이삭 즈르기, 논두렁의 구명쑬기, 호박의 말쑥박기, 곱사쟝이 업허 놋코 발쑴치로 탕탕치기, 심 스가 모과(木瓜)나무의 아들이라. 이 놈의 심술은 이러ᄒ되, 집은 부자 라 호의호식 ᄒ는고나.

이러한 놀부에 대한 희화화는 그의 탐욕과 심술을 풍자하는 의미를 지닌다.

이러틋 보쳔들 무엇 먹여 살려낼고. 집안의 먹을 거시 잇던지 업던지, 소반이 네 발노 하늘셰 축슈ᄒ고, 솥이 목을 ᄆᆡ여 달녔고, 조리가 턱거리 를 ᄒ고, 밥을 지어 먹으려면 칙녁을 보와 갑즈일이면 ᄒ 쎠식 먹고, 시양 뒤가 쏠알을 어드려고 밤낫 보름을 다니다가, 다리의 가릐톳시 셔셔 파종 (破腫)ᄒ고 알는 소릐, 동닉 스룸이 잠을 못즈니, 엇지 아니 셜울손가.

인용문은 흥부가 처한 터무니없는 가난한 상황을 희화화한 것으로, 그런 상황에 놓인 흥부를 동정하는 해학적 서술이다. 이처럼 풍자와 해 학은 인물의 특성과 긴밀히 관련되어 있다. 물론 부정적 인물이라고 해 학이 전혀 사용될 수 없는 것은 아니다. 예컨대 《흥부전》에서 놀부는 부정적 인물이지만 그에 대한 풍자는 간혹 해학과 혼합되기도 한다. 그 러나 이는 놀부가 그만큼 긍정적 요소도 아울러 지니고 있음을 말해주 는 것으로 볼 수 있다.

풍자와 해학 이외의 또다른 희극적 방법으로는 「아이러니」를 들 수 있다. 아이러니는 풍자와 해학 등의 골계와는 달리 희화화보다는 객관 적인 서술에 의존한다. 골계는 대상을 특수하게 가공하는 (즉 희화화하 는) 전략을 구사하지만 아이러니는 대상으로부터 「지적 거리」를 유지 함으로써 객관성을 실현한다. 그러나 아이러니의 객관성은 단선적인 논 리가 아니라 이중적인 구조에 의해 제시된다. 즉, 표면과 이면, 희극과 비극, 그리고 무지와 인지 등의 상반된 대립항을 동시적으로 그려낸다.

이러한 이중성은 어떤 모순에 의해 야기된 것인데 아이러니는 그 모순이 담겨진 대상을 적절하게 포착하는 긴요한 방법인 셈이다. 따라서 아이러니의 대상은 모순된 사회현실이나 부조리한 인간본성 등이 될 수 있다.

예컨대 김유정의 〈만무방〉에는 응오가 자기 논의 벼를 자신이 도둑질하는 아이러니가 그려진다. '내것 내가 먹는데 누가 뭐래'라는 응오의 항변은 표면적으로는 그가 도둑이지만 실제 도둑은 따로 있음을 암시한다. 이러한 아이러니는 자신의 생산물이 자기손으로 돌아올 수 없는 모순된 사회구조를 폭로한다.

마찬가지로 현진건의 〈운수 좋은 날〉에서 김첨지가 돈에 대해 갖는 이중적 감정 역시 아이러니로서 그려진다. 돈은 신나고 좋은 것이면서도 또한 '원수의 것'으로 여겨진다. 이 소설에서 돈은 김첨지를 행운으로부터 소외시킨 부조리한 사회의 상징물로 나타난다.

이처럼 아이러니는 모순된 삶에서 필연적으로 나타나는 사물의 이중성을 객관적으로 포착하는 방법이다. 대상의 이중성의 포착은 지적 거리에 의해 가능해지므로 흔히 아이러니는 「지적인 웃음」이라고 불린다.

소설의 희극적 방법 중에서 마지막으로 「패러디」[44]를 들 수 있다. 패러디는 원작에서 세계관적 문맥을 바꿔버림으로써 원작을 재구성하는 방법이다. 따라서 패러디에서는 원래의 세계관과 새로운 세계관과의 대화적 관계가 나타난다. 패러디의 웃음은, 흔적으로 남아 있는 원래의 세계관이 새로워진 세상에서 무용하게 되는 부조리나, 그 반대로 새로운 세계관이 원작의 구성을 뒤엎는 전도된 관계에서 발생한다. 예컨대 기사소설을 패러디한 《돈키호테》는 옛날의 이념이 무용지물이 된 현실의 상황을 회화화한다. 또한 《놀부전》은 《흥부전》의 구성을 전도시킴으로써 희극적 구성을 만든다. 일반적으로 로만스를 패러디하면 근대소설(novel)이 되며 근대소설의 초창기에 패러디의 방법이 성행했다고 할 수 있다. 근래에 나타난 메타픽션은 일종의 근대소설의 패러디인 셈인

---

44) 패러디에 대해서는 주 25)를 참조할 것.

데, 따라서 양식의 변화에 대한 요구를 담고 있다고 생각된다.
　이제까지 우리는 풍자, 해학, 아이러니, 패러디 등의 희극적 방법을 살펴보았다. 이러한 방법들은 각기 따로 사용될 수도 있지만 또한 중첩되어 나타나기도 한다. 예컨대 판소리계 소설에는 풍자와 해학이 혼합되어 있다. 그리고 박지원의 〈양반전〉은 풍자와 패러디를 결합하고 있으며 김유정의 소설에서는 해학과 아이러니가 섞여져서 사용된다. 따라서 우리는 이 방법들의 독특한 혼합에 대해서도 논의할 수 있을 것이다. 그러나 혼합적이든 독립적이든 간에, 이 여러 희극적 방법들의 공통점은 리얼리즘의 효과를 위해 긴요하게 사용된다는 점일 것이다.

(8) 서정소설과 내면적 전망

① 서정적 경험의 본질
　소설에서는 인물들의 활동무대로서 사회환경과 자연환경이 그려질 수 있다. 이 두 가지 중 지금까지 우리는 주로 전자(사회환경)를 형상화하는 소설들을 살펴보았다. 그것은 우리 시대의 인간의 삶이 자연보다는 사회현실 속에서 의미를 얻기 때문이었다. 그러나 소설에 따라서는 자연환경이 매우 중요하게 그려지는 경우도 있을 수 있다. 그럴 경우 자연환경과 인물의 연관성은 사회환경과 인물의 관계와는 사뭇 다르게 형상화된다. 따라서 자연 속에서의 인간을 그리는 「서정소설」을 이해하기 위해서는 그 독특한 관계를 해명해야 한다.
　물론 앞서 살펴본 소설 중에도 김유정의 몇몇 작품들은 자연을 소설의 배경으로 삼고 있다. 예컨대 〈동백꽃〉, 〈산골 나그네〉 등은 자연과 인물이 합일되는 장면을 그림으로써 서정적인 분위기를 얻고 있다. 그러나 김유정 소설에서의 자연은 다만 인간의 사회적 삶에 부속된 요소로서 제시된다. 한 예로 〈동백꽃〉에서 '나'와 점순은 동백꽃 속에 파묻

히며 화해를 이루게 된다. 그러나 이러한 서정성은 잠정적인 화해를 뜻할 뿐 인물들의 삶에 어떤 「전망」을 제시하지는 않는다. 인물들은 여전히 마름과 소작인이라는 갈등관계에서 벗어나지 못하며 그들의 서정적 경험은 그 사회적 관계에 별다른 영향을 끼치지 않는다. 여기서의 서정성은 현실의 삶을 그리는 서사성에 종속된 요소로서 그려질 뿐이다.

따라서 김유정 소설의 서정성은 「분위기」의 차원을 넘어서지 않고 있다. 그와는 달리 인물들의 자연적 경험이 그들의 삶에 「서정적 전망」을 제시하는 소설이 바로 서정소설이다. 인물들의 자연경험이 어떤 전망을 제시한다는 것은 그로부터 현실(혹은 사회현실)의 고통을 극복할 수 있는 내면적 힘을 부여받음을 뜻한다. 즉, 서정소설은 서정적 경험에서 얻은 내면적 동력을 암담한 현실을 버텨나가는 힘으로 제시하는 소설이다.

그러면 어떻게 자연 경험으로부터 그런 내면적 동력과 서정적 전망을 얻을 수 있을까. 자연 속에서의 인간의 경험은 사회적 경험과는 달리 근본적으로 「주객합일」을 지향한다. 사회적 삶을 주로 그리는 근대소설은 개인과 사회의 갈등관계를 형상화해 왔지만, 개인과 사회가 분열된 근대사회에서도 자연과의 관계에서는 화합의 경험을 얻을 수 있는 것이다. 물론 자연과의 합일의 경험은 순간적인 것이며 사회적 삶을 살아가는 행동 속에서는 얻어질 수 없다. 왜냐하면 자연적 경험이란 개인의 「내면성」과 자연과의 화합을 의미하기 때문이다.

인간의 인식구조가 근본적으로 시적 사고였던 신화시대에는 인간의 내면성과 외부세계(자연과 사회)가 즉자적으로 통합될 수 있었다. 이 시기의 자연에는 인간의 삶에 질서를 부여하는 신화적 힘이 틈입된 것으로 여겨졌었다. 인간은 행동을 하면서도 내면성을 느낄 수 있었고 또 자연에 숨어 있는 신화적 힘을 통해 삶의 방향을 가늠하곤 했다. 다시 말해 별들(자연)의 운행은 여행자들(행동하는 인간)의 지도로 사용되었던 것이다.[45] 그러나 인간의 삶의 중심이 사회환경으로 옮겨지면서

---

45) G. 루카치, 《소설의 이론》, 반성완 역 (심설당, 1985), 29·45면. 이 책에서 루

그와 함께 내면성과 외부세계(사회)의 분열이 생겨나게 되었다. 더욱이 개인과 사회가 분열된 근대사회 이후 자연은 외부행동(개인과 사회의 상호작용) 속에서는 더이상 중요한 의미를 지니지 못하게 되었다.

하지만 외부세계로부터 분열된 인간의 내면성은 아직도 자연과의 교감이 가능했다. 이제 별빛은 그런 고독한 사람이 홀로 쳐다보는 상징물이 된 것이다. 별빛은 더이상 행동하는 사람에게 지도가 되지 못하며 따라서 외부행동을 그리는 서사문학에서는 형상화되지 않는다. 내면성과의 순간적인 교감 속에서 자연을 상징화(이미지화)하는「서정시」만이 별을 노래할 뿐이다.

서정소설은 서정시의 주요 영역인「자연」을 서사문학에 끌어들이는 점에서 독특한 형식을 구성한다. 즉「서사」와「서정」이 결합된 특이한 혼합장르의 구조를 보이는 것이다. 이처럼 서사와 서정이 결합할 수 있는 것은 인간에게 (외부행동을 통한) 서사적 경험이 중요한 만큼 내면성의 경험인 서정성 역시 본질적이기 때문이다. 자연과 내면의 교감을 통한 서정적 경험은 과거처럼 삶의 방향을 제시하지는 못하지만 주객합일의 행복한「순간」을 제공한다. 그리고 그「화합의 경험」은 빈번히 잃어버린「신화적 경험」을 되살리는 데까지 나아갈 수 있다. 신화적 경험은 내면적으로만 가능하며 현실적인 행동을 위한 전망이 될 수는 없다. 그러나 현실세계가 전망을 발견하기 어려운 암담한 상황에 처해 있을 때 신화적인 서정적 경험은 그 절망에 맞설 수 있도록 내면성에 힘을 부여한다.

직접적으로 어떤 전망을 제시하지는 못하지만 현실의 어둠을 이기도록 내면성에 빛을 제공하는 자연경험을 우리는「서정적 전망」이라고 부를 수 있다. 서정적 전망은 구체적인 이념의 내용을 지니지 못하며 종종 신비적인 색채를 띠기도 한다. 그러나 그 전망의 내용이 무엇이든 그것은 암흑의 현실을 견디는 내면 속의 별들로 빛나는 것이다. 서정적 전망은 자연과의 합일 속에서 신화적 힘을 부활시킴으로써 열악한 현실

카치가 말하는 총체성이 있는 시대가 바로 이 시기에 해당된다.

을 견디는 힘과 비판력을 드러내기 때문이다. 따라서 서정소설은 시대적 절망감을 극복하는 또다른 방법으로 볼 수 있다. 즉 서정적 전망은 절망적인 현실을 신화라는 아름다운 내면 경험으로 감싸는 것이다.

② 서정소설과 현실도피적 소설의 차이

인간은 사회적, 현실적 경험뿐만 아니라 자연적, 서정적 경험을 하기도 한다. 근대사회에서는 현실적 경험이 본질적이며 서정적 경험은 내면적으로만 의미를 지닌다. 그러나 서정적 경험이 이처럼 행동적이지 못하다고 전혀 무의미하다는 말은 아니다. 우리는 위에서 「서정적 경험」이 어두운 「현실」에 맞서는 내면적 힘을 제공할 수 있음을 살펴보았다. 이처럼 현실세계에 의미심장한 요소로 작용하는 서정적 전망을 형상화하는 것이 서정소설의 목적이다.

따라서 서정소설은 「서정적 경험」뿐만 아니라 「현실적 경험」역시 충실하게 그려내야 한다. 왜냐하면 현실과의 관계에서 의미를 지니지 못하는 서정적 경험은 단순한 현실도피에 불과하기 때문이다. 현실과의 연관을 배제한 채 자연 속의 행복감만을 그리는 「전원소설」이 진지함을 얻지 못하는 것은 이 때문이다. 전원소설은 자연에 동화되는 행복한 경험을 형상화하지만 그 전원적 경험은 빈약한 아름다움에 불과하다. 근대 이후 사회에서는 인간의 삶이 자연의 경험만으로 영위될 수는 없기 때문이다.

그와는 달리 서정소설은 현실을 살아가는 인물들의 모습을 형상화해야 한다. 이 점에서 서정소설은 일반소설과 구분되지 않으며, 단지 주인공이 서정적 순간에 민감하게 반응하는 점이 다를 뿐이다. 그리고 중요한 것은 그의 서정적 경험이 어두운 현실경험과 긴밀한 연관관계를 이루어야 한다는 점이다.

이효석의 후기 소설들은 이러한 서정소설과 현실도피적 소설의 차이를 잘 보여준다.[46] 예컨대 〈산〉(1930)에서는 중실이 쫓겨난 머슴이라는

---

46) 이효석의 서정소설에 대해서는 나병철, 〈이효석의 서정소설 연구〉, 《연세어문

현실적 배경 속에서 그려지지만 그런 현실적 배경은 전원적 행복을 보여주기 위한 부속물의 기능을 할 뿐이다. 자연 속에 동화된 중실은 현실을 부정하고 있으며 그의 행복은 이처럼 현실을 부정한 대가로 얻어지고 있다. 그러나 우리의 삶은 전원적 합일이 보장되지 않는 현실 속에서 이뤄지므로 현실을 배제하고 얻어진 중실의 전원적 삶은 도피적인 것일 수밖에 없다.

한편 〈들〉(1936)에서는 현실의 문제가 아주 배제되지는 않는다. 그러나 들의 삶과 현실의 삶은 인물에 의해 매개되지 않고 대립적으로 분리된 것으로 제시된다. 그래서 들에서의 정열과 현실에서의 정열이 똑같이 중요함에도 불구하고 주인공은 둘 중 어느 하나를 선택해야 하는 입장에 놓인다. 즉, 들의 삶은 현실의 삶을 포기했을 때만 얻어질 수 있는 것이다. 이처럼 현실의 삶을 포기하고 얻어진 전원적 삶은 마찬가지로 도피적인 성격을 띠게 된다.

이 두 소설의 또다른 문제점은 현실의 삶을 그리는 서사적 맥락을 허물어버림으로써 소설장르로서의 성립여부가 의문시된다는 점이다. 그러나 〈메밀꽃 필 무렵〉(1936)에서는 〈산〉, 〈들〉의 경우와는 달리 현실적 삶과 자연적 삶이 허생원에게 매개되어 의미깊은 연관관계를 맺는 것으로 나타난다. 얼금뱅이에 왼손잡이인 허생원은 현실에서는 장돌뱅이의 고달픈 삶을 살아간다. 그러나 달밤의 메밀밭에서의 서정적 경험은 그에게 황홀한 순간을 제공해준다. 허생원은 그 둘 중 고달픈 삶에서 자연 속으로 도피하는 것이 아니라 외롭고 쓸쓸한 장돌뱅이의 삶일 망정 성실하게 살려고 애쓴다. 그의 서정적 경험은 바로 그 '뒤틀린 반생'을 지탱해온 내재적 동력이었다고 할 수 있다. 서정적 경험 속에 스며 있는 신화적 힘은 저절로 얻어진 것이 아니라 허생원의 의지에 의해 획득된 것이다. '난 꺼꾸러질 때까지 이 길 걷고 저 달 볼테야'라는 허생원의 말은 그 신화적 힘을 생활 속에 용해시키려는 그의 의지가 담겨진 것이라고 할 수 있다.[47]

학》(1987), 101~21면을 참조할 것.

허생원에게 있어 서정적 경험은 빠뜨릴 수 없는 그의 삶의 본질적인 한 부분이다. 마찬가지로 현실적 경험은 그의 반생을 이루어온 생의 근거라고 할 수 있다. 〈메밀꽃 필 무렵〉은 이처럼 허생원을 통해 현실적 삶과 서정적 경험이 긴밀하게 얽혀지는 서정소설의 구성을 형상화한다.

이 소설에서 허생원이 경험하는 신화적 힘은 그가 자연에 동화되는 서정적 순간에 나타난다. 그 서정적 순간은 단순한 장면묘사가 아니라 은유의 연속적 사용으로 인해 거의 서정시에 근접한 것으로 제시된다.

"달밤에는 그런 이야기가 격에 맞거든."
조선달 편을 바라는 보았으나 물론 미안해서가 아니라 달빛에 감동하여서였다. 이지러는 졌으나 보름을 갓 지난 달은 부드러운 빛을 흐뭇이 흘리고 있었다.
대화까지는 팔십리의 밤길, 고개를 둘이나 넘고 개울을 하나 건너고 벌판과 산길을 걸어야 된다. 길은 지금 긴 산허리에 걸려 있다. 밤중을 지난 무렵인지 죽은 듯이 고요한 속에서 짐승 같은 달의 숨소리가 손에 잡힐듯이 들리며 콩포기와 옥수수 잎새가 한층 달에 푸르게 젖었다.
산허리는 온통 메밀밭이어서 피기 시작한 꽃이 소금을 뿌린듯이 흐뭇한 달빛에 숨이 막힐 지경이다. 붉은 대궁이 향기같이 애잔하고 나귀들의 걸음도 시원하다.
길이 좁은 까닭에 세 사람은 나귀를 타고 외줄로 늘어섰다. 방울소리가 시원스럽게 딸랑딸랑 메밀밭께로 흘러간다.

인용문에서 허생원은 다른 장으로 이동하기 위해 산길을 걸어가는 중이다. 그러나 이 장면묘사는 그런 진행을 위해 장면을 알리거나 분위기를 제시하는 단순한 「서사적」 기능을 넘어서고 있다. 인용문의 장면묘사는 허생원이 자연의 배경과 합일되는 「서정적」 순간을 형성하는 기능을 하고 있다.

---

47) 물론 이런 태도에는 운명론적 색채가 드리워져 있기도 하며 이 점이 〈메밀꽃 필 무렵〉의 근본적 한계라고 볼 수 있다.

이런 황홀한 서정적 순간에 허생원은 달빛에 취해 성처녀와의 옛일을 이야기한다. 여기서도 허생원의 이야기는 사건진행을 알리는 「서사적」 기능을 하면서도 근본적으로는 「서정적」 회상으로 나타난다. 서정적 회상의 특징은 주객간의 「거리 소멸」과 「무시간성」이다. 허생원에게 성처녀의 이야기는 객관적 사건이라기보다는 그의 내면성 속에 은밀한 정서로 물들어 있는 하나의 이미지인 것이다. 그것은 사건 자체가 지닌 서정적 분위기와 신화적 논리에서 기인된 것이다. 달밤의 메밀밭 풍경의 서정적 순간은 허생원과 성처녀에게 신화적 공간을 형성하여 두 사람 사이의 기막힌 우연적 사건을 용인하고 있다. 그리고 세월이 흐른 후에도 메밀꽃은 허생원에게 그 신비스러운 일을 떠올리게 한다. 성처녀와의 사건은 허생원의 내면성 속에 들어와 있는 하나의 개인적인 신화이기 때문이다.

이처럼 이 소설의 서정적 장면은 사건진행을 알리는 「서사적」 기능을 얼마간 하면서도 근본적으로는 무시간적인 「서정적」 순간을 형성하는 기능을 하고 있다. 우리는 이러한 준서정적인 장면, 회상 등을 통해 서사와 서정이 결합되는 접점을 살펴볼 수 있다.

〈메밀꽃 필 무렵〉은 주인공의 서정적 경험을 핵심적으로 형상화하면서도 그것이 전체적인 서사적 맥락에 긴밀하게 연관되도록 구성되어 있다. 이처럼 서정과 서사를 적절히 혼합하는 수법은 서정소설의 전범적인 형식을 보여주는 것이다. 그러나 이 소설의 문제점은 어려운 현실을 살아가는 허생원의 생활이 너무 개인화된 것으로 제시되고 있는 점이다. 즉, 이 소설에서는 허생원의 삶을 드러내는 사회역사적 문맥이 너무 희미하게 지워져 있다. 그의 삶이 얼마간 운명론적 색채를 지니는 것은 그 삶의 과정 자체가 폐쇄된 역사 속에서 보여지기 때문이다.

하지만 이런 문제점이 모든 서정소설에서 필연적으로 나타나는 것은 아니다. 예컨대 윤후명의 〈모든 별들은 음악소리를 낸다〉는 서정적 경험을 당대의 사회적 문맥과 연관시킴으로써 암묵적으로 현실세태를 비판하고 있다. 이 소설의 등장인물은 모두 현실에서 패배한 낙오자들로 되어 있다. 변호사였던 아버지는 사기를 당하고 실패를 거듭한 끝에 빚만 남기고 세상을 떠난다. 그리고 월남 후 안정을 찾지 못하고 쓸쓸히 살아가는 큰아버지, 외로움으로 계간(鷄姦)까지 하는 떠돌이 청년, 시를 쓰지만 결국 패배자의 넋두리만을 기록하게 된 주인공, 게다가 돼지 치기를 위해 사들인 폐마[48]까지, 하나같이 소외된 삶을 살아가는 인물들이다. 이들은 자본주의 사회와 분단현실에서 행복을 찾는 데 실패한 사람들이다. 그러나 그들은 누구보다도 아름다운 내면을 갖고 있어서 1인칭 화자는 서정적 전망을 통해 그 내면의 '음악소리'를 드러내게 된다.

> 나는 말을 잡아 죽여 하늘에 바침으로써 인간의 기원(祈願)을 천신(天神)에게 전달케 한다는 고대설화가 떠올랐다.
> 폐마는 그렇게 나의, 우리집 사람들의 기원을 천신에게 전달하기 위해 천마로서 사라져간 것이었다. 나는 나도 모르게 눈물이 그렁그렁해졌다. 천신에게 어떤 기원이 전해짐과 함께, 나는 하나의 별이었다. 아버지도, 어머니도, 큰아버지도, 동생들도, 떠돌이 청년도 제가끔 하나의 별이었다. 절집 딸도 하나의 별이었다. 모든 사람들은 하나의 별이었다. 우리는 영원히 서로 만날 수 없어서 어둠 속에서 눈빛을 반짝이며 알 수 없는 소리로 노래하고 있는 것이었다. 개도, 닭도, 토끼도, 돼지도 모두들 하나의 별이었다. 그리고 그 모든 별들은 견딜 수 없는 절대고독에 시달려 노래하고 있는 것이었다.
> 나는 천마가 달려간 허공의 말발굽 자국에 눈길을 던지고 깊어가는 밤하늘을 오래도록 바라보고 있었다. 모든 별들이 내는 음악소리를 들을 수 있을까 해서였다.

위에서 인물들의 '절대고독'은 자본주의 사회의 소외와 연결되어야 보다 현실적 의미를 얻을 것이다. 그 대신 고독을 인간의 운명적 조건으로 보는 점에서 이 소설의 서정적 전망은 신비적 색채를 지닌다. 그

---

48) 이 소설에서는 폐마까지 하나의 인물처럼 그려지고 있다.

러나 인물들을 별과 일치시키면서 '모든 별들은 음악소리를 낸다'는 서정적 전망은, 현실에서 패배한 인물들의 내면성에 가장 아름다운 진실이 존재함을 드러냄으로써, 암암리에 패배를 역전시키고 그들을 패배시킨 현실을 비판한다.

즉, 이 소설의 서정적 전망은 그 내용이 현실적 삶에 직접 연관되기보다는, 자연과의 합일과 신화적 상상력을 통해, 현실의 패배에 굴복하지 않은 인물들의 내면성을 드러내는 기능을 한다. 서정적 전망에 포함된 신화적 상상력은 다소 신비적임에도 불구하고 현실의 패배를 극복하고 내면성의 승리를 알리는 또다른 진실인 것이다. 신화적 진실은 객관현실 속에서 실현될 수 있는 것은 아니지만 우리 모두의 내면에 포함된 삶의 근원에 대한 긍정이기 때문이다. 이처럼 서정소설은 현실의 패배를 내면성의 승리로 극복하는 서정적 전망을 형상화하는 데 목적이 있다.

이제까지 서정소설이 자연과 인간의 관계를 형상화하면서 그 과정에서 내면성의 진실을 드러내는 장르임을 살펴보았다. 물론 서정소설에서도 외부사건에 대한 서사는 필수적이지만 일반 소설에 비해 내면에 대한 묘사가 매우 중요한 기능을 하게 된다. 이처럼 내면적 묘사가 핵심적인 점에서 서정소설은 모더니즘 소설의 한 형식으로 분류되기도 한다.

그러나 반대로 내면의식을 그리는 모더니즘을 넓은 의미의 서정소설의 개념[49]에 포함시키기도 한다. 외부사건보다 내면의식에 초점을 맞추는 것은 본격서사에서 벗어나 서정에 기울어진 양상으로 보이기 때문이다. 그러나 서정소설이 서정과 서사의 대등한 결합을 형상화한다면 모더니즘은 내면의식이 외부사건보다 더 우세해진 양상을 드러낸다. 또한

---

[49] Ralph Freedman, *The Lyrical Novel*(Princeton University Press, 1963). 프리드먼은 모든 의식의 흐름 소설을 서정소설로 분류하지는 않으나 내면의식의 묘사가 서정적 이미지를 드러내는 소설(버지니아 울프의 소설)들을 서정소설에 포함시킨다.

서정소설이 자연과의 합일 속에서 신화로 나아가는 반면 모더니즘은 개인의 내면심리를 추적하는 심리위주로 진행된다. 따라서 우리는 서정소설과 모더니즘을 각기 다른 소설적 방법으로 분류하기로 한다. 그러면 풍자·해학·서정소설의 공통된 특징인 정태적 플롯에서 한발 더 나아가 플롯을 해체시키는 모더니즘 소설에 대해 살펴보기로 하자.

(9) 모더니즘과 내면의식의 형상화

① 플롯의 해체와 내면의식의 주도성

플롯은 여러 가지 사건들이 긴밀한 인과관계를 맺으며 엮어진다. 따라서 플롯의 사건들이 서로 연결되기 위해서는 일정한 맥락의 의미와 논리를 지녀야 한다. 플롯을 엮는 사건의 의미와 논리는, 앞에서 살폈듯이 인물과 환경의 상호반응에 의해 정해진다.

그런데 우리가 고찰한 세 가지 소설들(고소설, 비판적 리얼리즘, 사회주의 리얼리즘)은 인물과 환경의 상호반응을 통해 플롯을 역동적으로 추진시키고 있었다. 반면에 양자의 상호반응이 정태적인 풍자나 해학의 경우에는 삽화 나열식 플롯을 지님을 볼 수 있었다. 그러나 풍자·해학에서도 환경 속에서 활동하는 인물이 그려지기 때문에 나름대로 플롯은 논리의 일관성을 유지하게 된다.

이와는 다르게 일관된 논리를 상실한 삽화들로 구성된 소설들이 있다. 이런 유형의 소설은 우연한 사건이나 사소한 삽화를 나열함으로써 응집성이 약화된 줄거리를 제공한다. 그 대신 분산된 삽화들 사이에 내면의식을 채워넣음으로써 전체적인 소설의 맥락을 이루어나간다.

이처럼 해체된 플롯을 지닌 소설을 우리는 「모더니즘 소설」이라고 부른다. 모더니즘 소설에서의 플롯의 해체는 환경과의 반응이 약화된 인물을 그리는 데서 기인한다. 인물이 환경과 반응하는 내용은 특별히 소설로서 그릴 만한 사건이 아니라 언제든지 일어날 수 있는 일상사에 불과하다. 모더니즘 소설에서 플롯의 해체는 환경과의 반응이 약화된 인물을 그리는 데서 기인된다. 인물이 환경과 반응하는 내용은 특별히 소설로서 그릴 만한 사건이 아니라 언제든지 일어날 수 있는 일상사에 불과하다. 한 예로 버지니아 울프의 《등대로》에는 램지 부인이 막내아들과 등대로 나들이가기 위해 준비하는 이틀 동안의 일이 그려져 있는데, 그 이틀 동안에 일어난 일들이란 아주 사소한 삽화에 불과한 것들이다. 이를테면 등대지기 아들을 위해 마련한 양말의 길이를 재는 것 따위로, 이러한 삽화들은 특별히 환경과의 반응이라고 부를 수도 없는 내용이다. 왜냐하면 그것은 현실의 중요한 사건을 반영하는 것이 아니라, 늘상 있을 수 있는 어느 하루의 일에 불과하기 때문이다. 이런 작은 일들은 우리 삶의 어느 부분에서라도 나타날 수 있는 것이므로 일부러 소설의 사건으로 선택될 이유가 없는 듯하다.

그러나 모더니즘 소설은 이러한 의미없는 삽화들을 나열하여 전체의 줄거리를 이룬다. 따라서 모더니즘 소설의 핵심은 그 삽화들 자체보다도 중간에 끼어드는 내면의식의 형상화에 있다고 하겠다. 내면의식의 내용은 사소한 삽화들을 특별한 의미로 채색하면서 모더니즘 소설의 독특한 구성을 이룩한다.

모더니즘 소설의 독특한 구성이란 「내면의식」과 「외부사건」과의 관계가 역전된 양상을 말한다. 일반소설은 내면의식이 외부사건에 종속되어 있지만 모더니즘에서는 그 정반대의 양상을 보인다.[50] 외부사건은 내면의식을 담기 위한 단순한 골격으로 제공되고 있다 해도 지나치지 않을 정도이다.

    (가) 「갑자기 한 사람이 나타나 그의 앞을 가로질러 지난다. 仇甫는 그 사나이와 마주칠 것 같은 錯覺을 느끼고, 危殆로웁게 걸음을 멈춘다.」

---

50) 에리히 아우얼바하, 《미메시스》, 김우창·유종호 역 (민음사, 1979), 255~56면. 이 책에서는 모더니즘의 새로운 형식이 자세히 설명되고 있다.

그리고 다음 瞬間, 仇甫는, 이렇게 대낮에도 조금의 自信을 가질 수 없는 自己의 視力을 咀呪한다. 그의 코 우에 걸려 있는 二十四度의 眼鏡은 그의 近視를 도와 주었으나, 그의 網膜위에 나타나 있는 無數한 盲點을 除去하는 재주는 없었다. 總督府病院時代의 仇甫의 視力檢査票는 그저 그 憂鬱한 〈眼科 再來〉의 책상 설합 속에 들어 있을지도 모른다.
R, 4 L, 3
仇甫는, 二週日間 熱症을 앓은 끝에, 갑자기 衰弱해진 視力을 呼訴하러 처음으로 眼科醫와 對하였을 때의, 그 조그만 테이블 우에 놓여있던「視野測定器」를 지금도 記憶하고 있다. 제自身 强度의 眼鏡을 쓰고 있던 醫師는, 白墨을 가져, 그위에 容恕없이 無數한 盲點을 찾아내였었다.

(나)「그래도, 仇甫는 若干 自信이 있는듯싶은 걸음걸이로 電車線路를 두 번 橫斷하여 화신상회 앞으로 간다. 그리고 저도 모를 사이에 그의 발은 백화점 안으로 들어서기조차 하였다.
젊은 내외가 너덧살 되어 보이는 아이를 데리고 그곳에 가 昇降機를 기다리고 있었다.」
이제 그들은 食堂으로 가서 그들의 午餐을 즐길 것이다. 흘낏 仇甫를 본 내외의 눈에는 자기네들의 幸福을 자랑하고 싶어하는 마음이 엿보였는지도 모른다. 仇甫는, 그들을 업신녀겨볼까 하다가, 문득 생각을 고쳐, 그들을 축복하여 주려 하였다. 事實, 四五年以上을 가치 살아왔으면서도, 오히려 새로운 기쁨을 가져 이렇게 거리로 나온 젊은 夫婦는 仇甫에게 좀 다른 意味로서의 부러움을 느끼게 하였는지도 모른다. 그들은 分明히 家庭을 가졌고, 그리고 그들은 그 곳에서 當然히 그들의 幸福을 찾을께다.

(다)「昇降機가 내려와 서고, 문이 열려지고, 닫혀지고, 그리고 젊은 內外는 壽男이나 福童이와 더부러 仇甫의 視野를 벗어났다.
仇甫는 다시 밖으로 나오며, 自己는 어데 가 幸福을 찾을까 생각한다.」
—— 박태원, 〈소설가 구보씨의 일일〉

위의 인용문에서 주인공 구보의 행동은 다음의 세 가지이다. (가) 한 사나이와 마주칠 뻔하다가 걸음을 멈춘다. (나) 화신상회 앞으로 가 백화점 안으로 들어서서 젊은 내외를 본다. (다) 승강기 안으로 젊은 내외가 사라지자 밖으로 나온다.

위의 소설에서 이 세 가지 행동이 의미하는 바는 무엇일까. 행인과 마주칠 뻔하거나 백화점 안에 들어갔다 나오는 것은 「누구나 언제든지」 경험할 수 있는 일들이다. 이러한 사소한 일들은 「사건」(혹은 행동)이라고 부르기조차 어려운 성격을 지니고 있다. 무엇보다도 세 가지 행위는 상호 긴밀한 연결관계를 이루고 있지 않다. 순서가 바뀌어 구보가 백화점에서 나와 행인과 마주쳤다 해도 변하는 것은 아무것도 없으며, 설령 이런 행위들이 전혀 없었다 해도 구보에게 달라지는 바는 없다. 그 이유는 무엇일까. 한마디로 그런 일들은 환경과의 상호작용 속에서 나타난 행동이 아니기 때문이다.

인물과 환경의 상호작용은 특정한 의미의 삶의 모습을 만들어낸다. 인간의 삶이란 결국 환경의 논리와 인물의 의지와의 반응과정이기 때문이다. 그러나 위의 세 가지 행동은 인물을 지배하는 환경의 논리나 환경에 부딪히는 인물의 의지, 그 어느 것도 반영하고 있지 않다. 그 대신 이 소설은 인물의 행위들 틈새로 내면의식을 삽입하는 구성을 보이고 있다. 인용문의 경우 걷고 있는 구보가 걸음을 멈출 때마다 그의 내면의식이 제시된다. 그런데 이 내면의식은 그의 행동내용보다 분량이 더 많으며, 독자의 관심도 여기에 쏠리도록 되어 있다. 이처럼 내면의식과 외부행동과의 관계가 전도된 것이 바로 모더니즘 소설의 특징이다. 외부행동은 주도권을 상실했으며, 더이상 플롯을 구성하는 단초가 되지 못하는 것이다.

② 모더니즘 소설의 서사적 목표

모더니즘 소설의 이러한 독특한 구성은 필연적으로 「서사성」의 약화를 초래한다. 서사성이란 사건을 통해 삶을 역동적으로 그릴 때 얻어지며, 사건은 인물이 환경과 상호작용하는 가운데 나타나는 것이다. 그러나 모더니즘 소설은 환경과의 반응의 의미가 약화된 사소한 삽화를 그리는 데 그친다. 이 점만 본다면, 모더니즘은 인간의 삶에서 우연적이고 무의미한 부분에 초점을 두는 것 같다.

하지만 모더니즘은 인간의 내면성을 복합적이고 풍부하게 제시하는 데 전력한다. 따라서 모더니즘의 목표는 전통적인 리얼리즘과는 상이한 것으로 보인다. 일반적으로 서구 모더니즘 소설은 우리가 일상적으로 겪고 있는 근본적 상황에 관계된 인생의 심오한 진실을 그리는 것으로 말해진다.[51] 우리가 매순간 겪고 있는 우연적 순간이야말로 인간의 삶을 공통적으로 구성하는 기본 요소들이 부각되는 시간들이다. 모더니즘은 그 우연적 순간들을 포획하여, 다양하고 복합적인 우리의 공통적 내면경험을 형상화한다.

그러나 관점에 따라서는 그런 작업들이 인간의 외부행동을 소홀히 함으로써 중요한 현실문제를 회피하려는 태도로 보일 수도 있다. 모더니즘을 비판하는 사람들[52]은 이 양식이 환경과 반응하는 인간의 모습을 그리지 않는 점을 지적한다. 서구 모더니즘의 경우, 이 문제를 둘러싼 논쟁은 인간의 삶의 의미를 어떤 차원에 둘 것인가에 달려 있다.

반면에 우리의 모더니즘 소설들은 서구와는 다른 특수성을 가지고 나타났다. 물론 우리 모더니즘 소설들도 서구와 똑같이 환경과 반응하지 않는 인간의 모습을 형상화하면서 시작되었다. 〈날개〉, 〈지주회시〉(이상), 〈딱한 사람들〉, 〈거리〉(박태원) 등 식민지 시대에 쓰여진 이상과 박태원의 소설이 그것이다. 그러나 이들의 소설은 일상인의 삶을 그리면서 선택적으로 외부사건을 버리고 내면문제에 초점을 맞춘 것이 아니라, 주인공의 삶의 모습 자체가 필연적으로 내면문제를 그릴 수밖에 없도록 되어 있다. 다시 말해, 이상과 박태원의 소설들은 평범한 일상인이 아니라 무력화된 룸펜 지식인을 주인공으로 설정함으로써, 외부환경과 반응하지 못하고 내면의식에만 집착하는 삶의 양상을 형상화한다.

---

51) 위의 책, 267~74면.
52) 대표적인 사람이 루카치라고 할 수 있다. 루카치, 《현대리얼리즘론》, 앞의 책, 18~90면.

따라서 이들 소설에서 환경과의 반응이 그려지지 않는 것은 주인공의 삶의 태도에서 비롯된 필연적인 것이며, 이 점에서 그렇지 않은 서구 모더니즘과는 구별된다.

예를 들어, 조이스의 소설이나 버지니아 울프의 《등대로》 등이 외부 사건을 소홀히 하고 내면세계를 선택하고 있는 것은 주인공들의 삶의 양상이 그런 성향을 지니기 때문이 아닌 것이다. 반면에 〈날개〉의 경우, 주인공 자신이 외부환경과 단절되어 있기 때문에 소설은 어쩔 수 없이 현실적 행동 대신 주관적 의식세계에 눈을 돌리게 된다. 서구와 구별되는 이와 같은 특징은 비단 이상뿐 아니라 다른 작가의 경우에도 발견된다. 내용과 형식에 있어서 이러한 상이성은 서사적 목표에서도 차이를 드러낼 것 같다. 이제 그것을 보다 상세히 살펴보자.

③ 우리 모더니즘의 특수성

위와 같은 맥락에서 우리 모더니즘 소설은 주인공의 삶의 양상과 심리편향의 형식 요소가 서로 연관되는 하나의 계열을 지니고 있다. 다음에서 몇 개의 작품들을 통해 구체적인 특징을 살펴보기로 하자. 먼저 박태원의 〈딱한 사람들〉(1934)에는 실직자 지식인이 등장하는데, 그들은 실직과 극심한 궁핍으로 무기력한 룸펜의 생활습성을 갖게 된다. 두 사람이 환경과 단절된 상태에서 가난과 소외감에 시달리다가, 마침내 그들 사이의 우정마저 파탄되는 순간을 맞는다. 이 소설의 전 과정은 그들의 내면적 갈등을 심리적 드라마로 형상화한 것이다.

젊은 그들의 우에 마땅히 있어야 할 왼갖 좋은 것들을, 궁핍한 생활이 말끔 빼앗아간 듯싶었다. 순구는 저모르게 가만한 한숨조차 토한다 …… 생각난듯이 벼개 우에서 고개를 치켜들고 대체 지금 몇점이나 되었누. 그러나 물론 시계와 같은 사치품은 그들 방에 없었다. 그래도 동편으로 난 유리창으로 이미 햇발이 찾아들지 않는 것을 보면, 분명히 열한점은 넘은게다. 시간의 관렴과 함께 뱃속이 몹시도 쓰린 것을 느꼈을 때, 그는 마침 하품을 하느라고 벌렸던 입을 으으음하는 가만한 웅얼거림과 함께 담으러

버렸다. 굶나, 오늘 또 굶나. 순구는 벼개를 고쳐 베고 또 한번 선하품을 하고, 굶는 것은 할 수 없드라도 담배, 담배나 있었으면.
             ── 〈딱한 사람들〉 서두 부분

 자정이 넘어, 진수는 굶주림과, 실망과 피로를 가지고 돌아왔다. 「고-시도」(格子戶)를 열고 닫고, 주인의 물음에 대답을 하고, 그리고 열세단의 급한 층계를 올라가 방문을 열고 섰을 때 그는 문기둥 붓잡은 손을 떼는 순간 그곳에 썩은 나무와 같이 쓸어져 버릴 것 같은 환각을 느꼈다. 그는 아-나는 이제 돌아왔다 하고 까닭도 없이 이렇게 말하고 싶었다. 그러나 그 불결한 침구 속에 그대로 몸을 뉘고, 그리고 묵은 잡지를 뒤적거리고 있는 순구는 그의 얼굴을 치어다보려고도 안했다. 아-하-. 진수는 갑자기 순구에게 달려들어 그를 멱살잡아 일으켜가지고, 그리고 자기의 왼갓 격렬한 감정을 그대로 쏟아놓고 싶었다. (중략) 흥 …… 진수는 자기가 한시간 뒤, 다시 친구의 집을 들러 그 소녀의 아직도 안들어오셨세요 하는 말을 들었을 때의 실망과, 이제 다시 이십닛길을 터-ㄹ 터-ㄹ 걸어가야만 하나 하는 뻐-ㄴ한 사실에 새삼스러이 생각이 미쳤을 때의 그 울 것 같은 감정을 또 한번 되씹어 보며, 주먹을 들어 순구를 이 자리에 때려누이고, 그리고 한바탕을 소리를 내어 울고 싶은 격정을 느꼈다. 아아, 이 불결한, 이 우울한 물건은 왜 나의 눈앞에 있나. 내가 밖에 나가 있는 동안 그는 왜 그의 불결한 이부자리와 함께 이 방에서 도망질치지 않았나. 이 구차한 내가 양복을 잡히고, 외투를 잡히고, 가방을 잡히고, 책이며 잡지며를 팔아서 두 사람의 양식거리를 마련하는 동안, 아무 일도 한 일이 없이 핀둥핀둥 지내는 너는 좀더 나의 비위를 맞후어 주어도 좋을께 아니냐.(하략)
                ── 결말 부분

 이처럼 두 사람 사이의 갈등은 외부행동보다는 심리적 파문을 통해 그려진다. 두 사람의 심리적 갈등이나 그것의 전개는 이 소설의 대부분을 차지하는데, 그 요인은 그들이 룸펜의 생활에 떨어진 데 있다. 따라서 이 소설의 모더니즘 형식 역시 주인공들의 외부 행동이 무력해짐에 따라 사건의 진전 대신 심리적 상태를 추적함으로써 얻어진 것이다. 이는 이 소설의 형식적 요인이 특수한 환경에 놓인 인물의 삶의 양상에서 비롯됨을 보여주는 것이다. 그리고 이 소설의 경우 심리적 묘사가 두 주인공의 내면적 갈등에 맞춰짐으로써, 심리편향의 모더니즘 형식을 통해서도 삶의 역동성이 반영되고 있다.

이러한 특징은 30년대 소설뿐만 아니라 70년대 이후의 소설에서도 발견된다. 박태순의 〈밤길의 사람들〉(1987)은 실직 노동자를 주인공으로 한 리얼리즘 소설이지만, 형식적으로는 30년대 모더니즘과 유사한 심리편향을 보인다. 이 소설의 모더니즘 형식 역시 주인공 서춘환의 룸펜적 생활습성과 연관되어 있다. 방황하는 의식상태를 지닌 서춘환은 빈번히 목적된 행동과 어긋난 방향으로 생각을 흘려 보내는데, 그의 이런 흔들리는 심리에 근거해 내면의식의 추적에 주력하는 모더니즘 형식이 나타난다. 그런데 소설이 진행될수록 서춘환은 현실문제에 연관된 심리적 갈등을 경험한다. 그의 심리적 갈등은 현실에 대한 태도 표명과 행동의 결정을 요구하는 것이었다. 이에 따라 서춘환은 주관적 의식상태에서 벗어나 점차로 현실적 행동으로 나아간다. 이처럼 심리적 갈등이 의식의 각성으로 연결됨으로써 이 소설은 정태적인 모더니즘과 구별되는 리얼리즘의 면모를 보이고 있다.

70년대 소설 중 최인호의 〈타인의 방〉 역시 이 계열의 소설로 볼 수 있다. 이 소설은 생활 자체가 환경과 절연된 룸펜 주인공을 그리고 있지는 않다. 그러나 인간관계의 단절을 경험하는 일상인의 내면적 체험을 포착함으로써, 소외된 현대인의 심리적 파문을 형상화한다. 이 소설에서 주인공이 소외를 경험하는 아파트의 폐쇄된 공간은 현대인의 고독한 운명을 상징하는 셈이다. 이 소설 역시 환경과 단절된 인물의 심리상태가 모더니즘의 형식 요인을 결정하고 있다.

이제까지 살펴본 〈날개〉, 〈딱한 사람들〉, 〈타인의 방〉 등에 나타난 특징을 토대로, 우리는 이 계열의 소설을 다음과 같이 정리할 수 있다. 먼저 이 소설들의 심리주의 편향은 인물과 환경의 단절된 관계에서 비롯된 필연적인 것이다. 리얼리즘의 형상화를 「전형적 환경에서 전형적 인물」[53]을 그리는 것으로 정의할 때, 인물과 환경의 절연된 상황을 묘사하는 위의 소설들은 원래부터 리얼리즘의 본격적 서사성이 해체될 운명을 지닌다. 반대로 말하면, 이 계열 소설에서 서사성의 해체는 형식 자체로서 인물과 환경의 단절 혹은 인간관계의 와해를 표상한다. 이 경우에 인물과 환경의 전형성을 형상화하는 것은 처음부터 불가능한 상태이다. 그 대신 이 소설들은, 인물과 환경의 단절이 인간관계의 해체라는 당대 본질적 모순의 극단화된 표현임을 보여준다. 〈날개〉의 주인공이 보여주는 폐쇄된 삶은 사물화 현상이라는 당대 사회의 본질적 모순에 의한 것이며, 따라서 그의 고립된 삶의 운명은 전형적으로 그려진다. 이와 마찬가지로 〈타인의 방〉의 주인공이 겪는 소외감은 해체된 인간관계의 산물이며, 역시 그 시대의 본질적 모순을 반영한다는 점에서 전형적이다. 이렇게 볼 때, 이 계열의 소설들은 「인물과 환경의 전형」을 그리지 못하는 대신 당대 사회의 「전형적 운명」을 형상화한다. 모더니즘 형식을 지닌 이 소설들을 우리 근대소설의 또다른 중요한 흐름으로 보는 이유는 여기에 있다. 전형적 운명을 형상화함으로써 당대 사회를 진실하게 반영하는 이 계열의 소설에서 인물과 환경의 상호관계는 다음과 같이 표시될 수 있다.

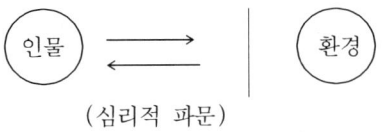

(심리적 파문)

인물과 환경의 단절관계를 그리는 이런 유형의 모더니즘 소설은 우리 소설사에서 중요한 전통을 이루고 있다. 이 소설들은 실험적 형식을 통해 현실인식의 목표를 구현한다는 점에서 서구의 의식의 흐름 유형과는 상이성을 지닌다. 이는 모더니즘의 한국적 특수성으로 부를 수 있는 바, 근본적으로는 서구와 상이한 우리 사회의 발전과정에서 연원된 것

---

53) 엥겔스, 〈런던의 마가렛 하크니스에게〉, 《마르크스 엥겔스의 문학예술론》, 앞의 책.

이다.
 물론 우리 모더니즘 소설이 모두 위의 유형으로만 되어 있는 것은 아니다. 예컨대, 최수철의 〈소리에 대한 몽상〉,〈어느 무정부주의자의 하루〉 등은 일상인의 평범한 생활 속에 숨겨진 의식의 편린들을 보여준다. 이런 계열의 소설은 〈날개〉나 〈타인의 방〉 유형보다 서구 모더니즘의 특징에 접근해 있는 것이다. 이렇게 보면, 우리 모더니즘 소설은 크게 두 유형으로 구분될 수 있다. 그러나 전자든 후자든, 모더니즘의 출현은 본질적으로 삶의 파편화 현상과 연관되어 있다. 문제는 삶의 균열 현상을 전형적 상황으로 끌어올리느냐, 아니면 단순히 현상적으로 묘사하고 마느냐의 차이인 셈이다. 우리가 원하는 소설의 모델이 앞의 것임은 물론이다. 왜냐하면, 모더니즘 소설 역시 인간의 삶을 올바른 방향으로 이끌려는 노력을 담아내야 하기 때문이다.

(10) 포스트모더니즘과 다원론

① 메타픽션과 자기회귀적 소설들

 모더니즘이 플롯을 해체시킨 반서사적 소설이라면, 포스트모더니즘은 소설의 형식 자체를 전복시킨 반소설의 혁명이다. 모더니즘에서는 외부 사건보다 인물의 내면의식을 형상화함으로써 행동적 플롯이 형성되지 않는다. 그러나 그 대신 내면의식의 은밀한 통로를 통해 또다시 현실세계와 만나게 된다. 이는 작가의 현실에 대한 세계관적 작용이 여전히 수행됨을 뜻하는 것이다. 이처럼 내면적인 방법으로나마 작가의 세계관적 매개가 이뤄짐으로써, 모더니즘에서도 나름대로 소설의 형식이 성립되고 있다.
 반면에 급진적인 포스트모더니즘에서는 소설의 형식 자체가 해체되고 있다. 소설의 형식이란 작가의 세계관을 통해 현실을 소설로서 구성할 때 만들어진다. 즉, 작가의 세계관(혹은 이념)은 현실로부터 소재를 선택하고 구성하는 과정에서 소설의 형식을 창출해낸다.

따라서 포스트모더니즘이 소설의 형식을 와해시킨 것은 실제로는 작가의 세계관을 해체시킨 것이다. 새로운 실험소설들은 현실을 하나의 세계관으로 형식화하는 것이 불가능하다는 인식론적 불확실성을 전제로 한다. 그 대신 그들은 현실을 이해하기 위해서는 현실이 다양하게 형식화될 수 있는 가능성을 살펴봐야 한다고 생각한다. 현실은 판에 박힌 형식으로 환원될 수 없으며 여러 개의 형식으로 통일되거나 해체된다. 따라서 형식화의 원리인 소설의 세계관적 문맥도 다양하게 통일되거나 해체된다. 허구의 문맥과 현실의 문맥이 상호침투되거나, 하나의 소설적 문맥이 다른 소설의 문맥과 상호교체된다.

이처럼 소설의 문맥들이 상호 중첩되거나, 현실과 소설이 서로 몸을 뒤섞는 실험소설을 「메타픽션」이라고 부른다. 메타픽션은 모더니즘을 포함한 전통소설과 비교해 다음의 두 가지 특이한 면모를 드러낸다. 먼저 전통소설이 현실이란 무엇인가에 대한 작가의 세계관적 답변이었다면, 메타픽션에서는 어떤 답변도 또다른 질문에 불과하며 끝없는 질문들만이 계속된다. 현실이 여러 개의 형식으로 소설화될 수 있다는 것은 그 어떤 형식도 완결된 소설적 해답이 될 수 없음을 뜻하는 셈이다.

또한 전통소설이 소설과 현실의 경계를 분명히 하면서 소설을 통해 현실을 보게 하는 반면, 메타픽션은 소설과 현실 사이를 넘나듦으로써 양자의 관계 자체에 초점을 맞춘다. 소설 속에 현실이 나오고 그 현실이 다시 전체 소설에 포함되는 과정에서 소설에 대한 자기의식이 반영되는 것이다. 이처럼 소설의 형식화 과정 자체가 반영되는 점에서, 모든 메타픽션들은 자기회귀적인 소설이라고 할 수 있다.

포스트모더니즘이 우리 소설에 가장 큰 영향을 끼친 것은 이런 메타픽션의 두 가지 특성이었다. 80년대 이후 쓰여진 포스트모더니즘 소설들에서는 어떤 식으로든 메타픽션의 양상이 나타나는 것이다. 메타픽션과 연관된 포스트모더니즘 소설들은 다음의 세 가지 유형으로 나눌 수 있다.

첫째로 이인성의 소설들처럼 이야기가 완전히 소멸되고 담론만 나타나는 경우이다. 〈당신에 대해서〉, 〈그를 찾아간 우리의 소설기행〉, 〈한없이 낮은 숨결〉 등은 이야기를 통해 현실을 반영하는 대신에 소설의 창작 및 독서과정을 자기의식적으로 살펴보는 전개를 보인다. 이들 소설에서는 인물들의 행동을 사건화하기보다는 화자-작가의 담론이 하나의 사건처럼 기록되고 있다.

—— 독자여 안녕하셨는가? 나는 이 소설의 작가 이인성이다. 다름아닌 당신에 대한 소설을 쓰며, 나는 지금 ……
　인사를 적다가 문득, 나는 지금, 당신이 이 인사법에 주목해 주었으면 좋겠다는 생각에 쏠린다. 나는 물론 이 소설의 이야기꾼이지만, 이 소설에선 이야기꾼으로서의 다른 이름을 가지고 있지 않다. 나는 본문 안에서도 여전히 이 책 표지에 인쇄되어 있는 이름의 존재와 동일한 이인성이고자 하는 것이다. 이상하게 들릴지 모르겠는데, 이 점은 퍽 중요하다. 지금, 나는, 그 동안 줄곧 그래왔고 앞으로도 대개는 그럴 것이듯이, 내 소설 속에 나오는 다른 이야기꾼이 되기를 애써 피한다.
　　　　　　　　　　　　　　　　　　　——〈당신에 대해서〉

독자에게 말을 건네며 담론 자체를 사건화하는 이같은 시도는 무슨 의미를 지니는 것일까. 이는 현실을 반영하는 대신 자기자신의 몸체를 되비추는 자기회귀적 양상을 보여주는 것이다. 소설이라는 거울 속에는 현실이 비춰지는 것이 아니라 소설의 거울이 또다시 나타난다. 이러한 극단적인 자기반사 과정에서는 내용물을 상실한 소설의 골격만이 어지럽게 중첩되며 현실의 내용은 끝없이 연기된다. 이인성의 시도는 이 연쇄과정을 멎게 함으로써 그곳에 나타난 내용을 보려함일 것이다. 그러나 그렇게 해서 나타난 것은 의미의 사슬이 망가진 공허한 분열증일 뿐이다.
　현실의 내용을 배제한 소설의 소설화는 끝내 현실에 대해 아무런 말도 해줄 수 없게 된 셈이다. 이인성의 실험적 시도가 필연적으로 실패할 수밖에 없는 것은 이 때문이다.
  메타픽션의 두번째 유형은 소설 속에 또다른 소설이 등장하거나 소설과 현실이 뒤섞이는 내용을 지니는 경우이다. 구광본의 〈복어요리사〉나 김영현의 〈벌레〉처럼 현실의 소설화 과정을 다양하게 살펴보는 소설을 말한다. 〈복어요리사〉에서는 원래의 소설 외에 주인공이 쓰는 동명(同名)소설(〈복어요리사〉)과 〈복어먹는 법〉이란 소설이 나오고, 또 자살한 작가 이경의 민중소설 〈해일〉이 소개되기도 한다. 이 작품에서는 소설이 현실이 되기도 하고 현실이 소설이 되기도 하며 소설과 현실의 관계가 소설이 되기도 한다. 〈복어요리사〉는 이 다양한 형식화의 가능성을 탐구하면서 이상주의와 허무주의 사이의 갈등을 다루고 있다. 그러나 실상 이 소설에서 양자는 현실에 매개되지 못한 채 각기 분리되어 떠돌고 있다. 이 소설에는 끝없는 질문의 연쇄만 나타날 뿐 현실과 연관된 어떤 해답도 암시되지 않는다.
  이에 반해 〈벌레〉는 카프카의 〈변신〉이 패러디화되는 현실을 그리면서, 〈변신〉의 힘을 빌려 현실의 폭력을 비판한다. 〈벌레〉의 주인공은 〈변신〉의 수법이 유치하다고 생각하고 있으며, 카프카의 소설들을 약간 머리가 돈 사람의 작품으로 느끼고 있다. 더욱이 그는 심리주의적 태도를 극도로 증오하고 있고, 조금 경박하다 할 정도의 낙천적인 성격마저 지니고 있다. 그럼에도 불구하고 그의 이야기는 〈변신〉의 테마를 되풀이하면서, 결국 심리주의적이고 비관적이 되어버린다. 〈변신〉에 공감하지 않는 한 작가의 「현실」이 외부의 엄청난 폭력에 의해 〈변신〉과 똑같은 「소설」이 된 것이다. 카프카의 소설이 80년대 한국 소설의 문맥에서 재구성되면서, 소설이 현실화되고 현실이 소설화되는 아이러니의 충격을 통해, 〈벌레〉라는 소설은 현실의 비인간적 폭력을 심층적으로 비판한다.
  몇 가지 미흡한 점이 없지 않지만 〈벌레〉는 메타픽션을 통해서도 현실에 대한 통찰을 제공할 수 있음을 보여준다. 이런 측면에서 포스트모더니즘은 반드시 인식론적 불확실성으로 귀결되는 것은 아닌 듯하다.

〈벌레〉의 장점은 〈변신〉이라는 소설의 힘을 역이용해 현실을 효과적으로 비판함으로써 소설과 현실을 둘다 의미있는 영역으로 복구시켜준 데에 있다.

메타픽션이 이용되고 있는 또다른 소설 유형은 작가의 체험이 그대로 소설화되는 자전적인 작품들이다. 하일지의 《경마장 가는 길》(1990), 장정일의 《아담이 눈뜰 때》(1990), 박일문의 《살아남은 자의 슬픔》 (1992) 등이 여기에 속한다. 이 소설들은 메타픽션으로 일관된 것은 아니지만 주인공의 체험과 (작가의) 소설의 창작이 순환적으로 맞물리는 기법을 사용하고 있다. 즉, 주인공이 소설의 결말에 이르러 이제까지의 체험을 정리하기 위해 소설을 쓰는데 그 소설이 원래의 작품이 되는 것이다. 물론 이러한 자전적인 수법은 종래의 소설에도 얼마든지 있어 왔다. 그러나 이전의 소설에서는 주인공의 체험이 종료되는 순간 이미 소설이 완결되며, 그것을 소설로 쓴다는 이야기는 덧붙이는 부기에 가까웠다. 반면에 위의 세 소설에서는 주인공의 체험이 미완결 상태로 끝나며 소설쓰기는 그 체험을 완결시키는 보충물로 첨가된다. 즉 여기서 글쓰기는 전체 사건전개의 중요한 한 부분이 된다. 그런데 사건의 「부분」으로서의 글쓰기는 다시 원래의 소설인 「전체」가 되고 있다. 미완의 구성에 보충적으로 틈입된 글쓰기는 또다시 미완의 구성을 지닌 소설로 되돌아오며 이러한 순환적 회귀는 끝없이 계속된다. 주인공의 체험은 미완의 질문으로 남아 있는데 그것에 대한 해답인 글쓰기는 또다시 원래의 질문이 되는 것이다. 위의 세 소설에 나타난 수미일관적 구성은 이러한 순환구조를 잘 드러내고 있다.

내 나이 열아홉살, 그때 내가 가장 가지고 싶었던 것은 타자기와 뭉크화집과 카세트 라디오에 연결하여 레코드를 들을 수 있게 하는 턴테이블이었다. 단지, 그것들만이 열아홉살 때 내가 이 세상으로부터 얻고자 원하는, 전부의 것이었다.

——《아담이 눈뜰 때》 서두

나는 늘 타자기가 필요하다고 생각해 왔고, 스무살이 되어서야 그것을 갖게 되었다. 나는 이것으로 무엇을 쓸 수 있을 것이다. 편지나, 일기, 아니 어쩌면 진짜 창작을 말이다. 그리고 만약, 내가 소설을 쓰게 된다면 제일 먼저, 이렇게 시작되는 내 열아홉살의 초상을 그릴 것이었다.

내 나이 열아홉살, 그때 내가 가장 가지고 싶었던 것은 타자기와 뭉크화집과 카세트 라디오에 연결하여 레코드를 들을 수 있게 하는 턴테이블이었다. 단지, 그것들만이 열아홉살 때 내가 이 세상으로부터 얻고자 하는 전부의 것이었다.

── 《아담이 눈뜰 때》 결말

끝과 시작이 꼬리를 무는 이 순환구조는 미완의 구성에 의한 전망 부재를 글쓰기의 실천으로 보완하려는 시도로 보인다. 여기서 글쓰기에 대한 자기반성은 '잃어버린 실재'[54]를 되찾으려는 노력으로 인식된다. 그러나 우리가 살펴봤듯이, 「글쓰기」로써 「전망」을 대체하려는 이런 시도는 미완의 질문으로 끝없이 순환될 뿐이다. 이 순환구조에서 '삶이란 무엇인가'의 의문은 '글쓰기란 무엇인가'의 질문으로 전환되지만, 여전히 전망부재와 인식론적 불확실성에서 벗어나지 못한다. 역사허무주의의 싹이 배태되고 있는 이같은 미결정적 구조는 비단 메타픽션뿐만 아니라 그에 영향받은 또다른 자전적 소설 유형에서도 나타나고 있다.

예컨대 최윤의 〈회색 눈사람〉(1992), 양귀자의 〈숨은 꽃〉(1992) 등은 포스트모더니즘은 아니지만 미완의 형식을 글쓰기의 자기의식으로 보완하려는 구성을 지니고 있다. 이들 소설은 이른바 '성장소설'[55]의 구조를 지니고 있는데, 주인공의 변화를 통한 체험의 의미부여 대신에 글쓰기의 실천을 결말로 삼고 있다.

이 두 소설의 이런 특이한 구성은 90년대 초반에 부각된 두 가지 문제의식이 혼합되어 나타난 것이다. 90년대에 들어서서 올바른 전망을

---

54) 장정일, 《아담이 눈뜰 때》(미학사, 1990), 122면.
55) 좁은 의미의 성장소설이란, 주인공이 성장기를 경험하면서 일종의 통과제의를 거치는 과정에서, 현실에 눈을 뜨고 자아의 발견(혹은 각성)에 이르는 소설이다.

획득하는 일이 어려워지자 리얼리즘은 한편으로 파편화되는 현상을 보이게 된다. 이 같은 리얼리즘의 와해를 극복하기 위해 자전적 주인공의 체험을 재점검하려는 성장소설이 시도된 것이다. 그러나 전망의 상실로 인해 소설의 플롯은 산만한 이야기 부스러기로 파편화된다. 그리고 자전적 체험에 대한 의미부여도 비어 있는 상태로 남아 있다.

　이러한 미완성 형식에 또다른 문제의식인 글쓰기에 대한 자기의식이 첨가된 것이다. 이 자기회귀적 수법은 메타픽션 유형의 포스트모더니즘에서 영향을 받은 것이다.[56]

　〈회색 눈사람〉과 〈숨은 꽃〉은 사회운동을 주제로 한 본격 리얼리즘의 후일담이라고 할 수 있다. 이런 소설들이 글쓰기에 대한 자기반성의 수법을 차용하고 있는 것은 이 수법이 전망부재에 대한 보완책으로 쓰이고 있음을 뜻한다. 즉, 우리시대에는 전망 대신에 글쓰기가, 진실 대신에 작가적 성실성이 남겨진 것이다.

　그러나 메타픽션에서처럼 이런 보완책은 삶에 대한 질문의 순환구조를 낳을 뿐 어떤 해답도 제시하지 못한다. 따라서 90년대의 성장소설 역시 모든 자기회귀적 소설처럼 여전히 새로운 모색을 위한 질문으로 남아 있을 뿐이다. 이 같은 미완성 형식과 미결정성이 포스트모더니즘의 필연적인 귀결인 것일까. 그러나 모든 포스트모더니즘이 메타픽션의 수법에만 의존하는 것은 아니다. 이제 포스트모더니즘의 또다른 특성과 새로운 가능성을 살펴보자.

　그러나 넓은 의미에서는 의식의 성장(각성)과정을 그리는 (비판적 리얼리즘 계열의) 교양소설을 모두 일컫는다. 교양소설에 대해서는 제2장 6절 (3)《소설의 이론》과 역사철학적 관점 을 참조할 것.
56) 이런 의미에서 포스트모더니즘의 등장은 30년대 모더니즘의 출현과 비슷한 배경을 갖고 있다. 즉, 30년대 후반 카프의 해산과 더불어 내성소설과 모더니즘이 나타났듯이, 90년대 민중문학의 위기와 함께 성장소설과 포스트모더니즘이 부각된 것이다.

② 후기자본주의와 다원적 전략

　포스트모더니즘의 일종인 메타픽션은 서구의 경우 6, 70년대에 성행했던 실험소설이었다. 그 후로 포스트모더니즘은 메타픽션의 반리얼리즘에서 벗어나 환상적 리얼리즘이나 하이퍼리얼리즘, 미니멀리즘 등으로 발전해가고 있다. 이러한 다양한 방법들은 현실을 하나의 중심적 규범이 아닌 다원적 관점에서 이해한다는 공통점을 지니고 있다.

　서구와는 달리 우리 소설에서는 80년대 이후 메타픽션의 형태로 포스트모더니즘이 부각되고 있다. 그 후 90년대에 와서는 메타픽션의 수법이 많이 사라진 대신 현실을 탈중심적 관점에서 이해하는 소설들이 늘어나고 있다. 앞에서 예를 든 전망부재의 미결정 구조의 소설들도 그런 경우에 속한다.

　이 소설들은 리얼리즘이나 모더니즘과는 달리 현실의 삶을 감각적이고 가벼운 필체로 그려나간다. 무거운 현실 문제들을 놀랄 만큼 가볍게 다루고 있는 이 소설들이, 주요 관심사 중의 하나로 삼는 것은 성에 관계된 문제이다. 하일지의 《경마장 가는 길》, 장정일의 《아담이 눈뜰 때》, 박일문의 《살아남은 자의 슬픔》 등이 모두 성적 관계와 성윤리를 집중적으로 다루고 있다. 이처럼 성의 문제에 초점을 맞추는 소설들은 우리시대의 포스트모더니즘과 무슨 연관이 있는 것일까.

　위의 세 소설들이 성적 관계를 포르노 못지 않게 외설적으로 다루는 것은 단순한 호기심이나 상업주의 때문만은 아닐 것이다. 물론 오랫동안 우리 사회에서는 과격한 성적 표현이 금지되어 왔으며 그 억압력만큼 표현의 욕구 또한 잠재적으로 커져왔다. 그러나 우리 포스트모더니즘의 성적 충동은 해금에 대한 반작용 이상의 의미를 갖고 있다. 성문제에 대한 새로운 감각적 표현은 근본적으로 우리 사회가 새로운 단계에 접어든 사실과 연관되어 있다. 소설에서는 빈번히 성의 주제가 정치권력의 문제와 관련되는데, 90년대 소설의 경우에는 특히 후기자본주의의 권력행사 방식과 긴밀히 연결되어 있다.

　후기자본주의는 자본주의의 발흥과 독점자본주의에 이어지는 제 3 기적 발전단계를 말한다.⁵⁷⁾ 이 시기의 지배권력은 문화산업 혹은 상상력과 정신영역으로 침투하는 특성을 지닌다.⁵⁸⁾ 독점 자본주의의 파시즘 정권은 강제력으로 현실을 지배했는데,⁵⁹⁾ 엄청난 폭력에도 불구하고 그에 대한 대항방법은 오히려 단순한 편이었다. 그 반면에 후기자본주의는 폭력 대신에 문화적, 정신적 종속전략을 구사한다. 즉 식민지적 강점 대신에 다국적기업과 신식민지적 종속을 꾀하며, 법과 강제력 대신에 각종 욕망의 장치를 이용한다.

종전의 권력이 금지를 통한 법·폭력·배제의 지배 방식이었다면 이제는 욕망을 이용한 삶·쾌락·육체의 지배원리로 바뀐 것이다. 이러한 후기자본주의의 주요 지배방식 중의 하나가 성적 욕망의 장치라고 할 수 있다. 성적 욕망의 장치는 성에 관한 담론과 표현을 확장시키면서 '계급의 육체'를 구성하는 사회적 차별화에 의해 권력을 행사한다.⁶⁰⁾ 즉 자본주의 사회에서의 성적 욕망은 부르주아의 육체를 유별난 것으로 보호하는 분할성을 만든다. 마치 중세의 귀족들이 혈통을 존중했듯이 부르주아는 성적 욕망의 장치를 통해 계급의 육체를 구성해온 것이다. 성적 욕망의 장치는 점차 모든 계급들에 확산되어 갔지만 실제로는 부르주아의 자기정체성을 확인하는 계급적 육체의 소유물로 남아 있다. 따라서 다른 계급은 자기정체성을 상실한 채 부르주아의 성적 욕망을 끝없이 선망하게 된다. 이러한 삶과 육체의 통제 장치를 통해 지배권력은 다른 계급들을 종속시키는 것이다.

삶의 방식을 통한 이러한 권력의 행사는 금지와 폭력을 이용한 지배

---

57) Ernest Mandel, *Late Capitalism* (London : New Left Books, 1975), 190~91면.
58) 프레드릭 제임슨, 〈포스트모던의 조건에 관하여〉, 장 프랑수아 리오타르, 《포스트모던의 조건》, 유정완 외 역(민음사, 1992), 22면.
59) 파시즘은 강제력이 단순히 행사되는 것이 아니라 욕망의 장치를 부추기는 방식으로 작용한다. 즉, 일제의 파시즘의 경우 천황제, 황군, 대동아공영권을 광란적으로 찬양하는 형태를 지닌다. 미셸 푸코, 《성의 역사 1》, 이규현 역 (나남, 1990), 159~60면을 참조할 것.
60) 위의 책, 136~44면.

와 오랫동안 공존해왔다. 그러나 후기자본주의 사회에서는 전자의 방식이 전면에 나서게 되며 강제력과 배제의 방법은 부차적이 된다. 따라서 포스트모더니즘에 나타나는 성의 주제는 성적 욕망의 장치를 통한 권력의 지배를 드러낸다고 볼 수 있다. 위에 예를 든 세 소설에서도 우리는 이런 은밀한 권력의 작용을 주목할 수 있다.

물론 소설에서 성의 주제는 그와 달리 권력에 대한 저항의 방법으로 사용되기도 했다. 예컨대 판소리계 소설의 노골적인 성적 표현은 육체의 종속을 강요하는 지배이념에 대한 반항을 포함한다. 그러나 포스트모더니즘의 외설적인 성의 묘사는 그러한 건강한 육체적 표현을 얻지 못하고 있다. 그것은 전자의 육체적 언어가 양반의 혈통(신분질서)에 대한 저항을 포함하는 반면 후자는 그 자체가 지배계급의 계급의식을 매개하는 장치이기 때문이다.

한 예로 장정일의 《아담이 눈뜰 때》에 나타난 성적 욕망의 장치를 살펴보자. 이 소설은 지배권력으로부터 벗어나려는 주인공의 행동을 이중적 구조로 그리고 있다. 첫번째 반항은 법과 규범과 이성으로 대표되는 입시제도 및 대학 교육에서 벗어나려는 시도이다. '나'는 그 무거움에서 탈피하기 위해 성적 욕망의 가벼움에 몰입한다. 물론 이것은 의도된 것은 아니었다. '나'의 원래의 소박한 소망은 수미에서 반복되듯이 뭉크화집과 턴테이블, 타자기였다. 그러나 그 소박함(가벼움)을 인정하지 않는 이성과 규범의 중압감으로 '나'의 소망은 쉽게 이루어지지 못한다. 이 소설의 전체 과정은 '나'의 소망을 이룬 대가로 치르게 된 또다른 교환가치체계, 즉 성적 욕망의 경험인 셈이다.

따라서 이 소설은 가벼움과 무거움의 이중적인 변증법으로 구성된다. 그것은 지배권력이 무거움과 가벼움의 이중적인 방식으로 작용하기 때문이다. 전자가 입시공부, 대통령 선거, 무전유죄 등으로 나타난다면 후자는 현재(여주인공), 화가, 동성연애자로 대표되는 성적 욕망의 장치이다. 나는 입시(무거움)에서 벗어나 음악을 듣고 글을 쓰고 싶다는 바람(가벼움)을 갖지만 그것을 이루는 과정에서 두번째 권력의 작용(가

버움)을 톡톡히 경험하게 된다.
 '나'의 소망은 매우 작은 것이긴 하지만 물질적인 대가가 필요했다. '나'는 성적 욕망을 즐기면서 청춘을 교환한 대가로 뭉크화집과 턴테이블을 얻는다. 그리고 대학등록을 포함한 모든 것을 희생함으로써 글쓰기를 위한 타자기를 얻는다. 이런 교환가치 체계를 성적 욕망의 장치를 통해 드러내려는 것이 이 소설의 목적이다.
 성적 욕망의 교묘한 점은 그것이 삶의 방식으로 (즉 가벼움의 방식으로) 교환가치와 권력 관계를 실행한다는 점이다. 이러한 은밀한 지배의 장치는 현재의 죽음을 통해 분명하게 드러난다. 현재가 입시의 고통에서 벗어나기 위해 성적 욕망에 몰입한 것은 그 나름대로 근거를 갖고 있다. 입시는 법과 이성의 방식이며 또한 비정한 배제의 수단인 점에서 일종의 죽음의 방식이라고 할 수 있다. 반면에 성적 욕망은 삶과 쾌락의 방식이다. 따라서 현재가 입시에서 성으로 탈출한 것은 단지 삶의 욕구 때문이었다고 할 수 있다.

 그러면 그녀의 섹스는? 그녀의 섹스 또한 순수 고독의 형식이다. 그녀의 섹스는 사랑을 위해서나, 출산을 목적으로 사용되지 않는다. 사랑과 출산을 위해 쓰여지는 섹스란, 섹스 그 자체엔 이미 불순스런 것이다. 그녀가 섹스를 통해 얻고자 하는 것은 순간적인 자각이며, 자신의 생의 사용이다. 그런 즐거움을 많이 얻으면 얻을수록, 여기의 나에서 다른 삶의 나로 전이해 갈 수 있다.

 그러나 그녀의 '생의 사용'은 진정한 삶과 자기정체성을 가져다주지 못한다. 현재의 성적 욕망은 이기주의와 교환가치로 이루어진 부르주아 계급의식의 육체적 매개장치이기 때문이다.
 만일 현재가 여류화가나 동성연애자처럼 자신의 계급의식에 철저히 물들어 있었다면 그녀는 적어도 자기분열을 일으키지는 않았을 것이다. 그러나 사춘기의 현재는 부르주아의 성적 욕망을 지니면서도 또한 진정한 만남을 갈망하는 미결정적 의식을 소유하고 있었다. 아무런 죄의식도 없이 상대를 바꾸는 히스테리컬한 성욕의 그녀가 자신도 모르게 '나'에게 집착하는 태도에서도 그 이중성이 드러나고 있다. 그녀는 입시가 임박해서야 '나'와의 성적 관계가 진정한 탈출구가 되지 못하며 그녀의 성적 욕망 역시 자기정체성의 상실을 가져다주는 또다른 권력의 그물망임을 깨닫는다. 그녀는 '나'와의 관계가 결국 교환가치체계의 일부임을 깨닫는 순간 상처를 받고 절망하게 된다.

이어서 〈홀로타 러브〉가 시작되자 현재는 아무 말없이 앉아 있던 자리에 엎드려 누웠다. 그리고 미니 스커트를 걷어 올렸다.
"네가 겪은 것과 똑같이 해줘"
"안돼"
"왜? 어서 해. 레코드를 사줬잖아"
그녀는 엎드린 채 자신의 팬티를 벗어 내렸다.
"로션은 내 가방에 있어"
나는 내키지 않았다. 스스럼 없음을 가장하여 나는 그녀에게 가장 큰 상처를 입힌 건지도 몰랐다. 내가 조금이라도 현재를 생각하고 있다면 이 일에 대해서 비밀을 지켜야 했었다.

현재의 죽음은 입시라는 냉혹한 배제의 논리에 직면한 때문이기도 했지만 그녀의 성적 욕망이 교환가치로 포장된 가짜쾌락이었음을 깨달은 데도 요인이 있었다. 따라서 그녀의 죽음은 '나'에게도 세상이 가짜낙원임을 인식하게 해준다. '내'가 눈뜬 성은 진정한 '나'의 것이 아니라 지배권력이 꾸며놓은 가짜쾌락의 장치에 불과했던 것이다.
현재와는 달리 하층계급(청소부 어머니의 아들) 출신인 '나'에게는 이 세계의 쾌락의 장치들이 원래부터 '나'의 소유가 될 수 없는 것이었다. '나'는 단지 쾌락을 사고 팔 수 있을 뿐이며 그 체계를 자신의 육체에 종속시킬 수 있는 계급(부르주아)을 선망할 수 있을 뿐이다. '나'의 이브가 창녀였다는 표현은 그 같은 성의 교환가치를 상징적으로 드러낸

다. '나'와 창녀에게 성적 욕망이란 단지 매매의 대상일 뿐인 내면의 '상처'인 것이다.[61]

이 소설의 결말은 청춘을 허비하고 대학을 포기한 대가로 소박한 소망을 성취하는 것으로 끝난다. 이러한 결말에는 주인공의 이중적인 반항이 포함되어 있다. 하나는 지배권력의 교육제도인 대학을 거부한 것이고 다른 하나는 성적 욕망의 장치를 가짜낙원으로 부정한 것이다. 전자는 잘못된 무거움 대신 진정한 가벼움을 택한 셈이며 후자는 왜곡된 가벼움 대신 올바른 무거움에 도달한 것이다. 이 소설의 이러한 무거움과 가벼움의 변증법은 다음의 도식으로 표시될 수 있다.

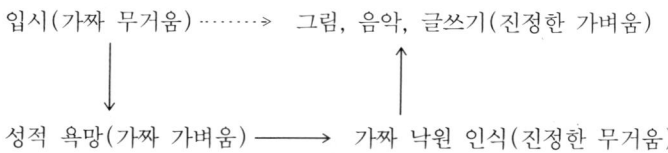

그러나 이 소설은 이러한 이중적 변증법을 아주 훌륭하게 형상화하고 있지는 못하다. 그것은 소설의 대부분을 성적 욕망의 형상화에 허비함으로써 그 담론 속에 포함된 권력의 장치를 재생산하고 있기 때문이다. 또한 미국으로 간 형을 통해 외세와의 관계가 드러나긴 하지만 미국 문화의 내면화된 지배방식을 파악하지 못하고 있다. 마지막으로 가장 중요한 결함은 성적 욕망의 허위성을 인식하는 과정에서 계급의식의 매개가 부재함으로써 가짜/진짜라는 도식적인 비판에 머문 것이다. 이에 따라 진정한 삶의 방식에 대한 암시가 나타나지 않으며 단지 글쓰기라는 모호한 결말로 끝나고 있다.

그럼에도 불구하고 이 소설은 포스트모더니즘이 나아갈 길의 방향을 어렴풋이 제시한다. 이 소설은 지배권력의 작용이 폭력과 배제의 방식에서 삶과 욕망의 방식으로 변화했음을 보여주기 때문이다. 삶의 방식

---

61) 장정일, 《아담이 눈뜰 때》 앞의 책, 119면.

으로 행사되는 권력은 우리를 미세한 그물망 속에 가두기 때문에 보다 더 물리치기가 어려워졌다. 권력에 대한 우리의 저항도 또다른 삶의 방식으로 그 그물망 내부에서 이루어져야 한다. 따라서 새로운 전략은 물리적 힘보다는 삶의 욕구를 재구성하는 것으로 세워져야 한다. 즉, 지배계급의 교환가치체계에 빼앗긴 우리의 건강한 육체와 욕구를 다시 회복하는 일이다.

포스트모더니즘의 '가벼움'은 이러한 전략적인 변화를 의미할 것이다. 이제 권력에 대한 저항은 현실의 모든 영역에서 삶과 욕구의 방식으로 이루어져야 한다. 그것은 마치 전쟁터 없는 전쟁을 치르는 일에 비유할 수 있을 것이다. 앞으로 힘과 피의 싸움은 점점 더 부차적인 전략이 될 것이며 다원적인 욕구와 삶의 투쟁이 전면에 부각될 것이다. 이런 맥락에서 포스트모더니즘은 반드시 사회 모순에 대한 싸움에서 백기를 드는 것을 뜻하지는 않을 것이다. 또한 다원론은 인식론적 불확실성과 역사허무주의에서 벗어나 새로운 투쟁의 전략이 될 수 있을 것이다.

다만 우리에게 필요한 것은 다음의 두 가지를 명심하는 일이다. 하나는 포스트모더니즘이 삶의 방식을 이용한 지배권력을 재생산하는 데 머물 수도 있다는 점이다. 다른 하나는 서구와는 달리 우리 사회에서는 아직도 폭력과 합법에 의한 지배가 중요한 문제로 남아 있다는 점이다. 이 두 사실에 유념하면서 다원적이면서도 중심을 지닌 전망을 모색할 때 새로운 시대의 포스트모던한 리얼리즘이 창작될 수 있을 것이다.

4. 소설의 서사담론

(1) 소설의 서사담론의 특성

이제까지 우리는 소설의 서사구조를 역사적 흐름에 따라 살펴보았다. 소설의 서사구조는 이야기 내용 및 내적 형식의 측면을 말하는 것이지만 또한 그것은 전달매체인 언어적 형식(외적 형식)과의 관계 속에서 나타나게 된다. 그러나 우리는 앞에서 그런 언어형식과의 관계를 염두에 두면서도 주로 이야기 내용을 중심으로 서사구조를 살펴보았다. 그것은 소설의 이야기 내용이 언어형식을 매개로 나타나긴 하지만 반드시 그것(언어형식)으로 환원되지는 않는 (반)자율성을 지니기 때문이었다.

다시 말해 소설의 이야기는 얼마간은 언어형식과 연관되면서도 기본적인 줄거리는 언어와 무관하게 형성될 수 있다. 소설의 이야기가 영화나 만화 등의 다른 매체로 전환될 수 있는 것은 여기에서 기인된 것이다. 물론 완전한 매체의 전환은 불가능한데 그것은 각 서사장르의 이야기가 자신의 매체(언어, 영상, 그림)와 연관되는 특성을 지니기 때문이다. 예컨대 소설적 이야기의 가장 큰 특성은 서술에 의해 형성된다는 점이며 그로 인해 서술의 묘미에 의존하는 풍자나 해학 등은 영상매체(영화)로 그리 쉽게 번역되지 않는다.

요컨대 소설의 서사구조는 독립적으로 형성되는 (반)자율성을 지니면서 또한 전달매체인 언어형식과 긴밀히 연관되는 특징을 갖고 있다. 서사장르에서 전달매체의 특성 역시 이 두 가지 요인과 관련되어 있다. 즉, 첫째로 서사장르의 전달매체는 서사적 이야기를 보다 효율적으로 전달하는 기능을 수행해야 한다. 둘째로 각 서사장르의 특성을 충분히 살리는 견지에서 전달형식이 구성되어야 한다. 이러한 두 가지 기능을 최대로 발휘하는 서사장르의 전달매체를 「서사담론」이라고 한다.

서사장르의 이야기가 내용과 형식을 지니듯이 그 전달매체인 서사담론 역시 내용(재료)과 형식(구조)을 갖고 있다. 예컨대 영화의 서사담론의 내용은 영상과 음악, 음성언어이며 형식은 각종 영상기법, 음향기법, 시점, 부분적 서술 등이다. 이에 반해 소설의 서사담론의 내용은 문자언어이며 형식은 시점(초점화), 서술, 화자 및 내포작가의 사용 등이다.

문자언어를 재료로 사용하는 소설의 서사담론의 특성은, 시점의 형식화가 매우 분명하고 서술기법이 다양하며, 화자와 내포작가의 뚜렷한 분리가 가능하다는 점 등이다. 반면에 영화는 일관된 시점을 사용하는 것이 불가능하고 서술은 부분적으로만 가능하며 극화된 화자를 내세울 수 없다. 예컨대 인물시점을 지속적으로 사용하는 영화는 거의 시도될 수 없으며 풍자와 해학의 서술기법이나 내적 독백, 심리 묘사 등이 제한적이다.[62] 또한 이야기와 독자를 매개하는 인격적 존재자를 내세우기도 어렵다. 그 대신 영화는 직접적 감각성에 의존한 영상과 음향, 음악 등을 자유로이 활용할 수 있다.

따라서 소설의 서사담론의 특성은 시점의 양식화, 서술의 다양성, 복합적인 의사소통의 구조 등을 들 수 있다. 우리는 다음에서 이 세 가지 측면을 중심으로 소설의 서사담론을 살펴볼 것이다. 서사담론의 분석은 매우 형식적인 것이지만 그럼에도 역사적 흐름에 따라 그 형식(혹은 기법)이 변화해온 점을 중시할 것이다. 또한 이야기를 고찰하면서 담론과의 관계에 유의했듯이 담론을 분석하면서도 항상 이야기(혹은 서사구조)와의 연관성을 염두에 둘 것이다.

---

62) 김유정의 해학소설이나 이상의 〈날개〉 등이 영화화되기 어려운 것은 이 때문이다.

(2) 시점과 서술

시점은 모든 서사장르에서 중시되는 개념이지만 서술은 특히 소설과 연관된 담론의 방법이다. 시점이 중개적 양식의 일반적인 특성인 반면 서술은 언어적 담론의 주도적인 방법이기 때문이다. 그러면 그 두 가지 중 먼저 중개적 양식의 특성인 시점에 대해 살펴보자.

서사장르는 극장르와는 달리 감상자에게 중개적으로 제시된다는 특성을 갖고 있다. 일반적으로 연극은 관객에게 직접적으로 보여진다.[63] 반면에 서사장르인 영화는 카메라에 의해 중개되며 만화는 그림으로 중개된다. 또한 우리 눈앞에 흰종이 위의 문자로서 나타나는 소설이 중개적 양식임은 더 말할 나위도 없다.

소설과 달리 감각적 영상으로 드러나는 영화는 직접적 제시라고 생각될 수도 있다. 그러나 영화는 연극과 같은 의미에서의 직접적 전달의 매체가 아니다. 우리는 연극과 영화의 차이가 배우-인물의 현존성(연극)과 현존의 환영(영화)에 있다고 생각할 수도 있다. 그러나 양자의 차이는 실물감의 존재와 부재에 그치는 것은 아니다.

연극은 매개장치가 없으므로 일차적으로는 관객의 시점에 종속되도록 공연되어야 한다. 그러나 영화는 카메라로 찍는 순간 어떤 시각에서 그 장면을 포착할 것인지 결정해야 한다. 물론 영화에서도 관객의 시점을 가상하여 영상을 만들 수도 있다. 그러나 영화의 대상은 시공간으로 무한하므로 관객의 특정한 시점을 가정한다는 것은 사실상 불가능하다. 연극에서는 고정된 공간이 관객 앞에 펼쳐지지만 영화의 경우 공간 자체가 수시로 이동하기 때문이다.

영화에서도 한 장면을 찍을 때 카메라를 고정시키는 기법이 사용될

---

63) 이런 의미에서 연극의 시점은 주로 관객의 시점이라고 할 수 있다. 물론 경우에 따라서는 연극에서도 인물시점 등이 사용될 수도 있다. 보리스 우스펜스키, 《소설구성의 시학》(현대소설사, 1992), 23~25면 참조.

수 있다. 그러나 그것은 시점의 한 방법에 불과할 뿐 시종 그런 고정된 시점을 사용하는 경우는 거의 없다. 다양한 시점을 이용하면서 시점의 조합을 통해 영상의 이야기를 효과적으로 전달하는 것이 영화적 담론의 목적이기 때문이다.

예컨대 어떤 인물이 TV 화면을 보고 있을 때 그 인물이 화면의 내용에 몰두해 있음을 드러내려면 인물시점을 사용하는 것이 효과적이다. 한 예로 〈길소뜸〉(임권택 감독)의 첫 부분에서 화영(김지미)이 TV를 보는 장면은 그녀의 시점으로 제시된다. 그것은 화영이 이산가족 상봉을 담은 TV 화면에 몰두해 있음을 나타내기 위해서이다. 그녀 자신이 이산가족인 화영은 TV 내용에 민감하게 반응할 수밖에 없는 것이다. 이 부분에서는 화영의 인물시점을 표시하기 위해 TV 화면을 2, 3분쯤 보여주면서 그 앞뒤로 화영의 얼굴표정을 삽입시키고 있다. 이런 앞뒤 화면의 삽입수법은 그 중간 부분이 인물시점임을 표시하는 영화적 관습의 하나이다.

이처럼 영화나 만화, 소설 등의 서사장르는 그 중개적 특성으로 인해 다양한 시점을 사용하게 된다. 시점의 사용이 필요하다는 것은 이야기가 직접 제시되는 것이 아니라「누군가에 의해 보여진 것」이 제시됨을 뜻한다. 여기서「누군가」라는 것은 가상적인 시점 제공자이거나 등장인물 자신이라고 할 수 있다.

그리고 이렇게「시점」에 포착된 장면은 영화의 경우 다양한 영상기법으로 제시되며 소설에서는 언어로서「서술」된다. 따라서 소설의 서사 담론은 누가「보고」어떻게「말했느냐」의 문제이며, 다시 말해「시점」과「서술」의 문제이다. 또한 소설의 경우 서술의 주체인「화자」가 분명히 지각되는데 이는 영화의 영상기법과는 달리 언어적 서술에는 반드시 그 주체가 있기 때문이다.

시점과 서술은 전통적인 서술이론(그리고 시점이론)에서는 명확히 구분되지 않은 개념으로 사용되어 왔다. 그러나 시점 작용과 서술 행위는 반드시 일치되지는 않으며, 본질적으로 상이한 기능을 포함하고 있다. 앞서 밝혔듯이 양자의 차이는 「누가 보느냐」(시점)와 「어떻게 말하느냐」(서술)에 있다. 전자는 「이야기 세계를 향한」 인식 행위이며, 후자는 「독자를 향한」 언어적 행위이다. 이를 다음의 도표를 통해 구분해 보자.

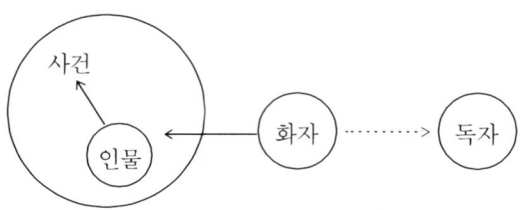

위에서 실선은 시점이고 점선은 서술이다. 「시점」은 사건을 바라보는 의식작용이며, 「서술」은 그 내용을 언어화해서 독자에게 전달하는 행위이다. 시점 행위는 단순한 지각작용에서부터 심리적·정서적 국면, 세계관적 인식행위까지 포함하며 「초점화(focalization)」[64]라고 불리기도 한다. 서술행위 역시 단순한 언어화 작용에서 주석·평가·해설까지 나타날 수 있으며 화자의 「목소리(voice)」[65]라고 지칭되기도 한다.

시점은 사건을 바라보는 행위이므로 이야기 내부의 「인물」이나 「가상적 시점제공자」, 혹은 이야기 외부의 「화자」에 의해 수행될 수 있다. 반면에 서술은 독자를 향한 행위이므로 주로 이야기 외부의 화자에 의해 이루어진다. 그러나 화자의 서술이 거의 사라지면서 그 대신 인물의 목소리가 들려오는 경우도 있다. 물론 화자의 서술이 완전히 소멸되는 경우는 가정할 수 없을 것이다. 하지만 서술이 극소화되는 경우 인물의 목소리가 거의 독립적으로 전해질 수도 있다. 인물의 목소리는 화자의

---

64) G. 주네트가 *Narrative Discourse*(Cornell University Press, 1980)에서 사용한 용어임. S. 리몬-케넌, 《소설의 시학》, 최상규 역 (문학과지성사, 1985) 참조.
65) 시모어 채트먼, 《영화와 소설의 서사구조》, 앞의 책, 183~92면. 목소리에는 화자의 목소리와 인물의 목소리가 있으며 서술은 전자에 해당된다.

목소리와 뒤섞이기도 하고 분리되기도 한다.
　시점과 서술의 다양한 양상은 그 둘이 서로 결합되면서 더욱 복합적인 형태를 만들어낸다. 양자의 결합에 의해 가능해지는 여러 담론의 양상은 다음과 같이 정리될 수 있다.

	시점	서술(목소리)
화자시점서술	화자 가상적 시점 제공자 인물	화자
		화자(인물)
인물시점서술	인물	화자(인물)
		(인물)

〔3인칭 서술상황〕

　먼저 「화자시점서술」과 「인물시점서술」의 분류는 시점과 서술의 주도권이 (인물과 화자 중) 누구에게 있느냐에 따라 결정된다. 화자시점서술은 다양한 시점과 서술을 사용할 수 있지만 그 모든 양상은 「화자」가 통괄하는 담론이다. 반면에 인물시점은 주로 「인물」의 시점과 목소리에 의존하며 화자의 서술적 개입은 아주 이따금씩 나타날 뿐이다. 전자는 다양한 시점을 동원할 수 있는 반면 후자는 대부분 인물시점만을 사용한다. 한편 화자시점서술에서 인물시점서술로 이동함에 따라 화자의 서술적 개입은 점차 적어지고 마침내는 인물의 목소리만 들리는 담론[66]이 나타난다.
　이상에서 살펴본 두 종류의 서술방식은 인물과 화자가 동일인이 아니라는 전제를 지니고 있다. 이처럼 양자가 상이한 존재자로 설정된 담론을 「3인칭 서술」이라고 부른다. 이와는 달리 인물과 화자가 동일인으로 나타나는 담론은 「1인칭 서술」이다. 1인칭 서술은 자신의 이야기를 스스로 서술하는 방식이므로 인물과 화자가 모두 '나'로 나타난다. 그

---
66) 이 경우에도 화자의 서술적 개입은 최소한도로 유지된다고 할 수 있다.

두 개의 '나' 중 과거의 사건을 체험하는 인물로서의 '나'가 「체험적 자아」이며 그 체험을 서술하는 화자로서의 '나'는 「서술적 자아」이다.

1인칭 서술에서도 시간적 거리를 두고 분리되어 있는 두 가지 '나'의 다양한 관계에 따라 여러 가지 담론이 나타난다. 두 자아의 관계는 다음처럼 대체로 3인칭에서 인물과 화자의 관계에 상응하기 때문이다.

시점	서술(목소리)
서술적 자아 체험적 자아	서술적 자아
	서술적 자아(체험적 자아)
체험적 자아	서술적 자아(체험적 자아)
	(체험적 자아)

[1인칭 서술상황]

이러한 다양한 담론은 3인칭의 경우에 비견될 수 있을 것이다. 그러나 무엇보다 1인칭 서술의 미묘한 특징은 인물(체험적 자아)과 화자(서술적 자아)가 동일인이라는 사실에 의해 생겨난다. 동일인이라는 존재론적 특성 때문에 두 자아는 일종의 긴장관계에 있게 된다. 그리고 양자 사이의 긴장이 고조되거나 이완되면서 둘이 하나로 통합되는 변증법적 과정이 나타난다.

이제까지 우리는 「시점」, 「서술」, 「인칭」[67]의 세 가지 기준에 의거해 소설의 다양한 담론 형식들을 살펴보았다. 이 여러 가지 담론들은 수많은 형식들을 낳을 수 있지만 크게 구분하면 다음의 세 가지 서술방식으로 분류된다. 이제 이 세 가지 서술방식들을 구체적으로 살펴보기로 하자.

---

67) 이 세 가지 기준은 《소설의 이론》의 시점, 양식, 인칭의 기준에 상응한다. F. K. 슈탄첼, 《소설의 이론》, 김정신 역 (문학과비평사, 1990) 참조.

3인칭 서술상황	화자시점서술
	인물시점서술
1인칭 서술상황	

(3) 화자시점서술

① 전지적 시점과 목격자 시점

「화자시점서술」은 근본적으로 이야기 외부의 화자시점에 의존하는 서술방식이다. 이처럼 이야기 외부에 시점 제공자가 존재한다는 점에서 이 서술방식은 「외부시점」[68], 「외적 초점화」[69] 등으로 불리기도 한다. 또한 화자시점은 이야기를 총괄적으로 바라볼 수 있는 위치이므로 「전지적 시점」이나 「주석적 서술」[70]이 가능하다.

화자가 이야기 외부에서 사건을 바라본다는 것은 실제의 육안으로 주시하는 것을 뜻하지는 않는다. 화자와 이야기 세계 사이에는 시간적 거리가 있으며 화자는 결국 시간적으로 떨어져 있는 과거를 회상할 뿐이다. 따라서 이 경우의 「시점」은 특정한 관점을 통해 머리 속으로 바라보는 일을 의미한다.

이야기 외부에 놓인 화자시점의 장점은 이야기를 총괄할 수 있다는 점이다. 화자는 이야기 세계에 관계된 모든 정보를 소유하므로 전지적 시점을 구사할 수 있다. 또한 이야기 외부의 위치에서 특정한 관점으로 사건들을 포괄하면서 주석을 개입시킬 수도 있다. 전지적 시점과 주석적 서술은 화자시점서술의 중요한 특징을 이루며 이 서술방식의 한쪽

---

68) 슈탄첼 《소설의 이론》의 분류에 따른 개념임.
69) S. 리몬-케넌 《소설의 시학》의 분류에 따른 개념임.
70) 주석적 서술의 개념은 슈탄첼, 《소설형식의 기본유형》 (탐구당, 1982) 참조.

극단에 위치한다.

　전지적 시점의 경우 인물의 내면에 틈입할 수 있으므로 부분적으로 인물시점을 사용할 수 있다. 인물시점을 사용하지 않더라도 장면묘사의 경우에는 이야기 내부의 「가상적 시점제공자」를 필요로 하게 된다. 장면묘사란 근본적으로 내부시점에 의해서만 가능하기 때문이다.

　따라서 화자시점서술은 화자시점 외에도 인물시점이나 가상적 내부시점을 사용할 수 있다. 화자시점서술은 그 다양한 시점들을 결국 화자가 모두 포괄한다는 의미를 갖고 있다. 이 경우 인물시점이 아주 빈번히 사용되는 경우에도 화자의 서술적 개입은 좀처럼 사라지지 않는다.

　한편 전지적 시점(혹은 주석적 서술)의 반대극단에는 화자시점서술의 갖가지 특권을 제한하는 목격자 시점이 위치한다. 「3인칭 목격자 시점」은 주석, 평가, 인물의 내면묘사 등을 거의 실행하지 않는다. 그대신 이 서술방식은 대부분 이야기 내부의 「가상적 시점제공자」에 의존한다. 예컨대 카메라식 묘사로 불리는 박태원의 《천변풍경》 제1절(청계천 빨래터)은 가상적 시점제공자를 이용한 목격자 시점의 대표적인 경우이다. 이 빨래터 장면을 포착하는 시점은 분명히 이야기 내부에 존재하지만 그것은 인물의 것이 아니라 화자의 분신인 「가상적인 존재자의 눈」인 것이다.

　　"아아니, 요새, 웬 비웃이 그리 비싸우?"
　죽은깨 투성이 얼굴에, 눈 코 입이 그의 몸매나 한가지로 모다 조그맣게 생긴 이쁜이 어머니가, 왜목 요잇을 물에 흔들며, 옆에 앉은 빨래꾼들을 둘러보았다.
　　"아아니, 을말 주셨게요?"
　그보다는 한 십년이나 젊은 듯, 갓 설흔이나 그 밖에는 더 안되어 보이는 한약국집 귀돌어멈이 빨래돌 우에 놓인 자회색바지를 기운차게 방망이로 두둘이며 되물었다.
　　(중략)
　점룡이 어머니는 허리를 굽히고, 그의 옆에 놓인 빨래 광주리를 내려다

본다.

"이거어?"

이쁜이 어머니는 일부로 몸을 돌려, 광주리에서 점룡어머니의 주의를 이끈 빨래감을 집어들고,

"글쎄, 한번 입구, 오늘 첨 빤게 이꼴이구료? 모두 왼통 째지구. 내 기가 맥혀······"

"그러기에 나 먹은 사람은 호살 말라는게지. 딸은 안해주구, 저만 해 입으니 그럴 밖에······ 그거, 인조야?"

"인존, 웨에? 이 꼴에 이게 한자 사십전짜리 교직이라우."

"그게 사십전예요오?"

귀돌어멈은 새삼스러이 그의 편을 돌아보고,

"질기긴 외레 인조가 낫죠. 교직은 볼품은 있어두, 그저 첨 입을 그때뿐이지, 한번 입으면 그만이니······"

그리고 다음은 상반신을 외로 틀어 흐응하고 코를 푼다.

―― 박태원, 《천변풍경》

이 빨래터 장면을 포착하는 시점은 분명히 이야기 내부에 존재하지만 그것은 인물의 것이 아니라 화자의 분신인 「가상적인 존재자의 눈」이다. 이 부분은 한 절 전체가 빨래터 장면으로 되어 있는데 화자는 줄곧 가상적 내부시점을 이용하여 중립적 묘사를 이어간다. 따라서 1절 전체는 대화와 인물들의 동작 묘사만으로 되어 있다. 이 1절보다 묘사가 더 단순하고 건조해지게 되면 목격자 시점은 흡사 연극의 대본처럼 되어버린다.

이러한 목격자 시점은 전지적 시점의 반대극단에 놓이게 된다. 이처럼 화자시점서술의 한쪽 극단에는 전지적 시점 및 주석적 서술이 위치하며, 다른 한쪽 극단에는 목격자 시점서술이 위치한다. 그리고 그 중간에는 여러 형태의 다양한 서술방식이 띠를 이루며 존재한다. 이러한 양상은 다음의 도표로 제시될 수 있다.

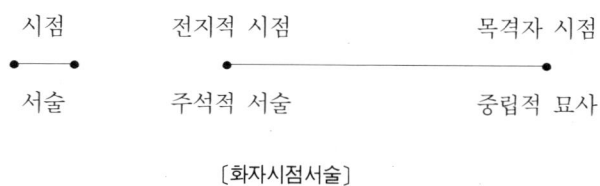

〔화자시점서술〕

② 화자시점서술의 역사적 발전

화자시점서술은 소설의 근본적인 서술상황이다. 그것은 고소설이 모두 화자시점서술로 되어 있으며 현대에도 장편소설은 거의 이 서술방식을 사용하는 점에서 알 수 있다. 그러나 화자시점서술은 역사적 흐름에 따라 점차 인물시점이 우세해지고 서술적 개입 대신 인물의 목소리가 부각되는 쪽으로 발전되어 왔다.

따라서 우리는 전지적 시점과 주석적 서술이 현저한 소설에서 차츰 인물의 시점과 목소리가 두드러지는 쪽으로 화자시점서술의 또다른 띠를 설정할 수 있다. 그 한쪽 극단에는 고소설이 위치하며 다른 한쪽 극단에는 인물시점서술에 근접한 현대소설이 위치한다. 그러나 주석적 서술은 고소설뿐만 아니라 현대의 풍자·해학소설에서도 나타난다. 그리고 사설을 늘어놓는 식의 주석적 개입은 화자를 이야기에 등장하지 않는 또다른 인물처럼 만들기도 한다. 인물로서의 화자의 서술이 보다 진전되면 1인칭 서술로 이행되는 단계에 이른다.[71]

주석적 서술의 본보기를 보여주는 것은 고소설인데 그중에서도 판소리계 소설이 영웅소설보다 훨씬 풍부한 사설을 제공한다. 이는 '~더라'체의 영웅소설이 전범적 과거의 관점에 묶여 있는 반면 '~는다'체의 판소리계 소설은 화자의 주석적 개입이 한층 자유롭기 때문이다.

영웅소설의 '더'의 서술형은 담론시 시점이동을 통해 전범적 과거의 관점에 의존해서 서술을 진행한다.[72] 영웅소설이 중국의 송대나 명대

---

71) 슈탄첼《소설의 이론》의 유형원 참조.
72) 나병철, 「「혈의 루」의 시간구조와 서사담론」, 《전영우 교수 회갑기념 논문집》 (1994) 참조.

등 추상적 과거로 설정된 것은 그 과거의 시공간이 현실과 분리된 전범적 의미를 지님을 암시한다. 영웅소설의 서술은 그런 전범적인 관점에 기댐으로써 보다 권위적이고 관념적이 된다.

이에 반해 '는다'체의 판소리계 소설은 얼마간 현실화할 수 있는 과거를 서술한다. 물론 이 소설들 역시 전범적 과거에서 완전히 해방되지는 않았으며 '더'의 혼용은 그 사실을 뒷받침한다. 그러나 현재형이 주도적인 판소리계 소설에서는 화자의 현실감각이 담긴 서술적 유희가 훨씬 용이해지고 있다. 풍자나 해학이 섞인 화자의 주석적 서술은 영웅소설과 구별되는 판소리계 소설의 독특한 특징인 것이다. 그같은 현실감각 이외에 판소리계 소설에서는 유교이념의 관념의 유희를 드러내는 서술도 빈번하다. 이들 소설에서 현실주의가 싹트고 있지만 아직은 이상옹호적 로만스의 구조에서 완전히 벗어나지 못했기 때문이다.

> 오난듸 광한누의 갓찬지라 도련임 조와라고 자셔이 살펴보니 요요(夭夭) 정정(貞靜)하야 월틔 화용이 셰상의 무쌍(無雙)이라 얼골이 조츨하니 청강(淸江)의 노난 학(鶴)이 셜월(雪月)의 밧침 갓고, 단순 호치(丹脣皓齒) 반기(半開)하니 별도 갓고 옥도 갓다. 연지(臙脂)를 품은듯, 자하상(紫霞裳) 고은 틔도 어린 안기 셕양(夕陽)의 빗치온듯, 취군이 영농(玲瓏)ᄒ야 문치(文采)는 은하슈(銀河水) 물결 갓다. 연보(蓮步)을 정(正)이 옴겨 천연(天然)이 누의 올나 북그러이 셔 잇거날 통인 불너,
> "안지라고 일너라."
> ――《춘향전》

위에서 '요요정정하야 …… 은하수 물결 같다'까지의 서술은 이도령의 눈으로 바라본 춘향의 모습을 담고 있다. 이 부분에서처럼 인물시점의 제시가 가능한 것은 화자시점서술의 전지적 특권이다. 그런데 단순히 이도령이 본 내용을 적는 것이 아니라 화자의 장황한 주석을 섞어 서술하고 있다. 즉 아름답다는 말을 한마디 하기 위해 월태화용, 청강의 학, 단순호치, 연지, 자하상, 영롱한 취군, 은하수 같은 문채 등을 끌어대고

있는 것이다. 이처럼 이야기 자체의 전달에 그치는 것이 아니라 화자가 주석적으로 개입해 유희를 즐기는 양상은 특히 판소리계 소설에서 특징적으로 나타난다.

그러나 판소리계 소설을 포함한 고소설식의 관념적 서술은 근대소설에서는 나타나지 않는다. 이는 화자의 세계관의 변모에 따른 것으로 볼 수 있다. 앞서 살펴봤듯이 고소설의 세계관은 근본적으로 과거로부터 나온 것이었다. 「전범적 과거」[73]라는 추상적 시공간의 설정이 그것을 의미한다. 현실과 단절된 전범적 과거는 이미 그 자체에 관념적 세계관을 포함하고 있다. 「관념적」이라는 것은 인간의 사고가 「현실」과 단절된 채 의식 속에서만 흐르고 있는 것을 말하기 때문이다.

그와는 달리 근대소설은 설사 화자의 세계관이 분명할 경우에도 그것을 관념으로 드러내지는 않는다. 왜냐하면 근대소설의 화자는 그의 세계관을 현실과의 끊임없는 상호작용을 통해 나타내기 때문이다. 사회주의 이념을 표방하는 사회주의 리얼리즘이 관념편향을 벗어나 현실주의를 지향하는 것 역시 같은 이유에서이다.

따라서 고소설에서 근대소설로의 발전은 관념적 서술에서 객관적 서술로의 전환이라고 할 수 있다. 이러한 변화는 수사법상으로도 나타나지만 '~더라'에서 '~었다'체의 전환으로 드러나기도 한다.

　　혈혈단신 조원수는 일월같이 빛난 충을 기린각 제일층에 계명하고, 성은을 하직하고 번국으로 돌아가 왕화(王化)를 펴며 민정을 살피니, 만민이 태평가를 부르며 성덕을 다 일컬으며 「천세 만세 하옵소서」하더라
　　　　　　　　　　　　　　　　　　——《조웅전》결말부분

일반적으로 '더'는 회상과 시점이동의 의미를 지니고 있다.[74] 즉, 발

---
73) 2절 (1)이야기 세계의 시공간 을 참조할 것.
74) 이정택 외, 〈더에 관한 연구〉, 세미나 발표문, 1988. 이전경, 〈던의 통사 제약과 의미〉, 연대석사논문, 1988, 23면.

화시(서술시)의 관점에 의존하는 '었'과는 달리, '더'는 시점이동을 통해 「과거의 지각시의 관점」에 의존한다. 물론 인용문에서 화자는 그가 서술(발화)한 사건(상황)을 직접 지각한 것이라고 볼 수는 없다(중국 송대의 이야기이므로). 그러나 화자가 서술한 정보는 확고한 권위를 지니고 있다. 왜냐하면 그것은 「전범적인 과거」의 이야기이기 때문이다. 따라서 화자는 그 권위있는 정보에 근거해서 서술시 「과거」로 시점이동을 수행할 수 있다. 이때 화자가 시점이동을 수행할 수 있는 것은 정보의 권위를 믿기 때문인데 그것은 그가 「전범적인 과거」에 포함된 유교이념의 진리를 신봉하는 자임을 말해준다. 즉 화자는 유교이념의 「관점」을 지님으로써 「전범적인 과거」의 세계로 시점이동을 수행한다.

《조웅전》의 서술이 줄곧 유교이념의 관점에서 진행되는 것은 이 때문이다. 예컨대 인용문에서 '일월같이 빛난충', '태평가', '성덕' 등은 유교이념과 연관된 단어들이다. 화자는 이처럼 유교적인 관점에서 서술을 하면서 시점이동을 통해 「전범적인 과거」의 사건을 지각한다.

여기서 화자가 「시점이동」을 수행한다는 것은 과거의 인물에 감정이입하거나 현재의 시점에서 과거를 현재화하는 것을 의미하지는 않는다. 그와는 달리 과거의 관점에서 지각한 것을 그대로 보존해서 전달함을 의미한다. 즉, 서술시점에서 바라보는 것이 아니라 과거의 지각시점을 전달하므로 서술시점과 지각시점 사이에는 단절이 있을 수밖에 없다. 따라서 시점이동이란 서술시에 과거의 지각시로 시점을 이동함을 뜻한다. 이는 화자의 서술이 과거의 관점에 붙잡혀 있음을 의미한다.

이와 같이 '~더라'체의 서술은 전범적 과거의 관점에 매여 있으므로 서술시에 이야기를 재구성하는 것이 거의 불가능한 상태에 놓인다. '~더라'체의 고소설에서 시간적 역행이나 현재화 등이 나타나지 않으며 인물시점의 전환 역시 빈번하지 못한 것은 이 때문이다.

이에 반해 '~었다'체의 근대소설은 근본적으로 과거의 지각시의 관점(전범적 과거의 관점)에서 벗어나 있다. 근대소설은 내용적으로 현재화할 수 있는 과거를 다룰 뿐 아니라 서술에서도 객관적 사실을 현재의 서술의 시점에서 서술한다.

정사장은 아들이 좌익에 미친 것은 악귀가 씌운 탓이라고 굿을 요구해 왔었다. 소화는 오랜 정리 때문에 차마 거절하지를 못하고 굿을 하기는 했지만 그 굿이 제대로 되었을 리가 없었다. 그때 굿을 했다기 보다는 자신은 정하섭이란 남자를 그리워하고, 무사하기만을 빌었던 것이다. (1)자신의 머리 속에는 몇년전 통학열차에서 만났던 기억만이 그리움의 눈물과 체험의 아픔으로 가득 차 있었다.
 (2)무당이 되고 얼마 지나지 않아 순천에서 넘어오다가 정하섭과 마주치게 되었던 것이다. 검은 학생복을 단정하게 입은 정하섭은 눈길이 마주친 순간 멈칫하는 것 같다가 이내 똑바로 다가왔다. 자신은 금방 숨이 막히는 것만 같아 고개를 숙였다. (3)얼굴이 뜨겁게 달아오르고 가슴이 쿵쿵 울리고 있었다.

 인용문은 《태백산맥》(조정래)의 한 장면으로 해방직후의 상황을 배경으로 하고 있다. 따라서 여기에 서술되고 있는 사건(상황)은 과거의 일이며 서술시제 역시 과거형인 '었'으로 되어 있다. 그러나 이 소설의 과거형은 고소설의 '더'와는 달리 과거로 시점이동을 수행하지 않는다. 이는 '었'이 과거의 사건에 대한 당시의 화자의 지각(그리고 관점)을 포함하지 않기 때문이다. 즉 '었'은 과거의 지각을 과거의 시점에서 서술하는 것이 아니라 객관적 사실을 서술의 시점에서 서술한다. '었'의 과거형은 단지 객관적 사실이 과거에 일어난 일임을 뜻할 뿐이다.
 따라서 '었'의 과거는 과거의 관점에 얽매이지 않은 객관적 사건이며 그런 의미에서 현재화할 수 있는 과거이다. 현재화할 수 있는 과거라는 것은 현재의 시점으로 인식하는 것이 가능하다는 뜻이다. 이처럼 근대소설의 사건들은 현재의 서술시점으로 다뤄질 수 있으며 따라서 사건들(혹은 이야기)의 재배열이 가능하다. 근대소설에서 시간적 역행이 빈번한 것은 이 때문이다. 그 밖에도 근대소설의 화자는 다양한 서술기법을 사용할 수 있다. 인용문에서 보듯이 화자시점에서 인물시점으로 이동

(1)할 수 있으며 시간을 역전(2)시킬 수도 있다. 또한 인물의 내면심리에 접근할 수도 있다(3). 화자는 이야기를 생생하고 박진감있게 전달하기 위해 이런 여러 수법을 모두 동원하는 것이다.

근대소설은 사건들을 객관적으로 다루면서 수사법에서도 관념적인 수식어는 배제하게 된다. 물론 근대소설에서도 장황한 주석적 서술이 아주 없는 것은 아니다. 예컨대 채만식의 《태평천하》 같은 풍자소설은 화자의 주석적 개입이 매우 두드러진다. 그러나 이 경우에도 관념적인 세계관을 직접 노출하는 서술은 거의 나타나지 않는다.

이러한 객관적 수사법과 더불어 인물의 시점이나 목소리를 드러내는 서술이 점차 현저해지고 있다. 그래서 화자시점서술이면서도 한 인물의 시점과 내면의식을 지속적으로 제시하는 소설들이 발견된다. 예를 들어 현진건의 〈운수 좋은 날〉은 화자가 서술을 주도하면서도 빈번히 주인공 김첨지의 시점과 내면의식에 의존한다.

 그 학생을 태우고 나선 김첨지의 다리는 이상하게 거뿐하였다. 달음질을 한다느니보다 거의 나는 듯 하였다. 바퀴도 어떻게 속히 도는지 구른다느니보다 마치 얼음을 지쳐나가는 스케이트 모양으로 미끄러져 가는 듯하였다. 얼은 땅에 비가 내려 미끄럽기도 하였지만.
 이윽고 끄는이의 다리는 무거워졌다. 자기 집 가까이 다다른 까닭이다. 새삼스러운 염려가 그의 가슴을 눌렀다. 「오늘은 나가지 말아요. 내가 이렇게 아픈데.」 이런 말이 잉잉 그의 귀에 울렸다.

인용문뿐만 아니라 이 소설은 전체적으로 김첨지의 내면의식을 수시로 제시한다. 물론 그의 내면심리는 화자의 언어로 번역되고 있으며 그로 인해 김첨지의 목소리가 드러나는 정도에 이르지는 않는다. 그러나 잦은 인물의 심리적 제시는 흡사 인물시점서술에서처럼 독자가 인물에게 감정이입하는 효과를 빚어낸다.

〈운수 좋은 날〉과 같은 단편소설이 아닌 경우, 화자시점서술을 사용하면서 한 인물의 내면을 지속적으로 제시하는 소설은 그리 많지는 않다. 그러나 장편소설에서도 한 장이나 절을 통해서 한두 인물을 시점의 매체로 사용하는 것은 흔히 발견된다.

가령 염상섭의 《삼대》는 인물시점보다 가상적인 시점 제공자를 보다 많이 사용하는 경우이다. 그러나 이기영의 《고향》에서는 각 장마다 주요 한두 인물의 시점에 의존하는 정도가 보다 높아지고 있다. 한설야의 《황혼》에서는 경재와 여순이 주요한 시점의 매체로 사용되며 따라서 《고향》보다도 인물시점의 의존도가 더 높아진 셈이다.

그때부터 경재의 가슴은 다시 또 뛰기 시작하였다. 무슨 소린지 똑똑히 엿들을려고 하면 할수록 심장의 고동은 높아졌다. 응접실에서 오고가는 말이 한참 실히 무겁게 계속되고 있으나 무슨 의미인지는 분명히 알 수 없었다. 그럴 때에 뛰어나게 높고 우렁찬 소리가 무중 들려왔다.
"최고의 책임자가 말씀하시오 …… 사장이 직접 말씀하시란 말이오."
귀밑으로 서릿발이 쏙 스쳐지나가는 것을 경재는 느꼈다.
그것은 어김없이 준식의 소리였다. 뒤미처 야무진 려순의 부르짖음이 들려올 것만 같이 경재에게는 생각되었다. 그것은 견딜 수 없는 생각이었다. 가슴은 몹시 뛰었다. 높은 말소리가 낭하를 탕탕 울리며 지나갈 때까지 그는 정신을 수습하지 못하였다.
그날 황혼 …… 숨소리 꺼진 우중충한 큰 회사를 걸어나오는 경재의 앞은 더 없이 컴컴해졌다.

《황혼》의 마지막 장면인데 이 부분은 경재의 시점으로 제시되는 점이 매우 특징적이다. 일반 노동소설의 결말처럼 노동자들이 자본가측에게 항의하는 행동이 설정되어 있지만 예외적으로 《황혼》에서는 지식인 경재의 시점을 통해 그 장면을 포착한다. 이는 30년대 중후반의 특수한 상황과 연관되어 있지만 화자시점서술에서 인물시점이 강화되는 일반적인 경향을 반영하는 것이기도 하다.

인물의 시점과 목소리가 현저해지는 경향은 작품 전체를 통해 한 인물의 시점이 지속적으로 노출되는 소설을 낳게 되었다. 이런 소설에서는 화자가 서술을 주도함에도 불구하고 특정한 인물이 의식의 중심(혹은 반성자-인물[75])으로 느껴지게 된다. 예컨대 최인훈의 《광장》은 화자시점서술이면서도 주인공 이명준을 「반성자-인물」로 사용하고 있다.

오른손으로, 은혜의 군복 앞 단추를 끌렀다. 다음에는, 가죽띠를 끌렀다. 마디가 굵은 버클이 무디게 절그럭거린다. 이 고운 몸에, 이 무슨 흉칙한 쇠붙이란 말인가. 이 몸을 볼쇼이 테아트르의 대리석 기둥이 받치는 놀이마당에서, 전차가 피를 토하는 이 스산한 마당까지 불러 온 자는 누군가. 이 예술가의 가냘픈 몸의 도움까지 받아가면서 해 내야 할 사람잡이에 내몰기 위해서? 안 된다. 너희들이 만일 인민의 이름을 팔면서 우리를 속이려든다면, 우리도 걸맞는 분풀이를 해줄테다. 사람을 얕잡아 보지 말아.

위에서처럼 《광장》은 이명준의 의식을 자주 시점의 매체로 사용할 뿐만 아니라 그의 내면의 목소리가 계속 들려올 정도로 의식 속에 깊이 침투하고 있다. 결과적으로 이 소설은 반성자-인물로서의 이명준의 목소리가 들려오는 부분이 많아지고 있다. 그러나 아직 《광장》은 인물시점서술에 이르지는 않고 있는데 그것은 화자의 목소리로 이명준이나 주변의 배경을 묘사하는 부분이 곳곳에 나타나고 있기 때문이다. 인물시점서술은 《광장》에서 한발 더 나아가 화자의 서술적 개입마저 거의 소멸되는 지점에서 발생하게 된다.

---

[75] 슈탄첼, 《소설의 이론》, 앞의 책, 211~31면.

(4) 인물시점서술

① 인물시점서술의 근본상황

　인물시점서술은 전통적인 시점이론에서는 별도의 서술방식으로 다뤄지지 않았었다. 예컨대 클리언스 브루크스처럼 4분법[76]으로 나눌 경우 인물시점서술은 어떤 분류에도 해당되지 않는다. 그럼에도 불구하고 이 서술방식은 현대소설에서 점차로 증가되는 경향을 보이고 있다. 인물시점서술을 사용하는 소설이 늘고 있을 뿐만 아니라 화자시점서술에서도 인물시점이 강화되는 추세를 나타내는 것이다.

　이러한 인물시점서술의 증가는 소설을 생생하게 극화시키려는 요구가 반영된 것이다. 영화나 만화처럼 소설에서도 장면화(혹은 극화)와 객관화의 필요성이 주어져왔는데 인물시점의 강화는 이에 부응하는 양상이다. 앞에서 살펴봤듯이, 화자시점서술에서 인물의 시점과 목소리의 노출이 점차 빈번해지는 것도 같은 이유에서이다.

　인물시점서술은 그런 수법과 함께 화자의 서술적 개입을 극소화함으로써 마치 화자가 사라지듯이 느껴지게 한다. 이처럼 화자의 존재가 거의 감지되지 않는 대신 이 서술방식에서는 인물의 시점과 목소리가 서술을 주도하는 듯이 여겨진다. 인물시점서술의 특징은 그같은 양상이 소설전체나 일정한 부분을 통해 지속적으로 나타난다는 점이다. 즉, 이 서술방식은 부분적인 수법으로 사용되는 것이 아니라 소설의 특정한 양식을 만드는 중요한 한 방법으로 나타나고 있다. 하나의 「양식」으로서

---

76) 브루크스의 4분법은 다음과 같이 표시된다.

	사건의 내부분석	사건의 외부분석
1인칭	주인공 화자	부차적 인물 화자
3인칭	분석적, 전지적 화자	관찰자적 화자

제 5 장 소설이란 무엇인가   391

인물시점서술은 인물의 시점과 목소리가 주도적이라는 뜻에서 「인물시각서술」[77], 혹은 「선택적 전지」[78], 「내적 초점화」[79], 「내부시점」[80] 등으로 불리기도 한다.

그러면 이같은 인물시점서술의 특징과 효과는 무엇인지 예문을 통해 살펴보기로 하자.

잿빛 유리창을 통해 내다보는 공원과 거리의 풍경은 우수에 찬 도시의 가을을 담은 수채화처럼 고요하기만 했다. 문예진흥원의 고풍(古風)스런 흰 건물을 배경으로 몇 명의 젊은이들이 기타를 치고 있었지만, 이상하게 그들조차 오래전부터 자리잡아 온 하나의 정물처럼 느껴질 뿐이었다. 이 거리 너머 명동, 종로, 남대문에서 젊은이들의 화염(火焰)이 오히려 낯설게 느껴졌다. 대학 교정을 해방구로 설정하고 강의실과 잔디밭에서 밤을 지새는 대학생들의 모습이 갑자기 몇백 년 전의 일로, 그것도 대륙 저편에 서 있었던 아득한 일로 느껴질 만큼 평온한 하오였다.

아마도 가장 평화스러운 풍경은 폭풍과 폭풍 사이에 놓여져 있는 땅이 아닐까. 역설적으로, 자신이 발 딛고 있는 땅덩어리 어느 곳에서 변란이 일어날 때 그제서야 비로소 고요함이 무엇인지 느껴지는 것이 아닐까. 석일은 턱을 괸 채 창 밖의 풍경에 넋을 놓고 있었다.

—— 양헌석, 〈태양은 묘지 위에 붉게 타오르고〉

인용문의 첫 단락은 얼핏보면 화자시점인지 인물시점인지 구분하기 어렵다. 그러나 둘째 단락까지 읽었을 때, 이제까지의 풍경 묘사는 주인공 석일의 시점으로 포착된 것임이 밝혀진다. 첫째로 거리 풍경은 석일이 앉은 곳에서 유리창 밖을 내다본 방향으로 묘사되어 있다. 또한 풍경 묘사에 틈입해 있는 주관적 정서 내용, 즉 「고요하고 평온한」 상

---

77) 슈탄첼, 《소설형식의 기본유형》 참조.
78) 선택적 전지(selective omniscience)에 대해서는 N. Friedman, *Form and Meaning in Fiction* (University of Georgia Press, 1978), 152~55면 참조.
79) S. 리몬-케넌의 분류에 따른 개념임.
80) 슈탄첼, 《소설의 이론》에 따른 개념임. 그러나 엄밀히 말하면 내부시점은 1인칭에서만 가능하므로 인물적 서술상황과 일치하지는 않는다.

태는 둘째 단락에 제시된 석일의 내적 독백 내용과 일치한다.
이처럼 인용문에서는 석일이 실질적인 화자의 기능을 떠맡고 있다. 물론 이 장면은 화자가 석일의 내면에 밀착하는 극화된 양상과 비슷하게 보인다. 이는 인물시점서술의 일반적인 특징을 보여준다. 즉, 극화된 양상에서처럼 화자가 사라지고 독자는 직접 이야기 세계를 보고 있다는 환상을 갖게 된다. 인물시점서술에서는 이러한 극화된 양상이 지속적으로 나타나, 전체 소설이 묘사로만 계속되고 있다는 느낌을 받는다. 또한 화자시점과는 달리 여러 인물이 아니라 특별히 선택된 인물에만 계속 밀착함으로써 그의 의식에 비쳐진 바를 제시한다. 시점의 주체로 선택된 인물이 실질적인 화자로 느껴지는 것은 이 때문이다. 이때 시점의 눈(주체)으로 선택되는 인물은 대부분 주인공이며, 일반적으로 「초점화자」(focalizer)[81]라고 불린다.

인물시점은 초점화자의 외적 인식이나 내면의식만을 적기 때문에 다른 인물의 내면심리는 밝히지 못하게 된다. 이 서술방식이 프리드먼이 분류한 선택적 전지 시점과 일치하는 이유는 여기에 있다. 또한 같은 특징 때문에 1인칭 서술과도 비슷한 제약상황을 갖게 된다. 즉, 선택된 인물의 시점만이 가능하다는 점에서 두 서술방식은 유사한 특징을 지닌다. 그래서 어떤 소설이 인물시점서술인가를 확인하려면, 주어진 분절을 1인칭으로 고쳤을 때 어색해지지 않는가를 살펴보면 된다.

  그는 잠깐 아연했다. 래영이가 임신을 ……. 한순간 충격이 가시자 그건 예상했던 일이란 생각이 들었다. 그는 싱겁게 웃으며 래영의 아랫배를 슬쩍 만져보았다. 아직은 밋밋한 이 뱃속에 내 아기가 숨쉬고 있었단 말이지……. 래영이 부드럽게 그의 손을 떼내며 사람들이 거의 다 들어가어, 진국씨두 이젠 들어가봐 라고 말했다. 그는 래영을 와락 껴안고 싶었지만 대신 손을 힘주어 잡아 준 후 몇 사람 남지 않은 대열로 뛰어갔다.
                 —— 윤정모, 〈님〉

---

81) S. 리몬-케넌,《소설의 시학》, 앞의 책, 113면.

위 인용문에는 두 사람의 인물이 나오지만, 「그」가 초점화자임을 알 수 있다. 「래영」을 「나」로 바꿀 수는 없지만, 「그」는 「나」로 바꿔도 조금도 이상해지지 않는다. 「그」(진국)는 이 소설의 주인공인 동시에 「의식의 중심」으로 작용하는 초점화자이기 때문이다.

그러나 인물시점서술을 1인칭 서술로 고칠 수 있다는 것은 양자가 동일한 서술방식이라는 뜻은 아니다. 인물시점의 독특한 효과는 주인공(혹은 초점화자)에게 감정이입하는 경험을 제공하는 데 있다. (이 점은 뒤에서 살펴볼 것이다.) 반면 1인칭 서술은 근본적으로 고백체 형식에 접근하는 경향을 보인다.[82]

인물시점서술의 또다른 특징은 초점화자가 소설의 거의 모든 장면에 등장한다는 점이다. 물론 초점화자는 일정한 분절을 단위로 해서 다른 인물로 바뀔 수도 있다. 예를 들어, 〈님〉(윤정모)에서는 초점화자가 일시적으로 진국에서 문 교수 부인으로 전환된다. 〈밤길의 사람들〉(박태순)에서도 부분적으로 서춘환에서 조애실로 바뀐다. 그러나 정해진 분절을 단위로 초점화자의 기능은 지속적이며, 그는 그 부분의 모든 장면에 나타나야 한다.

한편 인물시점서술의 독특한 효과는 독자가 초점화자에게 감정이입하는 경험을 하게 된다는 것이다.[83] 즉 독자는 초점화자의 체험과 의식을 공유하면서 그의 편에 서서 사건을 이해하는 입장에 놓인다. 물론 이런 감정이입의 효과는 화자시점서술 중 반성자-인물이 사용되는 경우에도 나타난다. 예컨대 앞에서 예를 든 〈운수 좋은 날〉이나 《광장》에서도 독자는 주인공의 내면에 몰입하는 경험을 한다. 그러나 인물시점서술에

---

82) 1인칭 서술의 경우에는 1인칭 화자의 존재가 느껴지지만, 인물시점서술은 표면상 아무도 말하고(서술하고) 있는 사람이 없는 듯이 느껴진다. N. Friedman의 앞의 책을 참고할 것.

83) 슈탄첼, 《소설형식의 기본유형》, 83~84면. 웨인 부드, 《소설의 수사학》, 최상규 역 (새문사, 1985) 338~50면에서도 초점화자에 공감하는 효과를 설명하고 있다. 초점화자로 선택된 인물에의 감정이입에 대한 보다 체계적인 설명은 제임스 그리블, 《문학교육론》, 나병철 역 (문예출판사, 1987), 207~27면 참조.

서는 화자의 개입이 거의 사라지기 때문에 감정이입의 효과는 보다 더 중요성을 지니게 된다.

　인물시점서술에서는 초점화자가 중립적으로 제시되는 수가 많으며 이 경우 독자는 대개 그의 경험을 자신의 것처럼 느끼게 된다. 예를 들면, 독자는 양귀자의 〈기회주의자〉에서 정 계장의 우유부단함에 짜증스러워하면서도 전체적으로는 그의 고민을 이해하는 태도를 갖게 되며, 마찬가지로 〈먼 그대〉(서영은)의 여주인공이 보여주는 자기학대적인 사랑에 불만스러워 하면서도 끝내 그녀를 동정하지 않을 수 없는 것이다. 그리고 〈타인의 방〉(최인호)에 등장하는, 신경질적으로 사물들과 대화를 나누는 주인공의 소외감을 우리는 자기 것으로 받아들인다.

　물론 인물시점을 사용했다고 해서 무조건적으로 초점화자에 공감하게 되는 것은 아니다. 초점화자의 인식내용에 섞여 있는 명백한 부정적 요소는 그로부터 거리감을 두게 한다. 화자는 초점화자의 부정적 요소를 적절히 노출시킴으로써 감정이입과 거부감의 긴장상태를 유발시킨다. 바로 이 거리 조정수법에 의해 인물에 대한 평가가 이루어지는 것이다.

　따라서 인물시점서술에서는 「초점화자의 선택」이 매우 중요한 의미를 지닌다. 일반적으로 초점화자는 다음의 두 가지 조건을 충족시켜야 한다. 첫째로 초점화자는 사건을 객관적으로 제시할 수 있어야 한다. (여기에는 최소한도의 인식능력이 요구된다.) 둘째로 그는 독자로부터 감정이입과 거부감의 이중적 대상의 성격을 지닌다. 중도적 인식능력 및 긍정·부정의 양면성을 지닌 소시민적 인물이 자주 초점화자로 선택되는 것은 이 두 가지 이유에서이다.

　이런 특징으로 인해 인물시점서술은 사회주의 리얼리즘보다는 비판적 리얼리즘이나 모더니즘에 사용되는 경향이 있다. 사회주의 리얼리즘의 경우 집단적 인물의 의식과 행동이 중요하므로 화자시점서술이 흔히 채택된다. 반면에 소시민을 주인공으로 하는 비판적 리얼리즘은 인물시점서술을 적절히 이용할 수 있다. 이 계열의 비판적 리얼리즘은 다음의 세 가지 유형으로 나눠진다. 첫째는 잘못된 현실로부터 고통당하는 소시민 주인공을 동정적으로 그리는 경우이다. 예를 들면, 김남천의 〈경영〉, 〈맥〉이나 윤정모의 〈님〉이 이런 유형에 든다. 앞의 연작소설은 친일로 돌아선 애인에게 실연의 충격을 경험하는 여주인공(최무경)을 그리고 있고, 뒤의 작품은 조총련계 애인을 둔 이유로 수난을 겪는 주인공(진국)을 초점화자로 삼고 있다. 둘째는 소시민 주인공이 긍정적 방향으로 각성되어 가는 과정을 그린 소설들이다. 80년대 후반기에 발표된 양헌석의 〈태양은 묘지 위에 붉게 타오르고〉, 김인숙의 〈강〉, 박태순의 〈밤길의 사람들〉이 여기에 속한다. 마지막으로 소시민 주인공의 부정적 측면을 부각시켜 비판하는 경우인데, 김향숙의 〈덧문 너머의 헝클어진 숨결〉이 그 대표적인 작품이다.

② **인물시점서술의 여러 가지 유형**

인물시점서술은 소설의 역사에서 두 가지 중요한 전환점을 기록한 서술방식이다. 하나는 플로베르 소설을 통해 나타난 이른바 「냉정성(im-passibilité)」의 수법이다. 플로베르의 소설은 획기적인 새로운 기법으로 받아들여졌는데 그것은 그가 화자-작가의 개입을 교묘하게 피하는 서술방식을 사용했기 때문이다. 플로베르는 화자자신은 슬며시 비껴서면서 숨겨진 손을 통해 인물과 사건제시에 영향을 미치는 방법을 시도했다.[84]

다른 하나는 인물시점과 내면의식의 사용을 보다 강화해 마침내 외부사건이 해체되기에 이른 모더니즘의 등장이다. 흔히 의식의 흐름이나 내적 독백체로 불리는 이 소설들은 인물시점서술이 한도 이상으로 진전된 결과이다. 즉 인물의 내면의식과 목소리의 제시에 집중함으로써 외부사건을 그리는 서사양식의 근원에서 이탈하는 데까지 나아간 것이다.

이처럼 인물시점서술은 서구 소설의 역사에서 자연주의 및 모더니즘의 출현과 연관되어 있다. 우리 소설의 경우에는 30년대 중후반 이후 이 서

---

[84] 여기에 대해서는 에리히 아우얼바하, 《미메시스》(민음사, 1979), 177~203면에서 자세히 설명되고 있다.

술방식이 현저하게 나타난다. 그런데 우리의 경우 모더니즘이 자연주의적 세태소설과 거의 동시적으로 등장했다는 특수성을 보이고 있다.

한편 인물시점서술은 이후로 자연주의나 모더니즘뿐만 아니라 리얼리즘에서도 사용되고 있다. 예컨대 김남천의 〈경영〉, 〈맥〉은 주인공 최무경을 초점화자로 사용해 성공적인 효과를 얻고 있는 비판적 리얼리즘 소설이다. 이 소설은 친일로 전향한 애인으로부터 받은 최무경의 실연의 충격을 통해 전향자들을 암묵적으로 비판한다. 그러한 비판이 깊은 공감력을 지니는 것은 독자가 상처받은 최무경의 내면심리에 감정이입할 수 있기 때문이다.

보다 최근의 소설로서 룸펜 프롤레타리아(실직자 노동자)의 내면의식을 그리고 있는 〈밤길의 사람들〉 역시 비판적 리얼리즘 소설로 볼 수 있다. 이 소설은 주인공 서춘환의 내면의식을 묘사하는 「자유간접문체」를 기조로 하면서 여주인공의 1인칭 내적 독백체를 부가한 시점전환의 소설이다. 전체적으로는 서춘환을 초점화자로 한 인물시점서술을 통해 그의 의식의 각성과정을 추적한다. 이 소설은 자유간접문체를 사용하는 모더니즘적 서술기법이 리얼리즘적 목표를 위해 사용될 수 있음을 보여준다.

자연주의, 리얼리즘, 그리고 모더니즘을 포함해서, 인물시점서술은 인물의 내면의식을 드러내는 정도에 따라 다양한 띠를 형성한다. 한쪽 극단에는 외부사건의 전개가 분명한 리얼리즘이 위치하며 다른 한쪽 극단에는 내적 독백 및 의식의 흐름 유형의 모더니즘이 위치한다. 이제 이 여러 유형의 소설들을 차례대로 살펴보기로 하자.

먼저, 인물시점서술에서는 장면묘사가 지속됨으로써 요약서술 부분이 거의 소멸될 것으로 생각되지만, 실제로는 특별한 방법에 의해 이따금씩 나타난다. 이를테면 다음과 같은 경우이다.

"상관없어요. 경찰들이 모두 거리에 나와 있을 때가 어떤 의미에서는 안전해요. 나 같은 피래미야 누가 신경을 쓰나요. 수배자만 해도 수천 명이 될 텐데. 누가 누군지 어떻게 알아요."
 석일은 고개를 끄덕이면서도 그녀의 대담성에 놀라고 있었다. 도대체 저 힘은 어디서 비롯된 것일까. 70년대와 다른 저 자신감은. 석일은 유신 말기에 지나간 자신의 학창시절을 돌이켰다. 유인물 몇 장 뿌리고 벽보 서너 장 붙이다 잡히면 몇 년씩 선고받았다. 민주주의란 말은 체제전복이었고 더 나아가 국가전복으로 간주되었다. 또한 분단상황은 정권연장 수단으로 교묘하게 이용되었다. 그것은 정체되어 버린 사회 전체의 비극이었다. 그때 젊은이들에게 팽배해 있던 것은 패배감과 증오심뿐이었다.
―― 양헌석, 〈태양은 묘지 위에 붉게 타오르고〉

 인용문은 석일의 회상을 매개로 요약서술이 전개되는 부분이다. 둘째 단락 다섯째 문장 이후의 요약서술은 석일이 머리 속으로 되돌아보는 내용을 적은 것이다. 따라서 이 부분의 실제적인 화자는 석일 자신이다.
 이 밖에도 요약서술은 초점화자가 전해들은 내용을 정리하는 형태로 나타나기도 한다. 이와 같은 회상 등을 통해 요약서술은 작품에 따라 분량에 차이가 있을 수 있다. 그러나 일반적으로 요약서술은 매우 적은 편이며, 그 대신 내적 독백이 장면묘사에 틈입하는 양상이 빈번히 나타난다.

 창밖 구경이나 할까. 어제밤처럼. 안 되지, 지금은 한낮인데. 어제밤엔 구경거리가 많았지. 컴컴한 천정을 향해 눈을 멀뚱멀뚱 뜨고 누워 있을 때 술취한 중년 남자가 두만강 푸른 물이 …… 하고 노래를 부르며 지나갔다. 그는 창가로 살금살금 다가가 손가락 하나만큼 휘장자락을 들치고 바깥을 내다보았다. 아쉽게도 술취한 아저씨는 금방 지나가 버렸고 한참 뒤에야 젊은 연인들이 다가왔다. 그들은 창 조금 못미친 데서 가볍게 입을 맞추었다.
―― 사람이 보는 데서 입맞추고 서로 만지는 건 스스로 사람 권위를 포기한 자들이야.
 래영의 말처럼 저들도 사람 권위를 포기한 연인들일까. 아냐. 누가 보고 있다는 걸 저들은 까맣게 모르고 있는 걸. 나 역시 고린이라는 절 근처를 지날 때 그 어둑한 골목에서 래영의 입술을 훔친 적이 있잖아. 권위, 그까짓 게 뭐야. 짐승이 되어도 래영을 저렇게 껴안고 만지고 볼을 비빌 수만 있다면 ……

—— 윤정모, 〈님〉

위에서 첫째 단락(넷째 문장 이후)은 초점화자(「그」, 진국)가 창 밖을 내다본 인식내용이다. 그런데 이 부분은 외부 인식임에도 장면제시보다는 초점화자의 의식상태를 보여주는 기능을 하고 있다. 즉, 래영을 그리워하는 진국의 울적한 심리가 반영된다. 이 점에서 이런 외부 인식은 래영의 말(사람이 보는 데서 …… 포기한 자들이야)을 회상하며 이어지는 독백과 동일한 기능을 하고 있다. 이처럼 사건진행보다는 초점화자의 심리상태를 반영하는 외부 인식은 전체적인 독백체 서술의 한 부분이라고 할 수 있다. 그리고 심리 제시 기능을 갖는, 인용문과 같은 내적 독백은, 장면 제시에 덧붙여지는 내면의식이 아니라 하나의 독립적인 서술의 단위를 이루게 된다.

윤정모의 〈님〉은 위와 같은 내적 독백이 많아짐으로써 양헌석의 〈태양은 묘지 위에 …… 〉에 비해 보다 심리주의화된 경향을 보이고 있다. 〈태양은 묘지 위에 …… 〉에서는 장면제시와 요약서술(회상)로 엮어지는 외부 사건이 주도적이며, 내면의식은 그것에 종속되어 있다. 반면 〈님〉의 경우 외부 사건(장면제시＋회상)과 내면의식(내적 독백)이 거의 대등하게 중요한 기능을 하고 있다. 이는 인용문과 같은 지속적인 내적 독백이 많아지고 있기 때문이다. 그런데 여기서 한발 더 나아가 외부사건이 주도력을 상실하고 내면의식이 더 우세해지는 경우가 있다.

  그는 조심스럽게 온 방안의 물건들을, 조금 전까지 흔들리고 튀어오르고 덜컹이던 물건들을 하나하나 훑어보기 시작한다.
  물건들은 놀랍게도 뻔뻔스러운 낯짝으로 제자리에 가라앉아 있었다. 그는 비애를 느낀다. 무사무사(無事無事)의 안이 속에서 그러나 비웃으며 물건들은 정좌해 있다. 그는 투덜거리면서 스위치를 내린다. 그리고 소파에 앉아 단 설탕물을 마시기 시작한다. 방안 어두운 구석구석에서 수군거리는 소리가 들려온다. 어둠과 어둠이 결탁하고 역적 모의를 논의한다. 친구여, 우리 같이 얘기합시다. 방모퉁이 직각의 앵글 속에서 한 놈이 용감하게 말을 걸어 온다. 벽면을 기는 다족류 벌레의 발자국 소리가 들려온다. 옷장의 거울과 화장대의 거울이 투명한 교미를 하는 소리도 들려온다.
―― 최인호, 〈타인의 방〉

인용문에서 사물들의 말소리는 실제로는 초점화자의 의식 내용이다. 〈타인의 방〉은 소설의 반 이상이 인용문처럼 사물들과 내면적 대화를 나누는 것으로 되어 있다. 이 소설의 사건은 「그(초점화자)는 귀가한 후 아내가 없는 쓸쓸한 아파트의 방을 경험했다」는 단순한 삽화일 뿐이다. 소설의 핵심을 이루는 것은 삽화 자체보다는 극심한 소외감에 젖은 초점화자의 의식 내용이다.

〈타인의 방〉처럼 초점화자의 내면의식(내적 독백, 의식의 흐름)이 외부사건보다 우위에 있는 소설형식은 인물시점서술 중에서도 특별한 양상이라고 할 수 있다. 이를테면 〈경영〉, 〈맥〉, 〈겨울골짜기〉, 〈태양은 묘지위에 붉게 타오르고〉, 〈강〉, 〈님〉 등과 구별되는, 〈소설가 구보씨의 일일〉, 〈지주회시〉, 〈타인의 방〉, 〈밤길의 사람들〉, 〈덧문 너머의 헝클어진 숨결〉, 〈어느 무정부주의자의 하루〉의 특이한 서술양식이다. 초점화자의 의식내용이 사건의 내용보다 중요한 비중을 차지하는 후자의 유형이 바로 「모더니즘」소설이다.[85]

한편 인물시점서술의 서술방식을 세분하면 자유간접문체, 내적 독백, 의식의 흐름의 세 가지로 나눠진다. 「자유간접문체」는 화자와 인물의 이중적 목소리가 포함된 것으로 화자시점서술과 인물시점서술의 경계선에서 나타난다.[86] 이 서술방식은 화자와 인물의 목소리를 섞어쓰는 것

---

[85] 외부사건이 주도력을 상실하고 내부사건이나 내면의식이 중요시되는 모더니즘 소설들을 아우얼바하는 현대사회의 새로운 리얼리즘이라고 부르고 있다. 아우얼바하, 《미메시스》, 237~74면 참조.

에서부터 인물의 지각이나 사고를 지속적으로 제시하는 것에까지 이르고 있다. 후자의 경우 화자의 존재가 사라진듯한 인물시점서술의 일반적 양상과 일치한다. 그러나 이 경우에도 최소한의 화자의 개입은 있게 마련이며 그것이 보다 더 적어지는 「내적 독백」이나 「의식의 흐름」과 구분된다.

예컨대 최인호의 〈타인의 방〉은 내적 독백이기보다는 자유간접문체에 가깝다고 볼 수 있다. 위의 인용문 중 '그는 비애를 느낀다'는 인물시점서술로 된 자유간접화법의 이중적 특징을 잘 보여준다. 현재형으로 된 이 문장은 인물 '그'의 내부심리를 드러내는 인물시점서술이다. 즉, 이 문장은 실제로는 '나는 비애를 느낀다'는 '그'자신의 심리를 전달하고 있다. 그러면서도 '나' 대신 '그'를 사용한 것은 '그'가 화자에 의해 여전히 서술되고 있기 때문이다. 이 점에서 이 문장은 인물시점이면서 또한 화자가 개입한 이중적인 화법(즉 자유간접문체)이다. 여기에서 '그'마저 없어지고 '나'로 바뀌게 되는 지점에서 「자유직접문체」[87]인 「내적 독백」이 나타나는 것이다.

　　홍 …… 진수는 자기가 한시간뒤, 다시 친구의집을 들러 그 소녀의 아직도 안들어 오셨세요 하는 말을 들었을때의 그 실망과, 이제 다시 이십닛길을 터더-ㄹ 터더-ㄹ 걸어가야만하나 하는 뼈-ㄴ 한 사실에 새삼스러이 생각이 미쳤을때의 그 울것같은 감정을 또 한번 되씹어 보며, 주먹을 들어 순구를 이자리에 때려누이고, 그리고 한바탕을 소리를 내어 울고싶은 격정을 느꼈다. 아아, 이 불길한, 이 우울한 물건은 웨 나의 눈앞에 있나. 내가 밖에 나가있는 동안에 그는 웨 그의 불결한 이부자리와 함께 이방에서 도망질치지 않았나. 이 구차한 내가 양복을 잡히고, 외투를 잡히고, 가방을 잡히고, 책이며 잡지며를 팔아서 두사람의 양식거리를 마련하는 동안, 아무 일도 한일이 없이 핀둥 핀둥 지내온 너는 좀더 나의 비위를 맞후어 주어도

---

86) 슈탄첼, 《소설의 이론》, 107~204면, 277~87면. 채트먼, 《영화와 소설의 서사구조》, 246~55면.
87) 채트먼, 《영화와 소설의 서사구조》, 220~26면.

좋을께 아니냐. 네가 무슨 권리를 가져, 내 물음에 대답을 않고, 그리고 내앞에 그런 떠름한 얼굴을 하느냐.

— 박태원, 〈딱한 사람들〉

 인용문의 첫 문장은 진수의 내면의식과 화자의 서술이 뒤섞인 이중적인 화법이다. 그러나 다음 문장들에서는 진수의 내면의식이 화자의 매개 없이 거의 직접적으로 노출되고 있다. 이 부분은 인용부호로 묶어도 좋을 곳이지만 인용부호 없이 진수의 일인칭으로 서술되고 있다. 이처럼 인물의 내면의식이 일인칭으로 직접 노출되는 서술을 「내적 독백」이라고 부른다.
 〈딱한 사람들〉은 내적 독백으로 일관된 소설은 아니지만 자유간접문체와 더불어 내적 독백이 두드러지는 서술을 사용한다. 이러한 수법은 직접적 제시의 효과를 높이려는 시도이며 이 소설에서 신문광고를 직접 제시하는 수법 등도 이와 연관이 있다. 그러나 내적 독백에서도 최소한의 통제는 이루어지고 있는데 그것은 인물의 어떤 목적을 지닌 사고가 제시되는 점에서이다. 목적을 지닌 사고를 제시한다는 것은 인물의 무한한 내면의식 중에서 의미있는 것을 선별한다는 뜻을 지니는 것이다. 그 정도의 통제마저 없어지고 자유연상에 의한 두서없는 내면의식이 제시될 때 「의식의 흐름」[88]이 출현한다.

 지금. 지금. 골수에스미고말았나보다. 칙칙한근성이-모르고그랬다고하면말이될까? 더럽구나. 무슨구실로변명하여야되나. 에리! 에잇! 아무것도차라리억울해하지 말자-이렇게맹세하자-그러나그의뺨이화끈화끈달았다. 눈물이새금새금맺혀들어왔다. 거미-분명히그자신의거미였다. 물부리처럼야위들어가는아내를빨아먹는거미가너자신인것을깨달아라. 내가거미다. 비린내나는 입이다. 아니아내는그럼그에게서아무것도안빨아먹느냐. 보렴-이파랗게질린수염자국-퀭한눈-늘씬하게만연되나마나하는형없는營養을-보아라. 아내가거미다. 거미아닐수있으랴. 거미와거미거미와거미냐. 서로빨아먹느냐. 어디

---
[88] 위의 책, 226~36면.

로가나. 마주야위는까닭은무엇인가.

〈지주회시〉는 3인칭 소설이면서 '그'의 1인칭 의식의 흐름이 주도적인 소설이다. 의식의 흐름의 특징은 문장들의 연결이 일반적인 의미론적 원리에 따르지 않는다는 점이다. 그것은 인물의 정리되지 않은 내면의식이 그 자신의 자유연상의 원리에 따라 연결되기 때문이다. 이는 인물의 내면심리를 거의 원래대로 드러내는 방법으로 화자의 매개가 가장 극소화된 서술방식이다. 그러나 의식의 흐름 소설에서도 화자의 서술전략은 암암리에 작용하는 것으로 생각된다.

이제까지 우리는 인물시점서술을 외부사건이 우세한 것과 내면의식이 두드러진 것으로 나누고, 후자의 모더니즘 소설들을 다시 자유간접문체, 내적독백, 의식의 흐름으로 분류했다. 이러한 순서는 화자의 매개가 거의 소멸되는 과정을 따르고 있다. 이제 이 소설들을 도표로 정리해보면 다음과 같다.

인물시점서술	리얼리즘	외부사건 > 내면의식 외부사건 = 내면의식		〈태양은 묘지위에 붉게 타오르고〉 〈님〉
	모더니즘	외부사건 < 내면의식	자유간접문체 내적 독백 의식의 흐름	〈타인의 방〉 〈딱한 사람들〉 〈지주회시〉

(5) 1인칭 서술상황

① 1인칭서술의 근본상황

1인칭서술에서 가장 중요한 사실은 이야기에 등장하는 인물이 화자의 역할을 맡는다는 점이다. 동일인인 인물과 화자는 똑같이 '나'로 지칭되므로 3인칭에서처럼 쉽게 구분되지는 않는다. 그러나 인물로서의 '나'와 화자로서의 '나'의 관계양상은 3인칭의 경우와 유사하게 나타날 수 있다. 이 두 가지의 '나' 중 전자를 「체험적 자아」라고 부르며 후자를 「서술적 자아」라고 지칭한다. 1인칭 서술은 이 두 자아의 여러 관계 양상에 따라 다양한 서술방식으로 나타난다.

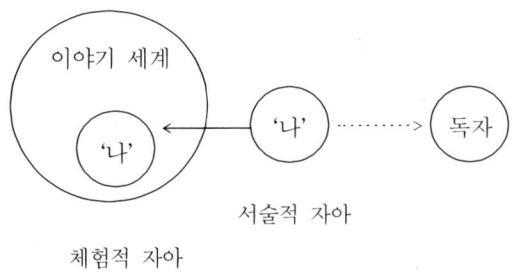

[1인칭 서술 상황(실선 : 시점, 점선 : 서술)]

우리는 1인칭 서술에서도 3인칭에서처럼 몇 가지 서술방식의 띠를 설정할 수 있다. 그러나 1인칭의 특수한 상황 때문에 3인칭의 경우와는 일정한 차이를 드러내게 된다. 즉 1인칭 서술에서는 전지적 시점이 불가능하며, 그 대신 인물과 화자가 동일인이라는 존재론적 이유로, 또 다른 고유한 특징들이 나타난다.

우선 1인칭의 다양한 서술방식은 체험적 자아(인물로서의 '나')의 이야기 내부의 기능에 의해 생겨난다. 즉 체험적 자아가 이야기의 주인공이냐 부차적 인물이냐에 따라 여러 경우가 생겨난다. 후자의 경우 목격자적 인물이 사건에 참여하느냐 단순한 증인에 그치느냐에 따라 또 달라지게 된다.

먼저 단순한 증언자의 경우로는 전영택의 〈화수분〉을 들 수 있다. 이 소설의 1인칭 화자(혹은 목격자)는 화수분의 셋집 주인으로 화수분

일가의 일을 담담하게 거리를 두고 서술한다. 화수분의 죽음이 매우 비극적임에도 불구하고 1인칭 목격자-화자는 감정을 거의 개입시키지 않는다. 반면에 이태준의 〈달밤〉에서 1인칭 화자는 매우 연민어린 눈으로 주인공 황수건을 바라본다. 황수건의 내면에 초점을 맞춘 이 소설의 서정적 분위기는 지식인 화자의 따뜻한 시선에 의해 포착된 것이다. 1인칭 목격자-화자가 이야기에 보다 더 연루된 경우로는 현진건의 〈빈처〉를 들 수 있다. 이 소설에 이르면 목격자-화자는 주인공과 거의 비슷한 위치에 있게 된다.

그러나 1인칭 목격자-화자가 주인공의 이야기에 상당히 연루된 경우에도 반드시 동정적인 태도만을 드러내는 것은 아니다. 예컨대 채만식의 〈치숙〉에서 1인칭 화자는 주인공 오촌 고모부에 대해 상당히 반감을 가지고 있다. 따라서 우리는 목격자가 주인공에 대해 동정적이냐 그렇지 않냐에 따라 이 계열의 소설을 다양하게 나눠볼 수 있다.

〈치숙〉은 그 밖에도 서술적 자아가 극화되어 있는 독특한 특징을 드러낸다. 1인칭에서 체험적 자아가 극화되는 것은 당연하지만 서술적 자아(화자로서의 '나')마저 인물처럼 극화된 점은 특이한 서술적 특징을 형성한다. 즉 이런 서술에서는 소설 전체를 인용부호에 넣을 수 있을 정도로 생생한 구어적인 어투가 나타난다.

> 우리 아저씨 말이지요. 아따 저 거시키, 한참 당년에 무엇이냐 그놈의 것, 사회주의라더냐, 막덕이라더냐, 그걸 하다 징역 살고 나와서 폐병으로 시방 앓고 누웠는 우리 오촌 고모부(姑母夫) 그 양반……
> 머, 말두 마시오. 대체 사람이 어쩌면 글쎄…… 내 원!
> 신세 간 데 없지요.
> 자, 십년 적공, 대학까지 공부한 것 풀어 먹지도 못했지요, 좋은 청춘 어영부영 다 보냈지요. 신분(身分)에는 전과자(前科者)라는 붉은 도장 찍혔지요. 몸예는 몹쓸 병까지 들었지요. 이 신세를 해 가지굴랑은 굴속 같은 오두막집 단간 셋방 구석에서 사시장철 밤이나 낮이나 눈 따악 감고 드러누웠군요.

이처럼 화자로서의 '나'(서술적 자아)가 인물처럼 생생하게 드러나는 경우를 「극화된 화자」라고 부른다. 극화된 화자를 사용하는 소설로는 채만식의 〈소망〉, 주요섭의 〈사랑방 손님과 어머니〉, 송기원의 〈늙은 창녀의 노래〉 등을 들 수 있다. 이들 소설 중에서도 서술적 자아가 극화된 정도에 따라 다양한 형태가 나타난다.

한편 1인칭 서술은 서술적 자아와 체험적 자아 중 누구의 시점(그리고 목소리)이 주도적이냐에 따라 또 여러 가지로 분류된다. 한쪽에는 주석적 서술처럼 사설을 늘어놓는 방식이 있고 다른 한쪽에는 인물시점 서술처럼 체험적 자아에 의존하는 서술이 있다. 그리고 그 중간에는 체험적 자아와 서술적 자아가 긴장관계를 이루는 1인칭 주인공 서술이 위치한다.

서술적 자아의 서술이 주도적인 것 중에는 1인칭의 한계를 넘어서서 체험적 자아가 완전히 소멸된 소설도 있다. 이런 소설은 매우 실험적인 경우인데 왜냐하면 체험적 자아의 소멸은 이야기 세계의 부재를 의미하기 때문이다.

    —— 독자여, 안녕하셨는가? 나는 이 소설의 작가 이인성이다. 다름아닌 당신에 대한 소설을 쓰며, 나는 지금 ……
  인사를 적다가 문득, 나는 지금, 당신이 이 인사법에 주목해 주었으면 좋겠다는 생각에 쏠린다. 나는 물론 이 소설의 이야기꾼이지만, 이 소설에선 이야기꾼으로서의 다른 이름을 가지고 있지 않다. 나는 본문 안에서도 여전히 이 책 표지에 인쇄되어 있는 이름의 존재와 동일한 이인성이고자 하는 것이다. 이상하게 들릴지 모르겠는데, 이 점은 퍽 중요하다. 지금, 나는, 그 동안 줄곧 그래왔고 앞으로도 대개는 그럴 것이듯이, 내 소설 속에 나오는 다른 이야기꾼이 되기를 애써 피한다.
                        —— 이인성,〈당신에 대해서〉

이 극단적인 서술적 자아 서술은 1인칭과 3인칭의 한계지점에 위치한다고 볼 수 있다. 체험적 자아가 사라짐으로써 서술적 자아가 이야기 세계의 인물이라는 특징이 소실되기 때문이다.
  이와는 반대로 체험적 자아 시점이 주도적인 대신 서술적 자아가 거의 소멸된 소설도 있다. 이런 소설은 인물시점서술과 유사한 서술상황을 드러낸다. 그리고 인물시점서술이 초점화자의 의식내용을 부각시키는 서술로 진전되듯이 이 체험적 자아 서술 역시 그 방향으로 나아갈 수 있다. 다만 후자는 전자와는 달리 '나'를 사용하므로 내적 독백체에 보다 가깝다고 할 수 있다.

    이제 더 이상 빛은 빛이 아니었고, 어둠은 어둠이 아니었다. 빛이 타올라 빛과 어둠이 되었고, 어둠이 타올라 다시 빛과 어둠이 되었다. 그러면서 서서히 빛과 어둠의 구분마저 사라져갔다. 마침내 나는 그곳에서 불이 켜지고 꺼진 모든 부분들이 함께 어우러져 만들어내는 무한히 변화무쌍한, 무수한 형태들을 발견했다. 그리고 그때 나는 공포감에 가까운 희열에 사로잡혔다. 나는 나의 두 눈이 잔뜩 충혈되어 있음을 느낄 수 있었다.
                        —— 최수철, 〈신문과 신문지〉

  이 소설이 '그'를 사용하는 인물시점서술과 다른 점은 자유간접문체 대신 내적 독백체를 쓰고 있다는 점이다. 그러나 이런 서술에서 '나'를 '그'로 바꿔써도 소설의 효과는 크게 달라지지 않는다. 서술적 개입이 극소화됨으로써 서술적 자아와 체험적 자아의 관계에서 생기는 1인칭의 독특한 특징이 형성되지 않기 때문이다.
  이제까지 우리는 1인칭 서술에서 설정할 수 있는 세 가지 서술방식의 띠를 살펴보았다. 첫째는 체험적 자아의 이야기 내적 기능에 의한 것으로 주인공 시점에서 목격자 시점에 이르는 띠를 설정할 수 있다. 둘째는 서술적 자아의 극화된 정도에 관계된 것으로 극화된 화자와 극화되지 않은 화자의 띠를 배열할 수 있다. 마지막으로는 서술적 자아와 체험적 자아 중 어느 쪽이 주도적이냐에 따라 다양한 서술방식들이 나열된다. 이 세 가지를 도식으로 정리하면 다음과 같다.

　모든 1인칭 소설들은 이 세 항목의 조합으로 설명될 수 있다. 예컨대 〈치숙〉은 목격자 시점이고 극화된 화자이면서 서술적 자아가 우세한 서술이다. 반면에 〈신문과 신문지〉는 주인공 시점-극화되지 않은 화자-체험적 자아 서술이며 〈달밤〉(이태준)은 목격자 시점-극화되지 않은 화자-체험적/서술적 자아 서술이다.
　위의 세 가지 항목은 모두 1인칭 서술의 고유한 특징과 연관된 것들이다.[89] 그러나 1인칭의 이 다양한 양상 중에서 가장 관심을 모으는 것은 체험적 자아와 서술적 자아의 관계에서 생겨나는 특징들이다. 두 자아의 긴장관계에서 발생하는 1인칭 서술의 독특한 양상은 1인칭 주인공 서술에서 잘 살펴볼 수 있다. 이 서술방식에서는 그 특징들이 단순한 서술기법을 넘어서서 일정하게 「양식화」하는 경향을 보이기 때문이다. 그러면 다음에서 1인칭 주인공 서술의 양식적 특징을 고찰하기로 하자.

② 1인칭 주인공 서술
　1인칭 주인공 서술에서는 서술적 자아의 시점(그리고 목소리)과 체

---

[89] 극화된 화자는 3인칭에서도 나타날 수 있지만 1인칭에서는 인물과 동일인인 화자가 등장하므로 극화의 특징이 보다 분명하게 드러난다.

험적 자아의 시점(목소리)이 동일한 1인칭으로 혼합되어 나타난다. 따라서 양자의 구분을 위해서는 서술언어를 세밀히 분석해볼 필요가 있다. 그 둘을 분석하는 것은 1인칭 주인공 서술의 양식적 특성이 두 자아의 변증법적 관계를 통해 나타나기 때문이다.

예컨대 이문열의 《추락하는 것은 날개가 있다》에서는 서술적, 체험적 두 자아의 분리 및 통합의 관계가 소설의 구성적 특징을 형성하고 있다. 이는 1인칭 주인공 소설의 일반적 양상을 보여주는 예이다. 이 소설의 서술을 분석함으로써 1인칭 주인공 소설의 핵심적 특징을 살펴보기로 하자.

(가) 60년대의 중반에서 70년대의 중반에 걸쳐 그의 20대를 보냈던 한국사람이라면, 언뜻 보아 의미없어 보이는 10년 단위의 그 연대가 가지는 차이를 대개는 알 것입니다. 그것은 막걸리와 생맥주의 차이이며, 젓가락 장단과 통기타 반주의 차이이고, 목 자른 군화와 청바지의 차입니다. 작부와 호스테스의 차이이고, 다방과 고고홀, 가락국수와 라면의 차이일 수도 있지요.

(나) 이튿날 아침 나는 눈을 뜨자마자 윤주에게로 달려갔다. 윤주도 아마도 앉은 채로 밤을 새웠음에 틀림없었다. 이불을 편 흔적도 없이 내가 떠날 때의 그 옷차림에 그 자세로 방안에 우두커니 앉아 있다가 핼쑥 질린 얼굴로 방문을 여는 나를 바라보았다. 나는 갑자기 꽉 막혀 오는 가슴으로 숨을 헐떡이며 마당에 신발을 뿌리고 방안으로 뛰어들어가 그녀를 쓸어안았다.

"서윤주, 나는 어젯밤 …… 이 방에서 내 순결한 첫사랑에게 동정(童貞)을 바쳤다. 이제 나는 …… 그녀와 함께 ── 남은 삶을 채워갈 것이다. 그녀와 결혼하고 …… 그녀와 결혼하고 …… 그녀의 몸을 빌어 ── 내 아이들을 낳을 것이다."

나는 그 말이 스물 한 살의 대학교 3학년에게 얼마나 어울리지 않는 것인지, 그리고 그 표현방식이 얼마나 과장되고 어색한지 따위를 생각해 볼 겨를도 없이 목이 메어 더듬거렸다. 그녀는 물줄기가 홍건한 눈길로 나를 가만히 올려보며 가늘게 몸을 떨고 있을 뿐이었다.

(다) 그게 잘못 본 게 아니라고 천 번이라도 자신 있게 말할 수 있습니다만, 세상에서 그렇게도 만족과 평온에 찬 사랑의 눈길이 있을까요? 거기다가 또 그녀는 정신을 잃기 직전, 안간힘을 다해 내 귀에 속삭였습니다.

"그래 …… 됐어 …… 실은 나도 하루하루 꺼져가는 촛불 같은 우리 삶을 …… 망연히 보고 있기가 괴로왔어 …… 그런데 그런데 말이야 …… 바보같이 너는 왜 …… 일찌감치 내게서 달아나지 않았어? 그렇게도 여러 번 …… 기회를 주었더랬는데 …… 이렇게 함께 추락하는 게 안쓰러워 …… ."

(라) "그런데 어느 쪽이 진실이었을까요? 그녀가 방을 나서려 하며 가로막는 내게 쏘아붙인 말들과 끌어안겨 피 흘리며 내게 속삭인 말들 가운데 …… 아니, 그녀는 어떤 여자였을까요? 여자라는, 성으로 구분된 보편적인 집단의 한 예외였을까요? 아니면 70년대초의 한국적 상황과 한참 위세를 떨치던 아메리카니즘이 우리 딸들을 돌게 해 만들어낸 한 특수한 예외였을까요 ……"

《추락하는 것은 날개가 있다》(이문열)는 액자소설로서, 외화 부분에서는 임형빈의 얘기를 듣는 한국인 영사가 1인칭 화자로 되어 있다. 따라서 외화 부분에서 임형빈의 말은 (라)처럼 인용부호로 묶여 있다. 그러나 내화로 진입하면, 임형빈이 화자(서술적 자아)가 되므로 인용부호가 풀린 채로 서술이 이어진다. 즉 내화의 첫 부분인 (가)의 경우이다.

(나)에서 말투가 바뀐 것은, 이야기(내화)가 진행됨에 따라 서술적 자아(영사에게 진술하는 임형빈)가 체험적 자아(회상되는 임형빈)에 동화되는 부분이 많아짐으로써, 더이상 영사에게 진술하는 말투를 견지하기 어려워졌기 때문이다. (나)의 첫 단락은 체험적 자아의 행동을 묘사한 것으로, 서술적 개입이 거의 없는 극화된 장면이다. 그러나 똑같은 장면 묘사임에도 불구하고 셋째 단락에는 서술적 자아가 개입한 흔적이 나타나 있다. 즉, 밑줄친 부분은 「서윤주에게 말하는 임형빈」의 생각이 아니라 「영사에게 진술하는 임형빈」의 사고 내용인 것이다.

(다)는 내화의 마지막 부분으로 다시 진술체의 말투로 돌아와 있다. 따라서 전체적으로는 서술체이지만 이 부분에서 묘사가 사라진 것은 아니다. 첫 문장은 묘사를 조금 포함한 서술이고 둘째 문장은 거의 묘사에 가까우며 나머지는 서윤주의 말을 인용한 것이다. (라)는 (다)에 이어 쓸 수 있는 임형빈의 말이지만, 외화로 나옴으로써 인용부호에 묶여져 있다.

이상에서처럼 이 소설의 내화부분은 서술적 자아와 체험적 자아가 상호 혼합되는 가운데 서술이 진행된다. 일반적으로 1인칭 서술에서는, 분리된 두 개의 자아가 서술과 묘사를 통해 혼합되며, 그로 인해 다음과 같은 특징을 나타낸다.[90] 먼저 서술적 자아와 체험적 자아는 시간적 거리를 두고 긴장관계를 이루고 있다. 즉, 위의 소설에서 살인자로서의 임형빈과 서윤주를 사랑하던 임형빈 사이에는 어떤 긴장이 존재한다. 그러나 일단 서술이 진행되면, 양자 사이의 거리를 유지하는 서술 부분과 체험적 자아에 동화되는 묘사 부분이 수시로 교차되며, 그에 따라 두 자아 사이의 긴장은 고조되거나 이완된다. 그리고 서술이 종말에 가까워지면서 시간적 거리는 점차 사라지고, 두 자아는 일치점을 향해 나아간다. 그때 서술적 자아의 감회가 마침내 체험적 자아에게 전이되는 순간이 오는데, 그것은 「나」의 일생에 중대한 변화를 초래하는 사건이 일어나는 순간이다. 예를 든다면, 《추락하는 것은 날개가 있다》에서의 살인사건, 〈탈출기〉의 출가의 순간, 〈날개〉에서의 집으로부터 멀어지는 행동, 《이방인》에서 아랍인을 쏘는 순간 등이다. 그 사건을 계기로 「나」의 운명은 뒤바뀌게 되며, 이 순간에 체험적 자아는 거의 서술적 자아와 일치된다. 《추락하는 것은 날개가 있다》에서 서윤주를 쏜 후 임형빈의 운명은 뒤바뀌며 살인자가 된 그는 그 이전의 자신보다는 서술적 자아 쪽에 더 가까워지게 된다. 이 소설에서 임형빈은 살인의 충격으로 치매상태에 빠지지만, 많은 다른 소설에서 「나」는 이제까지의 전 체험을 되돌아보면서 격정에 싸여 인생에 대한 중대발언을 하게 된

---

90) 슈탄첼, 《소설형식의 기본유형》, 49～76면.

다. 〈탈출기〉에서 박군은 '우리는 여태까지 속아 살았다 …… 우리는 우리로서 살아온 것이 아니라 어떤 험악한 제도의 희생자로서 살아왔었다 ……'고 외치며, 〈날개〉의 「나」는 '그것은 내 인공의 날개가 돋았던 자국이다. 오늘은 없는 이 날개, …… 날자. 날자. 날자. 한번만 더 날자꾸나'라고 말한다.[91] 이 부분은 소설의 종말을 이루는데, 얼마 시간이 지난 상태에서 서술적 자아가 체험적 자아로부터 거리감을 두게 되면 소설의 처음이 시작되는 것이다.

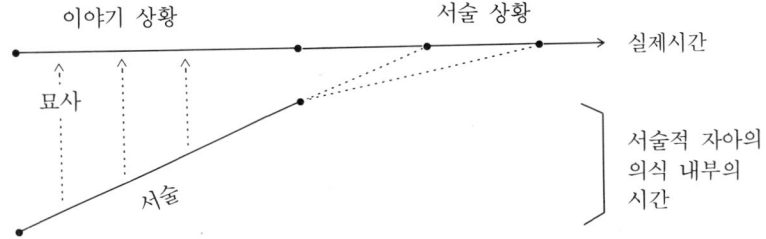

이처럼 1인칭 주인공 서술은 서술적 자아가 자신의 운명을 바꿔놓은 사건에 대해, 왜 그런 일이 불가피했는가를 토로하는 성격을 갖는다. 즉, 자신의 모든 체험을 「진실을 입증하는 형식」[92]으로 고백하려는 것이다. 그리고 그 과정에서 자아에 대한 이해 및 세계와 「나」와의 관계가 해명된다.

(6) 소설의 틀과 의사소통의 구조

지금까지 우리는 소설의 서사담론의 세 가지 특성 중 「시점」과 「서

---

91) 물론 둘 다 내적 독백으로 나타난다.
92) 슈탄첼, 《소설형식의 기본유형》 앞의 책, 58, 70~71면.

술」에 대해서 살펴보았다. 이제는 또 하나의 중요한 측면인 「의사소통의 구조」에 대해 고찰하기로 한다. 소설이 복합적인 의사소통의 구조를 갖는 점은 이야기를 매개하는 인격적 존재자가 가능한 장르적 특성으로 볼 수 있다. 즉 언어의 주체인 화자의 존재는 소설의 복합적인 의사소통의 구조를 만들어낸다. 그런데 의사소통의 구조란 결국 화자(혹은 내포작가)와 독자 간의 소통관계를 말하며 이는 소설과 현실의 경계에서 일어나는 작용이다. 따라서 이 문제는 소설의 틀의 문제와도 긴밀히 연관되어 있다. 우리는 다음에서 소설의 틀을 살피는 관점에서 의사소통의 구조를 고찰하기로 한다. 먼저 소설의 틀이란 무엇인가를 살펴보기로 하자.

① 소설의 시작과 끝

소설의 시작과 끝은 어디인가. 한 폭의 그림에 틀이 있듯이 소설의 이야기에도 테두리가 있게 마련이다. 그렇지 않다면 끝없이 계속되는 이야기를 어떻게 멈출 수 있을 것인가. 소설에서는 실제 삶과는 달리 일정한 분량의 시간만이 다루어져야 한다. 그 한정된 시간의 처음과 끝이 소설의 틀일 수도 있다. 그러나 처음과 끝이 맞물려 있어서 시간의 분량만으로는 한계를 그을 수 없는 소설들도 있다. 예컨대 하일지의 《경마장 가는 길》(1990)에서는 소설이 끝나자마자 바로 그 소설이 시작된다. 소설 속에서 작가가 소설을 썼는데 그 소설이 원래의 소설인 것이다. 물론 주인공-작가가 겪은 첫 사건부터 그 사건들을 소설로 쓰기까지의 시간을 소설의 경계선으로 볼 수도 있다. 그러나 이 소설의 경우 이야기가 완결된 후에 그것이 소설로 쓰여지는 것이 아니라 소설 쓰기 자체가 하나의 사건으로 이야기의 내부에 위치한다. 다시 말해 이야기의 일부인 소설이 전체 소설을 이루는 것이다. 여기서는 부분이 전체가 되고 전체가 부분이 된다.

문제가 더 복잡해지는 것은 양귀자의 〈숨은 꽃〉(1992)처럼 하나의 소설 속에 여러 개의 이야기를 품고 있는 경우이다. 이 소설은 모두 네 가지 이야기를 제시하는데 그 이야기들은 각기 다른 시간과 인물들을 지니고 있다. 이 분산된 이야기들을 한데 모으고 있는 것은 화자-작가의 담론이다. 이제까지 우리는 소설이 이야기와 담론으로 구성되며 담론은 이야기를 전달하는 기능을 하는 것으로 설명해왔다. 그러나 〈숨은 꽃〉에서는 담론이 흩어진 이야기들을 하나의 맥락으로 연결하는 기능을 하고 있다. 화자의 경험인 이야기들은 그의 의식 내부에서 언어들로 빈틈이 채워지는 것이다. 여기서 이야기들을 연결하면서 빈 구석들을 메우려는 화자-작가의 담론은 인물의 삶에 대해 이야기하는 작가로서의 그의 삶의 이야기인 셈이다. 그런 과정에서 화자의 「담론」은 또다른 그의 「이야기」가 된다. 이런 「담론의 이야기화」는 소설의 틀이 이야기의 시작과 끝에만 있지 않음을 말해준다. 이야기가 끝나도 소설은 끝나지 않는 것이다. 담론이 또다른 이야기로서 화자-작가의 인생경험과 창작행위에 대해 들려주기 때문이다.

따라서 소설의 틀은 「이야기시간」 외에도 「담론의 언어」에 의해 결정된다. 담론은 이야기와 현실, 그리고 인물과 독자 사이에 위치한다. 그 양자의 중간에서 담론은 이야기의 내부인 동시에 현실과 맞닿아 있다. 즉 담론은 이야기를 전달하면서 소설과 현실의 경계를 만들어낸다. 담론에 의해 만들어지는 소설의 틀은 이야기 자체의 틀과 일치되는 경우도 있다. 그러나 동양화의 족자처럼 담론이 이야기 밖으로 흘러넘치는 소설도 있을 수 있다. 또한 담론이 바깥의 이야기로서 액자를 만들 수도 있고 창작 행위에 대한 자기의식으로서 이야기와 현실을 뒤섞을 수도 있다. 창작된 이야기와 실제 현실의 경계를 만드는 이 여러 가지 방법들은 이야기와 담론의 관계양상에 따라 다양하게 만들어진다. 그리고 그 다양한 방법들은 각 역사적 시기에 따라 달리 나타나기도 한다. 그러면 다음에서 그런 역사적 변화를 염두에 두고 여러 유형의 소설의 틀을 살펴보기로 한다.

② 고소설의 이야기와 근대소설의 담론

고소설의 틀은 대부분 순행적인 이야기의 시간 구조에 의해 이루어진다. 고소설은 「전범적인 과거」의 이야기를 외부시점의 화자에 의해 조망하는 구조로 되어 있다. 이야기 외부의 화자는 이야기를 재구성하는 기능보다는 담론을 통해 「전범적인 과거」와 독자를 연결하는 역할을 한다. 즉 화자의 담론은 이야기를 치장하는 일을 하긴 해도 이야기와 현실 사이의 경계를 재조정하는 기능은 맡지 않는다. 이는 근대소설의 담론이 이야기를 재배열함으로써 소설의 경계를 재조정하는 사실과 구별되는 점이다.

따라서 고소설의 틀은 이야기 자체에 의해 만들어지며 담론은 이미 이야기에 의해 만들어진 경계를 언어적으로 표시하는 일을 한다. 소설의 이야기는 특정한 시공간에 의해 경계를 만드는데 고소설의 경우 대개 주인공의 출생에서부터 그의 성취기까지가 나타난다. 이같은 고소설의 이야기는 일종의 전(傳)양식으로서 형식적 경계를 이루게 된다. 여기서 이야기와 현실의 독자간의 시공간적 차이를 메움으로써 이야기의 경계를 언어로 표시하는 일을, 화자의 담론이 수행하는 것이다. 예컨대 소설의 서두를 '화설'로 장식한다든지, 시공간의 이동을 '이때' 등으로 알리고, 사건의 진행 및 종결을 '～더라'로 서술하는 것 등이다.

  화셜 됴션국(朝鮮國) 셰종됴(世宗朝) 시졀의 훈 지샹(宰相)이 이시니 셩은 홍(洪)이오 명(名)은 뫼(某)이라 ……
            ——《홍길동전》서두

  왕이 치국(治國) 삼년의 홀연 득병ᄒ여 붕(崩)ᄒ니 쉬(壽가) 칠십이셰라 왕비(王妃) 니어 붕ᄒᄆᆡ 션능의 안쟝훈 후 셰지 즉위ᄒ여 티티로 계계승승(繼繼承承)ᄒ여 틱평을 누리더라.
            ——《홍길동전》결미

화설이란 '말하자면' 하면서 이야기를 끌어내는 담론으로 이야기의 시작을 언어로 알리는 것이다. 이는 현실에서 이야기로 진입하는 서두로서 이야기의 시간적인 출발과 일치한다.

한편 '~더라'체는 앞서 살폈듯이 사건의 지각시와 서술시(발화시)가 분리되는 담론으로 그 단절에 의해 이야기의 경계를 만들게 된다. 사건과 행동을 알리는 고소설의 서사담론은 대부분 '~더라'체로 되어 있다. 그리고 특히 결말의 문장은 반드시 '~더라'로 끝난다. 이는 이야기의 사건 자체가 소설의 경계를 만들고 있으며 담론은 그 경계를 언어로 표시하는 기능을 함을 뜻한다.

이처럼 고소설의 틀은 이야기 자체에 의해 만들어지며 화자의 담론은 그 경계를 언어로 장식하는 역할을 한다. 이는 고소설의 이야기가 「전범적인 과거」로서 그 자체에 현실의 독자로부터 분리되는 테두리를 지니기 때문이다. 화자가 이야기를 재구성하는 기능을 하지 못하는 것도 그 전범적인 과거의 권위를 자신의 것으로 받아들여 전달하는 역할에 치중하기 때문이다.

이와는 달리 근대소설은 근본적으로 현재화할 수 있는 과거의 이야기를 서술한다. 따라서 화자는 이야기를 자신의 관점에서 재구성할 수 있게 되었다. 화자의 담론에 의해 재구성된 이야기는 원래의 이야기의 시공간적 경계를 재조정한 것으로 드러난다. 재구성된 이야기는 반드시 원래의 이야기의 시공간적 틀로만 환원되지는 않기 때문이다. 예컨대 채만식의 〈치숙〉의 소설의 틀은 이야기의 시공간으로만 정해진다고 생각될 수 없다. 극화된 화자를 내세워 이야기를 전면적으로 재구축함으로써 이야기의 시공간을 화자의 극화된 담론에 종속시키고 있기 때문이다. 화자의 언어 자체가 인용부호에 묶여질 수 있으며 따라서 그 언어적 형상을 경계짓는 외부적 틀이 필요하게 된다. 우리는 뒤에서 이 경우를 내포작가라는 개념으로 살펴볼 것이다.

〈치숙〉과 같은 독특한 서술이 아니더라도 일반적으로 근대소설은 이야기의 시공간으로만 경계가 정해지지 않는다. 그것은 화자가 자주 시간을 재구성할 뿐만 아니라 인물의 내면의 제시 또한 매우 빈번하기 때문이다. 시간의 재구성은 고소설의 순차적인 시간의 구축을 부인하는 결과를 낳으며 이야기는 명확한 시공간의 경계를 드러내지 않는다. 또한 내면의 제시가 지속적일 경우 외부 시공간의 모습보다 내면심리의 형상이 소설의 내부를 구성하게 된다. 예컨대 〈날개〉 같은 소설에서 주인공이 경험한 시간과 외부공간만을 소설의 경계로 설정하는 것은 무의미하다.

이처럼 근대소설은 극화된 화자, 시간의 재배열, 내면의 제시 등을 통해 이야기 외에 담론에 의해 소설의 경계를 만들어낸다. 근대소설에 와서 다양한 시점과 서술이 중시되는 것도 이 때문이다. 똑같은 이야기라도 어떻게 서술되었느냐에 따라 소설의 형상과 윤곽이 달라지는 것이다. 다음에서는 근대소설이 다양한 방법으로 복합적인 소설의 틀을 만들고 있는 양상을 살펴보기로 한다.

③ 액자소설

액자소설의 수법은 근대소설의 생성과정과 긴밀하게 연관되어 있다. 고소설에서는 「전범적인 과거」를 형상화하므로, 특별한 틀의 장치가 필요하지 않았다. 기껏해야 '화설', '차설', '이때', '더라' 등의 담론이 틀을 암시할 뿐이었다. 그러나 「근대적 현실주의」 소설은 특별한 권위를 지니지 않는 이야기를 제시하므로 그것의 신빙성이 문제될 수 있었다. 액자소설의 틀은 현실과 소설의 분리를 완충시키는 작용을 수행하여 소설에 신빙성을 부여하기 위해 고안된 것으로 볼 수 있다.

물론 액자 형식이 근대소설에만 나타나는 것은 아니다. 왜냐하면 액자소설은 이야기와 현실 사이의 관점의 차이를 완화하는 형식적 기능만을 하기 때문이다. 예컨대 중세에 고대적 이야기를 하거나 근대에 중세적 이야기를 제시할 때도 액자가 쓰일 수 있다. 가령 김동리의 〈등신불〉은 근대의 시점에서 아주 먼 과거의 이야기를 하기 위해 액자형식을 사용한다.

제 5 장 소설이란 무엇인가   417

그러나 그와 반대로 근대로의 전환기에 아직은 낯설은 새로운 현실주의에 신빙성을 부여하기 위해 쓰이기도 했다. 현실주의 이야기는 전범적인 권위를 지니지 않으므로 허구적 이야기에 현실감을 부여하기 위한 틀의 장치가 필요했던 것이다. 설화에서 「야담」과 「한문단편」으로 넘어가는 과정에서 액자형식이 자주 사용된 것은 이 때문이었다.

야담은 설화와는 달리 신성한 내용이 아닌 현실적 이야기를 구연했다. 현실적 이야기는 설화적 권위를 지니지 않으므로 이야기를 믿게 하기 위한 또다른 장치가 필요했다. 야담에 자주 나타나는 액자형식은 허구적 이야기에 신빙성을 부여하기 위한 틀의 장치로 볼 수 있다.

> 장동의 약주름은 늙고 자식이 없는 홀아비였다. 집도 없어서 약국을 돌아다니면서 밥을 먹거나 잠을 자곤 했다.……사월 어느날이었다. 소나기가 억수같이 내리고 개울창은 물이 넘쳐 흘렀다. 나들이 나온 사람들은 급히 약국에 들어가 비를 피하여 몰려 들었다. 약국 안은 발 디딜 틈이 없이 붐볐다. 약주름이 이때 방안에서 홀연 말을 하였다. "오늘 비는 내 어렸을 때 새재를 넘을 때 비같구료." 한 사람이 말했다. "비가 어찌 옛과 지금이 다르리오." "그때 있었던 일을 생각하면 지금도 잊을 수 없어서요." "어디 한번 들어나 봅시다."……93)

이러한 액자형식은 이야기를 실제로 있었던 일이라고 말함으로써 독자에게 신뢰감을 주기 위한 기법이었다. 야담이나 한문 단편에서 이런 장치가 필요했던 것은 아직 현실주의가 확립되지 않은 단계에서 현실적 이야기를 해야 했기 때문이다. 설화나 영웅소설은 이야기 자체 속에 전범적 권위가 포함되어 있지만 현실적 이야기는 세인의 관심을 끌면서도 아직 중세적 권위를 대체할 논리가 부족했던 것이다.

박지원의 한문 단편에 나타나는 액자형식은 야담의 틀의 장치를 직접적으로 계승한 것으로 볼 수 있다. 예컨대 〈허생전〉은 《열하일기》의

---

93) 청구야담, 〈聽驟雨藥商得子〉, 252~53면.

〈옥갑야화〉라는 대목에 나오는 이야기이다. 《열하일기》의 작가는 북경에서 돌아오는 길에 옥갑이라는 곳에 머물면서 비장들과 어울려 이야기를 주고 받았는데 그것을 적은 것이 〈옥갑야화〉이다. 작가는 이 자리에서 윤영이라는 이야기꾼에게 들은 내용을 들려주었고 그 내용이 바로 〈허생전〉인 것이다. 〈허생전〉이 이런 액자형식을 취하고 있는 것은 허구적 이야기에 신빙성을 부여하기 위한 것이며, 이는 허구를 실제 일처럼 말하는 야담의 수법을 이어 받은 것이다. 훨씬 후대에 오면 이야기 내용만으로 현실감을 줄 수 있었지만 이 당시에는 현실적 이야기를 독자가 실제라고 믿게 하는 장치가 필요했던 것이다.

〈호질〉 역시 《열하일기》의 〈관내정사〉에 삽입된 일종의 액자소설이다. 작가가 어느 곳에 가보니 벽에 글이 걸려 있어 옮겨적었다면서 〈호질〉이 나타난다. 〈호질〉의 액자형식은 이야기에 신뢰감을 주는 것 외에, 과격한 내용을 다른 사람의 이야기인 양 꾸미는 또다른 기능을 하고 있다. 〈호질〉의 내용은 북곽선생이라는 선비가 평판과는 달리 열녀인 과부와 사통을 하다가 똥통에 빠진다는 이야기이다. 북곽선생은 이어서 호랑이에게 심하게 꾸짖음을 당하고 머리를 조아려 사죄한다. 양반의 덕행과 열녀를 칭송하던 시대에 이런 이야기를 선뜻 나서서 하기는 쉽지가 않았다. 박지원은 남의 글이라 말하는 액자형식의 은폐 전략을 통해 검열을 통과할 수 있었던 것이다.

이처럼 액자형식은 근대소설의 형성기에 두 가지 중요한 기능을 했다. 하나는 아직 현실주의가 확립되지 않은 단계에서 현실적 이야기에 신뢰감을 부여하기 위한 것이다. 다른 하나는 이야기에 내포된 현실주의의 관점이 보수적인 세계와 상충하는 것을 완화하는 장치로도 사용되었다.

일반적으로 액자소설이란, 현실과 허구의 경계를 만드는 화자의 담론이, 특별한 필요에 의해 또다른 이야기로 구성된 형식이다. 이야기가 나오게 된 경위를 또다른 이야기로 말함으로써 허구와 현실의 완충공간을 형성하는 것이다. 여기서 원래의 이야기를 「내화」라고 하고 그 이야기를 말하는 바깥의 이야기를 「외화」라고 부른다.

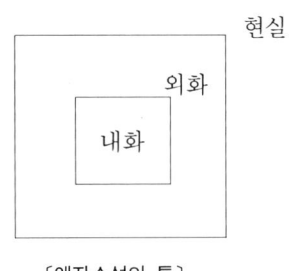

[액자소설의 틀]

　액자소설은 근대소설의 생성기에 중요한 기능을 했지만 정작 근대소설이 본격화된 시기에는 많이 나타나지 않았다. 그것은 이 시기에 현실주의의 요구가 너무나 커져서 현실을 직접 관찰하는 일이 급박했기 때문이었다. 즉, 구한말에서 식민지에 이르는 전환기에는 '누구에게 들은 이야기'보다는 '직접 본 자신의 이야기'가 절실하게 요구되었다. 예컨대 양건식의 〈슬픈모순〉, 염상섭의 〈만세전〉, 현진건의 〈고향〉 등 현실을 직접 「보는」 소설이 긴급했던 것이다.
　오히려 이 시기에 액자소설은 그 현실적 요구를 희석시키는 방법으로 쓰이기도 했다. 예를 들어 김동인이 액자 형식을 자주 쓴 것은 급박한 현실에서 자신의 비현실적인 이야기를 풀어놓기 위한 수법이었다. 즉 그의 액자적 장치는 소설이라는 비역사적 실험실로 들어가기 위한 예비공간의 기능을 했다. 가령 〈광염소나타〉(1930)의 서두에서 화자(작가)는 자신의 이야기가 역사와 현실을 초월하는 소설적 실험실임을 말하고 있다.[94] 초기 소설인 〈배따라기〉(1921)에서는 보다 완전한 액자형식이 나타나는데 여기서도 현실성이 적은 이야기를 보다 설득력있게 전달하려는 장치로 쓰인다.

---

94) 이 소설은 완전한 액자소설은 아니지만 이야기와 현실을 경계짓는 준액자적 틀을 드러낸다.

"그럼, 어디 들어봅시다 그려."
그는 다시 하늘을 쳐다 보았다. 그러나 좀 있다가,
"하디요."
하면서 내가 담배를 붙이는 것을 보고 자기도 담배를 붙여 물고 이야기를 꺼낸다.
"닞히디두 않는 십 구년 전 팔월 열 하룻날 일인데요."
하면서 그가 이야기한 바는 대략 이와 같은 것이다.

이러한 액자적 장치에 이어 내화가 3인칭으로 서술된다. 내화가 뱃사공의 이야기인데 반해 외화는 지식인 화자가 그를 만나는 삽화이다. 만일 이 소설이 내화만으로 이루어졌다면 그 이야기는 보다 더 시대 배경이 불분명한 내용이 되었을 것이다. 외화에서 근대 지식인 화자를 내세움으로써 이 소설이 근대소설의 이야기임이 얼마간 드러난다. 따라서 이 소설의 액자(내화)는 근대라는 시대적 배경과 비현실적 이야기를 연결하는 장치임을 알 수 있다. 그러나 외화의 화자는 쾌락주의와 영웅주의의 세계관을 갖고 있으며 그것은 내화의 비현실적 유미주의와 상응하고 있다. 〈배따라기〉가 잘 짜여진 단편의 전범을 보이면서도 본격적 근대소설로서 미흡한 것은 이 비현실성 때문이다. 이 소설의 액자는 현실감을 주려는 목적으로 사용되었지만 단지 형식적으로만 기능할 뿐 내용적으로는 여전히 비현실적인 소설이 되었다.
이와 유사하게 김동리의 액자소설 역시 토속적 주제와 현실 세계를 연결하는 장치를 지니고 있다. 예컨대 〈무녀도〉의 외화(액자)는 내화의 샤머니즘의 세계를 현실세계에 연관시키려는 의도로 설정되었다.
한 폭의 무녀도와도 같은 내화는 시대적 배경이 불분명한 어떤 무녀의 슬픈 이야기이다. 이 이야기에 포함된 샤머니즘의 원초적 생명력은 현실 세계에서 의미있는 요소가 될 때 근대소설의 주제가 될 수 있다. 따라서 이 소설의 액자는 묵화 같은 내화를 현실적 색채로 채색하는 역할을 해야 할 것이다.

그들 아비 딸은 달포 동안이나 머물러 있으며 그림도 그리고, 자기네의 지난 이야기도 자세히 하소연했다고 한다.
　할아버지께서는 그들이 떠나는 날에 이 불행한 아비 딸을 위하여 값진 비단과 충분한 노자를 아끼지 않았으나, 나귀 위에 앉은 가련한 소녀의 얼굴에는 올 때나 조금도 다름없는 처절한 슬픔이 서려 있었을 뿐이라고 한다.
　…… 소녀가 남기고 간 그림 —— 이것을 할아버지께서는 무녀도라 불렀지만 —— 과 함께 내가 할아버지로부터 전해들은 이야기는 다음과 같다.

　그러나 이 소설의 액자는 내화의 주제에 현실성을 부여하는 기능을 충분히 하지 못한다. 이 소설의 외화는 소녀가 남기고간 무녀도에 액자를 씌우는 정도의 역할만을 할 뿐이다. 토속적인 샤머니즘의 이야기를 둘러싼 소설의 틀은 그 원초적 주제에 현실적인 장식을 다는 데 그치고 있다.
　이상에서 살펴본 것처럼 액자형식은 근대소설의 생성기에 신빙성을 부여하기 위한 중요한 기능을 했다. 또한 본격적인 근대소설이 전개된 이후에도 다양한 주제의 내화에 현실감을 주기 위한 장치로서 이용되고 있다. 액자형식은 소설의 「틀짓기」의 한 유형인 동시에 독자에게 현실감을 제공하는 「의사소통」의 중요한 한 방법으로 볼 수 있다. 이제 액자소설 이외에 근대소설의 틀이 복합적이 되는 또다른 양상을 살펴보자.

④ 근대소설의 의사소통의 구조

　근대소설의 틀이 복합적이 되는 경우는 「극화된 화자」를 사용할 때 분명히 나타난다. 극화된 화자는 인물처럼 대화체를 사용하므로 적어도 두 가지의 지적 존재자가 가정된다. 하나는 극화된 화자의 언어를 듣고 있는 「피화자」이며 다른 하나는 그들의 대화관계를 인용하고 있는 제2의 화자(내포작가)이다. 이들 중 피화자는 구체적 인물로 명시되는 경우도 있으나 「내포작가」는 항상 숨겨진 상태로 존재한다.

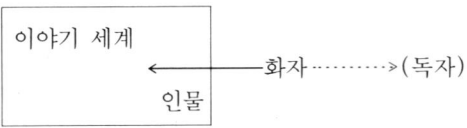

[도표 1] (실선 : 시점, 점선 : 서술)

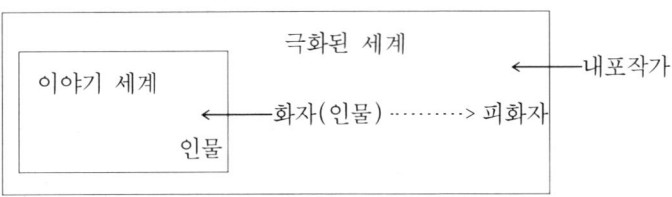

[도표 2] (실선 : 시점, 점선 : 목소리)

위에서 [도표 1]이 일반적인 소설의 소통상황이라면 [도표 2]는 극화된 화자를 사용하는 경우이다. [도표 2]에서는 화자가 대화체로 서술하므로 그 대화의 상대자로서 피화자가 반드시 존재해야 한다. 또한 화자의 언어는 인물의 대화체이므로 그것을 목격해서 인용하는 내포작가가 가정되어야 한다. 다음의 두 개의 예문은 피화자와 내포작가의 존재를 분명히 드러내준다.

　옳아, 언니 시방 하는 말이 맞었어. 나두 실상 그렇게 짐작은 했다우. 그러나 말이지, 사내 대장부가 어찌 그대지 못났수? 이건 과천(果川)서 뺨맞구, 서울와서 눈 흘기기 아니우? 제엔장맞을, 차라리 뛰쳐나서서 냅다 한 바탕 …… 응? 그럴 것이지, 그렇잖우?
　그러구저러구 간에 시방 나루서는 병(病) 시초나 뿌렁구나 그게 문제가 아니야.
　다못 그 이가 정말루 못쓰게 신경 고장이 생겼느냐, 요행 일시적이냐. 만약에 중한 고장이라면은 어떻게 해야만 그걸 나수어주겠느냐, 이것 뿐이지 그 밖에는 아무것도 내가 참견할 게 아니야. 날더러 그이를 이해 못한다구? 딴전을 보구있네! 그게 어디 이해를 못허는 거유?

———— 채만식, 〈소망〉

이처럼 화자는 피화자인 언니에게 대화체로 말을 건네고 있다. 물론 피화자의 응답이 소설에 나타나는 것은 아니다. 만일 피화자의 언어마저 드러난다면 이 소설은 액자형식 비슷하게 되었을 것이다. 그 경우 화자는 더이상 화자가 아니며 단지 인물의 기능만을 할 뿐이다. 그와는 달리 위에서는 화자가 일방적으로 말을 하면서 얼마간 이야기를 제시하는 서술의 기능을 담당한다.

그러나 그의 담론은 독자(혹은 내포작가)가 아니라 또다른 인물 피화자로 향하고 있으며 그 점에서 흡사 인물의 언어처럼 형상화된다. 그의 언어를 인용하는 내포작가의 존재가 필요한 것은 이 때문이다. 다음의 예문에서는 내포작가의 존재가 보다 더 분명히 감지된다.

나는 죠선 여자는 거저 주어도 싫어요.
구식여자는 얌전은 해도 무식해서 내지인하고 교제하는 데 안됐고, 신식여자는 식자나 들었다는 게 건방져서 못쓰고, 도무지 그래서 죠선 여자는 신식이고 구식이고 다 제바리여요.
내지 여자가 참 좋지 뭐. 인물이 개개 일자로 이쁘겠다 얌전하겠다, 상냥하겠다, 지식이 있어도 건방지지 않겠다, 좀이나 좋아!
그리고 내지 여자한테 장가만 드는게 아니라 성명도 내지인 성명으로 갈고 집도 내지인 집에서 살고 옷도 내지 옷으로 입고 밥도 내지식으로 먹고 아이들도 내지인 이름을 지어서 내지인 학교에 보내고 ……
내지인 학교라야지 죠선학교는 너절해서 아이를 버려놓기나 꼭 알맞지요.

———— 채만식, 〈치숙〉

이러한 화자의 서술을 우리는 작가(혹은 내포작가)의 생각이 담긴 것으로 받아들일 수 없다. 작가는 오히려 화자를 희화화시키면서 그의 언어를 인용함으로써 서술된 내용을 재조정해서 이해하도록 한다. 즉, 이 소설의 화자의 우스꽝스러운 말투 속에는 그의 서술을 수정해서 받아들이라는 작가의 신호가 이미 포함되어 있다. 독자는 화자와 소통하기 전에 그런 신호를 받아들임으로써 화자의 언어를 거꾸로 읽게 된다. 여기서 작가의 신호는 화자의 언어를 통제하면서 소설의 「내부」에서 작용하고 있다. 극화된 화자의 언어를 인용하는 작가를 실제 작가(현실에 존재하는)와 구분해서 「내포작가」[95]라고 부르는 것은 이 때문이다. 내포작가가 신호를 보내는 소설 내부의 상대자 역시 흔히 실제 독자와 구분해서 「내포독자」라고 부른다.

이처럼 내포작가의 기능은 다음의 두 가지로 설명될 수 있다. 하나는 극화된 화자를 통제하면서 그의 언어를 인용하는 역할이고, 다른 하나는 내포독자에게 신호를 보내어 화자에 대한 자신의 통제 내용을 송신하는 것이다. 그 비밀 교신의 과정은 다음과 같이 표시될 수 있다.

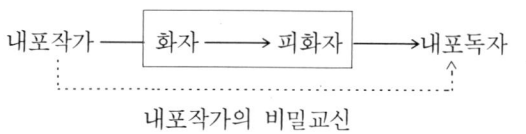

내포작가의 비밀교신

내포작가는 「화자→피화자」의 서술형식을 통해 내포독자에게 메시지를 보내지만 〈치숙〉과 같이 신뢰성 없는 화자가 등장할 경우에는 그와 함께 화자의 담론을 재조정하라는 신호를 보내게 된다. 내포작가는 이 신호를 통해 자신의 본의를 비밀교신하게 된다.

그러나 〈치숙〉과 같이 비밀교신이 뚜렷한 경우 외에도 내포작가는 화자의 서술을 앞세워 작품의 규범을 관장하는 역할을 한다. 따라서 소

---

95) 웨인 C. 부드, 《소설의 수사학》, 95~102면. 시모어 채트먼, 《영화와 소설의 서사구조》, 178~83면, 284~87면.

설 내부의 「내포작가 → 내포독자」의 의사소통 과정은 일반적인 양상이라고 할 수 있다. 다만 그 의사소통을 화자에 어느 정도 의존하느냐의 차이가 있을 뿐이다. 이러한 복합적 의사소통의 과정과 그로 인한 소설의 틀의 중첩화는 다음과 같이 나타낼 수 있다.

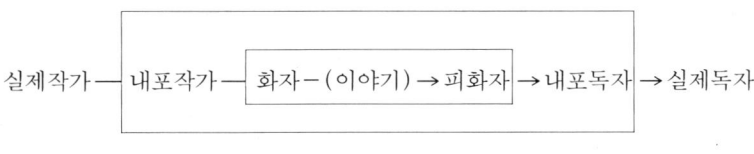

〔소설의 틀과 의사소통의 구조〕

위의 도식에서 소설의 틀을 형성하는 요인으로는 이야기, 화자의 담론, 내포작가의 교신 등을 들 수 있다. 고소설의 틀은 주로 이야기에 의해 정해지며 화자의 담론은 그 경계를 언어로 표시하는 정도의 기능을 한다. 반면에 근대소설에서는 화자의 담론이나 내포작가의 교신이 중요한 역할을 하므로 소설의 틀이 보다 복합적이라고 할 수 있다. 이처럼 소설은 회화 등의 다른 예술과는 달리 의사소통의 구조가 복합적이며 따라서 작품의 틀도 중첩된 구조를 지니게 된다.

⑤ **메타픽션과 경계의 해체**

근대소설의 발전은 어떤 의미에서 작가를 점차 은폐시키는 방향으로 진행되어 왔다. 자기자신의 세계관을 분명히 드러내는 고소설의 화자는 작가 자신의 분신이자 그 세계관적 현현이었다. 그러나 근대소설의 화자는 차츰 세계관적으로 침묵하기 시작했으며 작가의 생각을 직접 노출시키지 않게 되었다. 극화된 화자를 내세우고 자신은 그 뒤에 숨는 수법은 그런 은폐전략의 극단적인 예로 보인다. 물론 모더니즘 작가는 신변적 경험과 내면세계를 제시하지만 그것 역시 작가의 본심을 드러내는 것과는 거리가 멀었다. 내면세계의 탐구는 작가의 세계관을 드러내기 어려운 현실에서 그의 소외를 대가로 얻어진 영역이었기 때문이다.

　이러한 일련의 경향과 비교해 볼 때, 이른바 메타픽션에서 작가의 소설 속의 출현은 외견상 상반되는 현상으로 보인다. 그러나 메타픽션에서 작가의 등장은 그의 세계관의 노출과는 전혀 상관이 없는 양상이다. 그와는 반대로 소설 내부의 작가의 돌출은 인물과 화자를 통해 현실을 반영하는 데 무력해졌음을 고백하는 것에 불과하다. 작가는 세계관적으로 무력해짐에 따라 자신의 관점으로 현실을 비추는 대신 그 스스로를 되비추게 된 것이다.

　고소설의 작가는 당당하고 권위적인 목소리로 소설 속에 등장했지만, 메타픽션의 작가는 희미해진 자신의 목소리를 확인하기 위해 소설 내부에 출현하게 된다. 현실을 반영하는 데 무력해진 작가는 자신이 소설의 작가임을 말하는 것 이외에는 소설을 소설답게 만들 수 없기 때문이다. 그러나 소설은 자신이 소설이라고 말하는 순간 그 스스로 죽음을 향해 걸어가게 된다. 소설에 대한 자기의식은 원래의 소설의 기능을 포기한 데에 대한 변명이기 때문이다.

　　우선, 이 소설을 읽으려는 당신에게, 잠깐 동안 눈을 감도록 권하겠다.
　　눈을 감지 않고 위의 비어 있는 한 줄을 뛰어넘었다면, 제발, 아래의 비어 있는 한 줄을 건너기 전에, 꼭, 눈을 감아 보기 바란다. 이때 눈을 감고 무엇을 어떻게 할지는, 전적으로, 또한 기필코, 당신 자신이 깨달아내야 할 일이다. 그러니 앞에서 눈을 감았더라도 그저 눈꺼풀을 덮어본 놀음에 불과했다면, 이 경우 역시, 다시 한번 당신 눈 속의 그 어둠과 마주하는 게 스스로 뜻깊겠다.
　　　　　　　　　　　　　　　—— 이인성, 〈당신에 대해서〉

　이러한 독자와의 대화가 의미하는 바는 무엇일까. 적어도 이 글이 소설이라는 점과 화자가 작가라는 점은 분명히 밝혀진다. 혹은 오랫동안 은폐되어 있던 작가를 직접 만난다는 희열도 동반하게 된다. 그러나 이러한 믿음과 회열은 일시적인 충격에 불과하리라. 소설 속에서 작가를 직접 만난 기쁨은, 메타픽션의 형식이 길어짐에 따라 점차로 지루함과 답답함으로 뒤바뀐다. 그리고 그 지루함은 곧 절망감으로 전환되는데, 작가의 기능을 잃은 작가의 말은 소설의 죽음을 대신 읽는 유언장처럼 들리기 때문이다.

그러나 메타픽션이나 포스트모더니즘은 반드시 소설의 사망선고를 의미하지만은 않을 것이다. 우리는 메타픽션의 자기반사적 형식을 소설의 부활을 암시하는 해체 신호로 받아들여야 한다. 소설의 틀의 역사에서 새로 나타난 변화는 무엇인가. 작가가 소설 속에 뛰어들어옴에 따라 소설의 틀이 마침내 폭발한 것이다. 이제 소설의 인물들이 현실로 나오거나 현실의 사람들이 소설 속에 들어가게 된다. 중층적으로 은폐되었던 의사소통의 구조가 직접적 소통으로 뒤바뀐 것이다.

이러한 형식적 개방성은 소설적 기능의 마비라는 부정적인 결과를 낳을 수도 있다. 그것은 마치 권위주의적 세계관의 해체가 무정부상태를 낳는다는 현실세계의 논리와도 유사하다. 소설의 형식적 완결성은 특정한 세계관에 의거했을 때 가능하며 반면에 형식의 개방성은 그러한 세계관의 해체를 의미하기 때문이다.

그러나 권위주의적 세계관의 해체는 다원적 삶의 이해라는 올바른 방향으로 나아갈 수 있으며, 마찬가지로 형식의 개방은 다양한 삶의 포용으로 진행될 수 있다. 따라서 메타픽션의 개방적 형식은 삶에 대한 내용적인 차원으로 전화되어야 한다. 그런 차원에서 볼 때 이제 신으로서의 작가는 더이상 가능하지 않다. 열린 형식의 소설은 신학적인 진리로 형식을 폐쇄시키기보다는 삶에 대한 소설적 질문 자체에서 그 해답과 형식이 창조되도록 해야 한다.

여기서 우리는 메타픽션의 두번째 유형으로 눈을 돌리게 된다. 《경마장 가는 길》, 《아담이 눈뜰 때》, 《살아남은 자의 슬픔》 등의 소설에서는 사건들에 대한 해답으로서 소설쓰기를 설정하고 있다. 예컨대 《경마장 가는 길》에서 R은 J와의 사건에 대한 해답으로서 소설을 쓰며 《아담이 눈뜰 때》의 '나'는 가짜낙원에 대한 환멸에서 벗어나기 위해 창작을 한다. 그러나 이미 살펴본 바와 같이 그런 식의 글쓰기의 대안은 질문의 순환구조에서 벗어나올 수가 없다. 우리는 이러한 질문의 형식적 개방성을 삶의 내용에 대한 문제로 치환해야 한다. 가령 《경마장 가는 길》의 R은 자신과 J를 얽어매고 있는 거짓 욕망에 대해 질문을 던져야 하며, 《아담이 눈뜰 때》의 '나'는 거짓 욕망에서 빠져 나올 수 있는 새로운 삶과 욕망에 대해 질문을 해야 한다.

  미로와도 같은 기이한 소설형식을 검토하는 과정에서, 이제 우리는 '어떻게 쓰느냐'의 문제로부터 '어떻게 사느냐'의 문제에 도달했다. 이 문제는 문학에 대한 질문인 동시에 삶 자체에 대한 질문이다. 따라서 이 질문에 답변하기 위해서는 언어, 철학, 정치학의 중첩된 영역들을 통과하는 여행이 필요하다. 그것은 험난하고 고달픈 여정이 될 것이다. 그러나 우리는 문학이라는 아름다운 환상을 핑계로 중대한 직무유기를 범할 수는 없다. 미래의 새로운 문학을 창조하는 작업은 그 모험적인 여행을 회피하고는 아무런 열매도 얻을 수 없기 때문이다.

제 6 장
문학의 미래

　문학은 지난 수세기 동안 모든 예술 장르 중에서 가장 특권적인 지위를 누려왔다. 더욱이 근대 「리얼리즘」 시대에 문학은 전대미문의 전성기를 맞을 수 있었다. 문학의 「재현적」 잠재력은 다른 예술로서는 엄두도 낼 수 없었기 때문이다. 예컨대 음악, 조각, 건축을 통해 어떻게 비판적 리얼리즘을 형상화할 수 있겠는가. 회화나 연극 등은 얼마간 재현적 기능을 발휘하지만 문학의 거의 무한한 반영 능력을 따라잡을 수는 없다.

　문학의 또다른 장점은 「이성」의 언어를 자유로이 구사할 수 있다는 점이다. 다른 예술의 형상적 기능으로는 세계의 발전 모습을 총체적으로 조망하는 데 한계가 있을 수밖에 없다. 그러나 직접적으로 현실에 대해 발언을 할 수 있는 문학은 철학 및 과학과 더불어 세계를 조망하는 강력한 방법이 될 수 있었다.

　문학의 지위가 흔들리게 된 것은 바로 그 「이성」에 대한 불신이 싹트면서부터였을 것이다. 이제 더이상 세계는 주체의 이성이나 단일한 세계관으로 인식하는 것이 불가능해졌다. 이성의 언어라는 강력한 인식

방법을 잃어버린 문학은 그와 함께 형상적 「재현」의 능력도 의심받게 되었다. 이빨이 빠진 문학은 공허한 거짓말이거나 낡고 무능한 거울에 불과했던 것이다. 낡아빠진 거울을 회피하는 새로운 실험소설들은 울퉁불퉁한 표면의 언어를 사용함으로써 총체적 현실 반영을 거부한다. 탈이성중심주의 시대에 있어서 문학은 어쩌면 가장 취약한 장르로 전락해 버렸는지도 모른다. 「이성적 재현」보다는 시각적·공간적 「직접성」이 더 설득력을 지니기 때문이다. 이제 사람들은 발자크의 지루한 소설보다 TV의 생생한 다큐멘터리에 더 관심을 기울인다. 건축, 사진, 비디오 아트의 살아 있는 직접성을 문학이 어떻게 따라잡을 수 있을 것인가.

「소설의 죽음」이라는 선언이 나오게 된 것도 이와 동일한 상황에서였다. 예컨대 피들어(Leslie A Fiedler)[1]는 작가들의 예술적 신념이 사라졌으며 소설의 독자들은 TV, 영화, 만화 등의 다른 장르를 선호하게 되었음을 지적한다.[2] 존 바스 역시 소설의 장르적 관습이 고갈됨에 따라 전통 소설의 종말이 도래했다고 선언한다.[3] 60년대 이후 메타픽션의 성행은 이처럼 빈사상태에 이른 소설을 소생시키려는 자기 반성의 소산이었다.

실제로 언어라는 느린 지적 도구를 사용하는 문학(소설)이 새로운 매체인 TV나 비디오의 민첩한 감각성에 어떻게 대적할지는 의문이다. 이 전자 매체를 이용한 영상예술은 문학처럼 무한한 재현능력을 지녔을 뿐만 아니라 어떤 예술도 흉내낼 수 없는 감각적 형상력을 소유하고 있다. 더욱이 다양한 4차원적 표현 및 재현의 기법은 아직도 채 개발되지 않은 상태에 있다. 어쩌면 이제 문학은 영상예술을 위한 보조적 장르로 전락할지도 모른다. 최고의 작가라는 찬사는 아마도 걸작의 시나리오를 쓰는 사람에게 돌아갈 수도 있으리라. 그렇지 않으면 음악이나 회화가

---

1) 미국의 소설가, 비평가로서 최초로 소설의 죽음을 거론한 사람이다.
2) Leslie A. Fiedler, *Waiting for the End* (New York : Stein and Day, 1964), 173면.
3) John Barth, The Literature of Exhaustion, *The Atlantic Monthly* 220 (1967 가을). 김성곤, 《포스트모더니즘과 현대미국소설》 (열음사, 1990), 30~48면.

그래왔듯이 시나 소설은 소수의 엘리트들의 전유물이 될 수도 있다. 어쨌든 이미 고급 문학은 단지 비평가들의 몫이 되었으며 대중소설은 더 이상 평가의 대상이 되지 않는 것이다.

그러나 이러한 일반적 현상은 불가피한 문학의 장르적 운명은 아닐 것이다. 언어의 풍부한 예술적 잠재력은 어느 시대든지 문학에 중요한 역할을 부여해왔다. 새로운 사회에서도 문학은 또다른 자신의 지위를 할당받을 수 있을 것이다. 문자와 책을 중심으로 한 인류의 문화는 지금까지 가장 중심적인 위치에 놓여왔으며 그것은 전자매체의 시대에도 크게 달라지지 않을 것이다. 물론 새로운 전자문화가 문학이 맡았던 많은 부분을 대체하게 될 것은 분명하다. 그러나 두 가지 문화는 상호보완적으로 인류의 미래를 조화롭게 이끌어갈 것이다.

따라서 새로운 매체의 등장이 문학의 위기의 본질적인 요인은 아닐 것이다. 전자매체의 등장은 문학에 충격을 주고 새로운 변신을 요구할 뿐이다. 문학의 동요를 가져온 보다 근원적인 요인은 언어와 이성의 위기라고 할 수 있다. 아직까지 남아 있는 문학의 가장 유리한 장점은 총체화의 능력이라고 생각된다. 이 점에 관한한 TV, 비디오, 영상매체는 언어매체를 따라잡을 수 없다. 그러나 총체성이 의심받는 시대에 문학의 지위는 흔들릴 수밖에 없다. 갖가지 사상이나 이념, 세계관은 이제 더이상 총체적인 전망을 보장해주지 않는다.

하지만 이러한 사실은 이성이나 사상, 이념 등이 이제 무의미해졌음을 의미하는 것은 아니다. 우리에게 필요한 것은 이성의 개념을 새롭게 재구성하고 미래의 사회에 적합한 탈권위적인 이념을 재구축하는 일이다. 이러한 이념의 혁신 작업은 불가피하게 언어와 담론의 문제에 연결되어 있다. 바로 그 새로운 언어를 창조해내는 일에 문학은 선구적인 역할을 할 수 있다. 문학은 새로운 언어와 더불어 다시 태어나야 한다. 그리고 이념의 재구성과 함께 문학의 총체화 작업 역시 재구성되어야 한다. 이제 이념의 총체성은 탈권위적인 복수적 통일성을 의미해야 하며[4] 문학의 총체화 또한 그 새로운 개념에 부응해야 한다.

한편 이 미래의 언어를 재구성하는 일에 있어서 우리의 제3세계적 입장은 매우 유리한 위치를 제공한다. 왜냐하면 오늘날의 온갖 사회적 병리현상은 서구의 근대 이성중심주의에서 비롯된 것이기 때문이다. 한 예로 환경문제는 자연과 인간의 조화를 추구하는 동양사상의 견지에서는 생각할 수도 없는 것이다. 이 점에서 동양사상은 한낱 중세적 문화 보관창고의 폐물로만 볼 수 없다. 물론 이 말은 우리가 다시 과거로 회귀해야 된다는 뜻은 아니다. 다만 우리는 전통사상을 우리 사회의 복합적 장을 이루는 여러 세력들 중의 하나로 인정해야 한다는 것이다.

새로운 언어를 창조하고 그것을 형상적으로 이용하기 위해서, 이제까지 중심에서 소외되어 왔던 주변부의 위치는 오히려 복합적인 사고의 원천이 될 수 있다. 중심화의 원리는 이미 낡고 활기없는 것임이 현대사상(탈구조주의)에 의해 드러났다. 물론 우리의 현실에서는 아직 탈근대적 문제보다는 미해결된 근대적 과제가 더 긴급할지도 모른다. 민주화나 통일의 과제를 위해서 우리는 다원론보다 어떤 중심적 이념이 요구된다고 생각할 수도 있다. 그러나 이제 어떤 완전한 이념도 어차피 불완전한 체계화를 가져올 뿐임이 밝혀졌다. 미래의 올바른 이념이란 권위적인 단일한 입장을 내세우기보다는 완전을 지향하는 불완전한 입장들의 복수적 가능성을 열어놓는 것일 터이다. 이제까지 우리를 결박해온 권위주의, 교환가치, 이성중심주의에서 벗어나 개방된 이념과 복수적 가치를 추구하기 위하여 새로운 언어와 방법의 모색은 우리의 위치에서 가장 필요한 일일 것이다. 미래의 문학은 그 언어적 전쟁을 반드시 치러내야만 한다. 언어와 사상의 전환기에 처하여, 문학은 죽음이 아니라 새로운 탄생을 눈앞에 두고 있다. 더욱이 고유한 동양전통, 근대, 탈근대가 공존하는 우리의 현실은 그 새로운 문학을 위한 무한한 보고로 생각되는 것이다.

---

4) 마이클 라이언, 《해체론과 변증법》, 나병철·이경훈 역 (평민사, 1994), 제9장 참조.

참 고 문 헌

문학연구입문

이상섭,《문학의 이해》(서문당, 1972)
───,《문학연구의 방법》(탐구당, 1972)
조동일,《문학연구방법》(지식산업사, 1980)
르네 웰렉,《문학의 이론》, 이경수 역 (문예출판사, 1987)
D. W. 포케마 외,《현대문학 이론의 조류》, 윤지관 역 (학민사, 1983)
테리 이글턴,《문학이론입문》, 김명환 외 역 (창작과비평사, 1986)
레이먼 셀던,《현대문학이론》, 현대문학이론연구회 역
  (문학과지성사, 1987)
엔 제퍼슨 외,《현대문학이론》, 김정신 역 (문예출판사, 1991)
이선영 편,《문학비평의 방법과 실제》(동천사, 1983)
신동욱 편,《문예비평론》(고려원, 1984)
제임스 그리블,《문학교육론》, 나병철 역 (문예출판사, 1987)
최유찬·오성호,《문학과 사회》(실천문학사, 1994)

형식주의, 구조주의, 탈구조주의

어얼리치 빅토르,《러시아 형식주의》, 박거용 역 (문학과지성사, 1987)
미하일 바흐친,《문예학의 형식적 방법》, 이득재 역 (문예출판사, 1992)

N. 프라이,《비평의 해부》, 임철규 역 (한길사, 1982)
테렌스 호옥스,《구조주의와 기호학》, 오원교 역 (신아사, 1982)
박종철 편역,《문학과 기호학》(대방출판사, 1983)
김준오 외,《구조주의》(고려원, 1992)
이승훈 편,《한국문학과 구조주의》(문학과비평사, 1988)
최현무 편,《한국문학과 기호학》(문학과비평사, 1988)
김치수 편역,《구조주의와 문학비평》(홍성사, 1980)
츠베탕 토도로프,《바흐찐 : 문학사회학과 대화이론》, 최현무 역 (까치, 1987)
토니 베네트,《형식주의와 마르크스주의》, 임철규 역 (현상과인식, 1983)
프레드릭 제임슨,《언어의 감옥》, 윤지관 역 (까치, 1985)
Paul L. Gavin 편역, *A Prague School Reader on Esthetics, Literary Structure, and Style*, (Georgetown University Press, 1964)
A. J. Greimas, *On Meaning*, (University of Minnesota Press, 1987)
──, *Structural Semantics*, (University of Nebraska Press, 1988)
이정우 편역,《구조주의를 넘어서》(인간사, 1990)
윤병호 외,《후기구조주의》(고려원, 1992)
마단사럽 외,《데리다와 푸꼬, 그리고 포스트모더니즘》, 임헌규 편역 (인간사랑, 1991)
빈센트 B. 라이치,《해체비평이란 무엇인가》, 권택영 역 (문예출판사, 1988)
이광래 편,《해체주의란 무엇인가》(교보문고, 1989)
박성창 편역,《쟈끄 데리다-입장들》(솔, 1992)
김형효,《데리다의 해체철학》(민음사, 1993)
마이클 라이언,《해체론과 변증법》, 나병철·이경훈 역 (평민사, 1994)
미셸 푸코,《광기의 역사》, 김부용 역 (인간사랑, 1991)
──,《말과 사물》, 이광래 역 (민음사, 1987)
──,《지식의 고고학》, 이정우 역 (민음사, 1992)
──,《감시와 처벌》, 오생근 역 (나남, 1994)

─── , 《성의 역사 1 (앎의 의지)》, 이규현 역 (나남, 1990)
─── , 《성의 역사 2 (쾌락의 활용)》, 문경자·신은경 역 (나남, 1990)
─── , 《성의 역사 3 (자기에의 배려)》, 이혜숙·이영목 역 (나남, 1990)
이정우 편역, 《담론의 질서》 (새길, 1993)
마크 포스터, 《푸꼬, 마르크시즘, 역사》, 이정우 역 (인간사랑, 1990)
베리 스마트, 《마르크스주의와 미셸 푸코의 대화》, 이유동·윤비 역 (민글, 1993)
자크 라캉, 《욕망이론》, 권택영 편 (문예출판사, 1994)
아니카 르메르, 《자크 라캉》, 이미선 역 (문예출판사, 1994)
S. Chatmam 편, *Literary Style* (Oxford University Press, 1971)
J. Culler, *On Deconstruction* (Cornell University, 1982)
Mike Gane 편, *Towards a Critique of Foucault* (Rouedge & Kegan Paul, 1986)
Robert Young, *White Mythologies* (Routledge, 1990)

변증법적 이론
─── , 村上嘉隆, 《계급사회와 예술》, 유염하 역 (공동체, 1987)
스테판 코올, 《리얼리즘의 역사와 이론》, 여균동 편역 (한밭, 1982)
G. H. R. 파킨슨 편, 《루카치 미학사상》, 김대웅 역 (문예출판사, 1986)
G. 루카치, 《소설의 이론》, 반성완 역 (심설당, 1985)
─── , 《현대리얼리즘론》, 황석천 역 (열음사, 1986)
─── , 《변혁기 러시아의 리얼리즘 문학》, 조정환 역 (동녘, 1986)
G. 루카치 외, 《문제는 리얼리즘이다》, 홍승용 역 (실천문학사, 1985)
─── , 《리얼리즘 미학의 기초이론》, 이춘길 편역 (한길사, 1985)
G. 루카치, 《미학서설》, 홍승용 역 (실천문학사, 1987)
G. 루카치 외, 《리얼리즘과 문학》, 최유찬 외 역 (지문사, 1985)
G. 비스츠레이, 《마르크스주의의 리얼리즘 모델》, 편집실 역

(인간사, 1985)
한국사회과학연구회 편,《예술과 사회》(민음사, 1979)
유종호 편,《문학예술과 사회상황》(민음사, 1979)
쟈네트 월프,《예술의 사회적 생산》, 이성훈·이현식 역
　(한마당, 1986)
테리 이글턴,《문학비평 : 반영이론과 생산이론》, 이경덕 역
　(까치, 1986)
────,《비평과 이데올로기》, 윤희기 역 (열린책들, 1987)
발터 벤야민,《문예비평과 이론》, 이태동 역 (문예출판사, 1987)
M. S. 까간,《미학강의 Ⅰ》, 진중권 역 (벼리, 1989)
────,《미학강의 Ⅱ》, 진중권 역 (새길, 1991)
G. Lukács, *Writer and Critic* (Merlin Press, 1979)
K. Marx 외, *Marxism and Art* (Longman Inc, 1972)
Cliff Slaugher, *Marxim, Ideology and Literature* (New Jersey ;
　Humanities Press, 1980)
프레드릭 제임슨,《변증법적 문학 이론의 전개》, 여홍상·김영희 역
　(창작과비평사, 1984)
Fredric Jameson, *The Political Unconscious*
　(Cornell University Press, 1981)
William C. Dowling, *Jameson, Althusser, Marx*
　(Cornell University Press, 1984)
Francis Mulhern 편, *Contemporary Marxist Literary Criticism*
　(Longman Group UK Limited, 1992)

장르론

G. W. F. 헤겔,《헤겔시학》, 최동호 역 (열음사, 1987)
────,《예술·종교·철학》, 김영숙 외 역 (지양사, 1983)
E. 슈타이거,《시학의 근본개념》, 이유영 외 역 (삼중당, 1978)

폴 헤르나디, 《장르론》, 김준오 역 (문장, 1985)
김현 편, 《장르의 이론》, (문학과지성사, 1987)
조동일, 《한국문학의 갈래이론》 (집문당, 1992)

시 론

이승훈, 《시론》 (고려원, 1979)
김준오, 《시론》 (삼지원, 1991)
정현종·김주연·유평근 편, 《시의 이해》 (민음사, 1983)
이승훈, 《한국시의 구조분석》 (종로서적, 1988)
────, 《포스트모더니즘 시론》 (세계사, 1992)
최두석, 《리얼리즘의 시정신》 (실천문학사, 1992)
오성호, 《한국 근대시문학 연구》 (태학사, 1993)
실천문학편집위원회 편, 《다시 문제는 리얼리즘이다》 (실천문학사, 1992)
이은봉 편, 《시와 리얼리즘》 (공동체, 1993)
박기훈 편, 《사실주의 서정시 강좌》 (이웃, 1992)
I. A. 리차즈, 《시와 과학》, 이양하 역 (정음사, 1947)
C. 브루크스, 《잘 빚어진 항아리》, 이경수 역 (홍성사, 1983)
로만 야콥슨, 《문학 속의 언어학》, 신문수 편역 (문학과지성사, 1989)
유리 로트만, 《시 텍스트의 분석 ; 시의 구조》, 유재천 역 (가나, 1987)
────, 《예술 텍스트의 구조》, 유재천 역 (고려원, 1991)
Jan Mukarovsky, *The Word and Verbal Art*, J. Burbank·P. Steiner 편, (Yale University Press, 1977)
Ann Shukman, *Literature and Semiotics* (North-Holland Publishing Company, 1977)
S. Chatman 편, *Literary Style* (Oxford University Press, 1971)
J. Odmark 편, *Language, Literature & Meaning: Problems of Literary Theory* (John Benjamins BV, 1979)

소 설 론

조동일, 《한국소설의 이론》 (지식산업사, 1977)
신동욱, 《우리 이야기 문학의 아름다움》 (한국연구원, 1981)
조남현, 《소설원론》 (고려원, 1982)
조정래·나병철, 《소설이란 무엇인가》 (평민사, 1991)
권택영, 《소설을 어떻게 볼 것인가》 (동서문학사, 1991)
한국현대소설연구회, 《현대소설론》 (평민사, 1994)
G. 루카치, 《소설의 이론》, 반성완 역 (심설당, 1985)
──, 《역사소설론》, 이영욱 역 (거름, 1987)
I. 와트, 《소설의 발생》, 전철민 역 (열린책들, 1988)
L. 골드만, 《소설사회학을 위하여》, 조경숙 역 (청하, 1982)
R. 지라르, 《소설의 이론》, 김윤식 역 (삼영사, 1977)
M. 제라파, 《소설과 사회》, 이동렬 역 (문학과지성사, 1977)
M. 바흐찐, 《장편소설과 민중언어》, 전승희 외 역 (창작과비평사, 1988)
──, 《바흐찐의 소설미학》, 이득재 역 (열린책들, 1988)
──, 《도스또예프스끼 시학》, 김근식 역 (정음사, 1988)
김병욱 편, 《현대소설의 이론》, 최상규 역 (대방출판사, 1983)
E. 아우얼 바하, 《미메시스》, 김우창·유종호 역 (민음사, 1979)
A. 멘딜로우, 《소설과 시간》, 최상규 역 (대방출판사, 1983)
R. 프리드먼, 《서정소설론》, 신동욱 역 (새문사, 1989)
P. 러복(1921), 《소설 기술론》, 송욱 역 (일조각, 1960)
E. M. 포스터(1927), 《소설의 이해》, 이성호 역 (문예출판사, 1975)
웨인 C. 부드(1961), 《소설의 수사학》, 최상규 역 (새문사, 1985)
F. K. 슈탄첼(1964), 《소설형식의 기본유형》, 안삼환 역
  (탐구당, 1983)
── (1979), 《소설의 이론》, 김정신 역 (문학과비평사, 1990)
보리스 우스펜스키(1970), 《소설구성의 시학》, 김경수 역
  (현대소설사, 1992)

G. 주네트(1972), 《서사담론》, 권택영 역 (교보문고, 1992)
롤랑 부르뇌프・레알윌레(1975), 《현대소설론》, 김화영 편역
  (문학사상사, 1986)
S. 채트먼(1978), 《영화와 소설의 서사구조》, 김경수 역
  (민음사, 1990)
제랄드 프랭스(1982), 《서사학》, 최상규 역 (문학과지성사, 1988)
S. 리몬-케넌(1983), 《소설의 시학》, 최상규 역 (문학과지성사, 1985)
윌리스 마틴(1986), 《소설이론의 역사》, 김문현 역 (현대소설사, 1991)
R. Scholes・R. Kellogg, *The Nature of Narrative*
  (Oxford University Pess, 1966)
N. Friedmam, *Form and Meaning in Fiction* (University of Georgia
  Press, 1975)
N. Frye, *The Secular Scripture* (Harvard University Press, 1976)
Geoffrey N. Leech・Michael H. Short, *Style in Fiction* (Longman Inc.,
  1981)

찾아보기

〈ㄱ〉

가상적 시점제공자　376, 380, 388
가치론 미학　107~10
간텍스트성　73~74
감수성의 분열　248~49
《감시와 처벌》(푸코)　83
〈감자〉(김동인)　260, 301~2
〈강〉(김인숙)　304, 395
《검은 노을》(박해강)　122~23
결의 언어(랜섬)　51
《경마장 가는 길》(하일지)　362, 412, 427~28
〈경영〉, 〈맥〉(김남천)　304, 395~96
계보학　83~84
고고학　82~84
《고향》(이기영)　307, 309~10, 315, 318
〈고향〉(현진건)　419
골계　336
골드만　95
공감각　178

공시적 연구　39
《광기의 역사》(푸코)　82
〈광염소나타〉(김동인)　419
《광장》(최인훈)　389
교양소설　94
구광본　192, 361
구문적 인접성(결합성)　175~76, 200
구조주의 서사학　59~64
구조주의적 방법　53~74
〈국화 옆에서〉(서정주)　58
〈그날〉(이성복)　255~56
그레마스　58, 61, 118
〈그를 찾아간 우리의 소설기행〉(이인성)　360
극장르(양식)　21~22, 128~29, 138, 271~70, 374
극화된 화자　405, 415, 421
〈금따는 콩밭〉(김유정)　330~31
긍정적 주인공　283, 314
기의　54~56
기표　54~55
기표(형식)들의 놀이　75

442

기호학 57~58
기호학적 사각형 62, 119
〈기회주의자〉(양귀자) 304, 394
긴장의 언어(앨런 테이트) 51~52
김광균 249~50
김남천 304
김동리 420
김동인 260, 301, 419
김상훈 242
김소월 33, 169
김영랑 153, 169
김영현 361
김유정 33, 119, 329
김인숙 304
김지하 190, 229
김향숙 304
〈깃발〉(홍희담) 318
까간 107~10

〈ㄴ〉

〈나그네〉(박목월) 181
낙관적 전망 317
〈낙동강〉(조명희) 315~16
〈날개〉(이상) 353, 356, 410~11
〈낡은 집〉(이용악) 198, 203, 232
낯설게 하기 49~50
〈내딛는 첫발은〉(방현석) 311, 314~15
내부시점 391

내재율 165, 167, 224~25
내적 독백 395, 398, 399~402
내적 초점화 391
내적 형식 41~42, 125~27, 145, 160, 208~9
내포독자 424
내포작가 421, 424
내포적 의미 51, 186
논리적 연구와 역사적 연구의 통일 39~40
〈늙은 창녀의 노래〉(송기원) 405
〈님〉(윤정모) 304, 395, 398
〈님의 침묵〉(한용운) 194

〈ㄷ〉

〈ㄷ씨 행장기〉(이무영) 335
다다이즘 251
다원론 371
달밤(이태준) 404
담론 73, 82, 84, 101~2, 117, 273~74, 413, 416
담론시간 295~296
〈당신에 대해서〉(이인성) 360, 405, 426
대화적 관계 73
〈덧문 너머의 헝클어진 숨결〉(김향숙) 304, 395
데리다 78~82, 186
동명왕 신화 260, 263

〈동백꽃〉(김유정) 119, 331, 340
〈들〉(이효석) 344
《등대로》(버지니아 울프) 350
〈딱한 사람들〉(박태원) 353, 354~56, 401
〈땡볕〉(김유정) 330, 332

〈ㄹ〉

라이언 81
라캉 114
랑그 28, 54
랜섬 49, 51
러시아 형식주의 48~49
레비-스트로스 56~57, 68
로만스 266, 268, 292~93, 383
루카치 33, 85~102, 111~12,
리얼리즘 299~302
리얼리즘 시 240
리파테르 68, 71~72

〈ㅁ〉

〈만무방〉(김유정) 339
〈만세전〉(염상섭) 419
〈먼 그대〉(서영은) 394
〈메밀꽃 필 무렵〉(이효석) 344~46
메타픽션 358~64, 425~28

모더니즘 98~99, 269, 348, 349~58, 395, 399
모더니즘 시 247, 251
〈모든 별들은 음악소리를 낸다〉(윤후명) 346~48
〈모란이 피기까지는〉(김영랑) 154, 172
〈모래내·1978〉(이성복) 189
〈모촌〉(오장환) 238
목격자 시점 380~81
목소리 376
〈무녀도〉(김동리) 420
무목적의 목적성 31, 70, 87
무카로프스키 68~69
물질성 80~1

〈ㅂ〉

바르트 57~58, 74~77
바스 430
바흐친 28, 72~73, 101
박남철 251, 254
박노해 245
박일문 362
박지원 293, 417
박태순 356
박태원 285
박해강 122
반성자-인물 389, 393
〈밤길의 사람들〉(박태순) 356,

395~96
방현석 311
〈배따라기〉(김동인) 419
백석 156
〈벌레〉(김영현) 361
벤야민 103
〈변신〉(카프카) 361
변증법적 미학 32~35
〈별헤는 밤〉(윤동주) 226, 227
병치은유 185
〈병후음성(病後吟成)〉(강희맹) 211
보디치카 68~69
〈복어요리사〉(구광본) 361
본격소설 281, 328
뵈크 131
부재원인 113
〈부정〉(김인숙) 304
부정적(소극적) 전망 301~2
〈북방의 길〉(오장환) 203
브레히트 50, 103, 106
브루크스 49~51, 390
〈B사감과 러브레터〉(현진건) 281
비판적 리얼리즘 267, 282
비판적 리얼리즘 시 240~41
〈빈처〉(현진건) 404
빠롤 28, 54

〈ㅅ〉

〈사랑방 손님과 어머니〉(주요섭) 405
사회주의 리얼리즘 268, 282~83, 306~19
사회주의 리얼리즘 시 243, 246
〈산〉(이효석) 343
《살아남은 자의 슬픔》(박일문) 362, 427
《삼대》(염상섭) 281, 305
상징 191~99
〈새들도 세상을 뜨는구나〉(황지우) 196
〈새벽출정〉(방현석) 315, 317~18
생산이론 103~7
생트뵈브 44~45
서사 텍스트 115
서사극 103
서사담론 373
서사장르 21~22, 128, 138, 271~73, 373
서술적 자아 378, 403, 409
〈서시〉(윤동주) 182
〈서울길〉(김지하) 229, 231~32
서정소설 340~49
서정장르 22, 128, 137
서정적 전망 341~42, 347~48
서정주 58
선택적 전지 391

성삼문 219
《성의 역사》(푸코) 83~84
성장소설 363~64
성적 욕망의 장치 366~67
성정론(性情論) 214, 216~17, 221
세태소설 282, 285
소격효과 50, 104
〈소리에 대한 몽상〉(최수철) 358
〈소망〉(채만식) 405, 423
《소설의 이론》(루카치) 86~87, 91~95
소쉬르 53~54
송기원 405
송순 220
〈쇳물처럼〉(정화진) 314~18
〈술노래〉(정현종) 188
〈숨은꽃〉(양귀자) 363~64, 412~13
쉬클로프스키 49
슈타이거 128~29
〈슬픈모순〉(양건식) 419
시의 전형성 238~346
시적 등가성 67
시카고 학파(신아리스토텔레스 학파) 49
시학의 근본개념(슈타이거) 128
〈식구〉(구광본) 192
〈신문과 신문지〉(최수철) 406
신비평 48~49
신소설 295~99

신화적 의미작용 58

〈ㅇ〉

《아담이 눈뜰 때》(장정일) 362, 367~71, 427~28
아리스토텔레스적 연극 50
〈아버지의 문앞에서〉(김상훈) 242
아이러니 338~339
〈아주까리 神風〉(김지하) 190
〈안해〉(김유정) 334
알튀세 107
〈암모니아 탱크〉(이북명) 314
액자소설 416~21
야콥슨 53, 64, 66, 68
양건식 419
양귀자 304, 363, 394, 412
〈양반전〉(박지원) 294
양헌석 304
〈어느 무정부주의자의 하루〉(최수철) 358
《S/Z》 76
〈여승〉(백석) 232
《역사와 계급의식》(루카치) 87
역사전기적 방법 43~45
역설의 언어(브루크스) 51
《열하일기》(박지원) 417
염상섭 281, 419
영웅소설 265, 287~91
《영혼과 형식》(루카치) 86

예술미　135
예술적 관습　105~6
〈오감도〉(이상)　251
오장환　203, 238
왕방연　220
외부시점　379
외재율　165, 167, 223
외적 초점화　379
외적 형식　41~42, 125~27, 145, 160
〈우리 오빠와 화로〉(임화)　232
《우리시대의 리얼리즘》(루카치)　96
〈운수 좋은 날〉(현진건)　300, 339, 387
운율　163~64
울프　350, 354
〈위기의 사내〉(현기영)　304
〈유두류산도화개현작(遊頭流山到花開縣作)〉(정여창)　218
유사성의 원리　173
《유충렬전》　277
윤동주　197, 226
윤정모　304
윤후명　346
은유　183~91
은유적 시　207, 210, 212, 233
음보율　165
음수율　164
의도의 오류　45~46
의미적 인접성(환유)　175~76, 200
의식의 중심　393

의식의 흐름　399~402
이개　210
이기론(理氣論)　214~16, 289
이기영　307
이문열　408
이미지　177~83
이미지즘　249
《이방인》(까뮈)　410
〈이별〉(아폴리네르)　195
이북명　314
이상희　189
이성복　189, 255
〈이 시대의 사랑〉(최승자)　189
이야기 세계의 시공간　276~80
이야기시　143, 198, 202, 230~47
이야기시간　296
이용악　142, 198, 203
이육사　226
이인성　360, 405
이인직　278, 296
이태준　404
이효석　285, 343
인물과 환경의 상호작용　280, 283, 352
인물시각서술　391
인물시점서술　377, 390~402
인접성의 원리　174
《일반언어학강의》(소쉬르)　54
1인칭 주인공 서술　405, 407~11

〈ㅈ〉

자기인식 35, 109~10, 153, 155, 180, 209, 232
자연미 134~35
자연주의 98, 285, 299, 301~2, 395
자유간접문체 396, 399, 402
자유직접문체 400
자이들러 131
〈자화상〉(서정주) 226
〈자화상〉(윤동주) 197
〈잘가라 내 청춘〉(이상희) 189
〈장미 병들다〉(이효석) 285
장정일 251, 362, 367
〈저문 강에 삽을 씻고〉(정희성) 228, 231
전경화 50, 64, 66
〈전라도 가시내〉(이용악) 142, 243, 241
전망 34, 86, 98~99, 241, 286~87, 302
전영택 403
전지적 시점 379~80
전형 284
〈절정〉(이육사) 226
〈정주성〉(백석) 156, 175, 201
정치적 무의식 114, 117
정현종 188
정화진 314
정희성 228
제임슨 64, 113~18, 252
조웅전 277, 287~91, 385
조이스 354
조정래 386
〈주기도문〉(박남철) 254
주석적 서술 379, 382
주요섭 405
주지주의 249
중도적 주인공 282, 303
〈지문을 부른다〉(박노해) 245
지배코드 111~12
〈지주회시〉(이상) 353
〈진달래꽃〉(김소월) 225, 231

〈ㅊ〉

차연(차이) 78, 82
차이적 관계 62, 79, 81
채만식 323, 404, 405
《천변풍경》(박태원) 285, 380
체코 구조주의(프라그 학파) 49~51, 64~69
체험적 자아 378, 403, 409
초점화 376
초점화자 392~93, 399
초현실주의 251
〈초혼〉(김소월) 169
총체성 92, 93, 96~99, 100, 112~13, 262

최서해 267
최수철 358, 406
최승자 189
최윤 363
최인호 356, 394
최인훈 389
《추락하는 것은 날개가 있다》
　(이문열) 408~10
〈추일서정〉(김광균) 249~50
《춘향전》 291~92, 383
〈출근정지〉(이북명) 314
〈치숙〉(채만식) 404, 415, 423
치환은유 184

〈ㅋ〉

카프카 361
칸트 31~32, 70, 87
코드(규약) 18~19, 55, 105
코드변환 105, 111

〈ㅌ〉

〈타인의 방〉(최인호) 356, 394,
　399~400
탈구조주의 74~84, 112~13
탈자동화 50
〈탈출기〉(최서해) 267, 410~11
《태백산맥》(조정래) 386

〈태양은 묘지 위에 붉게 타오르고〉
　(양헌석) 304, 391, 395, 397
《태평천하》(채만식) 323~27, 333,
　387
텍스트성 79~82
텐느 44~45
토도로프 60~61
특수성 27, 40~41, 72~73,
　100~2

〈ㅍ〉

파놉티콘 83
패러디 254, 293~94, 339
포스트모더니즘 358~71
포스트모더니즘 시 251~57
표현주의 논쟁 96
푸코 82~84
풍자소설 319~27
프랑스 구조주의 49, 56~64
프로이트 114
프로프 59
프리드먼 392
플로베르 395
피들러 430
피화자 421, 423

〈ㅎ〉

〈하늘 끝〉(김소월) 171
하일지 362, 412
한설야 282
〈한없이 낮은 숨결〉(이인성) 360
한용운 194
해체시 251~53
해학소설 328~40
행위자 모델 61
〈허생전〉(박지원) 417
헤겔 33, 87~91, 111, 128
《헤겔미학》(헤겔) 87~91, 128
헤르나디 141
현상과 본질의 변증법 97~98, 101
현진건 281, 300, 404, 419

《혈의 루》(이인직) 278, 296~99
형식주의 미학 30~32, 35
형식주의적 방법 46~52
〈호질〉(박지원) 418
《홍길동전》(허균) 291
홍랑 221
〈홍수〉(이기영) 315
〈화사〉(서정주) 180
〈화수분〉(전영택) 403
화자시점서술 377, 379~89
환유 199~202
환유적 시 208, 210~12, 230, 233
황지우 196, 251
황진이 222
〈황혼〉(한설야) 283, 310, 315, 388
〈회색 눈사람〉(최윤) 363~64
《흥부전》 337~38

지은이 **나병철**

연세대학교 국문과를 졸업하고 동 대학원에서 문학박사 학위를 받았다.
수원대학교 국문과 교수를 거쳐 현재 한국교원대학교 국어교육과 교수로 있다.
지은 책으로 《소설이란 무엇인가》, 《문학의 이해》, 《전환기의 근대문학》,
《근대성과 근대문학》, 《한국문학의 근대성과 탈근대성》, 《소설의 이해》,
《모더니즘과 포스트모더니즘을 넘어서》, 《근대서사와 탈식민주의》,
《탈식민주의와 근대문학》, 《소설과 서사문화》, 《가족 로망스와 성장소설》,
《소설의 귀환과 도전적 서사》, 《환상과 리얼리티》,
《은유로서의 네이션과 트랜스내셔널 연대》 등이 있다.
옮긴 책으로는 《문학교육론》(제임스 그리블), 《냉전시대 한국의 문학과 영화》(테드 휴즈),
《문화의 위치》(호미 바바), 《포스트모더니즘 이후의 정치와 문화》(마이클 라이언),
《해체론과 변증법》(마이클 라이언), 《중국문화 중국정신》(C. A. S. 윌리엄스),
《서비스 이코노미》(이진경) 등이 있다.
주요논문으로는 〈탈식민주의와 정전의 재구성〉, 〈탈식민 소설과 트랜스내셔널의 전망〉,
〈한국문학연구와 문화의 미결정성의 공간〉,
〈청소년 환상소설의 통과제의 형식과 문학교육〉 등이 있다.

문학의 이해

지은이   나병철
펴낸이   전준배
펴낸곳   (주)문예출판사
신고일   2004. 2. 12. 제 2013-000360호
       (1966. 12. 2. 제 1-134호)
주 소   서울특별시 마포구 월드컵북로 6길 30
전 화   393-5681   팩 스 393-5685
이메일   info@moonye.com
블로그   blog.naver.com/imoonye

제1판 1쇄 펴낸날 1994년 10월 10일
제1판 15쇄 펴낸날 2016년 3월 10일

ISBN 978-89-310-0250-8 03800